RICHESSE ET PAUVRETÉ

George Gilder

RICHESSE et PAUVRETÉ

Traduit de l'américain par
Pierre-Emmanuel Dauzat

Albin Michel

Édition originale américaine
WEALTH AND POVERTY

Basic Books, Inc., Publishers, New York

Traduction française

22, rue Huyghens 75014 PARIS

ISBN 2-226-01265-6

A Rosamond Gilder
Une éminente grand-tante
et une grande dame de la littérature

Sommaire

Préface

Richesse et pauvreté sont les matières fondamentales de l'économie, mais ce sont des sujets trop vastes et vitaux pour qu'ils soient laissés aux seuls économistes. Bien que de nombreux économistes m'aient fourni à l'occasion une aide précieuse – et je ne manquerai pas de les en remercier – ce livre est entre autres un essai sur les limites de l'économie contemporaine en matière d'analyse des sources de créativité et de progrès dans l'ensemble de l'économie.

Des sociologues, dont au passage je signalerai l'apport, ont également contribué à cet ouvrage. Nonobstant, l'une des ambitions majeures de ce livre est de mettre en relief les graves distorsions résultant d'une approche sociologique qui conduit à segmenter la société en divers secteurs faisant l'objet d'études et de statistiques séparées : les riches, les pauvres, les femmes, les hommes, les entreprises et les employés.

Ce livre est le fruit naturel d'un de mes précédents travaux, *Visible Man*; développant une analyse essentiellement sociologique, j'essayais de comprendre la pauvreté en étudiant les pauvres. *Visible Man* a pris la forme d'un roman vrai fondé sur les interviews de centaines de pauvres résidant à Albany (New York) et Greenville (Caroline du Sud). J'ai beaucoup appris au cours de ces recherches sur l'impact destructeur des programmes libéraux en matière de pauvreté. Mais, sans doute, la conclusion essentielle en est-elle l'inadéquation de toute théorie de la pauvreté qui n'est pas solidaire d'une théorie de la richesse. Aussi, *Richesse et Pauvreté* a-t-il d'abord pris le titre « A la recherche de la pauvreté » pour s'achever en une analyse des racines de la croissance économique.

J'ai déjà eu l'occasion dans mes premiers ouvrages de témoigner ma reconnaissance aux inspirateurs de ces analyses. Je voudrais signaler au passage que ce livre n'aurait pu exister sans ces premiers travaux et mes recherches antérieures; mes précédentes immersions dans la littérature anthropologique et sociologique, de *Male and Female* de Margaret Mead l'*Inevitability of Patriarchy* de Steven Goldberg, ont rendu d'autant plus fructueuse mon immersion dans le monde de l'économie.

Néanmoins, c'est l'étude de l'économie qui a donné à ce livre son champ et sa forme : commencée il y avait dix ans par la lecture de *Capitalisme et Liberté* de Milton Friedman, elle s'est poursuivie au travers des ouvrages de Schumpeter et de Keynes pour me conduire, dans l'économie contemporaine, au courant baptisé avec bonheur « École de l'offre ».

Le progrès intellectuel, comme la création de richesse, ne se développe pas habituellement de la façon rationnelle et ascendante que souhaitent les spécialistes. Je l'ai appris alors que Milton Friedman, Friedrich von Hayek, Ayn Rand et William Buclkey étaient largement discrédités à l'époque où se formaient mes premières idées économiques; Arthur Laffer, Irving Kristol et Jude Wanniski sont aujourd'hui des personnages très discutés, y compris même par les économistes qui m'ont appris le plus. Il se trouve ainsi que les économistes sérieux et profonds qui contribuent le plus au développement de leur science ont à la fois tendance à en exagérer la rigueur et à présenter leurs idées de telle façon qu'ils ne parviennent pas à mettre en valeur la grande épopée et la moralité salutaire du capitalisme. Même Adam Smith a en définitive beaucoup trop insisté sur l'égoïsme au détriment de la créativité altruiste comme fondement de son système.

Quoi qu'il en soit, Kristol et Wanniski, tant dans leurs livres que dans leurs éditoriaux du *Wall Street Journal*, et Warren T. Brookes, dans ses brillants articles du *Boston Herald American*, ont nourri en mon esprit un tel attachement à l'économie capitaliste qu'il a écarté à jamais toutes mes appréhensions initiales à l'encontre de la science maudite. Même si je partage les nombreuses réserves émises sur son « modèle politique », le livre de Wanniski, *The Way the World Works*, est un des ouvrages marquants de la science économique – dans la tradition de *Progress and Poverty* de Henry George : par bien des aspects, mon livre emprunte la voie de l'offre si audacieusement tracée par Wanniski. Je tiens également à remercier Jude Wanniski et Nathan Glazer des précieux encouragements qu'ils m'ont prodigués après leur lecture d'une première version boiteuse de ce manuscrit.

Tous les auteurs l'apprenant tôt ou tard, seuls les meilleurs amis ou les esprits les plus proches sont disposés à exercer la critique inflexible et tenace dont les auteurs ont besoin. Jeffrey Bell, dont l'influence sur la politique des Républicains ne fait que commencer, a passé au peigne fin cet ouvrage en m'incitant à étayer mes chapitres les plus faibles; sans doute aurais-je dû davantage suivre ses conseils de coupes.

A l'instar de nombreuses personnes ici remerciées, que David Warsh agrée avec enthousiasme l'assurance que je suis seul responsable des idées (et erreurs) de ce livre. Néanmoins, on reconnaît sans peine dans ces pages certains de ses sujets de prédilection. Par ailleurs, les effets de ses conseils et encouragements y abondent de manière moins visible.

Bien que je ne le connaisse que depuis peu, Tom Bethell me fait déjà figure de vieil ami ; ses avis et critiques d'éditeur furent de la plus haute importance pour la quasi-totalité des chapitres de ce livre. Paul Craig Roberts et Tom Bray, du *Wall Street Journal,* figurent également au nombre de mes premiers lecteurs et critiques précieux ; de même Michael Brewer qui m'a enseigné l'économie pendant plus de dix ans et qui, je l'espère, si aberrant que cela puisse paraître, peut tirer quelque fierté de l'œuvre de son élève ; Larry Pratt de l'American Institute of Economic Research de Great Barrington (Massachusetts), lecteur perspicace et subtil qui a dénoncé les pièges de mon argumentation plus rapidement que je ne pouvais les combler ; enfin, Christopher De Muth de la Kennedy School d'Harvard.

J'ai eu le grand bonheur de rencontrer David Stockman avant d'expédier mon livre aux imprimeurs. Ce député est de loin la figure intellectuelle la plus marquante du Congrès américain : je lui suis profondément reconnaissant de ses critiques incisives et des corrections judicieuses qu'il m'a suggérées – en dépit d'un emploi du temps très chargé. Neil Howe, collaborateur de Stockman pour un livre important, m'a donné d'excellents conseils pour la mise au point définitive de ce livre.

Mes collègues Bill Hammet et Lynne Middelveen ainsi que Antony Fisher, de l'International Center for Economic Policy Studies de New York, ont lu tout ou partie de ce manuscrit en suscitant une atmosphère intellectuelle stimulante lors de la rédaction de cet ouvrage.

Certains passages de ce livre ont d'abord paru dans des périodiques : leur accueil m'a encouragé à poursuivre. Lewis Lapham et Mathew Stevenson de *Harper's* ont joué un rôle particulièrement déterminant dans l'élaboration des derniers chapitres, et les réponses de Jack Kemp et Ronald Reagan m'ont révélé l'apparition en Amérique de politiciens du parti républicain qui attendent avec impatience de telles idées et les honorent.

Bien que les idées développées dans ce livre soient considérées comme « conservatrices », je les ai héritées d'une éducation politique poursuivie dans des cercles aussi « libéraux » que le magazine *The New Leader* et la Ripon Society, le Kennedy Institute of Politics, les cabinets des sénateurs Charles Mathias et Jacob Javits et au cours des trois campagnes présidentielles de Nelson Rockefeller, un grand leader et patriote américain, dont l'influence dépassait toutes les catégories ordinaires de l'idéologie et de la politique. Trois présidents de la Ripon Society, Josiah Lee Auspitz, Bruce Chapman et John Topping, ont largement participé aux débats dont ce livre est né. Auspitz a même apporté des contributions déterminantes aux derniers chapitres. Richard Rahn et Mark Bloomfield, également de la Ripon, m'ont précédé dans cette voie des politiques de l'offre. Je pense que le thème central de *Richesse et Pauvreté* – la nécessité d'étendre aux pauvres les libertés et les possibilités de choix, les valeurs de la famille et de la foi indispensables à tout bien-être et progrès – est également un thème majeur du libéralisme américain. Or aujourd'hui, par une remarquable ironie de l'histoire, les Phyllis Schlafly, Connie Marshner, Edwin Feulner, Jack Kemp et autres adhérents de la « nouvelle droite » sont devenus en Amérique les meilleurs amis des pauvres pendant que le libéralisme imposait de nouvelles formes de servitude et de corruption morale aux familles pauvres.

Bruce et Sarah Chapman et leurs innombrables amis de Seattle (Washington) m'ont fourni les installations et le cadre nécessaire à la rédaction du plus gros de ce livre : un paysage entouré au lointain par des eaux chatoyantes et des sommets neigeux, à proximité des merveilleuses cornes d'abondance du Pike Place Market. Je chéris leur amitié et leur générosité en espérant que le fruit de leur accueil ne leur sera pas encombrant outre mesure. Je souhaite également remercier Mike et Edith Williams d'avoir mis à ma disposition leur exquise ferme de Vashon Island au milieu des pins noirs et des animaux familiers.

Rod et Mellie Gilder ont eu la patience de m'écouter défendre sous la forme la plus crue et la plus rebutante la plupart des idées développées dans ce livre; ils ont enduré ma présence à l'heure du dîner ou du petit déjeuner sinon à des heures avancées de la nuit, tout en supportant mes caprices d'auteur bien au-delà des devoirs d'une famille. Je leur suis reconnaissant d'une multitude de services dont je ne saurais même me souvenir; qu'ils en soient remerciés.

David et Peggy Rockefeller m'ont témoigné leur confiance quand je doutais de moi-même; leur fidélité m'a donné un sens des valeurs et des possibilités qui a élargi les frontières et élevé les perspectives de ma vie. Ce livre leur est plus spécialement dédié. Je n'oublie pas l'amitié de David pour mon père, toujours présent dans ma vie et dans leur amour sans borne et leur générosité envers moi.

Ce fut le dernier livre dont Midge Decter s'occupa aux Éditions Basic Books; comme d'habitude, son travail fut remarquable et son aide judicieuse. Sally Bergmans, qui a également assuré la préparation du texte, et Bernice O'Neill ont assuré la dactylographie du manuscrit.

Ma famille est la source de ma vie présente et de mon avenir. Je tiens ici à l'honorer, à remercier ma mère et Gilly pour leur exemple et leur amour sans oublier Nini, ma femme, qui m'a donné une raison de vivre, une voie à suivre et qui, enfin, m'a donné Louisa.

GEORGE GILDER

Tyringham, Massachusetts
20 juin 1980

PREMIÈRE PARTIE

LE MANDAT DU CAPITALISME

UN

Le chant du cygne

L'ÉVÉNEMENT LE PLUS IMPORTANT dans l'histoire récente des idées est la dissipation du rêve socialiste. Les rêves meurent toujours en s'incarnant et cinquante ans de réalité socialiste, sous forme partielle ou accomplie, ne laissent que peu de place aux songes idéalistes. Aux États-Unis, l'audience du socialisme se limite à d'étroits cercles confidentiels, à des cénacles d'intellectuels gauchistes fuyant le monde extérieur dans lequel les idéaux socialistes se sont flétris à l'ombre de Staline et de Mao, de la Suède et de la Tanzanie, du goulag et de la bureaucratie.

Dans cet ordre d'idées, l'autre événement le plus notable de la période actuelle tient à l'échec du capitalisme à gagner une audience comparable. Dans les assemblées et les conseils, les gouvernements et les Églises d'où naissent les choix nébuleux mais néanmoins identifiables et les courants de l'opinion publique, les performances évidentes de la libre entreprise semblent moins séduisantes que les promesses du socialisme trahi. Si, comme l'on dit, le socialisme est mort, pour ainsi dire en banqueroute intellectuelle, s'il est moralement défunt, pourquoi l'idéologie capitaliste semble-t-elle basculer si dangereusement dans les mêmes poubelles de l'histoire ? Pourquoi les mêmes auteurs qui réfutent si efficacement la logique collectiviste ne savent-ils chanter les louanges de la libre entreprise que sur un ton proche de l'élégie ? Pourquoi écrivent-ils des brochures de conservateurs convaincus qu'ils concluent en avançant leur propre credo sur un ton de marche funèbre ?

Ce chant du cygne s'exprime sous diverses harmonies ou arrangements. Mais c'est indéniablement un éloge funèbre. Il est curieux que le groupe encensé des intellectuels néo-conservateurs, annoncés comme les sauveurs de l'entreprise, discutent de la nature et de l'avenir du capitalisme dans ce même langage contrit de certains des avocats du « socialisme », éprouvés mais toujours fidèles. Pendant ce temps, les intellectuels de la vieille droite ont généralement renoncé au défi de ressusciter leurs philosophies politiques et économiques et sont prêts à confesser leur croyance dans le déclin du capitalisme. William F. Buckley de la *National Review* qui, pendant deux décennies, a conduit une brillante bataille au service de l'économie libérale, publie des « socialistes » anticommunistes et chrétiens de culture conservatrice avec l'enthousiasme et la régularité avec lesquels il se consacre à la cause et à la philosophie de l'entreprise privée. Les conservateurs accordent à Soljénitsyne et Malcolm Muggeridge, critiques véhéments du monde des affaires, une place dans leur panthéon que n'égale aucun homme d'affaires contemporain ou philosophe du capitalisme. Tous deux sont de grands écrivains et des voix chrétiennes inspirées mais sans doute leur critique est-elle parfois en porte à faux. Cependant, il importe que les conservateurs contestent avec une passion similaire que le capitalisme soit un échec historique et moral.

Ainsi Daniel Bell pouvait-il résumer l'attitude des écrivains de droite au cours des années 70 et conclure que « romantique ou traditionaliste, vitaliste ou naturaliste, humaniste ou raciste, religieux ou athée – dans tout cet univers de passions et de croyances – aucune figure intellectuelle respectable n'a défendu l'activité sobre, discrète, prudente, individuelle, l'esprit d'entreprise et la recherche du gain matériel du monde bourgeois [1*] ». Ce jugement doit être nuancé car nombre de penseurs ont défendu le capitalisme. Mais Bell a raison car ces plaidoyers n'ont guère été formulés très clairement. Ils ont presque toujours encensé la libre entreprise faute de mieux **, devant l'absence d'une alternative plus conforme à leurs convictions religieuses et esthétiques ou à leur conception du monde. Le capitalisme était présenté comme un compromis transitoire et conditionnel : le pire des systèmes possibles, comme le disait Churchill de la démocratie, à l'exception de tous les autres.

Cette conception négative a nourri, sans susciter de réfutation indignée, un certain consensus réunissant les penseurs de la droite et de la gauche : au-delà de tous ses mérites superficiels, l'entreprise privée souffrirait de profonds conflits sociaux et de contradictions morales résultant de ses échecs pratiques répétés et de son absence de justification transcendante. Notre abondance croissante, dit-on, sourd d'une éthique du consommateur d'inspiration hédoniste, d'une exacerbation perpétuelle des appétits par la publicité qui s'avère en définitive néfaste envers les disciplines morales de la production et la distribution capitalistes. Or le capitalisme conduirait inexorablement à de larges structures bureaucratiques paralysant l'esprit d'entreprise qui est l'essence et la raison d'être de l'entreprise privée. De telles contradictions peuvent être temporairement atténuées par la croissance économique. Mais cette croissance est tributaire de l'évolution technologique qui crée une nouvelle élite et exalte un état d'esprit rationaliste également incompatible avec les valeurs démocratiques et religieuses.

* Les notes se trouvent en fin de volume.
** En français dans le texte original *(N.d.T.)*.

Tel est, à quelques réserves près, le message essentiel des récents ouvrages de John Kenneth Galbraith et Robert Heilbroner, qui ont tous deux affiché des opinions socialistes. De même, à travers les méandres de ces raisonnements et la pédanterie de ces interminables distinctions verbales, tel est bien le message pratique du « socialiste néo-conservateur » Daniel Bell. Les conservateurs Christopher Lasch et Robert Nisbet, auteurs de violentes diatribes verbales à l'encontre des sciences sociales et de la psychologie contemporaines, partagent également cette thèse. Tel est enfin un thème persistant du perspicace et sage écrivain néo-conservateur et capitaliste Irving Kristol, qui occupe la position méritée quoique ambiguë de premier apologiste de l'entreprise privée.

On est en droit de se demander si nous avons réellement besoin d'un renouveau conservateur qui exprimerait sa sympathie et son douloureux scepticisme devant le déclin de l'éthique bourgeoise, les contradictions culturelles du capitalisme ou l'émergence inexorable d'un état technocratique et éventuellement stationnaire. Après tout, nous aurons toujours, dans nos bibliothèques non exclusivement consacrées à la diffusion des best-sellers et des moyens audio-visuels, les œuvres de Marx, Tocqueville, Veblen et Schumpeter. Tous ces auteurs ont célébré avec éloquence la vigueur et l'élan, l'immense rôle historique de la bourgeoisie pour en prédire aussitôt le déclin et la chute. On critiquait alors les mêmes contradictions morales, impératifs technologiques, transformations directoriales, saturations matérielles et changements sociaux qui animent aujourd'hui la critique du capitalisme ; ces faits paraissaient déjà au moins partiellement évidents à l'économiste suisse Simonde de Sismondi, un pionnier de l'analyse dynamique, qui se demandait – en 1815 – « ce que l'on pourrait bien faire d'un surplus de production, maintenant que nous avions satisfait les besoins fondamentaux de l'homme [2] ».

Même Adam Smith, dont le nom symbolise l'ordre capitaliste, prévoyait sa décrépitude finale : l'avènement ardemment souhaité d'une société d'abondance dissoudrait les objectifs et les fondements mêmes du système. Pour d'autres visionnaires, l'épuisement des ressources face à la croissance démographique annonçait la fin du capital. Mais, quelles que soient leurs raisons, pauvreté, médiocrité, inégalité ou quelque autre conjonction bizarre de griefs, les prophètes agités n'ont cessé pendant des siècles d'annoncer la mort, le déclin, la stagnation, la ruine et l'effondrement du capitalisme, et l'émergence d'une espèce d'état stationnaire et de doux équilibre ignorant les conflits humains.

En fait, les prophètes actuels du capitalisme ambivalent sont en si ample et diverse compagnie et plongent leur racine si loin dans le passé que l'on est en droit de supposer que la portée de leur analyse réside moins dans leur appréciation du capitalisme que dans leur constat de l'incapacité des grands théoriciens à penser que leur propre époque ne marque pas l'apogée de l'histoire humaine ; que bientôt se briseront les sept sceaux de la révélation, « bouleversant les montagnes et les îles[3]... » Les « hommes d'État », intellectuels ou hommes d'affaires, montrent une inclination persistante, résultant sans doute de leur propre désillusion en face de leur miroir ou de leur impuissance à arpenter les escaliers, à prévoir le déclin et la chute des réalités les plus durables annonçant quelque nirvaña figé ressemblant à l'Aspen Institute (Institut des Peupliers). Les divorces annoncent la transformation de la famille, le vieillissement des intellectuels et des hommes d'affaires, la vigueur déclinante du capital.

La sociologie ne ratifie pourtant pas la biologie. Si la sénescence peut bien affliger des grands hommes sur le sentier de la gloire, à la veille du repos éternel, ce n'est pas une caractéristique des nations ni du capitalisme, de même que la famille n'est pas une institution qui puisse devenir caduque ou dépérir aussi longtemps que persisteront les sociétés humaines. Le nombre des êtres humains et de leurs besoins s'accroît chaque année ; la science et la technologie leur paraissent des surprises continuelles. Les exigences, la complexité et la diversité de la vie sur terre deviennent chaque année plus impénétrables aux tyrans ou aux planificateurs. Aucune nation ne peut croître et s'adapter au changement dans la mesure où elle n'est pas capitaliste. Autrement dit, elle est vouée à la stagnation si sa richesse n'est pas contrôlée par des instances diverses : elle doit pouvoir être engagée librement dans de nouveaux choix risqués, servir aisément de nouveaux objectifs ou se transformer régulièrement selon diverses modalités ou systèmes. Le temps est lui-même le signe d'une évolution continue du savoir et du milieu. « L'état stationnaire » si fortement prôné par les prophètes est de tous les états le plus sûrement condamné au dépérissement.

L'accusation commune la plus grave proférée contre le capitalisme tient à sa vacuité morale. Aux confins les plus reculés du système, après avoir parcouru les somptueux tapis, traversé cérémonieusement les salles silencieuses, nous pénétrons dans les cryptes sacrées, tirons les rideaux de velours et n'y trouvons, affirme Daniel Boorstin, qu'un sanctuaire vide. Boorstin s'en réjouit car il y voit la source de nos libertés. D'autres avocats du capitalisme le rejoignent. Les grands économistes autrichiens Friedrich von Hayek et Ludwig von Mises, comme Milton Friedman dans *Capitalisme et Liberté*, sont tous éloquents dans leur critique du collectivisme et leur célébration de la liberté. Ils se montrent cependant plus hésitants dans leur plaidoyer ; leurs arguments prennent alors une tournure plus technique et pragmatique. La liberté est bonne en elle-même et nous enrichit ; le collectivisme associe servitude et misère. Aucun ne voit l'utilité d'élaborer une théologie du capitalisme ou d'assurer la justice de ces efforts.

Aucun ne réfute sans appel la thèse selon laquelle les plus grands capitalistes — les fondateurs mêmes du système — furent d'une certaine façon des « rapaces ». Aucun ne démontre de façon convaincante que le système réussit et se développe par la place qu'il accorde à la créativité héroïque des entrepreneurs.

Les partisans du capitalisme n'ont aucune réplique à l'interrogation de Kristol : « Les hommes peuvent-ils vivre dans une société libre si rien ne les incite à penser qu'elle est aussi une société juste? » ni de réponse à son doute : « Je ne le pense pas. A mon sens, l'histoire montre tout à la fois que les hommes ne sauraient longtemps tolérer une vie individuelle dénuée de tout sens spirituel; ils ne sauraient durablement accepter une société dans laquelle pouvoir, privilèges et propriété ne sont pas répartis en fonction de critères moraux[4]. » Selon le nouveau credo intellectuel, la liberté capitaliste sape le capitalisme pour une double raison : d'une part cette liberté ne fournit aucune assise morale à ses réalisations, et d'autre part ses succès dépendent en fait moins de la liberté que des disciplines et contraintes bourgeoises – diligence, intégrité et rationalité – incompatibles avec les impulsions et les appétits du consommateur emporté par la fièvre du marché supposée entraîner la croissance du système. La liberté capitaliste, suggère-t-on, conduit à une civilisation vulgaire et décadente, affligée d'une inclination vers la laideur et la trivialité, l'esprit superficiel et l'irréligion et manquant pour survivre de la discipline, du courage et des valeurs qui méritent d'être préservées.

La critique de gauche reprend ces actes d'accusation et va au-delà. Non seulement le capitalisme est moralement vide mais il témoigne également d'une grossière immoralité : racisme, sexisme, inégalité, pollution. Son échec pratique est flagrant : il engendre inflation et chômage et interdit toute planification sur une grande échelle pourtant indispensable en une époque de crise écologique mondiale, de rareté des ressources et de revendications croissantes du populeux tiers monde. Par-dessus tout, le capitalisme crée et entretient l'inégalité – entre les riches et les pauvres, les pays riches et les pays pauvres, les hommes et les femmes – et détruit l'équilibre – entre l'homme et la nature, la consommation et la conservation, les aspirations individuelles et les besoins sociaux. Cette argumentation ne contredit pas la thèse conservatrice. Les radicaux acceptent l'idée selon laquelle les biens produits en Amérique sont de la camelote et que la société de consommation est moralement destructrice. Mais ils ajoutent une série d'accusations supplémentaires que les conservateurs estiment exagérées ou mal définies et proposent des programmes de réforme jugés futiles, gaspilleurs et souvent pervers par les conservateurs.

En fait, je pense que ces deux types de critique de la vie américaine convergent autant qu'ils se singularisent. Robert Heilbroner, Daniel Bell, Irving Kristol, Alexandre Soljénitsyne et Tom Hayden ont davantage de points communs qu'ils ne le supposent. Au fond de leur acte d'accusation, ils pensent que le capitalisme est un édifice dépourvu de tout fondement moral et religieux intrinsèque et qu'ainsi il engendre un mode de vie superficiel et douteux. Aucun d'entre eux, semble-t-il, n'aurait pu faire mieux que le président

Dwight D. Eisenhower ahuri devant Nikita Khrouchtchev accusant notre système d'être immoral puisque fondé sur l'avidité.

Qu'est-il donc arrivé aux rêves de *The Good Society* fermement et nécessairement capitaliste que Walter Lippmann célébrait dans son œuvre maîtresse de la fin des années 30 ? Devant l'imminence de la guerre et au milieu des ruines désolées de la Grande Crise, il osait alors affirmer que notre système reposait sur un idéal qui « pour la première fois dans l'histoire humaine » a donné aux hommes « les moyens de produire la richesse d'une façon telle que l'enrichissement des uns favorise celui des autres », dont à longue échéance « la règle d'or est économiquement saine ». « Pour la première fois les hommes pouvaient concevoir un ordre social dans lequel l'ancienne aspiration morale vers la liberté, la fraternité et l'égalité était enfin compatible avec l'abolition de la pauvreté et l'augmentation du bien-être[5]. » Et Lippmann poursuivait : « Avant que la division du travail ait rendu les hommes dépendants d'une libre collaboration avec les autres hommes, la politique mondiale était nécessairement une politique de pillage. Les aspirations spirituelles étaient détachées de ce monde. Ainsi en allait-il jusqu'à ce que la révolution industrielle ait transformé le mode de vie traditionnel et que s'ouvrent devant les hommes les perspectives de la société terrestre parfaite. Le vieux schisme entre le monde et l'esprit, l'égoïsme et le désintéressement était enfin virtuellement résolu. »

Bien qu'une intelligentsia masochiste prône avec force des transformations radicales devant les contradictions morales de l'ensemble du monde libre, les affirmations proférées par Lippmann à une époque beaucoup plus dangereuse et misérable restent étonnamment vraies. En une île d'abondance, hantée par des menaces voilées, on doit s'efforcer de retrouver la foi dont témoignait un grand homme dans la situation véritablement désespérée des années 30 et 40.

DEUX

L'économie de frustration

Croire qu'en définitive la bonne fortune des autres est aussi la sienne n'est guère une tendance naturelle ou instinctive de l'esprit humain. C'est néanmoins la règle d'or des économistes, une clé de la paix et de la prospérité, une source des fruits du progrès. Au fond, c'est cette conviction qui a ruiné l'économie prédatrice du mercantilisme dans laquelle les nations recouraient aux règlements et lançaient des campagnes commerciales belliqueuses pour accumuler stocks et lingots. Cette règle d'or a inspiré le premier grand livre d'économie, *The Wealth of Nations*. David Hume la proclamait en 1742 au terme de son essai « Of the Jealousy of Trade » : « J'oserai donc affirmer, non seulement comme homme mais comme citoyen britannique, que je prie pour l'essor du commerce de l'Allemagne, de l'Espagne, de l'Italie et même de la France. Je suis convaincu que ces nations prospéreraient bien davantage si elles se montraient plus ouvertes et plus accueillantes les unes envers les autres[1]. »

Cette règle d'or trouve sa consécration scientifique dans la réciprocité des gains commerciaux, la demande suscitée par les moteurs de l'offre, l'élargissement de l'éventail des choix résultant de la croissance et la futilité économique naturelle et sans cesse plus manifeste de la guerre. C'est sur ces fondements que, pour l'essentiel, s'est développée l'économie mondiale depuis Smith et Hume. Leur abandon lors des surenchères protectionnistes des année 30 a précipité, approfondi et prolongé la Grande Crise. Leur survie est notre plus précieux patrimoine de peuple libre. Mais cette croyance est toujours menacée d'érosion ou d'attaques.

Les économistes professionnels sont une des sources majeures de nos problèmes. Smith a intitulé le livre I de *La Richesse des nations* « Des causes qui ont perfectionné les facultés productives du travail, et de l'ordre suivant lequel ses produits se distribuent naturellement dans les différentes classes du peuple ». Lui-même a insisté sur les forces productives mais ses successeurs, à commencer par David Ricardo, se sont rapidement embourbés dans une étude statistique et mécanique de la distribution. Ils n'ont cessé de dénombrer les rangs des riches et des pauvres et d'analyser les défauts d'un capitalisme qui multiplie le nombre des pauvres. Dans l'économie actuelle, l'attention reste focalisée sur la distribution : les économistes sont lugubrement obsédés par la permanence des inégalités et spéculent sur les profondes « redistributions » susceptibles de les corriger.

Ce mode de pensée, prédominant dans les rapports financés par les fondations, les best-sellers économiques, les colonnes des journaux et les plates-formes politiques, est apparemment inoffensif. Plus profondément, il conteste la règle d'or du capitalisme, pervertit la relation entre riches et pauvres et assimile le système à un « jeu à somme nulle » dans lequel tout gain de l'un équivaut à une perte de l'autre, et où l'abondance est jugée responsable de la pauvreté. Kristol l'a souligné : une société libre dans laquelle la distribution est largement considérée comme injuste ne saurait survivre longtemps. La mentalité distributionniste frappe le cœur vif du capitalisme démocratique.

Qu'elles concernent la richesse, le revenu, la propriété ou les recettes de l'État, les distributions s'avèrent malheureusement toujours néfastes, fortement biaisées et largement inégales, réputées injustes, elles ne modifient guère la situation, si elles ne la détériorent pas. Les conclusions habituelles sont élémentaires : « Les 2 % les plus riches détiennent 44 % de l'ensemble du patrimoine ; les 25 % les plus pauvres, 0 % », ou encore : « 5 % reçoivent 15,3 % du revenu avant impôt alors que les 20 % les plus défavorisés n'en perçoivent que 5,4 % [2]. » Le statisticien peut toujours manipuler les médianes (point central d'une distribution séparant en deux parts égales la population), les milieux et les moyennes. Par exemple, le revenu médian des Américains est nul car la majorité des Américains est composée de femmes au foyer et d'enfants.

Les distributions statistiques peuvent cependant déformer la représentation de l'économie de façon plus grave. Elles sont implicitement statiques, comme la photo des sièges sociaux d'entreprise dominant une ville ne montre ni les escaliers, ni les escalators, ni le tranquillisant Librium posé sur le bureau du directeur méditant sur le rapport annuel. La distribution semble figée et en fait, comme l'immeuble, elle ne changera guère d'une année sur l'autre. Mais de nouvelles sociétés se créeront ou disparaîtront, des cadres entreront en fonction et d'autres s'en iront ; les gens du bas de l'échelle verront leur situation s'améliorer ; d'autres, du haut de l'échelle, renonceront à leur tranquillisant et s'effondreront. Ainsi, la part de l'industrie du tabac dirigée par les quatre firmes principales s'est maintenue constante pendant près de trente ans ; mais aujourd'hui, le leader des années 50 est au bord de la faillite. Les distributions statiques oublient également un facteur aussi simple que l'âge : nombre de personnes figurant au bas des graphiques sont des gens âgés qui ont donc derrière eux leurs meilleures années de revenu ou des jeunes qui viennent d'entrer dans la vie active. Mais il y aura toujours des jeunes et des vieux : leur faible revenu n'est guère représentatif de la mobilité dans un système capitaliste.

Sous prétexte que les Noirs sont au bas de la hiérarchie depuis maintenant des siècles, les économistes ignorent souvent le dynamisme du système américain. Les Japonais furent par exemple internés dans des camps de concentration lors de la Seconde Guerre mondiale : trente ans plus tard, leur revenu par tête était le plus élevé de toutes les minorités ethniques américaines, à l'exception des juifs. Trois millions cinq cent mille juifs immigrés ont au début du siècle abordé nos rivages avec comme unique fortune neuf dollars par personne, moins que tous les autres groupes d'immigrés. Soixante ans plus tard, le revenu familial moyen des juifs était presque le double de la moyenne nationale. Pendant ce temps, les WASPs *, jadis au premier rang, voyaient après la Seconde Guerre mondiale leur revenu par tête dépassé non seulement par celui des juifs et des Orientaux mais également par celui des Irlandais, des Italiens, des Allemands et des Polonais (ce fut sans doute la dernière surprise que nous réservaient les Polonais) et la dernière génération des Noirs originaires des Antilles [3].

Il est vraiment miraculeux que des spécialistes en sciences sociales puissent vivre au milieu de ces perpétuelles éruptions et convulsions, de ces cascades et de ces cataractes de changement, puis déclarer sur un ton de furieuse indignation « qu'au cours des cinquante dernières années, il n'y eut aucune modification de la distribution du revenu et du patrimoine dans ce pays [4] ». Se faisant ainsi l'écho de plusieurs centaines de ses collègues, le sociologue Peter Edelmann n'en a pas moins tenu de tels propos en 1977 ; de même, le Carnegie Council sur l'enfance, après des années de ruminations coûteuses réunissant la femme d'Edelmann, Marian Wright, et une douzaine d'autres sociologues sous la direction de Kenneth Kenniston de Yale, publia en 1977 et 1979 des rapports décrivant les États-Unis comme un « système de castes ». L'économie américaine, expliquait Kenniston, est un « jeu de cartes biseautées » dans lequel « les exceptions brillantes risquent de nous induire systématiquement en erreur » en nous incitant à « penser que tout enfant suffisamment tenace et capable pourra échapper à la pauvreté et recueillir le fruit de ses efforts [5] ». Carnegie sait certainement à quoi s'en tenir. Ses chercheurs ont accrédité le nouveau mythe d'une Amérique statique.

Même un observateur aussi avisé que Herbert J. Gans, dans son livre *More Equality*, a réussi à se maintenir sur ses pieds malgré les tremblements qui secouent la société américaine (sans doute en s'attachant très fort à la solidité des tables de distribution) pour conclure que « la possibilité de s'installer à son propre compte et de s'enrichir est limitée... Bien sûr, remarque-t-il avec une pointe d'impatience, il y a des exceptions » mais « leur faible nombre

* WASPs est une abréviation de *White Anglo-Saxon Protestants* qui désigne les Anglo-Saxons de race blanche et de religion protestante *(N.d.T.)*.

(comme si les richesses exceptionnelles pouvaient jamais être fait banal) ne fait que confirmer la règle » de la sclérose économique [6].

Ce mode de pensée affecte parfois également les conservateurs qui ont reçu une solide formation en sciences sociales. A la fin des années 70, Martin Anderson, un économiste qui écrivit les discours des présidents Nixon et Ronald Reagan, commençait son livre *Welfare* en déclarant : « La guerre contre la pauvreté qui a commencé en 1964 a été gagnée [7]. » Il citait la conclusion d'Alice Rivlin, directeur du *Budget Office* au Congrès, selon laquelle, grâce à l'augmentation des dépenses et des avantages en espèces, il ne restait plus qu'une infime proportion d'Américains en deçà du seuil de pauvreté, 6,4 %. Les éditorialistes du *Wall Street Journal* ont rivalisé d'éloquence pour annoncer ces bonnes nouvelles à leurs six millions de lecteurs. Même si la distribution est en fait dénaturée, les conservateurs seraient en droit de se féliciter : quel autre système en effet dans l'histoire du monde, en continant à accueillir une multitude d'immigrés et comptant deux cents dix millions d'âmes sur un continent géant, a réussi à élever les plus faibles catégories de revenus au-dessus d'un seuil de pauvreté qui excède de sans doute mille dollars par an le revenu médian d'une famille soviétique. Les Noirs sont encore, dit-on, au bas de l'échelle des revenus, mais ils ont réalisé de grands progrès depuis les programmes sociaux massifs mis en œuvre dans les années 60. La guerre contre la pauvreté, nous invite-t-on à croire, a été gagnée par la redistribution des revenus.

Pourtant, c'est un nouvel effet de l'aveuglement des sociologues devant des réalités qui sont on ne peut plus manifestes à l'œil nu. En fait, depuis 1964, on a assisté à une expansion considérable du nombre des bénéficiaires de l'aide sociale qui arrêta brutalement l'amélioration continue du niveau de vie des pauvres, particulièrement des Noirs — et ici, je choisis mes mots aussi soigneusement que possible — en ne laissant derrière elle que des épaves de vies brisées et de familles affrontées à une situation pire que l'esclavage. Bien que les familles noires préservées se portent mieux que jamais et que la discrimination ait considérablement diminué, la situation des Noirs pauvres a radicalement empiré. L'accroissement de leur revenu n'a fait que la rendre encore plus irrémédiable.

Certes les conservateurs sont les premiers à le savoir et nous ont prévenus depuis longtemps : la pauvreté est moins un état de revenus qu'un état d'esprit. L'assistance publique détruit la plupart de ceux qui en deviennent tributaires. La leçon des politiques pratiquées depuis 1964 est si évidente qu'on ne saurait la contester : les conservateurs ont pour ainsi dire minimisé leur thèse. Depuis le début de cette guerre contre la pauvreté, l'effet moral destructeur de la dépendance s'est renforcé et étendu aux futures générations par une véritable épidémie de dissolution des familles. Le nombre des femmes noires chefs de famille, qui avaient fait l'objet de sérieuses préoccupations lors du fameux rapport Moyniham en 1965, a plus que doublé de même que le nombre d'enfants noirs recueillis dans les orphelinats. Près de six enfants noirs sur dix étaient, en 1978, élevés dans des familles monoparentales ou des instituts (ce chiffre n'était que de deux sur dix pour les Blancs [8]). L'impact désastreux de ces politiques et programmes était déjà manifeste à la fin des années 70 comme le montraient les taux de chômage des jeunes Noirs et le retrait de la vie active de pas moins de 60 % des Noirs citadins, l'augmentation des hommes noirs sans emploi en dépit du déclin des taux de chômage des Blancs et de l'expansion régulière des niveaux d'emploi global [9].

Quiconque examine ces statistiques – ou comme je l'ai fait au cours de deux années d'interviews dans les ghettos, quiconque considère ces vies mutilées et brisées de ce fait – ne peut guère espérer qu'avoir été abusé par ces apparences de tragédie. L'histoire sociale est trop féconde en surprises pour autoriser toute prophétie assurée. Mais on ne saurait voir ces épaves de foyer et de vies brisées et prétendre avoir gagné la victoire sur la pauvreté sans priver le monde du moindre sens.

Au début des années 80, une myopie similaire déformait la perception des économistes et sociologues étudiant la condition des classes moyennes et supérieures dans l'économie américaine. Scrutant à nouveau leurs graphiques de distribution, ils pouvaient assurer que les années d'inflation se succédant depuis 1973 n'ont pas entraîné de « changements notables dans la distribution des ressources entre les divers secteurs (État, monde des affaires et main-d'œuvre) ou entre individus (riches contre pauvres, Noirs contre Blancs, etc.) comme l'écrivait Lester Thurow dans un article du *Wall Street Journal* [10].

La véritable source de ressentiment des classes moyennes et supérieures américaines, affirmait Thurow, tenait à l'écart important entre la hausse de 8 % des revenus réels et l'augmentation de 50 % des revenus nominaux entre 1973 et 1978. Cette différence crée une « grave illusion monétaire... et peut même vous convaincre que votre niveau de vie a baissé alors qu'objectivement il n'en est rien [11] ». De même que les Noirs ne voient pas les gains qu'ils ont retirés de la guerre contre la pauvreté, de même les classes supérieures souffrent de l'illusion d'être victimes de l'inflation.

Il est évident qu'aucune catastrophe vaguement comparable à celle qui s'est abattue sur les Noirs n'a troublé les classes moyennes ou riches de la société américaine. Mais leur déclin en termes de richesses et de bien-être n'en est pas moins indéniable. Les statistiques d'augmentation du produit national brut et de hausses de revenus réels des foyers, présentent une image gravement déformée de la vie américaine.

Numériquement, les classes moyennes sont les plus importantes. Pour comprendre leur situation, il est utile de saisir les nombreuses erreurs de mesure de la croissance du revenu telle qu'elle apparaît dans le produit national brut et le revenu (qui sont des identités comptables). Les économistes ont longtemps insisté sur le caractère fallacieux d'une mesure du progrès qui s'améliore avec chaque rejet de fluide toxique dans les ruisseaux, chaque marée noire sur les plages retirées, et le bruit provoqué par une nouvelle usine ou un aéroport installé à proximité d'une communauté urbaine, mais demeure inchangé lorsque les musées publics regorgent de visiteurs ou que des millions d'Américains respirent un air plus pur.

La principale source d'erreur relative à la hausse du P.N.B. dans la décennie 1970 était cependant la désagrégation des familles. Les divorces, symptômes les plus évidents, ont contribué à accroître le revenu national en développant l'utilisation de logements, des services de repas rapides, des crèches, de l'aide domestique, et en augmentant le nombre des personnes au travail. Les hommes et les femmes divorcés, de plus, boivent davantage, souffrent plus de maladies mentales ou physiques et consacrent davantage de ressources aux services sociaux de diverses natures [12]. Entre 1965 et 1979, le nombre annuel des divorces est passé de 479 000 à près d'un million [13], et s'est traduit de façon quelque peu douteuse par un entraînement du P.N.B. Les mariages cependant, comme le montre l'exemple familier de l'homme qui épouse sa gouvernante, sont censés diminuer le P.N.B. (Par le mariage, l'argent, qui était auparavant versé à la gouvernante sous forme de chèque, augmente généralement pour être volontairement donné à sa femme, échappant ainsi aux comptes nationaux et fiscaux.) Dans les années 70, le grand ferment de transformation de la famille avec l'élévation des taux de divorce, de remariage et de célibat prolongé, n'a pas fait augmenter le revenu total de façon significative.

L'effet de l'inflation et des impôts sur le nombre des femmes dans la vie active est un facteur plus important. L'inflation déplace les revenus dans les tranches supérieures sans pour autant augmenter le pouvoir d'achat. En effet, la progressivité des impôts s'accentue et le fisc absorbe une part croissante des revenus qui progressent. Au début des années 80, le taux marginal d'imposition (le taux s'appliquant au dollar supplémentaire gagné au-delà du revenu courant) était près de 50 % pour l'Américain *moyen* [14]. Ainsi, la moitié de l'argent gagné en travaillant plus va à l'État d'une façon ou d'une autre, soit par des transferts sociaux, soit par des impôts fédéraux, étatiques ou locaux.

Ainsi se trouve pénalisée la famille qui ne dépend que d'un seul revenu et dont le titulaire se consacre tout entier et avec enthousiasme à sa carrière. Deux travailleurs sans conviction peuvent bénéficier d'une meilleure situation que celui qui se bat avec acharnement pour les emplois relativement peu nombreux des échelons supérieurs. La nette insuffisance de nouveau capital investi capable d'assurer la haute productivité du travail n'a fait qu'aggraver cette tendance. Au lieu d'acheter des équipements durables, les entreprises préfèrent embaucher des travailleurs mal rémunérés, souvent saisonnièrement ou à temps partiel.

Ces phénomènes ont obscurci notre perception de la vie familiale américaine et sapé les fondements de notre économie dans la majorité des années 70, provoquant simultanément une augmentation de la population active et un ralentissement de la croissance de la productivité. Le pouvoir d'achat réel d'une famille à double revenu dépasse celui des familles qui n'ont qu'un gagne-pain; le P.N.B. s'élève donc en proportion. Les revenus de l'État peuvent même augmenter : en effet, son prélèvement sur deux revenus dont une part supplémentaire est consacrée aux services domestiques et à leurs substituts excède celui réalisé sur un seul traitement important.

Cependant, comme Thurow l'observe, ces familles de la classe moyenne se plaignent de souffrir de la crise économique; d'une manière ou d'une autre, leurs revenus n'augmentent pas aussi vite qu'elles le souhaitent. Thurow estime que ces espérances de revenus ont été largement gonflées par une « illusion monétaire », une illusion statistique : en fait, à la différence des familles à double revenu, il est incapable de percevoir les pertes affectives qui accompagnent l'augmentation des revenus et oublie les effets de la démographie.

Quand les familles renoncent au loisir et à la vie familiale au profit du travail, le temps finit tout simplement par devenir la plus rare des ressources. Le temps devenant plus rare, il devient aussi plus précieux et sa perte plus dommageable, plus nuisible au bien-être. L'acceptation par une femme d'un travail à plein temps a pour premier effet d'accroître la période de tension nerveuse. Le second effet en découle naturellement : il tient à l'impact du travail féminin sur les services domestiques. La valeur du travail d'une femme au foyer varie selon le nombre d'enfants et diverses autres considérations. Néanmoins, divers analystes ont pu l'estimer à une moyenne de douze mille dollars. Une partie de ces tâches est réalisée par la femme et son mari après leur journée de travail; le recours à l'aide domestique permet de faire une partie de ces travaux et le reste est négligé ou bien remplacé par les restaurants, les blanchisseries, les crèches et les aliments industriels. Le mari et la femme souffrent tous deux d'une fatigue nouvelle et de tensions résultant de la modification des rôles sexuels traditionnels. Ces tensions sont loin d'être imaginaires : la multiplication des données recensées montre ainsi une vive hausse des taux de divorce et de séparation quand les femmes ont pris un travail à temps plein. La famille se détériore à moins que la femme gagne plus de douze mille dollars [15].

Néanmoins, tous ces calculs négligent le contexte dynamique de la vie familiale. Ce nouveau modèle familial – dissuadant les hommes d'entreprendre une carrière agressive au profit d'un double revenu – apparaît au moment même où la génération issue du *baby boom* de l'après-guerre crée des familles et engendre des enfants. Cette génération – la grande poussée démographique qui a envahi les écoles et les collèges dans les années 60 et au début des années 70, et inondé les marchés de travail – est arrivée sur le marché du logement à la fin des années 70 et a commencé sa période de vie de famille. Jusqu'à ce qu'ils aient des enfants, ces couples peuvent profiter de l'inflation grâce à la hausse de leur double revenu et à la consolidation de leurs dépenses. Mais l'arrivée d'enfants remet en cause cette stratégie du double revenu. Selon le département du Travail, le revenu doit augmenter de 26 % pour maintenir après la naissance du premier enfant le niveau de vie familial ; après le second enfant, il doit augmenter de 47 % par rapport à celui du foyer sans enfant ; et quand le troisième enfant va à l'école, de 57 %. Au bout de dix ans, le revenu d'une famille de deux enfants devra être plus de deux fois supérieur à celui d'une famille sans enfant [16]. Or, il s'agit là du revenu réel au moment même où les revenus de la femme souffrent le plus des besoins des jeunes enfants.

Avec l'inflation de la fin des années 70, les chiffres montrent qu'en dix ans, il est alors nécessaire de *quadrupler* le revenu familial si l'on ne veut pas voir son niveau de vie diminuer. Seuls, la plupart des maris n'y parviendront pas. S'ils essaient, ils se verront sans cesse prendre du retard et seront frustrés de leurs apparents succès par la progression de leur tranche de revenu fiscale. Incapables de parvenir à remplir leur rôle de gagne-pain, ils se laissent progressivement aller.

La portée de ces statistiques ne doit pas être exagérée. Comme les autres informations officielles en matière de revenu, elles sont également entachées d'illusions statistiques. Qui accepterait l'idée que la venue de son enfant l'appauvrit, que son niveau de vie s'affaisse lorsqu'il consacre à ses enfants l'argent qu'il utilisait à des divertissements extérieurs ? Le problème est avant tout celui de la tension nerveuse du mari et de la femme, et de leurs relations quand la femme est contrainte de travailler malgré le besoin pressant de sa présence à domicile.

En dépit de toutes les glorifications du travail féminin, les statistiques de revenus montrent que les femmes préfèrent éviter de s'engager à temps plein sur le marché du travail. Leur place dans la vie active, mesurée en heures de travail annuelles et en revenus, s'estompe rapidement quand le revenu familial s'accroît [17]. Après l'âge de vingt-cinq ans, la probabilité qu'elles renoncent à la vie active est onze fois plus élevée que celle des hommes [18]. Les femmes choisissent de préférence des emplois à temps partiel ou des services informels. La carrière des hommes présente un vif contraste au regard de cette situation. Quand leur perspective de revenus s'élargit, ils ne manquent pas d'en profiter et se consacrent alors sans limite à augmenter leurs ressources. Ces constats, issus d'une étude détaillée de la formation des revenus dirigée par Irwin Garfinkel et Robert Haveman de l'Institut de recherche sur la pauvreté [19], contredisent l'affirmation de John Kenneth Galbraith, Lester Thurow et consorts selon laquelle les hommes travaillent moins quand leurs revenus s'accroissent et donc que des impôts plus faibles les dissuaderaient d'un tel effort. Cette monographie montre clairement que les femmes mariées travaillent relativement plus que les hommes mariés quand, pour une raison quelconque, les perspectives familiales de revenus diminuent. Puisque les hommes mariés bien rémunérés sont la principale source de croissance de la productivité aux États-Unis, on comprendra aisément que notre impôt fortement progressif, renforcé par l'inflation, nuit à la productivité tout en gonflant la population active.

Consciemment ou non, le gouvernement a poussé les femmes en dehors de l'économie ménagère non imposable dans les bras de l'International Revenue Service (I.R.S.). Parallèlement à cette entrée des femmes dans la vie active, on a vu se développer un marché de services autrefois privés et exemptés d'impôts, allant des plats cuisinés aux crèches, en passant par les thérapies sexuelles comme semble en témoigner la prolifération des salons de massage à la périphérie des villes américaines.

Comme le suggère l'exemple des salons de massage, la politique de l'International Revenue Service n'a que partiellement réussi. Une partie de l'économie domestique imposable s'est déplacée vers le secteur contrôlé par le fisc. Mais, en même temps, une part au moins comparable des activités imposables des hommes et des femmes semble s'être développée de façon clandestine. Les familles se désagrégeant sous l'effet des pressions fiscales et des charges sociales, les contraintes morales tendent à se dissiper, la mobilité et l'anonymat s'accroissent, les transactions économiques deviennent moins repérables et les tentations de dissimuler ses sources de revenu se multiplient. L'I.R.S. et les autres statistiques de revenus font abstraction de la croissance du crime, des commerces de stupéfiants, des jeux et de la prostitution et sous-estiment sinon négligent diverses activités telles que le troc, le travail noir, l'emploi d'immigrés « illégaux », ou autres pratiques non officielles comme les pourboires et autres gratifications, les plus-values sur les timbres, antiquités ou autres objets de collection ; enfin, elles ignorent la double comptabilité universelle et la fraude presque nécessaire pour de nombreuses petites entreprises dans le climat de contrôle et de fiscalité actuel.

Les économistes évaluent l'importance de cette économie souterraine en estimant la croissance des revenus en espèces – près de cinq cents dollars par tête en 1979 aux États-Unis – en comparant les statistiques officielles de revenus avec l'expansion plus rapide de l'ensemble des transactions, ou en examinant les rendements des vérifications fiscales. On estime ainsi l'économie « irrégulière » entre 10 et 25 % du P.N.B. Même si les économistes n'ont pas d'idées précises sur l'ampleur de ces comportements, ils ne doutent ni de leur importance ni de leur croissance; comme l'explique le sceptique Edgar Feige de l'université du Wisconsin, « leur place est énorme et s'accroît rapidement [20] ». Et Peter Gutmann de l'université de New York a pu écrire : « En ce domaine, plus on cherche, plus on trouve [21]. »

Les gens n'aiment guère dissimuler leurs revenus ou frauder le fisc. Bien que ces ressources non déclarées aient allégé les pressions financières pesant sur certaines familles, elles furent nombreuses à souffrir de graves tensions et d'angoisse dans un climat de surcharge fiscale : d'aucuns acquittaient des impôts qu'ils jugeaient injustes, d'autres s'y dérobaient, bafouant au besoin leur propre sens du droit [22]. Quoi qu'il en soit, les seuls résultats sont la fureur ou la démoralisation.

Les expériences qu'ont faites les groupes de familles américaines qui se développent le plus rapidement expliquent pour l'essentiel le ressentiment et les problèmes des très nombreuses classes moyennes. Ces problèmes montrent aussi la nécessité de réductions fiscales pour diminuer le nombre des activités illégales ou dissimulées, et favoriser le renforcement des familles. Et ce problème est international. En Suède, où les impôts progressifs et les programmes sociaux sont plus développés qu'aux États-Unis, le taux de divorce est supérieur de 60 %, le nombre d'enfants illégitimes trois fois plus élevé; un tiers des enfants suédois naissent hors mariage [23]. Comme le disait le célèbre socialiste Gunnar Myrdal, « une fiscalité excessive a fait de nous un pays de filous [24] ».

De telles distributions de revenus produisent également une illusion statistique concernant les riches. Alors que la répartition annuelle des revenus n'a guère évolué au cours des années 70, on a assisté à un bouleversment radical de la distribution du patrimoine. Pour le comprendre, il importe avant tout d'avoir une idée claire des faits et effets de l'inflation, en se préservant des litanies de droite ou de gauche, de la rhétorique de « l'impôt le plus cruel » dont toutes les victimes seraient des veuves et des orphelins. En fait, les veuves et les orphelins qui ont droit à la Sécurité sociale et aux avantages sociaux se sont plutôt bien tirés de l'inflation. Entre 1972 et 1977, par exemple, le revenu familial médian des personnes âgées est passé de 80 à 85 % du revenu médian de l'ensemble de la population [25]. Comme l'ont découvert Christopher Jencks de l'université Harvard et Joseph Minarek de la Brookings Institution (tous deux hommes de gauche), à la fin des années 70, l'inflation a pénalisé plus sévèrement les épargnants et les investisseurs, les riches pour l'essentiel.

A la fin des années 70, le taux de croissance de la productivité voisin de zéro et la charge de la facture pétrolière ont inévitablement fait diminuer le niveau de vie moyen des Américains. Ainsi, toute catégorie qui est parvenue à augmenter ses prix a vu sa position relative dans l'économie américaine s'améliorer réellement. En fait, toutes les familles qui ont suivi la hausse de l'indice des prix à la consommation (I.P.C.) ont réalisé des gains réels et relatifs substantiels puisque l'I.P.C. a exagéré l'impact effectif de l'inflation d'au moins 20 %.

L'erreur centrale de l'I.P.C. est d'inclure dans le coût croissant d'accession à la propriété la part importante des charges d'intérêts déductibles du revenu imposable. Or, le plus gros de ces charges ne consiste pas en un intérêt réel mais en une prime d'inflation destinée à compenser l'effet de la dépréciation du dollar sur la valeur du capital bancaire emprunté.

Ainsi, durant les années 70, la propriété a permis à une bonne part des classes moyennes américaines et à 70 % des personnes âgées, de se protéger contre l'inflation. Même parmi les ménages dont le revenu était inférieur à dix mille dollars en 1975, plus de la moitié étaient des propriétaires.

Le développement rapide de l'indexation – lien entre les revenus et le coût de la vie – fut un phénomène de toute première importance. Les nombreux Américains bénéficiant d'ajustements sur le coût de la vie ou d'échelle mobile de revenus ont tous réalisé des gains relatifs à la fin des années 70 en échappant ainsi aux effets du déclin général de la prospérité américaine. Les allocations de la Sécurité sociale ont été particulièrement favorisées puisqu'une erreur de législation, non corrigée pendant cinq ans, a permis une double indexation de leurs ressources. Dans la majorité des États, les bénéficiaires de l'assistance sociale ont suivi le taux d'inflation quand ils n'ont pas amélioré leur situation grâce au triplement des pensions alimentaires ou autres aides en espèces. Les ouvriers de la sidérurgie, de l'automobile, les camionneurs et autres catégories bien organisées de la population active, comme le personnel des postes, les syndicats municipaux et autres fonctionnaires, ont tous échappé à la stagnation. Tous ont bénéficié de hausses de salaires, de pensions et d'avantages au détriment des contribuables et de la compétitivvité de leurs industries sur le marché mondial.

L'augmentation des versements de la Sécurité sociale a nettement affecté la distribution des richesses. La Sécurité sociale absorbe sept billions de dollars, engagements de l'État et avoirs des travailleurs. Ces avoirs proviennent pour l'essentiel de la classe moyenne. Comme le député au Congrès David Stockman l'a écrit : « Au lieu de se placer en actifs financiers, échangés sur les marchés (c'est-à-dire les banques et autres organismes d'épargne et d'investissement), une part croissante des épargnes de la classe moyenne se dirigera désormais vers les futures créances sur l'État, négociées par les politiciens [26]. » Malgré son absence des tables de distribution, cet actif n'a cessé de croître au cours des années 70 et a considérablement modifié la distribution du patrimoine réel en faveur des classes moyennes.

Les classes supérieures affrontaient pendant ce temps une nouvelle « Grande Crise ». Si la redistribution progressive, des riches vers les pauvres, sans croissance réelle, était susceptible d'atténuer les tensions sociales, les années 1974 à 1980 auraient été une période idyllique pour les économies occidentales écrasées sous l'impôt et victimes de l'inflation : jamais elle n'aurait été marquée par une frustration et un malaise social croissant, affectant les gagnants comme les perdants.

Selon l'étude réalisée par Minarek pour Brookings, les effets pervers de la redistribution risquent de s'aggraver si l'inflation continue. Minarek compare les statistiques de revenus – qui suggèrent un profit marginal pour les riches et une perte pour les pauvres – avec une approche plus globale tenant compte des avantages en espèces (des pensions alimentaires aux avantages accessoires donnés par les entreprises), des effets du patrimoine (telles l'appréciation des biens immobiliers et la diminution de la valeur réelle des actions et obligations) et de l'impact de la fiscalité (changement de tranches de revenus et prélèvements sur des profits nominaux qui dissimulent en fait des pertes)[27]. Cette approche marque une révolution conceptuelle majeure et récuse implicitement la sagesse traditionnelle qui prévalait dans l'approche de la distribution du patrimoine américain.

Tandis que la hausse de la valeur des propriétés et des avantages en espèces tendait à compenser les effets de changement de tranche fiscale dans les classes inférieures ou moyennes, à partir d'un revenu annuel de vingt-cinq mille dollars, l'impact de la fiscalité commence à dépasser l'appréciation du logement et des autres actifs. A des niveaux de revenus encore plus élevés, le patrimoine a sérieusement souffert de la réduction du revenu et de la baisse de la valeur des actions, obligations et autres actifs libellés en dollars[28]. Bien que ces effets de patrimoine soient difficiles à mesurer, Minarek estime que 2 % d'inflation annuelle diminuent de 10 % les revenus réels de cent mille dollars, et de 18 % ceux de deux cent mille dollars (soit une perte d'environ quarante mille dollars imputable à la seule inflation). Même si cet impact annuel sur le revenu des millionnaires était moindre, six ans (1974-1980) d'inflation soutenue ont eu un impact déterminant sur les plus hauts revenus [28]. Minarek n'examine pas l'effet des taux à deux chiffres de la fin de la décennie : une analyse similaire montrerait sans doute une réduction annuelle de 33 % du revenu réel des familles riches. L'évolution du patrimoine fut dramatique. Les obligations (par exemple) ont baissé d'environ cinq cents milliards de dollars entre juin 1979 et le début de 1980.

A l'aube de l'année 1980, la situation et les perspectives en la matière étaient d'autant plus sinistres que la productivité s'arrêtait et que le taux d'épargne s'effondrait à moins de 4 %. Les classes supérieures, ordinairement les moteurs de l'économie et de l'investissement, se sont tournées vers des valeurs refuges improductives : l'or, l'immobilier et la spéculation. De surcroît, la démoralisation de l'élite a encouragé les plaintes des classes inférieures.

Tous ces phénomènes échappaient aux experts de la distribution du revenu passant leurs graphiques au crible de concepts et de critiques crypto-marxistes. Pour l'essentiel, leur conception de l'économie déforme les relations de la richesse et de la pauvreté dans un monde que l'on peut toujours, si on le souhaite, gouverner selon la règle d'or du capitalisme.

TROIS

Le don et ses profits

LE CAPITALISME COMMENCE avec le don. C'est un thème croissant de « l'anthropologie économique » du livre pionnier de Melville Herskowits portant ce titre, à celui de Marvin Harris, *Cannibales et monarques*. Dans les sociétés primitives, les capitalistes étaient des chefs de tribu qui rivalisaient pour donner de grandes fêtes ; de même le commerce a commencé par des offrandes d'une famille à une autre ou d'une tribu à sa voisine. L'espérance de réciprocité inspirait ces dons réalisés selon des rites religieux : mais cette compensation n'était pas définie au préalable. Et on espérait recevoir au cours de la fête un don plus important : un autre « homme puissant » ou *mumi*, comme l'appelaient les Siuai des îles Salomon, ne manquerait pas de surenchérir sur les précédentes offrandes.

Harris décrit ainsi ce processus :

> Chez les Siuai, un grand homme est appelé *mumi* et la plus haute ambition de tout jeune homme est de parvenir au statut de *mumi*. Il atteint ce but en travaillant plus dur que tous les autres et en limitant soigneusement sa propre consommation de viande et de noix de coco. Peu à peu, il convainc sa femme, ses enfants et ses parents proches du sérieux de ses intentions et ils promettent de l'aider à préparer son premier festin. Si celui-ci est un succès, le cercle de ses partisans s'élargit et il met tout en œuvre pour organiser une démonstration encore plus convaincante de sa générosité. Son prochain but est la construction d'une maison des hommes où ses fidèles puissent se prélasser et où l'on peut recevoir et loger des invités. Lors de l'inauguration de cette maison, il offre un nouveau festin et, si celui-ci est à nouveau réussi, le cercle de ses supporters — les gens disposés à travailler en vue du banquet à venir — s'élargira encore et on commencera à parler de lui comme d'un *mumi*... Bien que des festins toujours plus abondants signifient que les exigences du *mumi* vont en augmentant, le volume de la production s'accroît [1]...

Helen Codere décrit le potlatch tel qu'il est pratiqué par les Kwakiutl du nord-ouest des États-Unis ; même succession de travail et d'épargne, d'accumulation du capital et des fêtes. « La distribution publique de richesses par un individu marque un temps fort récurrent d'une série interminable de cycles d'accumulation qui s'achève par le potlatch auquel succèdent à nouveau l'accumulation puis une nouvelle fête [2]. » Les échanges rituels de nourriture et de dons peuvent prendre une importance considérable. Herskowits cite un cas d'offrandes dans le Pacifique consistant en seize mille noix de coco et dix paniers de poisson [3].

Ces échanges de dons prennent la forme de véritables luttes altruistes [4]. Seule la compréhension des besoins d'autrui est garantie de la réciprocité. Les dons sont d'autant plus remarquables et surprenants que les donateurs satisfont un besoin ou une aspiration ignorée. Le bénéficiaire est épaté ; il se réjouit de cette sympathie inspirée et inattendue et n'a de cesse de rembourser son dû. Ainsi, cet échange de dons se traduit par une expansion des sympathies humaines. Le cercle du don (les profits de l'économie) se développe aussi longtemps que la valeur des dons paraît plus importante au donataire qu'au donateur.

Par ce dépassement du troc, ces échanges de dons revenaient en fait à inventer la monnaie, c'est-à-dire un mode d'échanges qui, en excluant la planification contractuelle exacte, laisse le champ libre à la liberté et à l'incertitude. La monnaie consiste en engagements, dettes ou promesses. En donnant un dollar à quelqu'un, vous prenez acte d'une dette que vous avez à son égard tout en lui repassant une reconnaissance de dette que vous a donnée une autre personne. Mais à l'origine de ce processus il y a nécessairement un donateur et un don, une fête et un *mumi*, un investissement et un investisseur.

En donnant une fête, le *mumi* endettait implicitement l'ensemble de ses hôtes. Ce faisant, ils acceptaient à son égard une obligation. Par les dons et les investissements du capitalisme primitif, l'homme a créé et multiplié les obligations. Ces obligations suscitaient alors des dons réciproques et de nouvelles obligations dans un processus croissant de création et d'échange économique : chaque donateur espère des profits plus importants sans en être assuré et chaque bénéficiaire agit dans l'espoir de meilleurs gains. Cette multiplication des dettes devait nécessairement se traduire par une augmentation de la masse monétaire. Le point essentiel est que chaque obligation (ou sentiment d'obligation de la part d'un hôte) a été précédée d'un don (repas). En tant que capitaliste, le *mumi* ne pouvait ni exprimer des exigences ni imposer d'obligations ou émettre de la monnaie sans fournir une contrepartie comparable. La demande était inhérente à l'offre, au repas offert.

L'usage d'une véritable monnaie est la suite naturelle du potlatch. L'invention de la monnaie a permis d'étendre ce modèle du don de la tribu du *mumi* à l'économie mondiale. Les zones d'échanges sûres n'ont cessé de se développer. Au nombre des plus importantes devises transnationales, il faut noter le *Hui* chinois ; il fut le mode privilégié de la formation du capital des Chinois outre-mer dont les réussites de commerçants et de marchands ont été exemplaires dans l'ensemble du monde, de San Francisco à Singapour. Émanation du potlatch plus élaborée et plus propice au développement, le *Hui* est apparu avec la nécessité de financer l'investissement. Il permettait à un groupe de familles ou d'amis de se réunir et d'organiser ensemble une série de dix fêtes. Un pécule était convivialement réuni et offert à l'un des convives, collectivement ou secrètement. Ce circuit continuait jusqu'à ce que chacun ait reçu sa part. Des systèmes analogues, le *Ko* ou le *Tanamoshi*, permettaient aux Japonais de développer leur épargne. Transplantée aux Indes occidentales, la devise des *Yoruba* d'Afrique occidentale, le *Susu*, a fourni le capital de base du commerce dans les Caraïbes. Ce mode de formation du capital s'est révélé également très fructueux chez les Antillais migrant vers les villes américaines[5]. L'ensemble de ces dispositions supposait d'avoir confiance dans la monnaie ou les biens de ses partenaires et d'être prêt à affronter les aléas d'un avenir incertain. Les profits futurs n'étaient pas assurés une fois pour toutes.

L'offre créant sa propre demande est un principe fondamental de l'économie classique appelé loi de Say. Son expression et ses réfutations ont pris des formes techniques intéressantes. Mais dans son essence, elle s'assimile au potlatch. Le capitalisme consiste à fournir un bien sans contrepartie immédiate. Dans l'offre, la demande est implicite. Dans une économie non monétaire, les dons trouvaient leur contrepartie immédiate en termes de prestige ou par une promesse de nouveau festin ; il semblait indispensable pour échapper aux contraintes du troc et à l'exigence d'une stricte égalité des produits échangés. Le plus souvent, ces banquets et ces offrandes témoignaient avant tout d'un esprit d'entreprise : à l'acquisition immédiate de produits de valeur connue, on préférait envisager à long terme l'obtention de produits de valeur inconnue en échange de ces dépenses. L'efficacité de ces moyens d'épargne et d'investissement dépendait de l'honnêteté et de la marche des affaires de tous les membres de la communauté.

La différence essentielle entre la monnaie et les autres catégories d'obligation tient à son indétermination. La monnaie jouit d'une présomption de confiance et accroît la liberté. Sans monnaie, tous les échanges doivent être partiellement prédéterminés. Seul le désir d'un homme de donner ou de travailler sans contrepartie spécifique est porteur de liberté. Dans une économie planifiée, la monnaie tend à devenir une tromperie ou une fausse promesse puisque les achats sont pour l'essentiel fixés d'avance. En Russie, le rouble n'est utilisable que pour une liste très limitée de biens de consommation, le plus souvent disponibles en quantités limitées.

La monnaie n'est en définitive rien d'autre que des reconnaissances de dette pour biens et services. C'est parce qu'elle confère la liberté qu'elle est plus précieuse que les offres de produits ; son affectation est libre. Dans une économie capitaliste, chacun sait bien, ouvriers ou hommes d'affaires, que son pouvoir d'achat se réduit à l'offre qu'il propose, ni plus ni moins. Il va dans une librairie acheter ce livre : il ne le paie pas avec de l'argent artificiel, mais avec l'expression monétaire de son travail. Ainsi, il n'échange pas seulement son travail ou ses services contre les miens : d'une façon ou d'une autre, il rembourse aussi les éditeurs, les artistes, les correcteurs, les imprimeurs, les chauffeurs, les ouvriers du bâtiment, les commerçants... (cette liste est virtuellement infinie dans un système moderne de division du travail) qui ont peu ou prou contribué à la fabrication et à la diffusion de cet ouvrage.

En définitive, tout client, qui achète des noix de coco, va au salon de coiffure ou acquiert une guitare, ne paie pas sa consommation avec une monnaie dont le gouvernement peut accroître ou restreindre l'offre, mais avec ses propres réserves de biens et services. C'est moins sur le marché où il accomplit l'acte formel d'achat qu'à l'usine ou au bureau où il consacre ses forces vives à augmenter ses ressources en en acceptant les risques que sa demande naît et s'exprime de la façon la plus authentique. La valeur qu'il attribue à son argent est psychologiquement enracinée dans les efforts qu'il a réalisés dans ce but.

La dissociation de l'offre et de la demande est une définition utile de l'inflation : autrement dit, le pouvoir d'achat ne peut durablement excéder l'offre; on n'a rien pour rien; on ne saurait perpétuellement prendre aux autres sans rien leur donner. Plus précisément, si les banques centrales financent une demande artificielle, la valeur de la monnaie, de l'instrument de demande, approchera bientôt son point zéro qui, comme l'observait Voltaire, est la valeur naturelle de ces chiffons de papier. Même si les pouvoirs publics soutiennent la valeur de ces bouts de papier en les rendant convertibles en or, ils n'auront guère de valeur si se dissolvent les fondements moraux de la production et de l'échange. Dans une économie effondrée où règne la méfiance, un homme peut échanger une once d'or contre une livre de blé; dans une économie monétaire saine, son or équivaut à une demi-tonne.

Le capitalisme repose sur la confiance — dans ses voisins, dans la société et dans la logique compensatrice du cosmos. Cherchez et vous trouverez, donnez et l'on vous donnera; l'offre crée sa propre demande. C'est cette cosmologie, cette logique séquentielle qui, pour l'essentiel, distingue l'économie libre du système socialiste. L'économie socialiste procède d'une définition rationnelle des besoins ou de la demande sur laquelle se fonde la prescription planifiée des produits offerts. La détermination et la spécification de la demande précèdent l'offre. La rationalité régente le système; elle élimine les terrifiantes incertitudes et dissuade les actes de foi pourtant indispensables à l'expansion du système et aux innovations.

Dans une économie monétaire capitaliste, le don se nomme investissements. On ne fait aucun don sans espérer, ne serait-ce qu'inconsciemment, en être remercié ici-bas ou outre-tombe. Même les préceptes bibliques affirment que la générosité sera récompensée. L'essence du don réside non pas dans la gratuité absolue mais dans l'absence de remboursement prédéfini. Comme pour les dons, les fruits de l'investissement capitaliste ne sont pas prédéterminés.

Ces dons ou ces investissements sont expérimentaux. Leurs fruits restent en effet inconnus et l'on ignore s'ils se solderont par des pertes ou des profits. Parce que la majorité des investissements sont des échecs, l'instant de la décision est lourd de promesses et d'incertitudes et suppose une certaine foi ; mais ces aventures sont des expériences et en ce sens même un échec est en fait un succès ; même le gaspillage est rentable. Avec le temps ou d'une génération sur l'autre, les échecs se transforment en un savoir dont les entrepreneurs et la société jouissent comme du plus précieux des capitaux.

La valeur de cette connaissance dépasse largement celle qui est enseignée dans les écoles ou acquise lors des expériences contrôlées des sciences sociales et physiques ou encore les leçons de l'histoire des économies socialistes. Les expériences de l'entrepreneur sont en effet des aventures dont l'enjeu se concrétise dans les futurs moyens de subsistance créés par l'investisseur. Il en ressort plus avisé, passionné, vif et prudent, plus expérimenté. Soit les fruits de ces essais s'avèrent extraordinairement abondants, soit il rencontre crises et surprises dont, en ultime ressort, il pourra toujours bénéficier.

La motivation décidera du succès ou de l'échec d'entreprises ou de nations disposant par ailleurs d'atouts comparables. Harvey Leibenstein de Harvard en a proposé une abondante illustration : il montre que l'explication fondamentale des différences de productivité entre firmes ou pays ne réside pas dans l'efficacité du système économique d'allocation ni dans un quelconque *input* mesurable intervenant dans le processus de production. L'origine en est la gestion, la motivation, la ténacité ; le facteur qu'il a peine à identifier, il l'appelle *facteur x*[6]. A l'occasion, il cite *Guerre et Paix* de Tolstoï :

> La science militaire dit qu'une armée est d'autant plus forte qu'elle est plus nombreuse... (En fait, elle) est le produit de (sa) masse par quelque chose d'autre, par une certaine inconnue *x*... le moral de l'armée... Définir et exprimer la valeur du moral d'une armée, de ce multiplicateur inconnu, est la tâche de la science... La solution de ce problème ne deviendra possible que lorsque nous cesserons de substituer arbitrairement à la valeur de l'inconnue *x* les conditions dans lesquelles elle se manifeste, telles que les dispositions du chef, l'armement, etc., les considérant comme exprimant la valeur du multiplicateur, et prendrons celui-ci en son entier, c'est-à-dire comme la volonté plus ou moins grande de se battre et de s'exposer au danger[7].

En d'autres termes, les *inputs* mesurables, tels que l'on peut les calculer dans une économie planifiée, ne déterminent pas la production. Leibenstein montre que les écarts de productivité entre les ouvriers affectés à la même tâche dans telle ou telle usine peuvent aller de quatre à un ; on constate des différences de 50 % entre des usines équipées des mêmes machines et rémunérant également leur main-d'œuvre. Ainsi, dans l'explication de la productivité, des groupes ou des individus, des gestionnaires ou de la main-d'œuvre, le rôle des *inputs* mesurables apparaît dérisoire au regard de la gestion, de la motivation, de l'ardeur et de leurs effets sur le désir d'innover ou d'étendre ses connaissances. Les choses se décident par la volonté de transformer des informations floues ou des hypothèses en connaissances opérationnelles : en appliquant les termes guerriers de Tolstoï, il ne s'agit plus « de se battre et de s'exposer au danger », mais de réaliser des efforts et de prendre des risques.

Sans le facteur *x*, le potentiel économique resterait largement inexploité ; le capital de la sagesse économique ne s'enrichira que très lentement des leçons des échecs ou des réussites. Les données de Leibenstein confirment l'observation et recoupent l'histoire : le désir de propriété est le meilleur terreau du facteur moral. Car être propriétaire, c'est encourir les risques de la production, qu'il s'agisse de sa propre terre ou d'une partie du capital d'I.B.M. Dans un monde changeant, une économie concurrentielle, le propriétaire mène une vie de création permanente ; continuellement, il s'informe ; les lumières résultant de connaissances imprévues, la mode, les goûts, la technologie, tout l'inspire et le motive car la valeur de son propre bien, et donc de ses rendements futurs, peut radicalement changer.

Le socialisme s'apparente à une assurance que tous les citoyens souscriraient pour se préserver des risques. En fait, il ne les protège que de la connaissance des dangers réels et des choix qui se présentent à la société. La société préfère le péril majeur de la stagnation dans un monde dynamique aux avantages d'une multitude de dons et d'expériences. Dans l'économie capitaliste, ce sont les citoyens et les entrepreneurs qui affrontent individuellement les risques, les apprécient et font leur choix : la stabilité du système en est donc d'autant plus forte.

Pourtant, la différence cruciale tient à ce qu'en donnant avant de recevoir, le capitaliste témoigne d'un mode de pensée et d'action compatible avec l'incertitude. Les socialistes élaborent un plan national qui repose sur des modèles de besoins et de demandes préalablement définis : les hommes d'affaires n'ont qu'à s'y soumettre ; la demande vient d'abord. Un système ne cesse de multiplier les expériences, de tester des hypothèses, d'élargir ses connaissances ; l'autre réunit les informations relatives aux facteurs de production et aux produits puis met en œuvre les plans qui s'imposent.

Le socialisme suppose connu l'essentiel des informations nécessaires à la réalisation de nos objectifs. Le capitalisme est fondé sur l'idée que nous vivons dans un monde d'une complexité incommensurable, d'ignorance et de danger : il serait impossible de contourner nos difficultés sans de constants efforts d'initiative, de sympathie, de curiosité et d'amour. L'un affirme qu'il est possible de prévoir et de planifier la demande ; pour l'autre, il faut attendre pour savoir de quoi notre univers sera fait demain. Le premier repose sur une définition des capacités humaines empiriquement calculables, le second sur l'optimisme et la foi. Ces deux conceptions fondamentales se disputent le monde et forgent notre destin.

Dans le capitalisme, la morale et la providence président aux aventures de la raison. L'altruisme et la compréhension des besoins d'autrui sont les garants du succès. L'efficacité du don dépend de la confiance d'une humanité juste et responsable. Dans ce monde, les clauses de compensation ne sont pas une contrepartie nécessaire du don, ni l'assurance du profit la condition de l'entreprise. On est libre de préférer les surprises du profit aux avantages plus modiques des arrangements contractuels. Les périls et les incertitudes ne paralysent pas l'initiative.

L'entreprise meurt avec la foi. Il est impossible de créer un système de régulation et de sécurité collectives qui ne finisse pas par tarir les sources morales du désir de s'exposer au danger et de combattre ou qui ne fige pas les flux spontanés de dons et d'initiatives qui élargissent les dimensions du monde et les cercles de la cordialité.

La force majeure et la faiblesse essentielle du capitalisme et de la démocratie proviennent de leur confiance dans la créativité et le courage individuels, l'esprit de décision et la morale, l'intuition et la foi. Aucune alternative n'existe hormis la stagnation et la médiocrité. La raison et le calcul ne sauraient en aucun cas suffire dans ce monde façonné par des millions d'hommes, agissant de manière imprévisible, dans un univers où les interactions sont insondables et complexes, dans une époque sombre.

L'atout superficiel du collectivisme est aussi le germe de sa ruine : il suppose en effet qu'il est possible d'avoir une connaissance rationnelle détaillée des affaires humaines et de leur avenir. L'homme qui recherche assurance et certitude vit toujours dans le passé, seul connu ; en dépit de sa rhétorique « progressiste », ses politiques sont nécessairement réactionnaires. Certaines informations ne sont disponibles, quand elles le sont, qu'après l'heure du choix ; l'entrepreneur qui attend l'émergence d'un marché sûr et celui qui, pour réduire les impôts, veut être assuré de l'apparition de nouveaux revenus ou encore le leader qui attend le choix de l'opinion publique, sera toujours trop timide et en retard.

La production ne saurait dépendre d'une demande prédéfinie. La demande dépend de la qualité même des biens offerts ; dans un monde changeant, les qualités exigées ne cessent d'évoluer. Celui qui façonne l'avenir vit dans le doute et se laisse guider par sa foi. L'avenir de la démocratie occidentale et du capitalisme dépend du destin de cette foi sur ces terres qui lui ont donné naissance.

QUATRE

Du côté de l'offre *

L'OFFRE EST LA SOURCE des bienfaits du capitalisme. Dans les économies capitalistes occidentales, une politique économique fondée sur la simple reconnaissance de ce principe est assurée du succès. Il paraît parfois aussi obscur aux conservateurs excessivement soucieux de la masse monétaire et du déficit budgétaire qu'aux libéraux obsédés par la demande globale et la consommation. La sagesse en la matière provient parfois de sources fort étranges. Même Karl Marx en savait assez pour ne pas faire du contrôle des moyens de *consommation* le nœud et la clef de voûte du capitalisme ! Ni même de l'offre de monnaie.

Marx a pourtant eu tort de situer les moyens de production dans le champ matériel de l'économie plutôt que dans le capital métaphysique de la liberté et de la créativité humaines. Le problème du capitalisme contemporain réside moins dans la détérioration du capital physique que dans la subversion continue des moyens psychologiques de production – la morale et l'inspiration de l'homme économique – qui sape la conscience même du capitalisme : il faut donner pour recevoir, offrir pour demander.

Cette tendance a apparemment commencé par affecter la politique. En fait, la situation actuelle évoque le monde dans lequel la science économique a remporté ses premiers succès. Ce fut l'âge du mercantilisme : l'hypertrophie de la politique était analogue quand Adam Smith reprochait aux gouvernements européens de penser que l'importance de la demande – concrétisée par des réserves d'or – constituait la source de la prospérité. Smith prétendait dans *La Richesse des nations* que les capacités de production et d'offre étaient la source véritable des richesses et non l'or accumulé grâce aux surplus commerciaux.

* Ce chapitre présente une théorie économique de l'offre. Les lecteurs qui préfèrent un exposé moins abstrait pourraient sans dommage sauter ce chapitre.

Mais au cours des deux siècles qui ont suivi la victoire initiale de Smith en faveur de la politique de l'offre, l'optique de la demande a trop souvent prévalu. Ce problème relève d'abord de la philosophie politique, c'est-à-dire de la théorie de la politique et de l'opinion publique.

Les politiques démocratiques reposent sur une série d'égalités formelles — légales et électorales — issues en définitive d'une croyance religieuse à l'égalité des hommes devant Dieu. Néanmoins, en un sens plus immédiat, ces égalités sont largement mythologiques. Un homme, une voix? mais des hommes énergiques ou éloquents ou contrôlant les médias peuvent orienter l'opinion de millions d'électeurs! On est en droit d'espérer qu'un élu défende les points de vue et les intérêts de son électorat : mais, au cours de sa campagne et dans l'exercice de ses fonctions, il peut profondément affecter les croyances et se faire l'interprète décidé des intérêts de ses électeurs. Une analyse réaliste montrerait que, dans la mesure où ils disposent d'une réelle autorité, les politiciens façonnent davantage l'opinion de la majorité de leur électorat qu'ils ne la suivent, surtout dans des domaines techniques ou complexes.

Comme Walter Lippmann l'a démontré dans son ouvrage magistral *Public Opinion,* l'opinion publique est essentiellement un fantôme. On ne devrait jamais le perdre de vue. Le plus souvent, au sens habituel de ce terme, l'opinion publique n'existe pas. De façon assez plausible, on pourrait dire que les sondages créent souvent leur propre opinion. A partir des mouvements et vagues configurations d'une opinion très largement amorphe, ils imaginent des choix abstraits et définis sans fondement, des agrégats insignifiants. De même, plus profondément, les hommes politiques forgent leur propre majorité. Tout au long de leur campagne, de leurs discours, de leurs consultations puis dans l'exercice de leurs fonctions officielles, les politiciens ne se contentent pas de répondre aux aspirations du public. Bien plus, ils développent une politique active d'offre et de diffusion de leurs idées. Même dans le domaine politique, l'offre crée sa propre demande.

Par analogie, le chef est l'offre, l'opinion publique la demande. Dans un système démocratique, un renversement d'opinion permet à l'imagination malléable des masses de diriger l'appareil puissant et permanent dont émane la légitimité. Parmi les nombreux désordres résultant de l'inversion de la hiérarchie décrite par Ortega y Gasset dans *La Révolte des masses,* on peut noter un électorat rétif et aliéné, l'échec du pouvoir politique, un gouvernement léthargique et stérile et enfin une tendance au déclin national. En économie, quand dans l'ordre des priorités la demande devance l'offre, on connaît une économie léthargique et stérile, l'inflation et le déclin de la productivité. La politique et l'économie sont aujourd'hui victimes de tels désordres.

Le problème est que la demande, comme l'opinion publique, n'a pas de sens précis, identifiable. C'est un flux d'aspirations et de sentiments dont les formes évoluent au gré de l'offre. Puisque aucune demande ne se manifeste pour les biens nouveaux ou inconnus, ni pour les fruits imprévisibles de l'innovation et du génie, l'obsession de la demande engendre la stagnation. L'égalitarisme favorise la cupidité. Il minimise les sources diverses et spécifiques de la demande au profit des prétentions diffuses et stériles de la demande. Pour le commun des mortels, rien n'incite à penser que ces deux concepts soient d'égale importance. Dans la théorie économique, la demande a acquis droit de cité au même titre que l'offre ; en matière politique, la suprématie de la demande s'est avérée illusoire et décevante.

La théorie de la valeur a marqué la première percée de la demande : la détermination du prix par l'intersection des courbes d'offre et de demande. Ces graphiques et ces équations forment le noyau de base de l'enseignement de l'économie. En apparence, ils consacrent l'équivalence fondamentale de l'offre et de la demande.

Mais cette impression trahit deux erreurs de raisonnement. Les philosophes appellent la première réification (du mot latin *res* signifiant chose) ou mauvaise concrétisation d'une réalité. La réification assimile la substance objective, « l'être de l'étant », à une abstraction (l'opinion publique par exemple) ou à un concept subjectif comme la valeur (ainsi dans l'affirmation : « la valeur réelle de la monnaie réside dans l'or »). Le psychologue Wilhelm Reich a poussé à l'extrême ce type de raisonnement en affirmant que l'énergie sexuelle n'était rien d'autre qu'une substance réelle et concrète, l'orgone, qu'il était possible de recueillir. L'autre erreur de l'économie théorique est pratiquement à l'opposé de la réification : elle consiste en effet en une abstraction artificielle, réduisant les choses à leur concept et les manipulant en conséquence. Les utopistes multiplient ces abstractions douteuses en supposant que les êtres humains sont des amas malléables d'idées plutôt que des créatures sociales et biologiques spécifiques et partiellement inchangeables.

Dans les théories des économistes classiques ou partisans du « laissez-faire » — et leurs modèles de concurrence parfaite — la demande est plutôt réifiée et l'offre idéalisée. Les mouvements hésitants et subjectifs de la demande du consommateur sont considérés comme des comportements mesurables, spécifiques et bien définis ; par contre, l'offre d'objets spécifiques et déterminés, produits pendant longtemps, est parfois assimilée à une succession perpétuellement changeante d'idées et de nombres. Les courbes de demande n'expriment que les réactions purement affectives du consommateur face à des biens particuliers et à leurs prix : on leur accorde pourtant un poids et une attention identiques aux courbes d'offre qui enregistrent les efforts réels, les sacrifices ou les intentions des producteurs (lesquelles ont déterminé le mode de production et la nature des produits déjà réalisés). En outre, ces équations supposent une apparition simultanée de ces deux processus d'offre et de demande. La confusion règne en matière de cause et d'effet.

La notion de concurrence parfaite — image originelle de la thèse classique — est extrêmement précieuse pour décrire des marchés particuliers de biens existants. Mais elle ne concerne guère l'activité centrale du capitalisme, l'agitation qui entoure le lancement d'une nouvelle entreprise. On l'a souvent remarqué à l'occasion d'analyses académiques, la concurrence parfaite aboutit à supprimer la concurrence. On a alors un équilibre dans lequel les participants disposent d'une information parfaite et dans lequel aucune société ne peut changer les prix ou les produits ni modifier substantiellement l'offre et la demande.

La concurrence parfaite néglige l'essentiel du comportement d'offre, c'est-à-dire l'acquisition et la manipulation de l'information qui est l'activité principale des entrepreneurs réels. Hommes libres et entreprises créatrices — tous les secrets et les surprises de la concurrence réelle — sont écartés au profit d'un mécanisme élémentaire : l'épargne s'investit automatiquement ; l'offre et la demande s'équilibrent simultanément ; enfin, il va de soi que les ordinateurs modernes remplaceraient avantageusement les entrepreneurs.

Malgré son apparence élégante et séduisante, le modèle classique est moins utile aux conservateurs que ne le laisse supposer leur attachement. Même s'il semble plaider pour un gouvernement limité, il ne cesse de multiplier les prétextes à une intervention de l'État pour remédier aux inévitables imperfections. Ce perfectionnisme a plus souvent discrédité la dynamique salissante du capitalisme réel qu'il n'a illuminé ses œuvres.

Le développement autonome de la macroéconomie et l'ascendance de l'école keynésienne (se trompant d'ailleurs largement sur les œuvres du maître) ont consacré le triomphe de la demande. Keynes commençait sa *Théorie générale de l'emploi, de l'intérêt et de la monnaie* par une réfutation apparente de la loi de Say [1]. Il poursuivait par une thèse complexe et absconse que l'on interpréta ainsi : les niveaux de la production et de l'emploi dépendent essentiellement du niveau de la demande.

Selon les disciples de Keynes, le premier rôle du gouvernement est d'assurer des niveaux corrects de la demande globale ou totale par le biais des politiques budgétaire et monétaire. Arguant de la possibilité dans les pays capitalistes de contrôler la masse monétaire — l'instrument de la demande — ils finirent par croire qu'ils pouvaient aussi influer sur l'offre d'autres biens. Les bureaucrates et les économistes se penchèrent alors sur les manipulations publiques de la demande. Dans leurs réflexions et leurs analyses, l'offre devint une simple dérivée. La loi de Say n'était pas seulement réfutée, elle était implicitement renversée : cause et effet perdaient tout sens dans la proposition « la demande crée l'offre » — « prenez et vous rembourserez ».

La prétendue réfutation par Keynes de la loi de Say est sans doute l'événement majeur de l'économie moderne : elle a amplement conquis l'économie de la société globale (la macroéconomie) et remporté ses succès les plus insidieux dans l'économie des comportements individuels ou des entreprises (la microéconomie). Pourtant, les travaux de Keynes, même relatifs à la loi de Say et au rôle de l'offre, sont infiniment plus favorables à une politique économique de l'offre que les keynésiens ne l'admettent ordinairement.

Comme Thomas Sowel l'a expliqué dans deux livres (*Say's Law : an Historical Analysis* et *Classical Economics Reconsidered*), le théorème auquel est associé le nom de l'économiste français Jean-Baptiste Say suppose essentiellement que la somme des salaires, profits et rentes versés lors de la fabrication d'un produit suffit à l'acheter. Certes, les producteurs ne seront pas nécessairement les consommateurs, même si cela est possible. L'argent rémunérant les facteurs de production (sous forme de rentes, de salaires, d'appointements et de profits) qui contribuent à la fabrication et à la vente d'une automobile, par exemple, suffit à l'acheter. Ainsi, dans l'ensemble du système, pouvoir d'achat et pouvoir de production peuvent toujours s'équilibrer : l'économie sera toujours assez riche pour acheter ses produits. L'excès de produits résultant d'une demande totale inadéquate est inconcevable. Lors de la production, les producteurs créent collectivement la demande de leurs propres biens. Cette idée est manifestement simpliste mais elle véhicule un certain nombre de vérités économiques et de conséquences que Keynes ni personne n'a jamais réfutées. Ces vérités fondent la théorie économique contemporaine de l'offre.

Pour Keynes, il s'agit là d'un truisme. Il a souligné les problèmes résultant de l'*épargne* d'une partie de la monnaie utilisée dans le circuit de la production. Quand ces ressources épargnées sont empruntées et investies, cet argent prend la forme de salaires, de profits ou d'autres revenus et l'équilibre est assuré. Si les patrons de l'industrie automobile n'empruntaient pas l'épargne de leurs ouvriers pour acheter des machines équipant les usines, ces ressources pourraient être prêtées à l'U.S. Steel pour financer la sidérurgie; les constructeurs de hauts fourneaux seraient assez riches pour acheter une maison, les maçons pour acquérir un nouveau bateau à moteur jusqu'à ce qu'un détenteur de ces ressources se décide à acheter une automobile et à clore le cercle de Say. Keynes pensait que l'épargne n'était ni nécessairement empruntée ni investie; la monnaie peut rester gelée, dans une banque ou ailleurs.

Keynes avance de nombreuses raisons du refus des hommes d'affaires de recourir à l'épargne publique. La même crise économique qui pousse les consommateurs à réduire leurs achats pour épargner davantage risque également de dissuader les chefs d'entreprise d'emprunter et d'investir. Les produits s'entasseraient dans les boutiques ou les entrepôts, l'épargne s'accumulerait dans les banques; cadres et ouvriers perdraient leur emploi. Quand il écrivait la *Théorie générale* dans l'Angleterre du début des années 30, la situation semblait justifier la condamnation de la loi de Say. Malgré les invendus, la demande s'était apparemment évaporée.

Pour Keynes, il dépend des intentions inconstantes et des « esprits animaux » du patron ou du financier que l'épargne finance l'investissement. Sans doute le chef d'entreprise investirait-il s'il était convaincu de la validité de la loi de Say et de son assurance mathématique d'un pouvoir d'achat. Mais Keynes pensait autrement :

> L'entreprise ne fait croire qu'à elle-même que le principal moteur de ses activités réside dans les affirmations de son prospectus, si franches et si sincères qu'elles puissent être. Le calcul exact des bénéfices à venir y joue un rôle à peine plus grand que dans une expédition au pôle Sud. Aussi bien, si le dynamisme faiblit, si l'optimisme naturel chancelle, si par suite on est abandonné au seul ressort de la prévision mathématique, l'entreprise s'évanouit et meurt [2].

Même en l'absence de dépression, expliquait-il, les esprits animaux ont de nombreuses raisons d'hésitation [3]. L'argument keynésien clé est sans doute le paradoxe de l'épargne : un individu peut accroître ses espérances futures en épargnant davantage, c'est-à-dire en différant sa consommation. Mais si la majorité décide d'acheter moins pour épargner plus, les revenus s'effondreront du fait de la baisse de la demande et donc de la diminution de l'investissement. En fin de compte, les gens auront moins d'argent à épargner qu'ils n'en avaient au départ. Dans l'univers keynésien où l'inconstance des hommes d'affaires est générale, l'épargne (consommation différée) n'assure nullement l'achat de biens de production.

En fait Keynes se demande parfois pourquoi l'investissement ne peut suffire à absorber l'épargne : pourquoi, comme elles l'ont fait le plus souvent dans l'histoire, les économies ne s'enfoncent-elles pas indéfiniment dans les marécages de la dépression du fait de l'insuffisance du pouvoir d'achat, de la stagnation de l'épargne et des ressources accumulées insensibles à la baguette magique de l'entreprise? C'est bien ainsi qu'apparaissait à beaucoup le monde exténué des années 30. Mais Keynes et les autres n'ont pas entièrement compris l'origine de l'effondrement des investissements au cours de cette période. Le scepticisme n'était pas seul en cause. Il faut y ajouter l'effondrement du commerce international consécutif au Smoot-Hawley Tariff Act, la réduction drastique de la masse monétaire qui a suivi les faillites bancaires et les erreurs des banques centrales, la vive hausse des taux d'intérêt réels (taux nominaux ajustés à la déflation anticipée) et l'accroissement paralysant des charges fiscales [4].

Keynes reconnaissait néanmoins que l'investissement est parfois possible. Au-delà des esprits animaux, il invoquait deux considérations : *« l'efficacité marginale du capital »* d'une part et de l'autre la *« demande effective »*. Si l'on néglige les complications sans fin de Bloomsbury, ces deux concepts se réduisent à une approche inversée de la loi de Say et reconnaissent indubitablement la primauté de l'offre.

La demande effective et l'efficacité marginale du capital dépendent des profits *anticipés,* des bénéfices qu'*espèrent* en retirer les entrepreneurs [5]. Même dans l'œuvre de Keynes, la demande existe surtout dans le cerveau de l'offreur. Il n'investit pas dans cette usine parce qu'il est assuré d'une clientèle ; il n'est jamais certain que de nouvelles inventions ou l'évolution des préférences ne fera pas perdre sa valeur à son usine. Si son produit est nouveau, il peut en créer la demande. Mais, au préalable, cette demande n'existe pas sinon dans l'imagination de l'entrepreneur.

Keynes passe aujourd'hui pour un avocat des dépenses publiques – ou d'un accroissement de la demande globale – comme solution de toutes les difficultés économiques. En fait, il pensait que la part des dépenses et de l'épargne était relativement rigide : le problème était donc bien d'assurer suffisamment d'investissements. A cette condition, les problèmes du revenu, de la consommation et de l'épargne se résoudraient d'eux-mêmes. Il renonçait ainsi avec bonheur à l'hypothèse classique suivant laquelle l'investissement irait de soi si l'épargne était suffisante. Le moment clé du capitalisme n'était plus la masse monétaire mesurable et serve mais l'investissement actif et agressif.

Keynes a donc redonné au rôle vital et à l'activité du capitaliste la position centrale dans la pensée économique. L'économie keynésienne est davantage animée par des hommes libres que par des forces abstraites et mécaniques. Dans cette optique, la source du progrès matériel dépend moins de l'accumulation automatique, de l'épargne passive ou encore d'une douce tendance vers l'équilibre général que de la volonté « de vaincre les forces obscures du temps et de percer le mystère qui entoure le futur [6] ». Le monde keynésien n'est ni rationnel ni prévisible : son véritable message n'est donc pas réductible à un modèle mathématique ou à un système fiable de planification.

Comme George Shackle, le chef de file de l'école britannique de critique « épistémologique » du keynésianisme moderne, l'a écrit :

> La *Théorie générale* a détruit, rejeté, réduit en poussières et méprisé la conception traditionnelle de l'économie conçue comme simple application de la raison aux circonstances mouvantes, mais cohérentes et connaissables ; de même pour l'analyse de la décision assimilée à une réponse informée, impavide et calculée au flux compréhensible et largement prévu d'événements [7].

Keynes connaissait les limites des sciences sociales et de la rationalité des prévisions [8]. Au-delà de tous les systèmes, il retrouvait la force première de l'esprit humain capable de faire face aux surprises. L'économie est possible car les êtres humains sont raisonnables et s'efforcent d'agir selon leurs intérêts. Mais l'arche de la raison navigue dans la brume des flots tumultueux.

En faisant de l'investisseur individuel la figure centrale de l'économie, Keynes ne se contentait pas de rejeter le simplisme des modèles classiques ; il refusait tous les systèmes et les sciences sur lesquels se fondent les modèles totalitaires. L'investissement, écrivait Keynes, dépend « des variations de la prévision. Le fait marquant en la matière est l'extrême précarité des bases sur lesquelles nous sommes obligés de former nos évaluations des rendements escomptés... Les résultats effectifs des investissements, même pendant les périodes de prospérité et de progrès, décevaient les espoirs qui les avaient fait naître [9] ».

Dans ces circonstances,

> *L'état de la confiance* (les italiques sont de Keynes), comme disent les hommes d'affaires, est une chose à laquelle ils prêtent toujours l'attention la plus inquiète et la plus vigilante... Les hommes d'affaires jouent un jeu mixte d'adresse et de hasard... Si la nature humaine n'avait pas le goût du risque, si elle n'éprouvait aucune satisfaction (autre que pécuniaire) à construire une usine ou un chemin de fer, à exploiter une mine ou une ferme, les seuls investissements suscités par un calcul froidement établi ne prendraient sans doute pas une grande extension [10].

Les calculs froids de l'économie mathématique ont laissé de côté ce que Keynes et tous les observateurs réalistes de la vie économique considèrent comme les problèmes les plus essentiels. Il y a un germe de vérité dans la conception keynésienne exagérément négative de l'épargne : l'immobilisation de liquidités n'est pas un gage d'avenir tant que les entrepreneurs n'osent pas courir de risques.

Aussi dédaigneux du marxisme que du laissez-faire, Keynes refusait tous les systèmes réduisant l'économie à un mécanisme dialectique ou marchand. Il a donné de l'économie une image hiérarchique. L'entrepreneur est la cheville ouvrière du système. La politique a pour but de l'aider et de confirmer sa propension à investir. Tel est aujourd'hui le thème des éditoriaux du *Wall Street Journal* et, au minimum, de la rhétorique du parti républicain.

Paradoxalement, c'est au *rôle déterminant* qu'il accorde à l'offre que la principale figure de proue de l'intelligentsia socialiste américaine, John Kenneth Galbraith, doit sa crédibilité et son audience. Dans sa trilogie sur l'économie américaine – *L'Ère de l'opulence, Le Nouvel État industriel, La Science économique et l'intérêt général* – il procède à une reformulation réellement intéressante mais profondément défigurée de la loi de Say. Certes, à la suite de Keynes, Galbraith écarte explicitement la loi de Say : « Il serait difficile mais sans doute pas impossible de trouver un économiste américain qui souscrive à cette maxime historique [11]. » En fait, il la réintroduit subrepticement sous le nom d'*effet de dépendance* et dans un ouvrage ultérieur de *séquence révisée* (qui donne priorité à l'offre sur la demande). « Au fur et à mesure que l'abondance augmente, écrit-il, de nouveaux besoins sont sans cesse créés par le processus même qui les satisfait... Ou bien les producteurs peuvent participer activement à la création de besoins au moyen de la publicité et des articles à la vente. » Puis, Galbraith résume : « *Les désirs sont de la sorte assujettis à la production* [12]. »

Dire que l'offre crée sa propre demande serait une expression plus heureuse. Il est vain d'en nier l'essentiel. Les producteurs jouent un rôle déterminant dans l'expression, la formation et la création de la demande. Les décisions d'investissement jouent un rôle crucial dans la détermination de la nature et de la quantité des biens produits.

Sans doute empêché par une once inhabituelle de modestie, Galbraith n'expose pas la portée de sa découverte. Il semble penser que ce constat reflète une révolution de la structure industrielle moderne et ne s'applique qu'à de grandes entreprises de modes de production longs et de technologie avancée. Ces entreprises doivent planifier longtemps à l'avance et procéder à de considérables investissements. Leur dépendance à l'égard des sous-traitants les oblige à façonner et manipuler leurs marchés, à créer leur propre demande. Mais l'effet de dépendance s'applique tout aussi bien aux petites entreprises qui elles aussi forgent leur propre demande. Les différents modèles de commerce ne reflètent pas seulement les modèles existants de consommation mais expriment également l'habileté et les choix des entreprises. Great Barrington, dans le Massachusetts, possède un restaurant somalien, une école de musique baroque et un club de danses exotiques pour jeunes ; ils ne sont pas nés spontanément sous cette forme mais sont les créations d'hommes qui ont choisi de les établir et qui sont parvenus à créer une demande. Malgré les multiples différences manifestes entre petites et grandes entreprises, l'effet de dépendance défini par Galbraith s'applique aux deux catégories.

Ni les projets à long terme, ni les investissements d'énormes capitaux ne sont des traits nouveaux de l'entreprise moderne. Les entreprises modernes sont d'ailleurs beaucoup moins complexes que leurs ancêtres. La planification est souvent moins nécessaire. Elles profitent de marchés des capitaux beaucoup plus élaborés et flexibles. Les consommateurs sont bien plus malléables, la publicité et la diffusion efficaces et les moyens de transport et de communication sont infiniment plus rentables. Il est difficile d'imaginer que les entreprises modernes aient davantage d'exigences en matière d'investissement ou de planification ou qu'elles aient besoin de l'aide du gouvernement plus que les sociétés de commerce international de l'Angleterre du XVIe siècle ou les compagnies fluviales ou ferroviaires des premiers temps de l'industrie américaine. L'effet de dépendance n'est pas une singularité des entreprises modernes.

Galbraith prétend que, loin de s'engager sans être assurés du rendement, les entrepreneurs cherchent en fait à contrôler leurs marchés (souvent avec l'assistance des pouvoirs publics), à « administrer » les prix et les quantités de leurs productions et enfin à éliminer tous leurs rivaux. Cette révélation évoque parfois l'esprit de l'enfant stupéfié qui découvre le commerce charnel de ses parents. Mais on doit reconnaître que l'enfant a raison. Défenseurs de l'idéologie de la libre entreprise, les hommes d'affaires se consacrent de tous leurs moyens au succès de leur entreprise et se réjouissent quand le gouvernement ferme la concurrence. De même que de nombreux économistes « libéraux » peuvent professer un socialisme égalitaire en profitant de l'abondance croissante du système capitaliste, les firmes peuvent manger au râtelier du gouvernement tout en célébrant les marchés libres.

Pas plus que ces chefs d'entreprise, ces socialistes ne sont foncièrement hypocrites. Convaincus de leurs idéaux, ils n'en succombent pas moins aux tentations et sollicitations immédiates de leur cadre familial, femmes et enfants, sinon de leurs propres désirs. Adam Smith expliquait que ce qui est bon pour les marchands n'est pas nécessairement profitable au pays, malgré leur profession de foi nationaliste. Les marchands qui prétendaient que tout droit de douane était un devoir patriotique, disait-il, « étaient loin d'être aussi dupes que ceux qui les croyaient [13] ». Les fonctionnaires que séduisent les appels au protectionnisme ou les demandes de subventions sont les seuls coupables. C'est du secteur public, et non du secteur privé, que dépend la responsabilité d'une application uniforme des lois.

Galbraith et ses émules voient une révolution quand il n'y a qu'un phénomène inévitable du capitalisme. La rhétorique de la gauche est fragile. Elle ne pèse guère quand on reconnaît tout simplement que l'essence même du capitalisme réside dans la concurrence perpétuelle pour obtenir temporairement des positions de monopole. Dans la mesure où la théorie de l'équilibre s'est cristallisée en une religion du Bon, ce simple constat apparaît radical et révolutionnaire. Pourtant aucune idée de l'économie de l'offre ne contredit aussi fortement la conception classique que la dynamique du capitalisme.

La créativité capitaliste n'est pas dirigée par une main invisible mais par la main bien visible et agressive des gestionnaires et des entreprises. Les sociétés ne cessent de diversifier leurs produits, leurs techniques de marketing, leur publicité et leurs stratégies de vente afin de se construire une niche grâce à laquelle ils puissent accumuler, aussi longtemps que possible, des profits de monopoles. Sans l'aide publique et les brevets ou sans les autres moyens d'éliminer leurs concurrents, ces positions monopolistiques seraient peu durables. Elles n'en demeurent pas moins leur objectif stratégique, la source de leur créativité, et la motivation de la recherche et du développement.

Les monopoles ne sont pas éternels. A moins que le gouvernement ne les renforce, ils restent sous la menace d'éventuels concurrents ou substituts, sur le marché intérieur ou à l'étranger. A la question du nombre d'entreprises nécessaires à la concurrence, Arthur Laffer répond : une seule. Elle sera toujours sous la menace de futurs rivaux. Le monopole ne subsiste qu'aussi longtemps que le prix demeure assez faible pour exclure les autres. Plus une économie est inventive et dynamique, plus elle compte de monopoles. L'idéal de la concurrence parfaite comme l'idéal d'une économie sans hiérarchie de puissances économiques aboutit à une économie sans innovations. Dans un système qui se développe, les monopoles prolifèrent : de nouvelles industries surgissent et prospèrent jusqu'à ce que de nouveaux concurrents, bénéficiant des privilèges de l'imitation, se présentent et les rattrapent. De loin en loin, une entreprise comme I.B.M. ou Polaroïd s'assurera un créneau et l'exploitera de façon si efficace qu'il lui restera acquis pour des décennies, au plus grand bénéfice du pays.

Cette forme de « capitalisme de monopoles » ne répond pas nécessairement ni automatiquement aux désirs préexistants des consommateurs qui ignorent leurs souhaits avant d'avoir essayé un échantillon de tel ou tel prix. Les consommateurs se prononcent sur les fruits de la création des entreprises. Comme Galbraith le souligne, la demande « ne jaillit pas d'un besoin spontané de la consommation. (Elle) provient plutôt, suivant l'effet de dépendance, du processus de la production elle-même. Si production signifie accroissement, il faut effectivement inventer artificiellement des besoins [14] ». En effet, la force de la société capitaliste ne dépend pas de mécanismes automatiques mais de la créativité, de la qualité et des décisions des capitalistes.

La gauche actuelle préfère que le gouvernement conduise l'économie. Or, la loi de Say est une règle valable pour toute société organisée. En matière politique, la volonté du peuple n'est ni plus « spontanée » ni plus indépendante de l'élite ou des manipulations que dans l'économie. Les masses ne sauraient être productrices ni créatrices; elles se contentent de réagir et de ratifier. Elles accueillent ou repoussent les créations des entrepreneurs économiques ou politiques. En lançant la Proposition 13 de réduction de la fiscalité en Californie, Howard Jarvis ne s'est pas montré moins audacieux que Ray Kroc lançant les McDonald's. Ils n'ont fait que donner une expression spécifique aux souhaits vagues mais souverains de la population.

Une économie est d'autant plus démocratique que la diversité des choix qu'elle offre — la prolifération de monopoles temporaires — satisfait les multiples préférences et aspirations individuelles. Par l'abondance des choix qu'il propose, le marché capitaliste contraste vivement avec le plus démocratique des marchés politiques : chaque élection consacre un nouveau pouvoir quasi monopolistique puisque les électeurs doivent souscrire à un ensemble de mesures pour voir triompher celle qu'ils préfèrent. Le mérite de la démocratie représentative est de stimuler la concurrence des élites. De plus, il n'y a guère de preuve que le capitalisme lui est essentiel. L'expérience récente dément le préjugé répandu selon lequel les sociétés capitalistes, influencées par les groupes d'affaires, préfèrent toujours les biens privés aux biens publics. Dans les pays démocratiques, le gouvernement s'est développé aussi vite que l'économie.

Dans tout système économique, la source vive de la création et de l'initiative est l'investisseur individuel. Les économies ne croissent pas d'elles-mêmes ni grâce aux pouvoirs publics. La croissance est le fruit des actions d'hommes désireux de prendre des risques, de transformer leurs idées en monopoles, ces monopoles en industries et enfin, de donner avant de savoir ce qu'ils en retireront.

La thèse fondamentale de la loi de Say reste vraie : l'offre crée la demande. Un excès général de production est inconcevable. Il peut tout au plus y avoir des excédents de « mauvais » produits. Mais dans un monde où la rareté est la raison d'être de la science économique, un surplus apparent de production témoigne d'un manque d'esprit créatif, d'une pénurie d'offres ou de demandes nouvelles. Dans la période actuelle d'inflation, l'épargne privée est *investie*. L'épargne exprime un pari sur l'avenir et témoigne d'une psychologie de la production et de la croissance. Depuis la Seconde Guerre mondiale, ce sont les pays qui ont épargné le plus — en premier lieu, le Japon et les autres pays asiatiques capitalistes — qui ont connu les plus fortes croissances. Seuls les pays qui ont peu épargné ont vu apparaître des excédents.

Ce fait illustre une erreur majeure de l'économie centrée sur la demande. A l'instar du politicien esclave de « l'opinion publique », et qui vit toujours dans le passé, les entreprises qui se tournent vers la demande créent rarement de nouveaux produits car il n'existe aucune demande mesurable pour des produits encore inconnus. La plupart des innovations échappent aux études de marché. Sans nouveaux produits, le marché sera envahi de biens périmés, produits plus aisément, perpétuellement modifiés, présentés sous des emballages plus attrayants mais leur vente deviendra plus difficile et coûteuse. Telle ou telle pacotille prendra trois, quatre, cinq formes successives ; les Cheerios deviendront les Sucres Cheerios ; et les entreprises ne s'agrandiront qu'en rachetant des firmes. On voit moins de nouvelles entreprises parier sur la rapide croissance de nouveaux produits, de nouvelles hiérarchies ou de nouveaux modèles d'emplois et de technique. Le marché de l'emploi se stratifie, se bureaucratise et s'éteint. Le marché semble moins attrayant ; la publicité se fait plus criarde et bruyante. La clientèle se lasse et les pressions se multiplient sur le gouvernement pour qu'il relance la demande. C'est un cercle vicieux qui affaiblit régulièrement les forces dynamiques du capitalisme.

Inspirée du souci des libéraux de satisfaire la volonté populaire et de desserrer l'étreinte de la pauvreté, les politiques centrées sur la demande aboutissent à promouvoir chômage et dépendance. Elles créent une économie plus fermée et figée, un ordre politique hiérarchisé. Les bureaucraties publiques prolifèrent : elles assurent les services que les entreprises surimposées ne sont plus en mesure de fournir et subventionnent les intérêts privés du capitalisme défunt. Le progrès dépend toujours de la créativité des offreurs.

Toutes les variantes de la loi de Say confirment la portée de la théorie de l'offre. Mais sa valeur ne réside pas dans son appareil mathématique. Les modèles mathématiques, si élégants soient-ils, trouvent toujours leur limite dans le comportement et la psychologie d'hommes libres qui, souvent, agissente et interfèrent de manière inattendue. L'importance de la loi de Say tient à son insistance sur l'offre et les investissements. Elle incite les économistes à s'intéresser d'abord aux motifs et incitations des producteurs individuels et à se détourner de la distribution et de la demande pour s'attacher à nouveau aux moyens de production.

Cette évolution est essentielle si l'on veut comprendre la situation actuelle du capitalisme. Mais elle n'est pas commode aux économistes. Le retour à la théorie de l'offre oblige à renoncer aux modèles et calculs rigoureux. Il faut une nouvelle fois étudier l'histoire et la psychologie, les entreprises et la technologie. Les économistes doivent à nouveau s'attarder sur les mystères indénombrables du comportement et de la créativité sociale des hommes; Adam Smith en avait dressé un tableau lumineux dans *La Richesse des nations,* Marx en a fait la substance de sa théorie et Keynes les a évoqués dans l'essentiel de ses œuvres. Même Galbraith s'est complu à les décrire sur un ton souvent chagrin.

Le vernis mathématique de la théorie de l'équilibre général définie par Léon Walras et les ajouts raffinés de ses continuateurs ne doivent pas distraire les économistes de la saga perpétuelle des choux et des rois, des bombes et des fèves, des pastilles de silicium et de la psychologie économique. Pour ce faire, il est doublement utile de retourner à Keynes : d'abord parce qu'il occupe une place majeure dans l'économie moderne, ensuite parce qu'il doit sa célébrité à sa réputation d'apôtre de la primauté de la demande.

Le paradoxe keynésien de l'épargne prouve que les intentions et les déclarations des individus ne donnent pas d'information fiable sur leur comportement effectif (un homme a l'intention d'épargner : s'ils sont trop nombreux à le vouloir, l'épargne effective sera sans doute moindre). L'agrégation des préférences est trompeuse. La fiscalité et le rôle de l'État expliquent nombre de problèmes clés de l'économie contemporaine.

Paul Craig Roberts, jeune et brillant pionnier de l'économie de l'offre et longtemps éditorialiste du *Wall Street Journal,* a emprunté une approche keynésienne pour le plus grand bénéfice de son article « La débâcle du système keynésien [15] ». Roberts réfutait la thèse des libéraux selon laquelle les réductions fiscales pourraient inciter les individus à relâcher leurs efforts; une hausse serait donc préférable. Ces théoriciens pensent que les individus ont un objectif défini en termes de revenus et d'épargne. Si un allégement fiscal augmente leur revenu après impôt, ils peuvent travailler moins longtemps pour réaliser ces mêmes objectifs. Aussi, plaident les avocats du maintien des fortes charges fiscales, cette diminution de la fiscalité permettra d'augmenter le temps de loisir et de repos et non de dépenser ou d'épargner davantage. Alice Rivlin, président du Budget Office du Congrès, a opposé cette objection à la proposition de loi d'allégement fiscal Kemp-Roth. De même Walter Heller et la majorité des adversaires de cette mesure.

En bon keynésien, Roberts a souligné qu'une personne pouvait en effet profiter d'un allégement fiscal en travaillant moins ou en prenant davantage de loisirs (moins d'heures supplémentaires, plus de vacances) et montrera moins d'intérêt pour obtenir des promotions. Mais s'ils sont nombreux à agir ainsi, le revenu total et la production s'affaisseront ; chacun aurait un revenu moindre qu'au départ [16].

Le loisir est une période de temps libre, d'activité non planifiée. En un sens, sa « liquidité » est absolue puisqu'il permet tous les choix et de saisir les opportunités qui se présentent. La demande de loisir ressemble à celle de liquidité que Keynes assimile à une épargne non investie. Dans tous les cas, les individus se laissent aller. Ils refusent de produire, d'investir ou même de consommer davantage de façon à se réserver ultérieurement la possibilité d'employer librement leur temps. Ils souhaitent être en mesure de décider plus tard. Mais si une poignée d'individus seulement s'occupe de produire, il n'y aura guère de choix à l'avenir. Si, devant un accroissement de leur revenu, les gens préfèrent le loisir au pouvoir d'achat, il n'y aura plus de revenu supplémentaire. Si la majorité souhaite garder son revenu sous forme liquide au lieu d'investir ou de dépenser, la monnaie perdra bientôt de sa valeur. Chaque fois, le refus durable de travailler, d'investir ou de consommer amoindrit la demande, affaiblit la productivité et réduit le revenu national. Ce qu'un groupe peut se permettre, la communauté doit y renoncer sous peine de voir avorter ses projets. La survie du système exige des offreurs une énergie inépuisable.

Vivant à une époque où le rôle du gouvernement et du fisc paraissait relativement négligeable, Keynes ne songeait pas à appliquer cette analyse à l'activité des pouvoirs publics. Mais le paradoxe keynésien de l'épargne concerne autant l'épargne forcée du fait de la fiscalité que la consommation volontaire des individus. Comme tout ensemble d'individus, le gouvernement peut avoir *l'intention* d'épargner ; mais s'il ne réalise pas des investissements réels, on assistera à une diminution progressive du revenu total. La stagnation sera proche.

Par l'impôt progressif, le gouvernement absorbe des revenus qui auraient pu être investis. Or Washington ne réalise guère d'investissements productifs. La croissance du budget fédéral sert soit à financer des transferts qui alimentent la demande d'une série de biens (allant de l'essence aux hamburgers) en accélérant la hausse de l'indice des prix à la consommation, soit à financer des projets fédéraux qui font monter en flèche les prix de l'immobilier dans le district de Columbia. Une partie de ses ressources est consacrée aux « investissements », c'est-à-dire aux travaux publics et à l'enseignement. Mais leur orientation dépend moins de leur intérêt économique ou social que des pressions politiques.

De plus, la théorie keynésienne de l'origine de la pauvreté donne de nouvelles raisons de s'inquiéter de la croissance du gouvernement. Tout au long de l'histoire humaine, écrit-il,

> La faiblesse de l'incitation à investir a été de tout temps la clef du problème économique... Le désir de l'individu d'augmenter sa fortune personnelle en s'abstenant de consommer est en général plus puissant que le motif de l'entrepreneur à accroître la richesse nationale en employant de la main-d'œuvre à la création de richesses durables [17].

Selon Keynes, l'existence de *valeurs refuges*, de *trappes à pouvoir d'achat* qui détournent la monnaie d'un usage plus productif est une des raisons de cet écart. Comme Henry George, l'auteur éloquent d'un best-seller remarquable, *Progress and Poverty*, Keynes pensait qu'en de nombreuses périodes de l'histoire, la terre avait rempli cet office. Comme les taux hypothécaires dépassaient souvent le rendement de la terre, les achats hypothécaires étaient souvent le fait de gens inexpérimentés, en majorité des spéculateurs urbains. L'or, les bijoux, l'art et les objets de collection (timbres, monnaies...) furent également d'importantes valeurs refuges.

Leur achat, le placement d'argent dans les valeurs refuges, n'est pas en lui-même une cause directe de la diminution de l'investissement, de la production et du pouvoir d'achat. Si vous m'échangez six cents dollars contre une once d'or, il y a eu simple transfert de fonds ou de pouvoir d'achat en ma faveur; rien n'est perdu. Le problème survient quand un nombre croissant d'individus placent leur argent en or ou en autres valeurs refuges. Le prix de l'or ne cessera de croître et d'absorber un pouvoir d'achat croissant. L'excès régulier de la demande sur l'offre explique cette hausse des prix. Continuons ce même exemple. Le problème se corse quand les vendeurs dépensent leurs six cents dollars en objets relativement impossibles à reproduire: terre, œuvres d'art, monuments historiques ou produits de luxe durables tels les Rolls Royce ou les bijoux. Ces transactions nuiront à l'investissement productif. Parallèlement le prix de l'or et des Van Gogh, des antiquités et des tacots, des Rembrandt et de l'immobilier s'envoleront. D'où un déclin de la rentabilité du capital productif et une hausse des profits spéculatifs. L'économie se détourne de la production, des inventions et des risques puisque les individus préfèrent les placements improductifs, les Antilles ou la retraite anticipée. Si la valeur de la terre, des métaux précieux et des œuvres d'art s'accroît temporairement, elle ne contribue guère à la prospérité générale de l'économie ni à accroître son capital productif.

Leur liquidité est le principal atout de ces valeurs refuges. L'offre de terre et d'or est inélastique; elle ne peut guère augmenter. Mais ils ont toujours un prix élevé. Leur rareté est garante de leur valeur dans un contexte de croissance démographique. Ainsi, en recherchant la sécurité et la liquidité, les gens ont souvent placé une part excessive de leurs revenus sous des formes improductives; tout au long des siècles, monarques et nobles ont connu une vie stérile (à nos yeux) au milieu de monceaux d'or et de bijoux sur de vastes domaines.

A l'époque où Keynes écrivait, la monnaie – la liquidité par excellence – était la principale valeur refuge. Keynes pensait que cette tendance à thésauriser prenait plus souvent la forme d'encaisses que de terre ou d'or. C'est la *préférence pour la liquidité*; entreprises et individus accroissent leurs réserves ou spéculent en consacrant trop de ressources pour compenser la « dépréciation » et en ne recherchant que des profits immédiats. Ainsi, les taux d'intérêt restent bien souvent supérieurs à la rentabilité du capital. Dans la *Théorie générale*, Keynes insiste sur le rôle pervers de taux d'intérêt excessifs qui découragent l'investissement. Leur impact prime sur celui de l'accroissement de l'épargne. Keynes recommandait même une politique qui abaisse le taux d'intérêt afin d'encourager la formation du capital en période de récession.

Dans les années 70, l'effet dissuasif des taux d'intérêt s'est atténué. Il n'est élevé qu'en apparence puisqu'il incorpore une *prime d'inflation* permettant de compenser la dépréciation du capital emprunté. De plus, l'intérêt est déductible de l'impôt. Par ailleurs, comme les impôts et ces primes d'inflation s'accroissent avec l'inflation, le taux d'intérêt a tendance à baisser chaque année en termes réels. De fait, à la fin des années 70, compte tenu de l'inflation et de la fiscalité, les taux d'intérêt étaient logiquement négatifs. Si la baisse des taux d'intérêt renforce la propension à investir, une politique keynésienne appropriée demande que l'on réduise les impôts et non les taux d'intérêt. La fiscalité, qui grève aujourd'hui le revenu et le capital, dissuade l'investissement plus sûrement que jadis les taux d'intérêt (l'importance du gouvernement et de la fiscalité était alors réduite).

L'inflation diminue régulièrement l'intérêt de la monnaie comme instrument de réserve et de liquidité. L'idée reprise par Keynes d'un système de monnaie estampillée dans lequel les encaisses ne pourraient conserver leur valeur qu'à condition d'être revêtues chaque mois d'une estampille délivrée par un organisme public est devenue une réalité. L'inflation pénalise les encaisses thésaurisées aussi régulièrement et sûrement qu'un système d'estampillage.

Par suite, les thésauriseurs se tournent à nouveau vers l'immobilier, l'or et les bijoux. Aujourd'hui les pouvoirs publics – fédéraux, étatiques ou locaux des États-Unis ou du monde occidental – sont manifestement les principaux gouffres où disparaissent investissements et pouvoir d'achat; ils sont la nouvelle trappe keynésienne de la fin des années 70. La terre, l'or et la monnaie se sont effacés devant les profits bien supérieurs aux taux d'intérêt et à la rentabilité des investissements privés que promettent les pouvoirs publics.

L'activisme des bureaucrates explique cette situation. Du fait de l'impôt progressif, les placements publics se sont avérés malheureusement plus profitables que les investissements privés.

Pendant cette décennie, le gouvernement n'a cessé de multiplier les symptômes d'une « trappe sans fond ». Aucune barrière n'entrave réellement l'expansion de l'État ni n'assigne de limite à la rentabilité de ses choix garantie par les impôts.

En la matière, l'offre ne supporte guère de contraintes. Rien n'incite à détourner la demande qui s'adresse aux pouvoirs publics vers d'autres produits. A court terme, enfin, la crise économique n'affecte guère les dépenses publiques. La « lune » keynésienne est mieux qualifiée par le terme de sécurité que par l'expression initiale de liquidité. Pour l'obtenir, il suffit de se tourner vers Washington ou ses satellites étrangers.

Les bureaucrates entrepreneurs ont tout au long des années 70 mis tout leur capital humain et leur agressivité au service des pouvoirs publics. En majorité, c'étaient des juristes d'autant mieux placés pour exploiter les failles du système fédéral. Avec les députés, ils ont pu réunir des clientèles et se mettre avec profit à leur service. Les programmes se sont multipliés. La masse monétaire s'est accrue et les taux d'inflation se sont envolés. La prolifération parasitaire des programmes fédéraux – qui n'ont souvent rendu aucun service notable – et des bons publics – qui ont souvent financé le gaspillage – s'est avérée au moins aussi profitable que le capital privé. A la limite, on pourrait dire que du fait de l'inflation, les ressources publiques ont augmenté de 60 % puisque chaque point de hausse du niveau général des prix se traduit par une augmentation de 1,6 % des revenus fédéraux [18]. C'était un véritable cercle vicieux : toute croissance des dépenses publiques augmentait les recettes fiscales.

Telle est dans les pays occidentaux la nouvelle raison de la stagnation et de la pauvreté. En guise de liquidité, les politiciens proposent surtout stabilité et sécurité dont la demande semble infinie. Pourtant le paradoxe d'agrégation s'applique aussi bien à la sécurité qu'à l'épargne, à la liquidité ou au loisir. D'aucuns se préservent du risque et s'assurent contre l'inflation en se tournant vers l'État. Si la majorité adopte un comportement similaire, c'est alors la sécurité et la stabilité de la nation tout entière qui en pâtit. Dans un monde périlleux et changeant, l'innovation et la créativité, la recherche et la curiosité, la concurrence et l'esprit d'entreprise sont les meilleurs garants contre le risque. « L'objet de placements éclairés devrait être de vaincre les forces obscures du temps et de percer le mystère qui entoure le futur [19]. »

Toute une série de raisons explique la baisse de la propension à investir et l'attrait des autres placements : ce ne sont plus guère que des juristes et autres spécialistes, et donc les pouvoirs publics, les groupes de pression, les experts et les clientèles organisées qui font preuve aujourd'hui d'un esprit d'entreprise. Il est plus facile à ces brasseurs d'affaires de vendre de la « sécurité » sous forme de santé, d'éducation ou d'assistance sociale que d'offrir des garanties aux entreprises privées ou de vendre au public des produits utiles. Ceux qui n'ont pas accès à l'État achètent or et yachts, bons d'État et devises étrangères. Ils peuvent encore sous l'autorité bienveillante de l'État exploiter le domaine si profitable du logement privé dont la valeur nominale (un billion de dollars) excède celle de l'actif de l'ensemble des entreprises américaines.

On a en fait assisté à l'émergence d'un corollaire fatal de la loi de Say : l'offre subventionnée détruit la demande. Sans marché, la production n'est qu'une forme de consommation déguisée ; en dépit des apparences, elle n'entraîne pas l'économie [20]. Les dépenses publiques improductives, conçues pourtant pour stimuler la demande, ne tardent pas à la réduire. L'augmentation statistique du pouvoir d'achat ne saurait faire illusion. Tout stimulant artificiel appelle bientôt des doses supplémentaires pour renforcer l'effet initial. C'est une véritable intoxication.

Quand le gouvernement développe l'assistance sociale, accroît l'indemnisation du chômage et multiplie les emplois du service public en détournant la main-d'œuvre des emplois productifs, il doit, pour ce faire, imposer les entreprises rentables et la demande décline. Au fond, tous les programmes prônés par les économistes pour promouvoir l'égalité et combattre la pauvreté sont souvent conçus pour stimuler la demande. En fait, ils réduisent la demande en entravant la production dont dérive toute demande réelle. A la différence des salaires, des profits ou de l'épargne, le pouvoir d'achat n'est pas un flux. Il trouve son origine dans le travail productif. C'est une vérité élémentaire et fondamentale en matière de richesse et de pauvreté. « Donnez, il vous sera rendu. » Tel est le secret de l'enrichissement et de la croissance.

C'est aussi une intuition essentielle de l'économie de l'offre. Le gouvernement ne peut modifier de façon significative la demande globale effective par une politique budgétaire ou fiscale. Rien ne sert d'enlever à l'un pour donner à l'autre, quel qu'il soit. Tout transfert de richesse est un jeu à somme nulle. Son effet net sur les revenus est habituellement nul, sinon négatif.

Même un allégement de la fiscalité n'a pas d'impact direct sur le revenu disponible : chaque dollar du déficit qui s'ensuit doit être financé par un dollar de dette publique que le consommateur de services fédéraux doit soustraire à son revenu disponible. Même à court terme, la demande réelle est un effet de la production et non de la politique des pouvoirs publics. La seule conséquence éventuelle d'un allégement fiscal sur les revenus réels serait une modification des conditions de l'offre. Si le gouvernement veut stimuler directement et avec force l'expansion de la demande réelle et du revenu, il doit privilégier le travail au détriment du loisir, l'investissement de la consommation, les biens productifs des valeurs refuges, les activités imposables des occupations échappant au fisc. Tel est le mandat de l'économie de l'offre.

CINQ

Les origines de la richesse

L'ARABIE SAOUDITE est-elle riche ? Et La Mecque islamique ? pourrait-on répondre. Avec un tiers de l'ensemble des réserves mondiales connues de pétrole et près de la moitié de la richesse pétrolière estimée (l'extraction du pétrole saoudien est bien meilleur marché que partout ailleurs) l'Arabie Saoudite figure indubitablement parmi les nations les plus riches. En fait, le niveau de son revenu et de ses actifs par tête n'est guère dépassé que par quelques petits émirats du golfe Persique. Si le revenu réel et le pouvoir d'achat constituent une définition satisfaisante de la richesse, l'Arabie Saoudite n'est pas loin d'occuper le premier rang mondial.

Comme nombre de concepts économiques élémentaires, la richesse dissimule un essaim de problèmes derrière son éclat et son vernis. La richesse d'un pays est une réalité beaucoup plus douteuse que le pouvoir d'achat de ses citoyens ou ses ressources naturelles. A l'occasion, un excès de pouvoir d'achat est signe de pauvreté : ce surplus de liquidité suggère une pénurie de richesse plus solide et concrète. La Grande-Bretagne et l'Arabie Saoudite dont les riches gaspillent ostensiblement leur fortune relèvent sans doute de cette catégorie. L'avenir montrera les conséquences d'une ploutocratie complaisante, de cette crainte maladive du futur, de l'hostilité à l'initiative et du manque d'opportunité d'investir dans des capitaux productifs.

La richesse est un ensemble d'actifs qui garantissent un flux ultérieur de revenu. Les revenus pétroliers ne deviennent des actifs stables qu'en prenant la forme d'un capital productif – industries, ponts, routes, écoles et technologie – qui assure à l'avenir un flux de revenus quand les réserves pétrolières s'épuiseront. Au XVIe siècle, l'Espagne était aussi riche que l'Arabie Saoudite : grâce à ses colonies d'Amérique latine, elle était inondée par un flot comparable de revenus sous la forme d'argent extrait des mines de Potosie (Bolivie). Mais l'Espagne n'a pas su les transformer en richesse et s'est replongée dans son précédent marasme alors même que l'industrie florissait dans les contrées apparemment les plus pauvres d'Europe.

Un pays riche est capable d'épargner et de consommer. L'épargne est souvent considérée comme une consommation différée. Mais elle dépend de l'investissement, c'est-à-dire de la capacité de produire des biens de consommation pour l'échéance jusqu'à laquelle la consommation a été ajournée. Le montant de l'épargne dépend de l'éventail des achats possibles, une fois le dépôt retiré. Pour l'individu, le choix est aisé ; somme toute il pourra toujours acquérir *une chose ou une autre*. Pour un pays qui compte de nombreux épargnants, seule une production durable et rentable est en mesure de créer une richesse réelle. Le destin de Midas qui transformait en or tout ce qu'il touchait jusqu'à n'avoir plus rien à manger – comme celui de l'Espagne dont la flotte a nourri un Eldorado aux marches de Cadix – montre qu'une épargne non récompensée peut être aussi stérile et infructueuse qu'un amour sans espoir de retour.

Aujourd'hui, les Saoudiens peuvent acheter à l'étranger des titres émis par des entreprises productives ou acheter de l'or, des yachts, des Rolls Royce, des bijoux, des œuvres d'art et d'autres biens de valeur réputée. Le gouvernement peut acheter des armes, des avions ou des installations portuaires. Mais l'Arabie Saoudite ne deviendra réellement un pays riche qu'en transformant ses flux transitoires de revenus en capitaux nationaux, assurant l'avenir. Seule une combinaison avantageuse des ressources matérielles à d'autres ressources est le gage d'une richesse authentique.

Le problème saoudien vient de ce que ces efforts sont particulièrement éphémères ; les usines vieillissent mal quand elles ne disparaissent pas purement et simplement. Les marges de profit sont d'ordinaire maigres et tendent à se dissiper dans les royaumes désertiques. Le capital risque de fondre rapidement au gré de l'évolution de la conjoncture mondiale. De plus, sa valeur dépend des prévisions de l'avenir. Dans un pays politiquement instable, il est mal venu d'évoquer les attitudes humaines – engagement et loyauté – qui forgent le destin d'un pays. La tentation est perpétuelle de ramasser ses profits pétroliers et de se ruer vers la Suisse ou Wall Street.

Avant la révolution de 1979, la situation iranienne était comparable. Les Iraniens pouvaient acheter tout ce qu'ils désiraient. Mais de retour au pays, ces dépenses paraissaient du gaspillage. Sous le soleil du désert, épargne et investissement se dissolvaient dans une consommation immaîtrisée. En Iran, une Mercedes Benz est beaucoup plus coûteuse, mais quelle est sa valeur quand il n'y a ni routes ni pistes où conduire ? elle est sûrement moins utile que les pintos à Pasaneda ! Les tours des usines ou des bureaux dominaient les étendues de sable. Malgré leur immense coût de construction, elles manquaient de téléphones utilisables, de secrétaires efficaces, de travailleurs alphabétisés et d'une direction compétente. Ces bâtiments ressemblaient davantage à des monuments qu'à une véritable industrie. Les experts grassement payés se bousculent dans les riches pays pétroliers ; leur billet de retour dans la poche et méfiants, ils risquent de coûter bien davantage qu'ils ne rapportent.

Sans doute les émirs pétroliers du Moyen-Orient ont-ils raison d'envoyer à l'étranger le plus gros de leur revenu en tenant compte de l'éventualité de bouleversements politiques ou d'épuisement de leurs ressources. Ils sont aussi riches que l'était Ozymandias ; mais l'Arabie Saoudite et ses voisins ne sauraient être riches quand leurs citoyens sont victimes d'un mirage monétaire. Cette précision est fondamentale.

Ce problème n'est pas limité au Moyen-Orient. Le contrôleur général du Venezuela dressait un tableau similaire de la situation de son pays : « Dans de nombreux pays, la richesse est le fruit des efforts et du travail de la population. Il est possible de maîtriser la production. La création et la gestion de la richesse sont les étapes successives d'un processus. Or nous n'avons jamais connu de tels processus car notre richesse provient du sous-sol. Nous avons la conséquence sans les causes [1]. » La véritable question est de savoir en quoi consiste la richesse réelle, la conséquence, des riches pays pétroliers comme l'Arabie Saoudite. Quelle cause a opéré durant des siècles dans les îles relativement stériles du Japon ou de la Grande-Bretagne ? Et à Hong Kong ou Taiwan aujourd'hui ? Cette question revêt une immense importance au moment même où la Grande-Bretagne s'enlise dans son héritage pétrolier de la mer du Nord et menace de le gaspiller. Ce pétrole se révélera-t-il un « fléau caché » qui aura empêché l'Angleterre de se dédommager de ses pertes réelles, de la productivité déclinante de sa main-d'œuvre et de la mollesse de sa gestion ? Comme une bombe à neutrons, le pétrole pourrait finir par détruire la richesse profonde du pays – la morale et le génie de son peuple – et n'y laisser que les structures stériles d'une économie industrielle avancée gouvernée par une bureaucratie envahissante et toujours plus oppressive, maîtresse dans l'art vain de redistribuer les bonanzas.

Aux États-Unis, également, le rôle des riches et la nature de la richesse paraissent souvent énigmatiques. La légende des barons voleurs et des rois du pétrole imprègne l'esprit du public des images de Horatio Alger et de Henry Ford et de la saga des Rockefeller, Mellon, Kennedy et Dupont pendant que les radicaux spéculent sur la signification de Midas en Amérique. A peine moins que les Arabes et Anglais, les Américains confondent monnaie et richesse et distinguent mal les fortunes activement investies des familles riches des trésors et des cohortes de serviteurs d'un rajah indien ou d'un prince arabe. La richesse américaine est bien réelle. Mais tout aussi réelle l'hostilité et l'envie qu'elle inspire. Elle laisse perplexe : l'opinion où une atmosphère de mystère entretient une grossière incompréhension de son rôle véritable. L'admiration des personnages fortunés dont les mérites sont évidents – les inventeurs ou les athlètes – n'efface pas le ressentiment envers le bénéficiaire apparemment sans mérite de l'héritage ou de la chance.

C'est ici, chez les riches, que l'on trouve le capitalisme personnifié et caricaturé, ses figures héroïques, sa démonologie fantastique. Ici réside le foyer et la source de l'entreprise, sa force et son talon d'Achille. La façon dont sont considérés les riches et leur propre regard sur eux-mêmes – qu'ils soient simplement riches ou véritablement porteurs de richesse – est un indice sûr de la santé de l'économie capitaliste.

Un système capitaliste est une noosphère, un réseau d'idées et de sentiments. Comme Irving Kristol l'a souligné, l'expression même « l'économie » risque d'induire en erreur en poussant les individus à considérer les statistiques du P.N.B., de formation du capital, d'emploi et d'autres agrégats comme si elles avaient une existence autonome. Car c'est dans la vie et l'esprit des hommes d'affaires que ces chiffres prennent un sens. L'économie n'est en mesure de prévoir les événements que dans la mesure où elle s'avère capable d'expliquer le véritable ressort et la psychologie des affaires.

Connaître le capital physique et les ressources naturelles d'un pays ne nous renseigne guère sur la situation réelle de l'économie. A première vue, on distingue difficilement un complexe industriel du New Jersey ou d'Iran, une usine nationalisée d'une entreprise privée. Les ouvriers et les patrons des pays socialistes ressemblent suffisamment à leurs homologues occidentaux pour que l'on ait pu élaborer des théories de la *convergence* ; les deux systèmes sont supposés devenir de plus en plus proches au cours des ans. Malgré le récent déclin de la croissance de la productivité dans certains pays capitalistes, capitalisme et socialisme sont loin d'être également doués pour fournir aliments ou logements, augmenter le niveau de vie ou développer les nouvelles industries ou technologies de l'avenir. En ces domaines, leur divergence ne cesse au contraire de s'accentuer comme le montre toute comparaison superficielle des conditions de vie prévalant des deux côtés du rideau de fer. Les États-Unis assurent à eux seuls 50 % des exportations mondiales de nourriture et 40 % de ses richesses alors que les pays socialistes doivent encore se retourner vers l'Occident pour acquérir nourriture et technologie. Les différences ne résultent pas des dotations naturelles ou des machines industrielles, mais d'idées et de comportements.

Parce que le capitalisme s'apparente à une arène intellectuelle et psychologique, sa créativité supérieure se double d'une stabilité apparente moindre. Dans une économie libérale, les mouvements spontanés de pensée peuvent modifier les circonstances et façonner les événements. L'équilibre repose sur une perpétuelle oscillation entre l'or et les autres valeurs refuges d'une part et de l'autre, les actifs productifs et la croyance dans la règle d'or du capitalisme. L'engagement dans les combats pour l'avenir tranche avec l'acceptation paisible du déclin. Les investisseurs développent ou réduisent leurs projets selon leurs prévisions. La spéculation ou la recherche d'un trésor incite à créer centrales nucléaires ou laminoirs, à déplacer à Singapour ou en Corée du Sud la micro-informatique, à exploiter les plus extraordinaires méthodes pour vendre du savon, cultiver des terres stériles... La moindre rumeur arrêtera ce mouvement.

La richesse réside dans les ressources, mais toutes les ressources ne sont pas des richesses. Dans une ronde incessante de prix et d'idées, le marché multiplie les « nouveaux » produits en exploitant la diversité des besoins humains : les changements de circonstances permettent des gains considérables et laissent planer une ombre menaçante sur les produits périmés.

Même le vigoureux « capital humain » risque de fondre dans une épidémie de panique. Jung notait que si une société peut résister à une épidémie, elle est plus vulnérable aux affections de l'esprit. Nos lois, nos médicaments, nos usines et nos biens n'ont aucun effet contre de telles « épidémies psychiques ». La croissance dépend des prévisions, l'investissement du dynamisme des investisseurs et le capital de la morale du travail. Or le travail peut se montrer aussi fuyant qu'une pensée.

Dans une économie, la qualité de la pensée et des esprits peut éclipser les quantités de capital ou le volume de la main-d'œuvre. Pour peu qu'elle fasse défaut, l'industrie est vite entravée, les aéroports paralysés et la circulation bloquée par une grève du zèle. En régime de libre entreprise, le travail dépend comme l'investissement « d'esprits animaux », du dynamisme des ouvriers. En effet, au-delà des spécifications du contrat, le travail libre est un véritable investissement, motivé par l'espoir de profits et de promotion incertains qui dépendent des perspectives de l'entreprise.

Le travail est en fait la racine de la richesse et même du génie que seule confère la sueur. Mais, sans idéal, les ouvriers bien payés consomment ou gaspillent tout leur revenu. Les chanteurs de musique pop qui brassent des millions ou les vedettes du basket-ball qui symbolisent la richesse finissent souvent endettés, sans aucun signe tangible de leurs efforts alors que les familles les plus pauvres réussissent souvent à épargner et à réaliser des placements profitables. Les vieux adages qui soulignent l'importance de l'épargne sont valables. Non seulement, ils incitent à accroître les ressources disponibles pour l'investissement, mais ils témoignent de l'imagination et de la volonté qui font la richesse. Peu d'affaires commencent à vivre sur des prêts bancaires et les petites entreprises presque jamais. Elles préfèrent capitaliser le travail.

Il y a dix ans, une famille libanaise s'installait à Lee, dans le Massachusetts, avec pour simple et unique fortune une poignée de dollars et quelques rudiments d'anglais. Elle a investi son capital pour acheter une boutique désolée et abandonnée près de la route, à la périphérie de la ville, pour vendre des légumes. Tous les matins, l'homme se levait à cinq heures et dans sa camionnette brinquebalante il parcourait cent soixante kilomètres à la recherche des meilleurs produits, les moins chers qu'il pouvait trouver dans les fermes de la vallée du Connecticut pour les revendre à Lee le matin même. Il fit preuve de l'attitude classique de l'entrepreneur qui arbitre, compare les prix des différents marchés et s'enrichit par le travail. Mais parce que les fruits du travail et de l'intelligence n'étaient guère dépensés, ils ont en un sens été épargnés et investis dans le magasin. Les six enfants qui s'activaient avec ténacité furent des sources d'accumulation du capital. Le magasin restait ouvert de longues heures ; il a fini par attirer les habitants et s'est assuré une clientèle. Quelques années plus tard, il s'efforçait d'attirer les foules estivales en vendant des asperges de première qualité ou des légumes cuisinés. Pendant l'année il vendit des fleurs et des arbres de Noël, puis de l'essence, des fruits secs, du sirop de sucre d'érable et des confitures de mûres, du cidre et de la confiserie, des vins et des liqueurs au détriment des nombreux supermarchés, des innombrables stations d'essence et de bien d'autres boutiques de toute nature, toutes mieux placées mais écrasées sous le poids de l'économie surimposée et déclinante du Massachusetts.

La présence des six enfants était la clef du secret. Elle a d'ailleurs classé longtemps encore cette famille en deçà du seuil de pauvreté. Mais il ne faut pas oublier l'esprit d'entreprise du chef de famille qui a su éviter tous les écueils. Il s'appelle Michael Zabian. Récemment, il a acheté le plus grand local de la ville, un bâtiment de trois étages fait du même marbre que le Capitole. Il possède un important magasin de vêtements masculins au rez-de-chaussée et l'équivalent d'un petit centre commercial dans son ancienne boutique. Il se pare d'un constume trois-pièces pour les photos publicitaires de la Chambre de commerce.

Cette décennie de création a été extraordinairement fertile. Deux autres Libanais ont réalisé des performances comparables dans la région des Berkshires où ils ont ouvert leur commerce. Dans chaque ville américaine, des immigrés – à Miami, des Cubains ; des Portugais à Providence et Newark ; des Philippins à Seattle, des Coréens à Washington D.C. et à New York, et des Vietnamiens à Los Angeles pour ne pas oublier les derniers arrivés – ont créé des commerces aussi florissants sans recevoir d'aide notable des banques, des pouvoirs publics ou des économistes.

Des petites affaires lancées par des hommes entreprenants peuvent rapidement jouer un rôle important dans l'économie. La Société des papiers des Berkshires, par exemple, fut créée par Whitmore (Nick) Kelley originaire de Glendale dans le Massachusetts. Il a d'abord commencé par fabriquer des blocs-notes dans la ville rurale de Great Barrington. Face aux multiples fabricants de papier implantés le long de la Housatonic River, son entreprise a subi de sévères revers de fortune qui ont finalement tourné à son avantage. En 1980, il pouvait fournir capitaux et biens de consommation à quelques-unes des plus grandes entreprises en pleine croissance. Mais Kelley lui-même n'a jamais rien hérité ni reçu aucune aide extérieure.

Dès le départ, le capital de la firme a consisté pour l'essentiel en déchets. Comme les industries du cuivre ou de l'acier exploitent les tas de ferraille, la Société des papiers des Berkshires a utilisé les papiers, les machines et les usines abandonnés par les autres entreprises. Elle s'est construite en grande partie sur des ressources dénuées de valeur selon la comptabilité nationale. Elle n'aura pas moins accédé aujourd'hui au marché de la micro-informatique et bénéficie d'un monopole pour trois produits sophistiqués. Cette évolution des blocs-notes vers la micro-informatique témoigne de l'inadéquation de la quasi-totalité des indices économiques et des mesures de la richesse nationale élaborés par les statisticiens.

Quand il était étudiant, Nick Kelley rendait régulièrement visite à son beau-père à Clark-Aiken dans le Massachusetts. Or celui-ci était propriétaire d'une usine de machines-outils destinées à l'industrie papetière de Lee. A l'intérieur et tout autour de l'usine, il remarqua des amas de papiers perdus et demanda à son beau-père quel usage il en faisait. Celui-ci lui expliqua qu'il s'agissait d'essais que l'on expédierait plus tard aux décharges de Lee. Kelley se demandait s'il n'y en avait pas un meilleur usage.

Dans le magasin de fournitures pour bureaux de Gowdy à Pittsfield, il remarqua un bloc de papier. A sa demande, le propriétaire lui expliqua qu'il s'agissait d'un bloc-notes. De multiples essais et échecs, agrémentés de plusieurs visites d'usines de blocs-notes, lui apprirent comment les fabriquer. Avec l'aide de son beau-père, il commença à acheter et réparer un massicot et découvrit même un nouveau procédé d'encollage en remplaçant le pinceau habituel par un rouleau. Ainsi, il a pu sillonner le Nord-Est à la recherche de marchés et créer une industrie florissante de blocs-notes. Grâce à l'aide de son beau-père, elle a survécu aux obligations de Kelley en Asie du Sud-Est pendant la guerre du Viêt-nam.

Chaque fois, les échecs ont encouragé l'innovation et permis de nouveaux progrès. Après l'épuisement des réserves de Clark-Aiken, il a su s'approvisionner chez les revendeurs de New York. Constatant que le coût des rouleaux de papier dépassait de 30 % celui des feuilles, il s'est ingénié à trouver un nouveau procédé de fabrication. Finalement, son pire échec l'a chassé du marché des blocs-notes tout en lui permettant d'élargir considérablement son entreprise.

Cherchant à conquérir le marché de Boston, Kelley s'est informé auprès de la clientèle d'une grande entreprise de papeterie. La concurrence ne paraissait guère possible. Mais Kelley se demandait comment diable il était possible de vendre meilleur marché quand les seules matières premières coûtaient quelque quatorze cents la livre et qu'il vendait les blocs-notes seize cents. Il s'adressa alors à son concurrent, une firme familiale dirigée par des Italiens à Sommerville. Kelley y découvrit une vieille bâtisse et des équipements anciens mais organisés de façon beaucoup plus ingénieuse que les siens. Il dut s'incliner devant la supériorité de son adversaire et s'avouer vaincu. « Je décidai alors, explique-t-il, de cesser la fabrication de blocs-notes. » Il se décida alors à acheter des blocs-notes à l'usine de Sommerville et à les vendre selon ses propres techniques de marketing. Il acquit également des presses d'imprimerie lui permettant de dégager une valeur ajoutée sur les blocs en imprimant sur eux certaines indications ou des emblèmes.

Cette situation conduisit Schweitzer, directeur d'une grande papeterie des Berkshires, à demander à Kelley d'imprimer des formulaires officiels, puis sur sa lancée, de fabriquer des sachets à thé que ses propres machines ne pouvaient réaliser. Bien qu'il ne possédât pas d'outillage approprié à cette tâche, Kelley accepta le marché. Muni d'une simple rame de papier, il passa des jours et des nuits à rechercher une solution. Il gâcha le quart de son papier avant que la machine ne soit complètement bloquée. En superposant exactement plusieurs feuilles, il pensait qu'il serait plus commode de les couper et il y parvint. Cette réussite accrédita sa réputation de faiseur de miracles, d'homme capable de réaliser des opérations de papeterie difficiles et spécialisées. Bientôt les grandes entreprises de la région commençaient à lui confier leurs opérations les plus délicates.

Grâce à ces nouvelles productions, la petite entreprise de Kelley bénéficie aujourd'hui de trois monopoles. Le premier fut la fabrication de papier maquillant pour les ongles des femmes (papier à longues fibres qui adhère sur l'ongle poli), distribué par les entreprises de cosmétiques d'Avon à Revlon. Le second fut la fabrication de démaquillant pour le visage destiné à des entreprises telles Mary Kaye et Bonne Bell (papier qui nettoie et démaquille sans irriter). Enfin son troisième et sans doute le plus important de ses projets l'obligea au préalable à se plonger interminablement dans la littérature électronique, en jonglant avec des concepts comme le micron (un millième de centimètre) ou l'angström (un millième de micron) : il se concrétisa dans la production de papier utilisé dans les fabriques de microprocesseurs et d'appareils électroniques. Il fallait non seulement que le papier soit suffisamment fin pour envelopper une pastille de silicium (sans perturber les électrons) mais que l'on fasse un considérable effort de recherche pour déterminer les impuretés et les malfaçons acceptables. Kelley approvisionne actuellement les principales entreprises de semi-conducteurs — de National Semi-conductor à Intel ou Motorola — en leur donnant toutes les informations nécessaires. Il poursuit également des recherches pour perfectionner son produit.

Par sa carrière, Kelley prouve que la foi et l'imagination sont les capitaux les plus précieux de l'économie américaine. La richesse est moins le produit de l'argent que de la volonté.

Les statistiques officielles oublient les sources de richesse de ce type. Quand Heilbroner et Thurow prétendaient qu'en 1969, 25 % des familles américaines ne possédaient aucune richesse, ils parlaient en fait de familles qui détenaient un parc automobile d'une valeur supérieure à 5 milliards de dollars, 16 milliards en autres biens durables, tels que machines à laver ou postes de télévision et 11 milliards de dollars de logement (près du tiers avait une automobile et 90 % une télévision), sans compter les avantages du Medicaid *, et les divers services publics de Sécurité sociale, logement, éducation, etc. [2]. La valeur de leur capital humain se comptait en milliards de dollars même si elle était dépréciée du fait de l'âge ou d'une jeunesse irresponsable (la majorité des foyers pauvres se compose de célibataires ou de mères abandonnées avec leur progéniture). Si leur valeur nette était nulle, c'est parce que leurs dettes excédaient leur valeur estimable. Pourtant 80 % de ces gens qui étaient pauvres en 1969 n'ont échappé à la pauvreté au bout de deux ans que pour être remplacés par d'autres trop jeunes ou trop âgés, trop insouciants ou trop prolifiques pour parvenir à équilibrer leurs comptes [3].

Il serait peut-être justifié d'exclure de la comptabilité ces services sociaux ou ces programmes de transfert qui détruisent souvent plus qu'ils ne créent de valeur humaine. Mais les statistiques de distribution ignorent des catégories d'actifs beaucoup plus précieuses. Par exemple, ils voient dans le débarquement sur nos rivages de familles libanaises illettrées une progression de la pauvreté, une perte sèche de valeur. Or n'est-ce pas aussi une introduction fantastique de capital humain?

Ce sont les familles démunies de tout qui ont construit l'Amérique. Nombre des entreprises individuelles qui ont gagné depuis la Seconde Guerre mondiale quelque 500 milliards de dollars en valeur nette (six fois plus que les profits consolidés des plus grandes sociétés [4]) ont débuté avec des actifs nuls selon les comptes usuels. L'idée d'un écart large et infranchissable entre pauvres et riches est un mythe. Dans les Berkshires, l'ascension des Zabian a créé de nombreux filons de prospérité.

Les statistiques mêmes des principaux propagateurs de ce mythe de l'immobilité détruisent leur thèse. D'un tableau qu'il présente, Thurow se croit autorisé à conclure que l'héritage est le « facteur dominant » qui explique le nombre des millionnaires en 1962. « Parmi ces familles, poursuit-il, 57 % ont hérité une part substantielle de leurs actifs et 66 % ont bénéficié de quelques successions [5]. » Des statistiques de *Fortune*, il conclut que 75 % des plus grosses fortunes s'expliquent par l'héritage. Mais sa lecture impressionniste contredit ses estimations précédentes et biaise sans doute les pourcentages en y incluant les femmes, presque toujours héritières. En 1978, à peine un tiers des supermillionnaires ont en fait hérité une fraction significative de leur fortune [6]. Les autres données de Thurow sont aussi fiables que celles des statisticiens du Federal Reserve. Elles contredisent la lecture qu'il essaie d'en imposer.

Dans le second tiers des détenteurs de richesse – dont la valeur nette moyenne des avoirs de chaque membre était de 2 millions de dollars en 1979 – 71 % n'ont bénéficié d'aucun héritage. Seuls 14 % ont profité d'une succes-

* Le *Medicaid* est un programme public en matière de santé qui permet de financer sur les ressources fédérales ou des États certains soins médicaux ou l'hospitalisation des personnes démunies ou de revenu faible *(N.d.T.).*

sion substantielle. Dans le groupe des multimillionnaires, 31 % n'ont rien hérité et 9 % n'ont reçu que de maigres héritages [7]. D'autres études montrent que 85 % des plus grosses fortunes (dépassant 60 000 dollars en 1969) ne sont apparues que depuis 1953 [8]. Hormis quelques exceptions notables, toujours célèbres, la catégorie des riches a en deux générations connu une rapide mobilité.

Comment est-ce possible, alors que des experts sont envoûtés par la magie de l'intérêt composé qui démontre sans difficulté que le riche s'enrichira toujours plus jusqu'à conquérir l'ensemble du monde? Pourquoi les riches ne peuvent-ils rendre l'âme sans distribuer le plus gros de leur fortune? Un faux pas, puis la mort, et les impôts absorbent l'héritage par l'importance des droits de succession; Howard Hugues n'a pas laissé d'héritier. Les veuves, qui meurent en moyenne douze ans après leur mari, traînent leur solitude en Europe et finissent par épouser un duc indigent... Les chasseurs de fortune affluent aux funérailles des riches.

Quand l'argent est réellement transmis, la part que laissent la charité et la philanthropie revient souvent à une ribambelle de fils ou de filles prodigues qui n'ont pas la moindre idée de la notion de *rentabilité moyenne du capital*, même quand ces enfants auraient intérêt à conserver leur richesse. L'héritage affaiblit souvent l'esprit d'entreprise qui serait nécessaire pour le perpétuer. Il est bien plus aisé de dépenser que de choisir des placements dont les rendements dépassent les coûts.

De plus, au cours de ces dernières années, la magie des intérêts composés a été renforcée par la fiscalité et l'inflation. Toutes deux ont durement frappé les actifs et les revenus des riches, détruisant 10 % de leur revenu pour chaque hausse de 2 % du niveau des prix. Même des familles comme les Mellon, Rockefeller et Frick qui restent riches connaissent un déclin régulier : la multiplication des engagements, des mauvais placements ou des faillites, les fondations, les ventes ou les donations au profit d'institutions non lucratives ou au gouvernement d'une partie de leurs terres et de leur capital. Les Rockefeller ont donné leur propriété ancestrale de Pocantico Hills, leur vénérable domaine de Westchester, au National Trust pour la conservation des sites et monuments historiques. Après la mort de trois des cinq frères, les deux autres et leurs enfants n'étaient ni assez motivés ni assez riches pour conserver les symboles seigneuriaux de leur puissance familiale.

A l'avenir, ces familles ne disparaîtront pas mais elles ne dirigeront plus les rouages du système; il n'y aura plus ces concentrations impressionnantes de plusieurs billions de dollars entre les mains de ces mêmes familles. On peut dire sans hésitation qu'en Amérique, les héritiers ont peu de chances de s'enrichir; ils sont souvent détrônés par des familles plus chanceuses issues d'une catégorie inférieure de revenu. Les craintes d'une ploutocratie héréditaire ont aussi peu de fondement que l'espoir d'un dépérissement de l'État.

Dans la noosphère du capitalisme, tous les riches sont destinés à se laisser piéger par l'écart entre idées et réalités. L'esprit régente la richesse mais celle-ci n'est jamais fixée une fois pour toutes. Pour être négociable, un actif doit garantir un flux de revenus supposé durable. Les prévisions sont aussi fuyantes que les pensées mais les choses sont hélas trop rigides. Les galeries d'art moderne, les réseaux ferroviaires qui quadrillent la campagne américaine, les usines qui construisaient les ordinateurs géants des années 60 ou fabriquaient l'an passé nos meilleurs ordinateurs, les bâtiments qui les abritent comme les canaux, les best-sellers soldés, les marchés des arbres à gomme, toutes les grandes filatures du Massachusetts et les forges de Pennsylvanie, les roues à aube spectrales et les fermes fantômes de Nouvelle-Angleterre, les stocks de sodium et les usines qui les produisent, toutes les presses, les linotypes et les machines-outils qui permettent de les fabriquer sont autant d'illustrations de la valeur évanescente des formes les plus tangibles de placements. Quand les circonstances et la mode changent, il faut souvent solder les machines les plus puissantes ou tâcher de les utiliser à des travaux secondaires.

Le perpétuel kaléidoscope des évaluations, qui dégage pertes ou profits selon la marche du temps et fait se succéder les produits nouveaux, ne cesse de redistribuer les richesses beaucoup plus sûrement que ne pourrait le faire l'État. Les estimations des rendements du capital dans les années 70 — à partir desquelles Thurow concluait à l'immobilité de la distribution — négligeaient l'effondrement des actions, le boom d'un billion de dollars des constructions résidentielles, les profits et les pertes massifs des petites entreprises, la hausse de l'or et des œuvres d'art. Un simple tour de main des Arabes, et l'on aurait à nouveau une constellation mondiale des richesses radicalement différente.

Entre 1946 et 1975, les plus-values des citoyens américains, « réalisées » ou non à l'occasion de ventes, se sont élevées à deux billions six cent soixante-quatre milliards de dollars. Dans cet agrégat indéfinissable, les fortunes et la conception de la richesse ont changé d'une année sur l'autre. En 1943 et 1974, les seules actions ont baissé de 0,6 billion de dollars : cette perte équivaut à l'ensemble des profits réalisés sur les autres formes de capitaux au cours des trente années précédentes [9]. A la fin de cette période, en données corrigées de l'inflation, les profits cumulés, réalisés ou non, ont baissé à 26 milliards de dollars nets, soit moins d'un milliard par an. Et ce, avant impôt. Quand l'Internal Revenue Service, le fisc américain, a pris sa part, il ne reste plus que des pertes [10].

Avant l'avènement du capitalisme d'entreprise, il fut un temps où la richesse résidait dans la terre ou d'autres propriétés stables. De même dans les pays socialistes où la richesse dépend souvent des fonctions exercées à perpétuité dans la hiérarchie du Parti. La distribution était alors figée et facile à saisir. Dans le capitalisme moderne, la richesse présente un véritable dilemme : sa valeur prend des formes plus spécialisées, complexes et rigides ;

mais elle est extrêmement sensible aux changements plus rapides et imprévisibles du savoir. A la fois plus solide et plus disponible, le capital est devenu une véritable ligne Maginot pour tous les spéculateurs.

Au-delà de tous les bouleversements et des incertitudes, le seul capital stable reste la réflexion. L'avenir est inconnu mais l'intelligence et la volonté permettent de dépasser la foule incertaine et d'envisager l'avenir. D'aucuns concrétisent leur inspiration dans le silicium et le ciment avant que la concurrence ne puisse se développer. Les meilleurs esprits, les plus curieux, originaux et fins sont le trésor le plus précieux. Leurs gains sont mérités, mais ils ne tardent pas à se dissiper. Dès que les œuvres de l'imagination et des mathématiques se concrétisent par l'investissement, elles sont piégées. C'est ainsi qu'en deux générations s'envole en fumée la grande majorité des fortunes américaines. Voilà pourquoi la notion de *rentabilité moyenne du capital* est si rarement comprise par les riches, même quand par chance ils décident de placer leurs avoirs et de profiter des taux d'intérêt de l'argent liquide au lieu de les placer en capitaux plus solides et illusoires.

D'une façon générale la richesse est d'autant plus liquide qu'elle est proche de la monnaie. Sa croissance rapide est d'autant moins probable et elle s'avère plus vulnérable aux variations de la masse monétaire. Avec l'inflation et l'impôt, les concepts d'épargne n'ont cessé de perdre de leur valeur. La richesse la moins liquide mais la plus prometteuse pour l'avenir consiste à construire et à posséder sa propre entreprise. Si elle est inscrite en bourse, elle peut rapporter des fortunes de papier, mais les propriétaires ne peuvent vendre qu'un et demi pour cent de leur part tous les six mois (à moins qu'ils ne trouvent un acheteur à leur entreprise). En 1970, les rues de New York regorgeaient de millionnaires de papier profitant du cours élevé de leurs créances. Ils devaient bientôt connaître une déroute totale avec le crash boursier.

En un sens, le riche ressemble à un spéculateur qui parie contre la maison de jeu. Les lois de la probabilité montrent que ses chances de maintenir ou d'accroître sa fortune dépendent du poids relatif de sa richesse et des réserves du casino. La règle de la ruine des joueurs indique que sa faillite est à 90 % assurée si son adversaire est dix fois plus riche et que le jeu dure plus de 900 parties. S'il n'a que 1 % des forces de son adversaire, sa ruine est assurée à 99 % après juste 50 parties [11].

Dans une économie libérale, la richesse totale des autres fait figure de maison de jeu. Si la libre entreprise était une activité de pur hasard, un jeu à somme nulle dans lequel tout profit de l'un est nécessairement une perte de l'autre, sa faillite serait aussitôt acquise. Mais l'entreprise n'est que partiellement un jeu de hasard; l'homme d'affaires dispose de bien d'autres moyens de préserver son capital. En revanche les familles riches affrontent une série de hasards qui annoncent inévitablement leur déclin. Les lois de la probabilité et de l'entropie s'appliquent d'autant mieux à un capital ancien, quand les capacités des gestionnaires s'épuisent. D'une façon générale, la croissance et la chute des grandes fortunes épousent davantage les lois de la probabilité et de l'entropie que celles des intérêts composés.

Ce processus est le ferment secret du capitalisme, la raison de sa créativité. De nouvelles idées s'avèrent profitables et gagnent en audience pendant que s'effacent les conceptions anciennes. L'impôt progressif est le principal danger qui menace ce système et décourage les riches de risquer leur argent. La richesse naît d'activités productives. L'or et les objets de collection à l'abri du fisc la stérilisent (les petites entreprises échappent à l'incidence de ce système fiscal). Les riches continuent à perdre leur argent mais ne contribuent plus à l'économie. La circulation des élites se ralentit et le système devient moins dynamique [12].

Dans la période actuelle d'inflation le capitalisme ne connaît pas de péril plus menaçant. Comme les riches consomment davantage mais investissent moins, le ressentiment à leur égard se précise pendant que des politiciens ignorants ou des démagogues en profitent pour les imposer encore plus. Ils sont à nouveau punis. Le riche découvre alors qu'il est plus commode et gratifiant de dépenser que de gagner de l'argent pour le gouvernement. L'envie le prend de voyager et d'investir à l'étranger. Le problème s'aggrave à nouveau et l'on assiste au cercle vicieux de l'impôt et de la fuite du capital bien connu dans les pays sous-développés aussi bien qu'en Europe ou aux États-Unis. Dans ces circonstances, la richesse risque de se réduire à de simples richesses et les individus commencent à consommer le capital de leur pays, c'est-à-dire la source même de la croissance future.

En attaquant les riches, les autorités fiscales invoquent « les rentes ». En fait, ils visent les intérêts capitalisés de revenus précédents, déjà lourdement imposés, qui ont été épargnés ou investis. Les héritages font l'objet d'une attention particulière car ils représentent un transfert non démocratique et une concentration abusive des pouvoirs. On oublie de dire qu'ils élargissent l'horizon de l'économie et retardent la destruction du capital. Le faible rendement des droits de succession et l'industrie prospère de fraude que leur existence encourage sont des preuves indubitables que leur poids est trop lourd. Mais ces impôts ont trop longtemps paru politiquement séduisants pour que l'on y renonce en période d'hostilité pour les riches.

Néanmoins, une bonne part de la richesse la plus productive d'Amérique s'assimile à une « rente ». Quelques années avant que Michael Zabian accoste sur nos rivages, Peter Sprague, son voisin des Berkshires, héritait de 400 000 dollars provenant pour l'essentiel de la vente d'actions Sprague Electric Company. Or nombre d'héritiers comparables ont réussi à perdre toute leur fortune en une décennie ou plus. Mais Sprague a voulu rompre avec cette logique du déclin accéléré. Pour mettre toutes les chances contre lui, il choisit de se spécialiser en se tournant vers des entreprises au bord de la faillite et manquant d'argent frais.

Sa première affaire fut l'exploitation d'une couveuse en Iran. Elle lui a enseigné les principes fondamentaux de l'entreprise, à savoir essentiellement que rien n'arrive comme le prévoit la théorie. Le projet reposait sur l'utilisation d'une technologie avancée (Ralston-Purina), largement expérimentée en Amérique latine, capable de conquérir le marché de la volaille en pleine expansion du Moyent-Orient. Sa première surprise fut de trouver soixante ou quatre-vingt-dix centimètres de neige : personne ne l'avait informé qu'il *neigeait* en Iran. La neige rendait inutile l'essentiel des équipements Ralston-Purina. Sa seconde surprise vint des problèmes d'alimentation des poulets : « Vous finissez par acheter cent kilos de sable pour cinquante kilos de grain. » Mais après cette année de déception, son capital savoir s'était accru. C'est alors que Sprague commença à gagner de l'argent en Iran en faisant pousser un million d'arbres grâce à des engrais naturels provenant de son élevage de volailles et en cultivant des champignons de Paris dans des chambres froides désaffectées avant de créer les plus importantes installations de congélation du pays. Son entreprise fut bénéficiaire pendant la quasi-totalité des années 70.

En 1964, soit trois ans après le début de ses activités iraniennes, Sprague s'intéressait à une entreprise d'électronique en difficulté, la National Semiconductor. Sprague étudia pendant une semaine la situation avant de se décider à acheter une quantité substantielle de ses actions et d'en devenir le patron. Cette entreprise est aujourd'hui à l'avant-garde de la révolution mondiale de la technologie des semi-conducteurs. Elle a affiché le plus fort taux de croissance de toute l'industrie américaine : son personnel est passé de 300 à la date où Sprague a repris l'affaire à 34 000 en 1980.

Au milieu des années 60, Sprague a acheté diverses autres sociétés dont l'Energy Resources aujourd'hui florissante et sauvé de la banqueroute Design Research (laquelle a finalement déposé son bilan en 1979). En 1969, il renflouait Auton Computing Company qui prospère encore sur le marché de la détection et de l'analyse des fuites et systèmes de canalisation des centrales nucléaires et autres. En 1970, il menait une mémorable campagne, ingénieuse et inventive, pour conquérir le siège de député de la ville de New York sous l'étiquette de républicain : il fut cette fois-ci battu par Edward Koch qui en est aujourd'hui le maire.

Puis il a abordé la dernière phase de sauvetage des canards boiteux. Il s'agissait cette fois-ci de sauver Aston-Martin, le constructeur de voitures de sport qui avait cessé toute production six mois plus tôt, confiait-il alors à quelques amis. Arrivant en Angleterre au début de 1975 pour prendre une vue concrète de la situation, il fut assiégé par les journalistes et la télévision. Les titres de la presse affichaient : UN MYSTÉRIEUX FINANCIER AMÉRICAIN VEUT SAUVER ASTON-MARTIN. C'est ce qu'il fit. L'entreprise est aujourd'hui rentable même si elle a rencontré quelques difficultés sur le marché américain. Dans leur grande sagesse, les contrôleurs fédéraux imposent en effet avec une hautaine impartialité les mêmes normes de sécurité et antipollution, les mêmes obligations à General Motors et à la petite entreprise de Sprague.

En 1975, Sprague achetait également Advent Corporation (l'équivalent de Aston-Martin pour l'audio-visuel) qui était alors à deux doigts de la faillite après avoir perdu 3,5 millions de dollars. A cette date, sa dette à l'égard de ses fournisseurs dépassait le million de dollars. A nouveau, après une salutaire réorganisation et la décision de concentrer la production sur les systèmes de télévision sur grand écran, la firme prospérait sous la tutelle de Sprague. Après avoir traversé une épreuve financière sur un marché boursier tumultueux (les actions d'Advent se sont vendues de trois à vingt dollars selon l'appréciation du moment des investisseurs devant les perspectives de concurrence), Advent aborde les années 80 en position de tête et avec de bons atouts technologiques malgré le défi concerté des conglomérats américains et japonais.

Pour apprécier l'activité de Sprague, on dispose d'un terme de comparaison dans l'organisme public chargé d'aider les entreprises en difficulté que dirige Wedgewood Benn, le National Enterprise Board. Cet organisme a dépensé quelque 8 milliards de dollars pour essayer de sauver quelques entreprises en les noyant sous les capitaux. Avant l'arrivée de Sprague, Benn refusait catégoriquement d'investir dans Aston-Martin sous prétexte que la situation de cette entreprise était désespérée. Il préféra renflouer diverses entreprises qui, à la différence d'Aston, perdent encore de l'argent et dont certaines ont finalement fait faillite. Le Britannique trouva néanmoins 104 millions de dollars — cinquante fois plus que les sommes investies par Sprague chez Aston-Martin — pour encourager les projets de John DeLorean en Irlande du Nord (construction d'une automobile de luxe). De même il a versé 47,8 millions de dollars pour financer la création d'une entreprise nationale de semi-conducteurs — Inmos — dont la rentabilité devrait être pourtant assurée. Technologiquement, elle demeure à la remorque de la société que dirige Sprague. Avec 400 000 dollars, l'héritage et ses dons charismatiques, Sprague a sauvé infiniment plus d'entreprises que Wedgewood Benn et le Trésor britannique. Un entrepreneur énergique, résolu et doué de charisme peut transformer 400 000 dollars en une petite fortune particulière et en une mine d'or pour l'économie. Il se montre bien plus capable que nombre de conseils d'administration tandis qu'un organisme public a généralement besoin d'au moins 400 000 dollars pour entreprendre la difficile aventure de créer une administration !

Néanmoins, au vu des spectacles parfois peu édifiants que donnent les héritiers à la *humpty-dumpty* — et devant les couples de consommateurs de cocaïne les plus snobs et mondains — il est trop facile d'oublier que le rôle crucial des riches dans une économie capitaliste n'est pas d'entretenir ni d'émoustiller les classes inférieures, mais d'investir. Ils doivent créer des entreprises saines et sans bureaucratie. C'est en fait le rôle que joue la classe des riches dans son ensemble. Ils ne consomment qu'une faible partie de leurs ressources et en consacrent l'essentiel à créer des emplois ou à produire des biens de consommation. Les riches restent la source vive du capital.

Ce sont eux qui financent les investissements en dehors des sentiers stériles des dépenses publiques. Là se trouve l'argent qui échappe à la trappe keynésienne et à l'aversion pour le risque. Car, comme un entrepreneur, une banque peut perdre le plus gros de ses investissements quand une entreprise échoue. Mais les espérances de profit en valent bien la chandelle. Les individus fortunés introduisent dans l'économie un facteur sauvage — le germe mutagène. Les investissements relativement risqués entretiennent l'économie et désarçonnent les riches : telle est la règle de fer de la ruine du spéculateur qui veut que celui-ci finisse toujours par se mettre hors du circuit des affaires.

Les expérimentations sont souvent les entreprises les plus fécondes. En s'éloignant des sentiers battus, elles développent en effet le capital public des connaissances. Et un échec qui dépossède le riche de toute sa fortune ne change rien à cet état de fait. Seules ces entreprises innovent et ouvrent la voie aux autres que les banques et autres organisations pourront alors aider.

Le capital « discrétionnaire » finance ce qu'il y a de plus original et idiosyncrasique dans notre culture et notre économie, défend les causes apparemment sans espoir de la politique ou de l'économie, encourage les innovations inhabituelles, l'art, les écoles privées, crée les institutions de l'avenir. Ce qui n'empêche pas les économistes mathématiciens d'en dénoncer le gaspillage et la témérité ni les politiciens de gauche de vilipender cette ploutocratie (sans oublier de demander des espèces sonnantes et trébuchantes à leurs amis banquiers). C'est cette richesse discrétionnaire que les réformateurs rationalistes voudraient avant tout extirper du système américain au profit de « comités de salut public » et de listes des mérites (sur le plan politique). Des fondations étroitement contrôlées et routinières feraient office de philanthropie. Dans le domaine de la culture, on multiplierait les conseils des arts et des lettres et leur clientèle ou satellites non lucratifs. Toutes ces institutions seraient des doubles ou des parentes des administrations publiques au point qu'on finirait par ne plus pouvoir les distinguer de l'État.

Mais la pire des propositions est celle de remplacer les riches fournisseurs de capital risqué, d'institutionnaliser les innovations, les recherches de créneaux, et les investissements expérimentaux en matière de technologie et de croissance. Cette routinisation et cette domestication de la créativité sont parfaitement illustrées par le véritable comportement de girouette du département de l'Énergie qui choisit des projets selon leur seule capacité à attirer de nouveaux électeurs aux députés du Congrès. Un mois, c'est le solaire, l'autre la géothermie, puis l'énergie marémotrice ou éolienne qui se succèdent en une ronde de lubies et de fantaisies avant d'aboutir à une solennelle résolution appelant à en revenir bravement aux pires solutions du passé et à développer la plus toxique et la plus coûteuse des sources d'énergie, la houille grasse.

Seuls les individus font preuve d'originalité. Les administrations craignent les risques et le non-conformisme. Elles ne sauraient donc créer de nouvelles connaissances. En risquant sa fortune, le riche sauve l'économie. En 1970, année de prospérité, 90 % des revenus bruts des millionnaires venaient des affaires, des participations ou d'actions et les pertes s'élevaient à 40 % des profits. En 1978, les 250 000 millionnaires continuaient, mais dans une moindre mesure, à investir en portefeuille d'actions la moitié de leurs ressources, 20 % dans les entreprises privées, et à peine 14 % en titres publics et autres valeurs prétendument sûres [13].

Personne d'autre ne peut supporter les risques que prennent les riches. La vigueur du capitalisme se nourrit de celle des capitalistes. A l'occasion, les autres groupes de la pyramide sociale se détournent des spectacles de la consommation pour contempler les exploits que réalisent les riches aux frontières de l'économie – aventures non sans noblesse de protagonistes qui risquent de perdre toute leur fortune dans leur combat pour la rédemption de l'économie libérale.

Les riches Américains n'ont rien de commun avec les Saoudiens ni avec Midas enfermé derrière des barreaux d'or. Ils ne possèdent pas seulement des richesses, mais aussi la richesse. Dans le tiers monde, par contre, le mythe de Midas a plus qu'un semblant de vérité. Les gouvernements n'y savent rien faire d'autre que créer de la monnaie ; le marché intérieur est limité et les fanfreluches ou l'or absorbent l'essentiel des ressources. Dans le capitalisme sain, les riches sont aux antipodes de Midas : ils transforment une liquidité craintive et une épargne rétive en usines et en bureaux, exploitations agricoles et laboratoires, orchestres et musées. Au fond, ils changent l'or en produits, en emplois et en art. Dans le drame perpétuel de la création de richesse et de progrès, la fonction du riche est de saisir les opportunités, au service des moins fortunés.

Les agrégats monétaires ou les statistiques restent impuissants à saisir le drame qui est avant tout spirituel et moral. Au-dessus et autour de l'architecture de la production règne une atmosphère, invisible aux statistiques, d'humeurs et d'idées, de fantasmagorie d'images et de visions prophétiques qui filtrent ou éclipsent la lumière noble et chaude du soleil. Cette lumière n'est autre que la foi créatrice dans les atouts de la libre entreprise pour forger la richesse dans l'inconnu du monde à venir.

SIX

Les origines de la pauvreté

VIVANT DANS UN MONDE de richesse, les classes supérieures se sont longtemps laissé abuser par les fantasmes les plus incroyables auxquels donnait lieu le monde des pauvres. Même si nous inclinions à partager le bon sens d'Hemingway pour conclure que les riches ne diffèrent de nous que par leur fortune, nous préférions imaginer que les pauvres étaient une tribu étrangère, de mœurs et de culture exotiques. Indubitablement, une bonne expertise nous permettait de les comprendre.

Que de nombreux pauvres fussent des Noirs nous facilitait la tâche. Ils paraissaient différents. Sur un ton péremptoire, on multiplia les fables. On prétendait que leurs structures familiales étaient par nature matriarcales ; comme pour les Irlandais ou les juifs et les autres immigrés des agglomérations, on attribuait à des raisons génétiques l'infériorité de leur Q.I. (sans doute, à cause d'une boîte crânienne moins importante [1]). Ils avaient la réputation d'être enclins à la violence et négligents. Néanmoins, prétendaient les esprits libéraux, on ne saurait les juger sans se rendre coupable d'ethnocentrisme ou d'impérialisme culturel. On pensait en effet que la propension à la violence, la faible intelligence et les foyers sans père témoignaient d'une adaptation raisonnable à la pauvreté, au demeurant fort instructive.

Mais cette attitude exigeait un relativisme culturel si héroïque qu'il ne pouvait qu'être éphémère, notamment dans ses formulations politiques. Aussi sont apparues de nouvelles approches, réputées plus éclairées. Mais leurs conclusions étaient tout aussi outrées. L'esclavage, la discrimination et la privation auraient profondément affecté le psychisme des Noirs : seules de nouvelles thérapies seraient en mesure d'y remédier ; l'effet du racisme et du chômage est si marquant qu'il faut multiplier les programmes publics d'emploi. Seule une action résolue permettra de les surmonter. Certes les Noirs ne sont pas génétiquement inférieurs. La science établit que les dommages infligés par le racisme et la pauvreté expliquent leur infériorité actuelle.

Ces notions sont doublement nocives. Non seulement elles créent de sérieuses difficultés à la pensée libérale lorsqu'elle est confrontée à des spécimens en chair et en os de cette race méritante et mutilée mais elles accréditent l'idée d'une différence de nature entre les pauvres et nous. Cette croyance entretient de nouvelles fables qui se traduisent explicitement ou implicitement dans les programmes fédéraux.

Par exemple, la majorité d'entre nous travaille pour l'argent et les loisirs. Malgré leur travail souvent plus pénible, les pauvres sont censés ne pas le faire. Ils sont si avides de travail, si l'on en croit les enquêtes, que leur désir de travailler serait insensible au niveau de l'aide sociale et des aides en nature pourtant supérieures au salaire disponible. Ils préféreraient encore travailler si le fisc absorbait la quasi-totalité du revenu de leur travail (du fait d'une réduction de leurs allocations sociales).

Dans le passé, tous les groupes ethniques américains ne sont sortis de la pauvreté qu'en apprenant l'anglais sinon en oubliant leurs propres langues. Or aujourd'hui, par fierté ethnique, les étrangers pauvres, pour l'essentiel de culture hispanique, acquièrent leur instruction dans leur langue d'origine.

Le divorce et la séparation ravagent les classes moyennes américaines : elles perdent leur emploi, leurs revenus s'évanouissent, leur santé se détériore. Elles boivent et flirtent ; les résultats scolaires de leurs enfants se dégradent. Par contre, on prétend que les pauvres et leurs enfants seraient miraculeusement préservés du fléau des ruptures familiales ; ou, tout au moins, on impute à la discrimination leur faible revenu ; l'absence de leur père n'affecterait guère les jeunes écoliers.

Aux États-Unis, la majorité des hommes gagnent davantage que leur femme. Leur emploi est plus stable. Malgré cela, les hommes seraient indifférents au niveau relativement supérieur des allocations sociales de leur femme qui par ailleurs n'aurait aucune relation avec les forts taux de chômage et le nombre des enfants illégitimes.

Tous les groupes qui ont réussi dans l'histoire américaine le doivent à leur travail acharné : ils trimaient plus et gagnaient moins. De plus, le rôle d'hommes entreprenants s'est révélé décisif. Or on prétend actuellement que les pauvres pourraient se dispenser de ces travaux ingrats par la culture et les diplômes. La multiplication des assistantes sociales serait un moyen de tirer un groupe de la pauvreté. Ces conceptions font des pauvres une race si étrangère à toute l'expérience américaine, de mœurs et de culture si différentes, que l'on est en droit de parler d'un nouveau sectarisme.

L'accusation d'un racisme libéral est sans doute inutilement provocante. Les libéraux ne sont pas plus racistes que n'importe qui même si une petite minorité sans influence et en voie de disparition affiche des opinions racistes. Mais la réponse des médias libéraux au racisme est si donquichottesque qu'elle en devient répréhensible. Ainsi, quiconque connaît un tant soit peu l'élite économique et politique sait qu'il est désespérément vain de donner aux

Noirs des responsabilités élevées tant qu'ils ne sont pas raisonnablement capables d'en assumer les charges. Les plus prestigieuses universités américaines recherchent avidement des docteurs noirs qu'elles rémunèrent en moyenne deux mille dollars de plus que les professeurs blancs de niveau et d'expérience comparables [2]. Pourtant, toute la presse américaine s'est étonnée des émoluments de Franklin Thomas au titre de directeur de la Fondation Ford comme s'il s'agissait d'une découverte sensationnelle. On oublie trop que Thomas a refusé un poste dans le gouvernement américain, qu'il a déjà exercé les fonctions de directeur intérimaire de la Fondation Whitney, qu'il affichait des opinions d'une mondanité irréprochable comme son prédécesseur, McGeorge Bundy, et qu'il fut choisi dans le plus grand enthousiasme par le bureau.

De même l'expérience politique américaine a prouvé que les Noirs étaient éligibles à tous les emplois, notamment dans les grandes villes, s'ils se montraient des politiciens avisés. Cela n'empêcha pas les éditoriaux du *New York Times* et du *New York Post* d'expliquer la défaite de Percy Sutton dans la primaire démocrate de 1976 pour l'élection du maire et de justifier leur refus de le soutenir par des raisonnements oiseux: la ville n'était pas « prête » pour élire « en ce moment » un maire noir. En fait, si la presse a rechigné à soutenir Sutton et les électeurs à voter pour lui, bien qu'il fût un homme agréable et intelligent, c'est que sa campagne terne laissait présager une magistrature sans éclat. Le soutien unanime des Noirs fut son seul succès. Quoi qu'il en dise, encouragé en cela par le *New York Times*, sa défaite n'a rien à voir avec le racisme.

Le refus des responsables américains de dire la vérité sur les Noirs est d'autant plus grave qu'il concerne les pauvres. L'idéologie dominante prétend que le racisme et la discrimination continuent à expliquer les faibles revenus des Noirs. Cette affirmation est à la fois fausse et odieuse. Elle culpabilise les Blancs, déçoit et démoralise. Elle dissimule la vérité et, par sa sottise insigne, accrédite chez nombre de Blancs et de Noirs un nouveau mensonge: les Noirs ne pourraient rien faire sans aide fédérale ou les programmes qui expliquent en fait les pires aspects de la pauvreté noire et ne sont qu'une assurance de sa pérennité. Enfin, l'explication libérale de la condition des Noirs par le sectarisme conduit à des théories toujours plus absurdes de la pauvreté des autres catégories sociales, des femmes aux Hispano-Américains. Elle entretient une conception maniaco-dépressive d'une économie plus extrême et remédiable que nature.

La première chose à comprendre est simple: malgré l'abondance de l'Amérique, nous vivons dans un monde rempli de pauvres gens. Les modernes moyens de transport et de communication incitent un nombre croissant d'individus à débarquer sur nos rivages. A moins d'adopter une politique immorale et suicidaire de prohibition de l'immigration, la pauvreté ne disparaîtra pas avant des siècles. Les politiques et les approches que nous avons construites sur notre névrose à propos des Noirs peuvent s'appliquer à des millions d'autres individus. Les dommages qu'infligerait un tel choix à notre économie et aux pauvres sont incalculables. Mais notre longue et indiscutable expérience de destruction de la vie des Noirs et des Indiens nous autorise à prédire que ce serait une véritable tragédie.

Pour étudier les problèmes de la pauvreté, il faut également repousser l'idée d'une inégalité écrasante. Il est d'ailleurs possible que l'inégalité s'accroisse quand la pauvreté diminue. Augmenter les revenus des pauvres exige au préalable d'élever le taux de l'investissement et, ce faisant, de renforcer la richesse, sinon la consommation des riches. Grâce à la mobilité du travail et aux promotions, les pauvres verront leur revenu augmenter plus vite que ceux des riches; mais les classes supérieures réaliseront des profits plus élevés en termes absolus et l'écart entre riches et pauvres risque donc de se creuser. A long terme, cependant, toutes ces analyses sont fallacieuses car elles reposent sur l'image d'une économie statique dans laquelle le *nombre* des classes riches et moyennes est stable.

De plus, l'interaction des variations démographiques et la structure d'une économie moderne est un facteur possible de l'inégalité. Quand la division du travail devient plus complexe et délicate, les emplois se spécialisent : ainsi les ouvriers plus spécialisés bénéficient davantage de leur savoir-faire plus rare, et la croissance de leurs revenus dépasse celle des ouvriers non qualifiés. La diminution du nombre d'entrants qualifiés sur le marché du travail, prévisible dans les années 90, risque d'aggraver cette tendance. De même l'accroissement du flot d'immigration, légale ou illégale. Quelle que soit l'issue de ces évolutions, une chose est sûre : imposer davantage les riches, c'est affaiblir l'investissement; parallèlement, donner davantage aux pauvres, c'est réduire les incitations au travail. De telles mesures ne peuvent que diminuer la productivité, limiter l'éventail des emplois et perpétuer la pauvreté.

Les bénéficiaires de l'inégalité sont d'abord les pauvres de jadis. La plupart des études sur les problèmes de la pauvreté qui examinent les statistiques de réussite sociale des précédents groupes d'immigrés constatent une hausse régulière des revenus au cours des années, liée à l'acquisition progressive de diplômes et de compétences. Elles prônent donc des programmes susceptibles d'accélérer cette hausse lente et régulière. Mais cette conception est largement erronée et découle d'une illusion statistique élémentaire qui dissimule la nature même de l'ascension sociale. Les précédents immigrés ont commencé par travailler; ce n'est qu'ensuite que leurs enfants ont pu s'instruire [3].

La croissance des revenus moyens des anciens immigrés ne s'explique pas par la création de centaines de milliers de postes de fonctionnaires ou d'emplois de bureau mais par les rapides succès économiques et professionnels d'une poignée d'entre eux entraînant à leur suite leurs familles et suscitant des vocations. Une politique de redistribution signifie l'aggravation de la pauvreté et la déchéance. Elle pénalise toujours l'innovation au profit des fortunes consolidées et bien protégées. Les pauvres bénéficient davantage d'une économie dynamique féconde en profits imprévisibles (ils ne subissent guère de pertes en capital !) que d'un système stratifié auquel donnent accès les diplômes et les autres titres que les riches peuvent acheter.

Travail, famille et foi sont les *seuls* remèdes à la pauvreté. Pour grimper dans l'échelle sociale, les pauvres doivent d'abord travailler avec plus d'acharnement que les classes supérieures. Toutes les générations de pauvres l'ont fait. Or actuellement, les pauvres, les Blancs plus que les Noirs, refusent de trimer. Irwin Garfinkel et Robert Haveman, auteurs d'une étude ingénieuse et sophistiquée de ce qu'ils appellent les *Taux d'utilisation des capacités de revenus,* ont essayé de mesurer les aptitudes respectives des différentes classes sociales à saisir les opportunités de travail supplémentaire à l'extérieur. Pour diverses raisons fort compréhensibles, les pauvres travaillent beaucoup moins, en termes d'heures et de semaines de travail par an et gagnent moins selon l'âge, l'éducation et autres critères (en *données corrigées* du chômage, de l'invalidité et de la discrimination présumée) que leurs prédécesseurs dans les villes américaines ou ceux qui sont à l'heure actuelle à un niveau supérieur de l'échelle des revenus [4]. (Cette étude fut réalisée par le très officiel Institut pour la recherche sur la pauvreté de l'université du Wisconsin à partir des données et de recensements relatifs au Michigan.) Ces résultats confirment on ne peut mieux l'évidence selon laquelle l'ardeur au travail est la variable déterminante mais méconnue de la productivité et de la répartition du revenu. L'aide sociale et les autres subventions ne font donc que nuire au travail. Les pauvres choisissent le loisir parce qu'ils sont payés pour le faire et non par débilité morale.

Une politique destinée à augmenter les revenus des moins assidus au travail par des transferts et divers autres avantages est une pomme de discorde. Son efficacité sera d'autant moindre qu'elle suscite un ressentiment plus amer de ceux qui travaillent effectivement. De plus, elle détruit le lien psychologique entre l'effort et le rendement si puissant pour la mobilité sociale à long terme. Le véritable travail ne se limite pas à remplir strictement les obligations du contrat de travail mais à « aller de l'avant » avec vigueur et passion. Les ouvriers doivent donc comprendre qu'il ne leur sera rendu que ce qu'ils donnent eux-mêmes et que leur travail est nécessaire pour satisfaire la demande. Parents et écoles doivent par leur enseignement et leur exemple inculquer cette idée dans l'esprit des enfants. Rien n'est plus néfaste que de penser qu'un effort ne sera pas récompensé ou que le monde est un univers froid et cruel où seuls les rapaces et les plus favorisés peuvent réussir. Une telle optique décourage l'effort scolaire qui forme les capacités de revenus ultérieurs. Comme bien souvent dans les affaires humaines, l'effort s'apprend dans la famille et ses sources ne se révèlent qu'au prix d'un examen de la structure familiale.

En effet, le second principe de l'ascension sociale après le travail consiste dans la pérennité du mariage monogame et de la famille. Étudiant la discrimination dont les femmes sont victimes et le poids des charges familiales, cette même enquête de l'université du Wisconsin montre que le travail des hommes mariés est deux à quatre fois plus assidu que celui des femmes mariées et au moins deux fois plus régulier que celui des femmes chefs de famille. Le travail des hommes mariés s'accroît avec l'âge, les diplômes, le niveau culturel, l'expérience professionnelle et la naissance des enfants tandis que celui des femmes décline régulièrement. De même, les maris travaillent 50 % de plus que les célibataires d'âge, de formation et de compétences comparables [5].

Le mariage a donc pour effet d'élever de moitié le travail masculin. Puisque les hommes bénéficient au départ d'atouts supplémentaires et qu'en l'absence de discrimination, la situation des femmes sur le marché du travail resterait inférieure, il est évident que le maintien de la famille est le facteur clé de la réduction de la pauvreté.

Quand c'est la femme qui est chef de famille, quel que soit son niveau d'éducation et sa formation, il est presque impossible que le revenu familial puisse augmenter sensiblement. Le recours aux crèches et à l'aide à domicile est alors nécessaire. Ses charges familiales et ses distractions l'empêchent de s'engager de toute son énergie pour utiliser pleinement ses capacités de revenus. Peu de femmes qui ont des enfants peuvent se permettre d'accorder dans leur vie la priorité à l'argent.

Par contre, l'homme marié voit dans la présence de sa femme et de ses enfants une raison salutaire de se décharger de son agressivité virile dans son activité professionnelle. Ces seules différences sexuelles, que l'on retrouve naturellement dans toutes les sociétés étudiées en anthropologie, imposent que la première priorité de tout programme de lutte contre la pauvreté soit la suivante: renforcer le rôle des hommes dans les familles pauvres.

Ces diverses approches ne saisissent qu'un aspect des nombreuses interférences entre la famille et la pauvreté. Dans *The Unheavenly City,* Edward Banfield définit largement la classe inférieure par son manque d'orientation vers l'avenir. Vivant au jour le jour et à la petite semaine, ses membres sont incapables de planifier, d'épargner ou d'occuper un emploi. A lire Banfield, on a l'impression que des centaines de milliers de pauvres sont affligés d'un défaut psychologique profondément ancré, l'incapacité de dépasser l'horizon du court terme.

Banfield ne cesse de mettre le doigt sur les problèmes cruciaux des pauvres et d'étayer chacun de ses constats de nombreux exemples émaillés de références incontestables aux classiques de la science sociale. Mais il ne parvient pas à expliquer comment des millions d'hommes, également tournés vers le présent, victimes de leurs impulsions et aveugles sur l'avenir, ont réussi à devenir des membres perspicaces de la classe moyenne. Il n'explique pas non plus comment des hommes, apparemment soucieux de l'avenir, mènent une vie dissolue au gré des modes, négligent leur travail, dissipent leur revenu et leur fortune. Leur horizon n'est pas moins circonscrit que celui des pauvres.

En fait, Banfield décrit surtout dans cette catégorie le comportement d'hommes seuls, divorcés ou séparés. Voilà la clé de la pauvreté : ceux que les recensements baptisent « indépendants ». Ils sont si nombreux et frappants qu'ils donnent le ton à l'ensemble de l'économie. Leur concentration dans les ghettos multiplie leur impact sur les Noirs pauvres, hommes et femmes (même si, comme le remarque avec justesse Banfield, la recherche du plaisir immédiat est surtout un trait singulier des hommes).

Cet univers clos de la pauvreté résulte largement de l'effondrement du sens de la responsabilité chez les pères. Tensions et relâchements rythment trop souvent la vie des pauvres comme l'expérience sexuelle des jeunes célibataires. Parce que la sexualité féminine, telle qu'elle s'est forgée au cours des millénaires, est psychologiquement orientée vers la mise au monde et l'éducation des enfants, le souci de l'avenir est inscrit dans leur chair. Leurs entrailles recèlent des aperçus d'éternité. La civilisation dépend de la soumission de la sexualité à court terme des jeunes hommes aux horizons élargis du désir maternel. C'est l'essence même du mariage monogame. L'homme maîtrise sa sexualité et la plie au rythme profond de la féminité. La femme lui donne les enfants qui autrement lui manqueraient à jamais ; il lui donne en échange le fruit de son travail qu'il dissiperait autrement en plaisirs éphémères. La femme lui assure un lien unique avec l'avenir dont elle offre déjà un aperçu ; il lui témoigne sa fidélité et s'engage dans une vie de travail assidu. Si le travail est le premier principe de la disparition de la pauvreté, le mariage est la source vive de la mobilité sociale.

L'amour substitue aux horizons fermés de la jeunesse et de la pauvreté les horizons lointains du mariage et de la carrière. Quand le mariage se solde par un échec, l'homme retrouve souvent les rythmes plus primitifs de la solitude. En moyenne, son revenu baisse d'un tiers et il se laisse séduire davantage par l'alcool, la drogue et le crime. Quand au contraire les mariages sont solides et que les hommes aiment et élèvent leurs enfants, le style de vie annonce déjà la maturité des classes moyennes.

L'importance des célibataires et des divorcés dans les communautés pauvres est le facteur fondamental de la permanence d'un noyau dur de pauvreté aux États-Unis. Les Noirs « indépendants » ne sont pas plus enclins à la pauvreté que les Blancs. Le problème n'a rien à voir avec les problèmes de race ou de matriarcat. Il réside avant tout dans l'anarchie familiale des concentrations urbaines où les jeunes, impulsifs et agités, exercent une influence prépondérante. Le résultat : les rythmes sexuels débridés des mâles tendent à prévaloir et les garçons manquent d'une autorité paternelle qui puisse leur apprendre les valeurs de la responsabilité paternelle : la discipline et l'amour des enfants, la présence sûre d'un tuteur qui subvienne à leurs besoins. « Si elle s'intéresse à moi, *elle* paiera », m'assurait un jeune délinquant en prison [6]. Et sans doute le fera-t-elle. Ainsi se perpétue le modèle d'une génération sur l'autre.

Banfield avait raison d'insister sur le rôle du temps dans la mobilité sociale. Comme l'école autrichienne nous l'enseigne, « le capital *est* du temps » : il concrétise l'ajournement de la consommation que requiert la reproduction élargie du capital. Chez les pauvres, pourrait-on dire, le temps est toujours temps présent, et le capital – sous sa forme humaine de travail lié à l'éducation et à l'épargne – ne s'accumule pas suffisamment pour fournir revenu et richesse. Mais l'absence de structure familiale est une définition bien plus fondamentale de la pauvreté durable. Les liens de l'homme avec ses enfants et l'avenir restent trop souvent insuffisants pour stimuler le travail et l'épargne.

Le démographe E. A. Wrigley a même soutenu que l'apparition de liens directs et exclusifs de la famille nucléaire était une condition préalable de la révolution industrielle. Dans les régions de développement lent d'Europe de l'Est ou d'Asie, les mariages ont pour cadre des familles élargies et les pères ne sont pas reconnus seuls responsables de l'éducation de leur progéniture. Dès la période élisabéthaine en Angleterre et dans d'autres régions industriellement avancées de l'Europe occidentale, un couple ne pouvait se marier avant d'avoir fait preuve de sa capacité à entretenir un foyer indépendant. Comme je l'ai écrit dans *Sexual Suicide,* « les énergies sexuelles étaient directement liées à la croissance économique et puisque les relations sexuelles avant le mariage était sévèrement punies, la croissance démographique était directement liée à la productivité économique [7] ».

Comme l'écrit Wrigley : « Avant la révolution industrielle, les hommes vivaient au jour le jour », en se consacrant « à des projets à court terme » [8]. Ces hommes ne pouvaient trouver le temps de réaliser un capital en travaillant pour épargner et renoncer à la jouissance de leur travail pour un avenir inconnu et inconnaissable. La psychologie orientée vers l'avenir des masses d'Europe occidentale est sans doute un résultat des liens étroits qui existaient entre le travail, la richesse, la sexualité et les enfants. Et Wrigley conclut : la famille nucléaire dont « on a souvent prétendu qu'elle était le résultat de l'industrialisation et de la vie urbaine » les a en fait « précédées de plusieurs siècles » en facilitant le développement à long terme d'une bourgeoisie et d'une main-d'œuvre industrielle fortement motivées [9].

Certes, ce n'est là qu'une caricature de la thèse de Wrigley et de la révolution industrielle. Mais elle exprime l'essentiel, à savoir que « l'acte du mariage occupe nécessairement une place centrale dans le complexe des comportements sociaux [10] ». Elle se révèle en effet déterminante dans l'approche du temps, et par suite dans l'attitude vis-à-vis de l'épargne et du capital. Réciproquement, la prolifération d'unions illégitimes et l'effondrement de la famille sont des causes suffisantes de la pauvreté permanente en détournant les hommes des horizons élargis qu'incarnent leurs enfants.

Une analyse de la pauvreté qui commencerait et s'achèverait par l'étude de la structure familiale et du statut matrimonial saisirait bien mieux le problème que toutes les statistiques de la répartition du revenu, de l'inégalité, du chômage, de l'éducation et du Q.I., de la race et de la sexualité, de la propriété privée et du logement, de la discrimination et de tous les autres critères pour lesquels on multiplie les calculs académiques de régressions et de corrélations. Mais une analyse du travail et de la famille négligerait encore le facteur le plus important de l'ascension sociale en régime capitaliste, la foi.

Banfield a mieux saisi cette dimension morale qu'il n'a compris le rôle des familles. Une des raisons de cette lacune de *The Unheavenly City* tient sans doute à une étude précédente de Banfield relative à un village italien complètement éteint; malgré ses familles nucléaires, il était dépourvu de foi [11]. Le souci des intérêts familiaux était si obtus et fanatique, l'appréhension de l'avenir si paralysante et les jalousies si répandues que toutes les entreprises collectives se soldaient inéluctablement par un échec. Toute organisation sur une grande échelle nécessaire à une économie moderne s'avérait inconcevable.

De son expérience italienne, Banfield a construit une théorie, très douteuse d'un point de vue anthropologique, selon laquelle les familles élargies représentent un progrès sur les familles nucléaires. Si accueillantes soient-elles, les familles élargies dépourvues d'un noyau dur de responsabilité nucléaire contribuent à entraver le développement économique. Mais Banfield prouve amplement son argument central: la famille seule ne suffit pas.

Banfield finit par corroborer les conclusions des observateurs les plus perspicaces de la vie économique et sociale: il faut développer la morale. Par ce terme, il entend les concepts séculiers de coopération, d'intérêt général et de souci du long terme. Après avoir comparé la prospérité de l'Utah de confession mormone et l'indigence de son voisin plus séculier, le Nevada, Adolph A. Berle conclut son étude de l'économie américaine par la notion assez peu économique de « marge transcendantale [12] » — assez voisine du moins prestigieux facteur *x* de Leibenstein et de la timide « chance » de Christopher Jencks [13]. Lionel Tiger voit l'origine de ce mouvement dans « un optimisme évolutionnaire — la biologie de l'espoir », c'est-à-dire dans les gènes [14]. Dans sa fascinante exploration des sources de différences entre les entrepreneurs orientaux et les Noirs moins aventureux, Ivan Light invoque « l'esprit moral de la communauté [15] ». Ruminant sur les problèmes du capitalisme, Irving Kristol conclut à la nécessité d'une « justification transcendantale [16] ». D'une façon ou d'une autre, ils affirment tous le troisième principe de l'ascension sociale: la foi.

La foi dans l'homme, la foi dans l'avenir, la foi dans les rendements croissants du don, la foi dans les avantages mutuels du commerce, la foi dans la providence de Dieu sont toutes essentielles au succès du capitalisme. Toutes sont nécessaires pour encourager l'ardeur au travail et l'esprit d'entreprise envers et contre tous les échecs et les frustrations inévitables d'un monde déchu ; pour inspirer la confiance et la solidarité dans une économie où elles seront souvent trahies ; pour encourager le renoncement aux plaisirs immédiats au nom d'un avenir qui risque de s'évanouir en fumée et, enfin, pour stimuler le goût du risque et de l'initiative dans un monde où les profits s'évaporent quand d'autres refusent de participer au jeu. Donner sans assurance de retour, épargner sans certitude de la valeur future, travailler au-delà des simples obligations exigent la confiance en une morale supérieure : une loi de compensation au-delà des combats immédiats et troublants de l'existence.

Les familles nucléaires de Toscane manquaient de la foi dont témoignaient les communautés polygames des Mormons. Cette foi a soutenu les Chinois d'outre-mer, travaillant longtemps loin de leurs femmes. Cette foi a arraché des millions de Noirs des traquenards de la Grande Crise quand, sous les auspices de Father Divine (le « Divin Père »), ils ont lancé avec succès des centaines d'entreprises dans les villes américaines. Entre 1933 et 1937, God Inc., comme l'a baptisé son leader éponyme, devint le principal propriétaire foncier de Harlem, ouvrit d'innombrables épiceries, créa dix entreprises de dégraissage, parraina vingt ou trente marchands ambulants de légumes, de fruits et de poisson « à des prix évangéliques » et organisa un système de navettes charriant le charbon de Pennsylvanie vers New York.

Pendant ce temps, le groupe essaimait à Newark, Jersey City, Bridgeport et Baltimore et offrait des repas à dix cents sinon gratuits aux Noirs mourant presque de faim. Mary, la fidèle servante de Dieu, dirigeait à Newark une cuisine qui prépara la nourriture de 96 000 personnes pendant la crise. En 1953, quand Father Divine prit la clef des champs dans des circonstances d'une piété discutable, son empire contrôlait les « garages de la paix », des entreprises de travaux publics et de peinture, des tailleurs, des fourreurs, des studios de photo et un service de placement pour domestiques [17].

Grâce à ces services de placement, par milliers, les « anges » de Father Divine ont servi dans les cuisines et les crèches des familles blanches de Manhattan. Quand j'avais huit ans, deux de ces domestiques de Harlem, Gratifying Love et Ezéchiel, me firent visiter le sanctuaire divin décoré de velours et d'ivoire. Je sentais mes jambes fléchir devant Son trône vide.

La réputation de Father Divine sent aujourd'hui le soufre. Mais si les voies de Dieu sont impénétrables et que l'on doit glorifier les Panthères noires d'offrir le petit déjeuner aux petits écoliers après avoir pillé de petits épiciers terrorisés, Father Divine mérite notre gratitude à tous pour avoir donné des repas et un sens à la vie de plusieurs millions de Noirs. Il a prouvé de façon concluante qu'à l'instar de tous les autres groupes ethniques des villes américaines, les Noirs pouvaient créer et diriger des entreprises malgré la dissolution de leurs familles. Par ses multiples formes et ses séductions, la foi est capable de déplacer elle-même des montagnes d'indolence et de sortir de la dépression qui afflige les économies. Elle a fait parcourir à des immigrants des milliers de kilomètres avec pour seule et unique fortune quelques sous au fond de leurs poches avant de les lancer dans l'empire américain du commerce ; du fond de l'impasse actuelle, elle accomplit aujourd'hui des miracles.

Le travail, la famille et la foi sont les trois facteurs fondamentaux de l'ascension sociale. Ils répondent du sort des enfants et donc de l'avenir. Ils sont les piliers de l'économie libérale et de toute société prospère. Malheureusement, ils sont aujourd'hui découragés par les responsables politiques et l'intelligentsia de l'une des sociétés sans doute les plus libres et les plus prospères de la planète.

SEPT

L'avenir de l'entreprise

LA PLUPART DES CRITIQUES du capitalisme reconnaissent aujourd'hui le rôle crucial des entrepreneurs aux premières étapes du système. A leur avis, cependant, les pays occidentaux connaissent désormais une puissante et irréversible transformation historique. Selon les impératifs de la science moderne, et devant la croissance de la rareté et la pollution de l'environnement, le capitalisme entrerait dans une nouvelle phase, « la maturité ». Dans cette phase, assure-t-on, seules de gigantesques bureaucraties stimuleront l'innovation et la croissance ; grâce à des associations douteuses mais fructueuses, entreprises et pouvoirs publics ne laisseraient aucune place aux inventeurs particuliers et aux investisseurs du passé.

De plus en plus financées par leur propre *cash flow* et leurs titres, dirigées par des gestionnaires professionnels et des techniciens, largement indépendantes des actionnaires ou des conseils d'administration, étendant leurs opérations sur l'ensemble du globe, les firmes modernes apparaissent comme des léviathans multinationaux que seule la croissance des pouvoirs de l'État est en mesure de maîtriser. Les entrepreneurs légendaires, les financiers excentriques et les petits investisseurs du début du capitalisme sont assimilés à une espèce en voie de disparition dépourvue d'intérêt pour la nouvelle économie mondiale, le nouvel état industriel.

Telle est la vision que propage continuellement John Kenneth Galbraith (et ses émules). Son semblant de vérité dissimule sa perversité fondamentale. Galbraith a raison, par exemple, d'affirmer l'existence d'une vaste technostructure économique qui échappe quelque peu au contrôle direct de ses propriétaires. Les entreprises modernes influent en effet sur leur propre demande ; elles sont au moins partiellement capables de fixer les prix et dans une certaine mesure de donner naissance à des contre-pouvoirs et des services complémentaires de ceux du gouvernement. Galbraith a encore raison quand il constate que ces entreprises qui dominent le marché mondial et affrontent la concurrence des entreprises publiques subventionnées par leurs gouvernements sont extrêmement efficaces. Il serait dommageable que le renforcement des lois antitrusts vise les dimensions de ces entreprises en tant que telles. L'erreur de Galbraith est de suivre Schumpeter en prédisant la disparition de l'entrepreneur. Le jeune économiste Schumpeter était décidément un économiste plus perspicace que le Cassandre vieillissant. Galbraith, Schumpeter et leur pléiade de disciples ont pensé à tort que la technostructure devait inéluctablement étendre ses rets sur l'ensemble de l'économie ou que l'avenir socialiste annonçait son assimilation par les pouvoirs publics.

Selon ces analystes, les grandes entreprises du « secteur planifié » sont plus efficaces et productives que les petites unités du « secteur marchand ». De ce fait, ils se croient autorisés à conclure que le secteur planifié finira par dominer l'ensemble de l'économie avant de fusionner avec le gouvernement dans un État socialiste. Nombre d'économistes accueillent cette évolution comme inéluctable et saine : ainsi l'immense productivité de la technostructure relèverait du contrôle social et rendrait possible la création d'un système moins gaspilleur et moins anarchique.

De grands pontes n'ont cessé depuis la révolution industrielle de réitérer cette prophétie. Mais cette théorie repose sur une erreur si simple et élémentaire que n'importe quel écolier saurait l'éviter. Les prophètes du socialisme ont une vision statique des phénomènes dynamiques. Tout au long de l'histoire, les plus grandes entreprises se sont montrées, d'une façon générale, les plus efficaces. C'est d'ailleurs pourquoi leur taille augmente. Elles bénéficient d'économies d'échelle et de la spécialisation. Seule une approche statistique de l'économie laisse supposer que la taille des entreprises est un facteur crucial de leur succès. Tout se passe comme si l'on croyait que l'atout essentiel des équipes professionnelles de football réside dans d'immenses stades regorgeant d'un public enthousiaste et buvant de la bière. Les atouts fondamentaux des grandes entreprises sont d'ordre qualitatif et non quantitatif. Leur force dépend de la nature de leur production et de leur système de fabrication et de marketing.

En règle générale, pour parler le jargon des économistes, les grandes entreprises ont atteint une position voisine du sommet des courbes de Kuznets. Elle indique un moment de croissance ralentie après une période de développement créatif selon le cycle en « S » couché de l'évolution économique (~). Les entreprises démarrent lentement en effectuant leurs investissements initiaux dans un nouveau produit ; grâce au développement des marchés et au perfectionnement des méthodes de production, elles connaissent alors une période de croissance très rapide. Enfin, elles atteignent la phase routinière de la production de masse.

Dans toute économie, seule une part relativement faible des grandes entreprises parvient à ce dernier stade et à s'élever au-dessus des diverses économies nationales. Leurs méthodes sont si efficaces qu'elles défient pratiquement toute concurrence. Elles dominent presque invariablement leurs secteurs qui tendent à devenir de vieux marchés pour des produits assez traditionnels. Des années de fabrication d'un même produit, de perfectionnement et d'amélioration des moyens de production et de vente expliquent la grande efficacité de ces entreprises.

Ces entreprises sont devenues fortement rigides: d'un point de vue statique, elles sont hautement productives. Elles sont nombreuses à renouveler leur bail sur le marché international. Du point de vue de la croissance économique générale et de l'innovation technologique, ces léviathans ne représentent guère d'intérêt pour l'économie. Leur efficacité actuelle s'explique par leur insuffisance dynamique et leur agressivité des premiers temps. Faire de ces entreprises la quintessence de l'économie dynamique et appeler de ses vœux leur prolifération serait aussi déconcertant que de précipiter la création d'un corps professoral réunissant des vieilles célébrités comme John Kenneth Galbraith au lieu de rechercher de jeunes loups de l'espèce incarnée par le jeune auteur d'une *Theory of Price Control* (1952) méconnue.

La gauche se trompe de nouveau quand elle suppose que les grandes sociétés accroissent leur domination sur l'économie. Les politiques fiscales ont fait de leur mieux pour dissuader l'innovation et encourager les fusions, créant ainsi une pénurie du capital dont les plus petites entreprises qui essayaient de se développer ont souffert tout au long des années 70. Néanmoins, depuis 1937, les cinquante premières firmes et les deux cents plus grandes entreprises n'ont pas réussi à augmenter leur part d'actifs non financiers ni leurs exportations de produits manufacturés [1]. Leurs bilans signalent au contraire la croissance simultanée de leurs actifs étrangers et de leur engagement dans la concurrence mondiale contre des firmes publiques subventionnées par leurs gouvernements. Rien n'indique que ces firmes étouffent les petits entrepreneurs. Depuis 1950, le nombre de créations annuelles de petites entreprises est passé de 93 000 à 500 000 sans que l'on constate la moindre hausse à long terme de la proportion des faillites [2].

La racine de l'optique gauchiste n'est pas difficile à trouver. Les prophètes de la transition socialiste ne scrutent l'avenir qu'au travers d'observations périmées. Comme Marx s'est penché sur les conditions de l'industrialisation qui étaient déjà dépassées au moment même où il écrivait, ses héritiers s'attardent aujourd'hui sur des processus de production et d'organisation dont ils ne perçoivent pas l'évolution sous-jacente.

Ainsi, quand ils analysent la nature du progrès technologique moderne, ils oublient souvent les industries les plus dynamiques. Ils ignorent l'avènement de l'informatique et des télécommunications, sans compter une myriade de nouvelles technologies énergétiques. Ils sous-estiment l'évolution révolutionnaire de la microbiologie, les nouveaux procédés de la verrerie, les innovations en matière de reproduction, d'impression et de photographie.

L'émergence de l'échographie, les nouvelles techniques de diagnostic et la pharmacologie antivirale n'apparaissent guère dans leurs théories.

A lire l'analyse industrielle de la gauche, on pourrait croire que les mineurs, les travailleurs immigrés et les ouvriers du textile ou de la sidérurgie sont les figures de proue du néo-capitalisme. Quand Galbraith veut nous présenter un exemple original de nouvelle technologie, il ne trouve rien de mieux que « ce que l'on appelle aujourd'hui » — en 1974 — le lancement « d'une nouvelle automobile »! La thèse futuriste du *Nouvel État industriel* reposait en fait sur l'exemple du dernier souffle de Ford créant une voiture dévorant l'énergie, la Mustang, à la veille d'un rapide retournement du marché en faveur d'automobiles plus petites et économes. Les difficultés de Ford à adapter ses usines à la nouvelle conjoncture n'ont d'autre intérêt que d'illustrer la sclérose et la stagnation des grandes entreprises.

La théorie de la gauche s'applique surtout aux entreprises parvenues au sommet de leur courbe de croissance: l'innovation s'affaiblit; les bureaucraties envahissantes ne cherchent plus que des adaptations mineures, des modifications d'emballage et une production plus rationnelle afin d'extirper les derniers gains de productivité d'une industrie essentiellement statique et qui a déjà derrière elle sa phase « d'histoire rapide ». A la fin des années 30, l'industrie automobile américaine s'est contractée pour ne laisser que trois immenses sociétés. Mais depuis lors, ni leur rang ni leurs gammes n'ont substantiellement évolué. En 1974, la Mustang ne répondait pas aux exigences du jour: il fallait au contraire trouver le moyen de satisfaire les nouvelles normes écologiques. Or les firmes américaines ont laissé échapper cette chance au profit des Japonais et des Européens. Au lieu de créer de nouvelles voitures plus performantes, les trois grands de l'automobile américaine, avec l'encouragement de l'Agence pour la protection de l'environnement, ont adopté le convertisseur catalytique qui réduit la pollution sans modifier l'automobile elle-même.

Peut-être cette décision était-elle inévitable. L'industrie automobile s'était si longtemps consacrée à la construction et à la vente d'un type particulier d'automobiles, fondé sur le moteur à explosion, qu'elles en ont perdu toute marge de manœuvre.

Selon Burton Klein, l'auteur du remarquable livre *Dynamic Economics*, les innovations ne sont presque jamais le fait des plus grandes entreprises. Même quand cette règle est démentie (l'invention par les Laboratoires Bell d'un transistor et d'une cellule solaire photovoltaïque), ce sont souvent les petites entreprises qui lancent commercialement le nouveau produit. A l'origine de ces dernières entreprises, on retrouve souvent une partie de l'équipe d'ingénieurs et des cadres de la maison mère. Les constructeurs de chariots et de carrosses n'avaient pas su créer une automobile vendable pendant que les entreprises de gaz d'éclairage et de chandelles négligeaient les promesses de l'électricité. A chaque nouvelle phase de l'aviation et du développement des réacteurs, de nouvelles firmes ont pris le contrôle du marché. Kodak a perdu la première place dans le domaine des appareils instamatics, de même, Keuffel et Esser sont restés sans réponse à la demande de calculatrices de poche; I.B.M. a pris du retard sur ses concurrents pour l'innovation dans le domaine des duplicateurs et des langages informatiques. Même Texas Instruments est devenu relativement rigide et stérile dans le domaine des microprocesseurs. Aujourd'hui, quelles que soient leurs capacités de marketing, Ford et General Motors n'ont pas su prendre le risque de changements radicaux de leurs usines et de leur équipement jusqu'à ce que d'autres firmes les aient dépassés. En définitive, ce fut un constructeur de motos, Honda, qui le premier créa une automobile satisfaisant les normes de consommation et de pollution sans recourir au convertisseur catalytique.

Klein montre que ce modèle du retard des grandes entreprises s'applique, à divers degrés, aux cinquante percées décisives du XXe siècle qu'il a étudiées [3]. Le processus même de rationalisation et de bureaucratie par lequel une entreprise devient la plus productive la rend parallèlement moins flexible et inventive. Un souci exclusif de la productivité statistique – simples coefficients entre facteurs de production et production finale – risque de donner naissance à une économie rigide et à long terme improductive.

La quasi-totalité des affirmations de Galbraith sur la nature de la technologie moderne contredit notre expérience récente. Pendant que le professeur bavardait avec Bob McNamara et Walter Murphy sur les faits et gestes de Ford et de General Motors, s'imaginant candidement qu'ils étaient au centre futuriste du « nouvel État industriel », une révolution industrielle surgissait massivement derrière son dos. Elle s'est déroulée dans des centaines de petites entreprises dirigées par des hommes qu'ils ne connaissaient pas et dont ils n'avaient pas même entendu parler. Gageons que certains de ces transfuges des laboratoires universitaires et des bibliothèques scientifiques qui se trouvent actuellement à l'avant-garde de l'industrie moderne n'ont probablement jamais entendu son nom. Ces savants, ces génies imberbes de la révolution des semi-conducteurs et des microprocesseurs ont, tels des alchimistes, transformé la matière la plus vulgaire en une incomparable ressource de l'esprit : une simple pastille de silicium de la taille d'une mouche – dont les capacités de calcul dépassent mille et mille fois celles d'un million de moines additionnant et soustrayant pendant des millénaires – une merveille infinitésimale qui étend les frontières de l'esprit humain incomparablement plus loin que le pétrole, l'acier et les machines. Jamais encore, pendant la révolution industrielle, les forces de l'homme n'avaient été à ce point décuplées.

Il est rigoureusement impossible de sonder la richesse de cette technologie. Prométhée est encore dans les limbes. Mais en conjonction avec d'autres progrès, il transforme déjà le monde du travail et consacre enfin l'avènement du si longtemps annoncé âge des ordinateurs exactement de la même façon que la machine à vapeur et les voies ferrées avaient inauguré l'âge industriel.

Certes, il est possible de dénigrer ce développement et de railler les enthousiastes pour souligner les inéluctables problèmes et agiter l'épouvantail des menaces chimériques de machines » déshumanisantes » et de robots à la Frankenstein. Pourtant, si l'on reste sans passion, on voit bien que cette technologie n'est en rien menaçante: au contraire, elle offre aux nations qui l'adoptent des promesses et profits incalculables, même par les machines!

Le microprocesseur suit la même logique explosive de certaines technologies cruciales du passé, de toutes ces innovations – l'imprimerie, le clipper, la machine à vapeur, le générateur électrique, les chemins de fer, l'automobile et le téléphone – qui transfigurent une économie et élargissent les frontières du monde. Comme toutes les technologies révolutionnaires, le microprocesseur n'opère pas aux confins de la structure industrielle existante mais en rend possible une nouvelle.

A la différence de l'énergie nucléaire ou de la propulsion par réacteur ou encore, c'est plus discutable, de la télévision, le circuit intégré n'améliore pas seulement une capacité existante ni ne crée une industrie évoluant en vase clos. Il crée de radicales améliorations applicables à toutes les industries, y compris la sienne, en rendant possible une vaste diffusion de connaissance appliquée et de logique technique. Il permet simultanément l'animation et la miniaturisation de machines meilleur marché, plus portables, flexibles, adaptables, puissantes, méthodiques, autoréglables, fiables, économisant la main-d'œuvre et faibles consommatrices d'énergie. Il multiplie et redistribue les moyens de production. Il limite le besoin de voyager et restitue au foyer son rôle de centre industriel. Si *Small is beautiful,* on le comprend moins devant les moulins à vent et les piles solaires que dans la vallée des nouvelles usines cubistes de Californie, le long de la baie de San Francisco – la vallée du silicium de Santa Clara où le monde s'épanouit en grains de sable.

Quiconque prédit l'avenir technologique est sûr de se rendre bientôt ridicule. Il naît de la créativité humaine et contient un élément obligatoire de surprise. On ne peut que souligner la puissance et les promesses d'un nouveau développement. Ses applications s'affirmeront dans une interaction complète avec d'autres technologies nouvelles ou encore inconnues et dans des voies imprévisibles. Le meilleur atout du microprocesseur, la raison de notre confiance, c'est qu'il est un véritable « surrégénérateur » qui crée lui-même l'aliment de la connaissance. Il n'est pas seulement un produit mais également un producteur de science; non seulement un résultat de progrès technique d'usages industriels et commerciaux multiples, mais encore une source vive du progrès en tous les domaines, de l'astrophysique à la médecine sinon peut-être en économie.

Cette percée fabuleuse laisse froids les libéraux américains: elle n'est que l'occasion de pleurnicheries injustifiées sur les menaces que l'ordinateur fait courir à l'individu ou d'alarmes sans fondement sur l'automation, cause du chômage. Toute l'histoire du progrès technique atteste que la productivité libère et favorise l'individu, multiplie les emplois et les professions. Inutile de le dire, les gains matériels ne garantissent pas que les valeurs morales, spirituelles ou esthétiques soulageront les misères humaines. Mais si quelqu'un veut jouer à l'expert technologique ou économique, il ne peut passer à côté de la pastille de silicium.

L'échec de la gauche est tout à fait naturel. Cette évolution entache des suspicions les plus graves sa prévision de l'économie. Si elle a raison dans sa théorie de la bureaucratisation de l'invention et de l'entreprise, la révolution informatique aurait dû être lancée par l'entreprise informatique de tête, l'empire I.B.M., ou, au moins, par *un* des principaux fabricants d'ordinateurs, sans doute associé au gouvernement. Or cette révolution est née dans une entreprise d'appareils photos de second rang puis s'est développée grâce à une vingtaine de nouvelles entreprises dirigées par de remarquables entrepreneurs vifs et avisés avant de réaliser en 1971 une percée décisive dans une minuscule entreprise, Intel. Trois ans après la constitution d'une équipe de douze personnes, réunissant les directeurs Robert Noyce et Gordon Moore, et l'inventeur, E. H. Hoff, cette firme concevait le microprocesseur. Cinq ans plus tard, elle devenait la première entreprise de ce secteur et comptait huit mille employés de la Silicon Valley à Singapour.

Les bureaucrates de Washington sont de fervents partisans de la politique de l'autruche des économistes libéraux : le moindre produit nouveau les panique. Ils persistent à voir dans I.B.M. le symbole de l'innovation technologique et un dangereux monopole. I.B.M. est en effet la plus puissante et la plus créative des *grandes* entreprises mondiales. Mais elle est restée étrangère à la plus grande innovation dans son domaine. Elle s'est embourbée dans sa confrontation avec les photocopieurs de Kodak, Xerox, Savin et autres ; elle est perpétuellement assiégée par une concurrence acérée d'entreprises aussi réduites que Cray Research qui domine le secteur des ordinateurs scientifiques de haute puissance ; aussi vastes qu'Exxon qui, par sa filiale Vydec, s'est jetée dans le marché des machines de gestion ; aussi dynamiques que Wang Labs et Digital Equipment qui dominent déjà I.B.M. dans de nombreux secteurs de la bureautique et continuent à progresser de leurs quartiers généraux voisins de la Route 128 à Boston. Simultanément les vieux concurrents d'I.B.M., Control Data, Burroughs, N.C.R., Sperry Rand et Honeywell, donnent quelques signes d'essoufflement et sont rejoints par de nouvelles entreprises, déjà fortifiées, comme Amdahl et maintenant par une firme minuscule appelée Cambex.

Il ne s'agit pas de nier le rôle vital que jouent des entreprises comme I.B.M. dans l'économie américaine et sur le marché international. Les grandes firmes consolident et rationalisent les atouts des autres, elles contrebalancent, comme l'a jadis montré Galbraith, les pouvoirs de leurs homologues et même du gouvernement. Le magazine *Forbes* pouvait ainsi observer : « Plus que la division antitrust du département de la Justice, c'est I.B.M. qui brise les monopoles existants [4]. » Non seulement elle a défié Xerox sur le marché des photocopieurs et puissamment combattu divers monopoles publics dans tous les pays du monde mais elle a rapidement progressé dans le domaine des réseaux de satellites, et se lance aujourd'hui dans une ardente bataille avec American Telephone and Telegraph pour le contrôle du marché des communications à longue distance.

Le danger serait que la grande publicité qui entoure actuellement ces combats de titans rende une nouvelle génération victime de l'illusion trop répandue selon laquelle les grandes firmes seraient l'arête tranchante de la plupart des nouvelles technologies. Mis à part les satellites de communication, rien ne prouve que le développement technologique ait radicalement changé de nature et favorise désormais les grandes entreprises (celles-ci ont d'ailleurs besoin pour certaines applications de vieilles technologies, en particulier dans le transport et les communications). Sans doute le nombre des petites entreprises qui ont participé à la percée du micro-ordinateur n'a-t-il pas de précédent. L'exploitation de ses applications se poursuit dans une concurrence intense.

Barry Commoner, qui ne peut rien imaginer de bon en dehors des mains du gouvernement, a prétendu que cette industrie était devenue possible en 1962 grâce aux importants achats de circuits intégrés par les pouvoirs publics (transistors perfectionnés [5]). Pourtant, en 1962, on comptait déjà une vingtaine d'entreprises fabriquant des semi-conducteurs ; des centaines de brevets avaient été accordés. Les pouvoirs publics lancent rarement des innovations. Même le programme spatial n'a pas réussi à inventer de nouvelles technologies : il s'est contenté d'utiliser des méthodes vieilles de dix ans. Les laboratoires publics ont longtemps été le vivier le plus stérile de la recherche scientifique américaine : loin de créer de nouvelles technologies, ils n'ont fait qu'en gêner la création. En 1962, l'État a contribué à accélérer les progrès des semi-conducteurs en achetant un produit militairement utile créé par le secteur privé. Mais la marche en avant de cette industrie était déjà irrésistible : elle présentait la même configuration d'activités concurrentielles et multiples qui ont présidé à la naissance de l'industrie automobile avant que s'associent des milliers d'entreprises et que les trois grandes s'imposent pour gérer ses phases les moins dynamiques.

De surcroît, de nombreux éléments tendent à prouver que l'industrie du micro-ordinateur n'est pas une exception qui dérogerait à la règle moderne fondamentale du gigantisme et de la bureaucratie. Dans la voie du microprocesseur apparaissent deux nouvelles technologies : celles du laser et de la microbiologie. Toutes deux recèlent de multiples possibilités encore largement indéchiffrables. Les microbiologistes créent de nouveaux organismes capables de produire l'insuline, l'interféron et des hormones, de détruire les marées noires, de fabriquer de l'alcool et d'autres produits énergétiques. Et cette liste est loin d'être exhaustive. Les lasers sont déjà d'une grande utilité en divers domaines : les spectacles de lumière ultra-modernes, les relevés topographiques et même l'énergie de fusion. Pour l'essentiel, les nouvelles technologies sont encore dans les mains de jeunes chercheurs et entrepreneurs ; ils sont à l'avant-garde du capitalisme ; c'est d'ailleurs un phénomène classique que Schumpeter célébrait dès son premier ouvrage et qu'il décrivait non sans nostalgie dans les pages rétrospectives de *Capitalisme, Socialisme et Démocratie*.

Ces entrepreneurs s'engagent pour la seule guerre sérieuse contre la pauvreté. Ce sont les petites entreprises de technologie sophistiquées et non des firmes comme Chrysler qui créent le plus d'emplois aux États-Unis. Pendant la dernière décennie, comme le montre la liste établie par *Fortune*, les mille plus grandes entreprises n'ont pratiquement créé aucun emploi et ont subi une diminution de 26 % de la valeur réelle de leurs actions. Simultanément, entre 1969 et 1976, des firmes de taille plus réduite créaient 7,4 millions de nouveaux emplois, soit quatre fois autant que le secteur public [6]. Une étude réalisée par le département du Commerce montrait que « les jeunes entreprises de technologie sophistiquée » ont vu leur main-d'œuvre augmenter de 40 % par an, près de treize fois plus vite que les « firmes matures [7] ». De plus, les petites entreprises fournissent plus de 80 % des emplois des jeunes Noirs et autres « handicapés » sociaux [8].

Dans les dernières décennies, l'Amérique a connu un extraordinaire essor de l'esprit d'entreprise tandis que de nouvelles sociétés créaient la majorité des nouveaux emplois. Les petites firmes non cotées en bourse ont connu une appréciation de la valeur de leur actif supérieure à celle des léviathans. En 1978, la diminution des impôts sur les plus-values en capital, manigancée par l'ancien député du Wisconsin William Steiger, a donné un nouveau souffle aux entreprises. Dans la « vallée du silicium » qui abrite déjà des centaines de nouvelles sociétés, plus de cent nouvelles firmes se sont implantées dans la seule année 1979 et ce rythme de création d'entreprises est appelé à s'accélérer dans les années 80.

Toutes ces créations témoignent des mêmes bienfaits et du génie du capitalisme que montraient les *mumis* des tribus primitives, les marchands d'Angleterre et de Hollande qui façonnèrent un marché mondial, les entrepreneurs de la révolution industrielle qui ont décuplé les possibilités de l'espèce humaine et les pionniers de l'entreprise américaine qui ont créé la plus formidable économie capitaliste. Aujourd'hui, les trésors de l'invention et de l'entreprise sont plus grands que jamais encore dans l'histoire humaine.

A l'aube des années 80, le problème est de savoir si les États-Unis exploiteront eux-mêmes ces filons et s'assureront ainsi le leadership mondial ou s'ils repasseront le flambeau aux pays d'Europe et d'Asie. Quelques-unes des industries les plus créatives, des semi-conducteurs aux satellites de communication, connaissent d'immenses besoins de capitaux ; or aucun grand pays capitaliste autre que les États-Unis n'a dégagé si peu d'épargne et ne l'a gaspillée si légèrement. Ces entreprises ont besoin d'un climat favorable, d'hommes capables de comprendre les promesses et la complexité de la science moderne. Pourtant, plus que tout autre pays capitaliste, les États-Unis n'ont cessé d'imposer et de harasser leurs entreprises les plus brillantes, de les surveiller comme s'il s'agissait de dangereux conspirateurs contre l'intérêt général et d'exiger qu'elles offrent l'impossible preuve que leurs produits ne pouvaient être utilisés de façon nuisible.

Le Japon, autrefois très en retard dans le domaine de la micro-informatique, a épargné six fois plus que les États-Unis et a procédé à d'énormes investissements en micro-électronique et autres champs de la recherche-développement. La plupart des pays européens ont également dépassé les États-Unis sur ce plan. Actuellement les Japonais sont donc au premier rang dans le secteur des mémoires de micro-ordinateurs et l'Europe réalise des pas de géant dans la pharmacologie et l'énergie nucléaire. Pendant ce temps, les États-Unis dilapidaient leurs ressources dans une industrie automobile bancale et s'intéressaient aux profits exceptionnels de l'industrie pétrolière, actifs du plus haut intérêt en période de pénurie d'énergie...

Cependant, à la fin des années 70, on a vu surgir en Amérique les forces annonciatrices d'une nouvelle suprématie. L'attention du public et de la presse s'est arrêtée sur le déclin continuel de l'indice des valeurs industrielles Dow Jones, un groupe de trente sociétés immenses dirigé par General Motors et A.T.T. dont l'actif n'a cessé de décliner en termes réels depuis 1960 malgré une hausse nominale de 4 % en 1979. Or, pendant ce temps, sans pour autant s'envoler, les actions des entreprises plus réduites n'ont cessé de se redresser depuis le krach de 1974. L'indice composite des valeurs de quelque 1 675 actions retrouvait son sommet de 1970: sa hausse de 140 % depuis 1974 dépassait notablement le taux d'inflation. Avec sa masse d'actions énergétiques, les cours de la bourse américaine ont augmenté de 260 % depuis le plancher de 1974 et connu une hausse de 63 % pour la seule année 1979. L'indice le plus complet, publié par les Wilshire Associates de Santa Monica, et couvrant la quasi-totalité des actions américaines s'est élevé de pair avec l'indice Dow Jones entre 1974 et 1977 et puis s'est envolé, même en termes réels, pendant que le Dow plongeait. En 1979, l'indice Wilshire s'est élevé de 20 % pour atteindre le niveau de 1056, supérieur à celui de 1973, tandis que l'indice Dow Jones atteignait son niveau record.

L'indice Wilshire est largement dépendant des sociétés répertoriées dans le Dow; il faut des centaines de petites actions pour compenser une chute des titres d'Exxon ou d'I.B.M. Pourtant, ces centaines et ces milliers de petites entreprises n'ont cessé de croître. Si les années 80 sont lourdes de menaces pour les firmes dominantes et les bureaucraties d'État, les petites entreprises et leurs émules relèvent avec éclat le défi de la maîtrise de l'avenir. Alors que les marchés de l'or ameutaient le monde, ces entreprises portaient fièrement la bannière de la créativité humaine et des nouvelles technologies pour répondre aux défis du monde moderne.

Pour combattre l'inflation, elles offrent des produits dont le coût réel diminue. Pour accroître la productivité, elles créent des appareils qui amplifient les capacités des hommes et des machines. Pour protéger l'environnement, elles produisent des biens sans polluer ni consommer des ressources naturelles rares. Pour économiser l'énergie, elles offrent des produits dont la fabrication exige, certes, des combustibles rares mais qui permettent de grandes économies.

Elles sont nombreuses à économiser le capital. Comme Warren Brookes l'a souligné, les idées et les hommes sont les ressources essentielles. La formation du capital par ouvrier dans ces entreprises est au moins de moitié aussi forte que dans l'automobile ou la sidérurgie.

A long terme, l'avenir leur appartient. Mais leur capacité à résoudre nos problèmes actuels dépend avant tout de la politique : les puissances dominantes laisseront-elles prévaloir les objectifs à long terme ? Les politiciens comprendront-ils enfin la valeur des hommes libres et d'une richesse libre ? Au début des années 80, avec l'effondrement de Chrysler et l'institution de nouveaux impôts sur l'énergie, on pouvait redouter que les politiciens persistent à se méfier de l'imprévisible et de l'incontrôlable.

HUIT

Les luttes de classes

La démocratie est un système voué à l'expression des sentiments et des intérêts du peuple, ou plus précisément de cette « petite et arrogante oligarchie qui s'érige en interprète », selon la formule de Chesterton [1]. Les intérêts et les sentiments de la majorité – des enfants de demain et des ancêtres – sont laissés pour compte. Cette restriction inévitable du suffrage au gré des accidents de la naissance et de la mort ne nous chagrine pas souvent.

Mais il est un obstacle plus grave qui risque d'entraver la réalisation de nos idéaux : il découle du double jeu des responsables publics, de ces gens qui selon les circonstances se font l'interprète de l'opinion publique ou concoctent en secret drogues et armes dangereuses ou s'apprêtent à détruire les nouveaux cars de ramassage scolaire financés par le budget fédéral. Nos idéaux de liberté, d'égalité et de paix ont inspiré le monde. Mais toute tentative de les imposer se heurterait à la nature humaine, s'enliserait dans les procédures bureaucratiques et ne manquerait pas de susciter la résistance et l'esprit de clocher des familles et des communautés.

Seuls la contrainte et un pouvoir despotique parviendraient à assigner aux hommes imparfaits l'idéal de la perfection. Poursuivant en vain le rêve d'une société dénuée de conflits et de hiérarchie, les soi-disant idéalistes se complaisent à invectiver les comportements et les institutions, les pressions sociales et les principes juridiques qui, dans une démocratie, sont indispensables à toute amélioration. Ainsi, ils affectent d'abominer l'hypocrisie. Or, afficher des idées dont on se soucie comme d'une guigne, n'est-ce pas un moyen de propager ces idéaux au-delà des cercles restreints de convaincus sincères ? L'hypocrisie est en effet l'hommage du vice à la vertu. La société qui honore cette pratique a donné jour ainsi à l'une des deux formes les plus humaines et les plus avantageuses de redistribution ; l'autre est le capitalisme. L'hypocrisie fait partie des bonnes mœurs ; elle est civilisatrice. Telles sont les voies de la sublimation sociale, les moyens de se protéger mutuellement des affres des perpétuels conflits sociaux, le signe de nos espérances d'une vie meilleure. L'hypocrisie peut nous améliorer.

Dans les domaines zizaniques du sexe et de l'argent, le masque des conventions et des hypocrisies ne cesse de s'épaissir. Dans sa remarquable autobiographie, *Making It*, Norman Podhoretz constatait que l'argent était devenu « le vilain petit secret » de la vie américaine, entouré d'autant de tabous et de convenances que le sexe dans la société victorienne [2]. Steven Goldberg a fait un constat similaire : l'agressivité supérieure des mâles qui se manifeste universellement dans la vie, le crime et la culture n'en est pas moins systématiquement décriée comme premier ressort des relations entre sexes et de l'activité professionnelle [3]. On pourrait objecter qu'il subsiste foison de « vilains secrets » dans le royaume du sexe. Ainsi, un tabou puissant interdit de dire la triste vérité sur l'homosexualité et de débattre de l'infériorité sexuelle des hommes.

Pourtant, Podhoretz a raison de souligner que le tabou de l'argent est un phénomène central du capitalisme. Peu de règles sont aussi respectées que le silence sur le salaire et le revenu ; qui oserait confesser l'influence des stimulants et des pressions financières sur son comportement ? L'argent affecte profondément nos projets les plus intimes, notre position sociale, nos amitiés ; il est le principal signe de valeur dans une société capitaliste, l'expression fondamentale de notre statut social : faire parade de sa fortune revient donc à affirmer sa supériorité de façon déplacée. Nous ne brandissons jamais notre richesse aussi haut qu'en affectant de la mépriser, en prétendant « qu'elle est plus un ennui qu'une source de satisfaction » et que nous ne souhaitons rien d'autre qu'un foyer accueillant, de bonnes écoles pour nos gosses, l'amour et la sollicitude de notre épouse, le temps de lire et de pêcher, la santé et un « boulot intéressant ». Autrement dit, nous désirons tous être riches et aspirons à être de joyeux vivants. Nous voulons tout, y compris être préservés de l'envie des autres. Mais cela est impossible à jamais.

Les confusions en ce domaine viennent souvent du refus de distinguer hommes et femmes. L'argent est mille fois plus important dans la vie des hommes que dans celle des femmes ; les femmes ont souvent du mal à comprendre l'enjeu du travail pour les hommes. A la différence de ceux des femmes, les revenus des hommes ne déterminent pas seulement le niveau de vie mais aussi les possibilités de mariage et d'avoir des enfants d'un homme qui souhaite s'épanouir sexuellement. La plus profonde source du travail de l'homme réside dans l'amour.

Les femmes sont davantage appréciées selon leur valeur intrinsèque que les hommes. On juge surtout l'homme sur sa capacité à assumer son rôle de gagne-pain familial : les autres critères restent secondaires. Mais conformément au principe du capitalisme, seuls ces critères sont invoqués. Elle le quitte sous prétexte « qu'il boit trop » ou « que nous ne nous entendions plus », mais jamais parce que son revenu est trop modeste. Elle le quitte pour

« incompatibilité », jamais parce que son travail à elle est plus intéressant que le sien et bat en brèche la suprématie masculine ou qu'il est devenu plus riche et qu'il espère recouvrer sa jeunesse en épousant une femme plus jeune.

Bien sûr, les artistes, les amateurs éclairés, les ci-devant nobles, les athlètes, les fonctionnaires, les membres de Mensa, et les exhibitionnistes invoquent tous d'autres critères : si légitimes soient-ils, ils cachent mal la primauté de la finance. Peu d'intellectuels sont en mesure de contester la rude causticité de ce sarcasme : « Si vous êtes si intelligents, pourquoi n'êtes-vous pas riches ? »

Une des réponses à la pesanteur sociale sur l'argent est de se prétendre de la « classe moyenne » et d'une extraction « modeste ». Cette hypocrisie qui a le mérite d'adoucir les jalousies et les conflits n'en dénature pas moins la perception de la société. A Harvard, un enquêteur chercherait en vain quelqu'un qui accepte de se déclarer riche, membre de la classe « supérieure », en dehors, bien entendu, de la progéniture de la famille royale saoudienne. La mise en avant de son appartenance ethnique est un autre moyen de se déguiser : les Irlandais, les Italiens, les juifs, les Polonais et les autres « minorités » qui, collectivement, sont majoritaires et dont le revenu par tête est supérieur à celui des Wasps, affectent souvent d'être les exclus d'*Ellis Island* * et méconnaissent leur position réelle dans l'économie américaine. Andrew Greeley, l'honorable sociologue jésuite, se met en rogne contre les « vieilles familles de Boston qui allongent le nez » devant les Irlandais. *The Wall Street Journal*, le sénateur Daniel Patrick Moyniham, *The New York Times* ou d'autres autorités volubiles dénoncent périodiquement les « discriminations » dont sont victimes les catholiques. Ils oublient singulièrement qu'ils forment le groupe religieux le plus puissant du pays et gagnent bien davantage que les protestants blancs.

Les protestants eux-mêmes, surtout quand ils sont blancs, trouvent, malgré leurs solides comptes en banque et autre argent de poche, le moyen de se plaindre comme des métayers d'être des « brebis galeuses » dans leur famille. La haine morbide des parents devient un symbole de vertu et un signe de sympathie pour les « damnés de la terre ». L'éducation, les privilèges, l'espérance de vie, la santé, la reconnaissance sociale et la fortune de ceux qui possèdent la richesse et la propriété ne dissuadent pas de jouer aux victimes et aux opprimées celles qui appartiennent à la classe exploitée entre toutes : les femmes !

La quasi-totalité des politiciens, sportifs, hommes d'affaires et autres célébrités, affirment être issus de milieux pauvres et d'ethnies défavorisées. Et c'est toujours vrai ! Il suffit de comparer le niveau de vie actuel des Américains avec celui du premier venu ; hier comme aujourd'hui, le contraste reste

* *Ellis Island* est une petite île du nord de la baie de New York qui a servi de 1892 à 1943 de Centre d'examen des candidats à l'immigration aux États-Unis *(N.d.T.)*.

le même. Les Wasps eux-mêmes, à divers moments de leur histoire, ont été victimes des Romains, des Danois, des Français ou autres envahisseurs... En général, toutefois, cette origine « modeste » se révèle être un précieux atout social: James Earl Carter en est un illustre exemple.

Pour replacer ces prétentions à la pauvreté en perspective, il est utile de se souvenir que toute famille américaine gagnant plus de 25 000 dollars en 1979 figurait parmi les 20 % les plus riches des foyers américains. Dans 60 % des cas, deux ou trois sources financières suffisaient à assurer ce revenu. Toute famille dont le revenu total dépassait 35 000 dollars figurait dans les 10 % les plus favorisés [4].

La grande majorité des Américains paraîtrait misérable au professeur ou à l'étudiant moyen d'une grande université, à un fonctionnaire du département de la Santé, de l'Éducation et de l'Aide sociale ou encore à un producteur de télévision. En appliquant l'étiquette de « classe moyenne » (en fait supérieure) aux réalités de la vie américaine, les sociologues universitaires et les fonctionnaires fédéraux créent des « seuils de pauvreté » ou des « budgets de revenu modéré », estiment les « besoins humains fondamentaux » et les exigences d'un logement et d'un emploi « décents », proclament les droits à un revenu « suffisant » et à la dignité; seules les familles laborieuses et que les efforts ne rebutent pas pourraient prétendre à ce niveau, c'est-à-dire une petite minorité. Grâce aux diverses formes d'assistance sociale et à leur temps de loisir, des familles pauvres finissent par bénéficier de ressources comparables à celles de la classe moyenne. Elles n'en paraîtront pas moins désespérément pauvres à la classe moyenne car l'assistance sociale entretient un style de vie débraillé et irresponsable.

Ces malentendus sont particulièrement aigus en matière d'emplois. Il a créé un grave problème, celui du chômage des jeunes. Cependant, les emplois que les bureaucrates libéraux ou les professeurs jugent convenir aux jeunes pauvres sont des emplois attrayants, permettant d'entretenir une famille, offrant des possibilités de promotion et divers avantages annexes; l'effort, les heures supplémentaires, les patrons tyranniques et autres inconvénients paraissent inacceptables. Il va de soi que de tels emplois n'existent pour personne. Les garçons et filles qui travaillent le découvrent souvent avec surprise et amertume. Les jeunes diplômés, hommes ou femmes, souhaitent des emplois garantissant l'autonomie, permettant l'épanouissement personnel et exempts de hiérarchie. Ils rivalisent d'ardeur sans oser l'afficher ouvertement pour obtenir les emplois les mieux rémunérés. Il faut être prêt à tous les artifices et tirer parti de toutes les discriminations pour obtenir de tels emplois au prix d'une concurrence acharnée. De plus, l'existence de ces emplois dépend de ces « gagas » et « soûlots du boulot » si dédaignés dont les revenus sont amputés par l'État dans l'esprit de la justice « redistributive » chère aux juristes.

Comme jadis les aristocraties, la bureaucratie actuelle cherche une justification morale à son exploitation objective des autres (en l'espèce des hommes d'affaires). Nombre de personnes occupant des emplois financés par l'État essaient d'accréditer que le commerce consiste avant tout en apéritifs, parties de golf et collusion pour entraver les échanges. Contrairement aux allégations sur la société d'abondance, cette classe oisive et souveraine est un mythe. La quasi-totalité des professions libérales, quel que soit leur niveau de revenu, appartiennent à la classe supérieure.

L'incompréhension massive de ces vérités est néfaste. L'égalitarisme est un de ces effets corrupteurs et destructeurs les plus notables. Au lieu de redistribuer leur propre fortune, les riches se défoulent trop souvent de leur sentiment de culpabilité en affectant une hauteur morale et en prônant une redistribution générale de la richesse. Ils plaident pour des politiques qui n'ont d'autre effet que de paralyser l'apparition de nouvelles richesses sans bien entendu mettre la leur en danger. Les universitaires – bien pourvus en loisirs et autres privilèges – sont à l'avant-garde du mouvement pour la redistribution des revenus de leurs prochains. Mais quand l'Internal Revenue Service envisage d'imposer l'enseignement libre, ils poussent de hauts cris, qui font trembler les murs de marbre de Washington.

A dénier la prévalence des motivations économiques, on a tendance à exagérer l'importance des autres facteurs. Nombre des manifestations apparentes de préjugés raciaux ou ethniques sont en fait des expressions de la classe économique : les classes supérieures éprouvent une répugnance naturelle à exposer leurs enfants aux valeurs des classes inférieures. Un seul principe suffit à résumer le problème de l'intégration des races et des classes aux États-Unis : plus une société réussit à réaliser l'égalité des chances économiques, la fameuse méritocratie, plus ses classes économiques ont tendance à se singulariser. L'intégration et l'égalité des chances sont des objectifs intrinsèquement incompatibles. Il y avait sans doute plus de mélanges raciaux dans la société sudiste esclavagiste et davantage d'association des différentes classes dans l'Angleterre féodale du Moyen Age que dans l'Amérique contemporaine.

Riches et pauvres peuvent vivre à proximité sans heurts quand les statuts sociaux sont bien établis et ne souffrent pas de contestation. Quand les hommes ont des chances comparables, ils deviennent plus solidaires de leur classe sociale. Dans une société de rapide mobilité sociale, même les plus riches connaissent la fragilité de leur situation ; les pauvres savent également que dans une large mesure ils ont choisi leur situation et ne sauraient s'en prendre qu'à eux-mêmes. Les riches doivent savoir que les classes les moins favorisées n'ont guère à perdre à revendiquer.

Pour échapper à ces tensions, les classes se replieront sur elles-mêmes et enverront leurs enfants dans des écoles où domine leur propre classe sociale. Cette règle s'appplique aussi bien aux libéraux qu'aux conservateurs, aux Noirs, aux Blancs, aux sénateurs et aux juges, aux socialistes et aux libertaires. Y dérogent essentiellement les jeunes célibataires (j'ai moi-même longtemps considéré qu'il était chic de vivre dans des taudis) et les familles prêtes à sacrifier les intérêts de leurs enfants pour accroître leur propre revenu disponible. Peu d'enfants blancs, hormis ceux de familles rompues et qui manquent de ressources, recourent au système de ramassage scolaire. La majorité des familles des classes supérieures ou moyennes envoient leurs enfants dans des écoles privées ou des institutions publiques qui recrutent dans la classe moyenne.

Par une étrange perversion « populiste » ces familles sont aujourd'hui taxées d'hypocrisie pour leur impuissance à vivre leurs idéaux d'intégration. Avec une sublime inconséquence, ils ripostent en mentionnant la présence d'enfants noirs de classes favorisées dans ces écoles. La présence de Noirs convenables est en fait devenue un atout crucial des meilleures écoles privées, au même titre que les clubs de football et les cours de latin, comme si le préjugé racial était un facteur plus important que la classe dans la résistance de la classe moyenne à l'intégration.

La vérité veut qu'il soit hautement moral et bénéfique de se sacrifier pour ses enfants. La parcimonie et l'épargne des millions de parents qui souhaitent assurer une éducation saine et solide à leur progéniture expriment on ne peut mieux la vitalité des familles. Leur aspiration est le signe d'un sens affirmé de la responsabilité sociale. En ne lésinant pas sur les coûts de l'éducation de leurs enfants, elles réalisent un investissement majeur pour l'avenir, un investissement en capital humain qui bénéficiera aux générations futures et permettra aux couples sans enfants de percevoir leurs pensions et d'émarger à la Sécurité sociale.

Ce qui est répréhensible, c'est l'effort simultané de certains libéraux pour inviter les familles des classes moyennes (qui n'aiment pas moins leurs enfants) à placer leurs enfants dans les écoles des ghettos dominés par des bandes de garçons orphelins de père et prompts à manier le couteau. Le racisme n'a rien à faire ici. La pire ineptie dont les libéraux puissent se rendre coupables, c'est d'assimiler au racisme le désir légitime des parents de tenir leurs enfants à l'écart d'écoles que la politique des libéraux a largement détruites. Les parents noirs les fuient d'ailleurs aussi rapidement que les blancs. Les libéraux ne toléraient pas davantage de telles écoles pour leurs enfants qu'ils n'approuveraient la traite des Blanches. Certes les écoles qui favorisent l'intégration sont souhaitables. Mais leur succès demeure impossible tant que l'on n'aura pas reconnu ces évidences et les fonctions des classes.

Ces faits sont d'ordinaire considérés comme des « hypocrisies » et des « préjugés » mais restent essentiels à la perpétuation de la mobilité sociale et de la croissance économique. Pour que le système capitaliste se développe, il faut récompenser les efforts des classes moyennes : leurs efforts et leur morale doivent trouver leur consécration sociale. Ces familles doivent donc veiller avec soin à leurs relations et à celles de leurs enfants. Ce processus favorise d'ailleurs les pauvres en stimulant la mobilité sociale et donc l'émulation ; il aide les riches à transmettre à leur descendance les valeurs des classes supérieures. Toutes les classes pâtissent du relâchement de ces principes.

Combien de fois une jeunesse saine a été dénigrée, victime de chantage, poursuivie en justice ou pénalisée de diverses manières pour s'être conformée noblement aux préjugés ancestraux ! Combien d'ingénus se sont laissé gruger ou démonter par des flatteurs entreprenants ! Combien de gosses de riches, honteux de leurs privilèges, se sont-ils adonnés à la drogue ! Combien d'enfants se sont laissé entraîner par les « amis » de généreux adolescents dans une véritable *nostalgie de la boue* *. Les parents qui renoncent à armer leurs enfants contre ces séductions et à les en protéger – qui professent un égalitarisme morbide de nivellement et non d'exigence – ne devraient pas s'étonner de la déchéance de leur progéniture.

En flattant les basses classes, les classes supérieures trahissent les intérêts de celles-ci qu'elles condamnent à la pauvreté perpétuelle ; elles nuisent aux exigences de la croissance et du choix et renforcent la décadence culturelle et économique. Seuls ceux qui sont déjà corrompus sont sensibles à la vie de sybarite des classes inférieures.

La politique du logement souffre des mêmes illusions sur le rôle de l'argent et des classes qui gâchent le système d'éducation. Tout agent immobilier, avec quelque exagération, vous dira les trois facteurs décisifs de la valeur des logements : « l'emplacement, l'emplacement, l'emplacement ». C'est malheureux à dire, le premier critère d'un bon emplacement, c'est la distance des pauvres et avant tout des familles ruinées et assistées qui sont le vivier de la criminalité et de la violence. Le logement – et notamment sa capacité à résister à une ère inflationniste – est la principale richesse de la classe moyenne sinon la seule. Sa valeur propre est souvent modeste et, sans entretien, il deviendrait un taudis avant six mois. La valeur du logement dérive des valeurs sociales et des disciplines familiales, de la possibilité d'accéder à des écoles qui ne soient pas dominées par les basses classes. Sa valeur est enfin liée aux crédits obtenus pour l'achat d'une automobile, d'une télévision couleur et autres biens de consommation durables. Un simple déclin du taux d'appréciation du logement risque de saper dramatiquement les fondements des classes moyennes américaines.

Aux fonctionnaires privilégiés du département du Logement et du développement urbain (c'est-à-dire de la « classe moyenne »), ces faits apparaissent comme des expressions du « racisme ». La politique ne doit pas en tenir compte. Les deux objectifs prioritaires de ce département sont l'intégration des classes et des races et la fourniture de logements « décents » aux pauvres. Mais dans une société d'assistance, le logement n'est jamais « décent ». Le

* En français dans l'original *(N.d.T.)*.

logement social est invariablement un « mauvais logement » : le locataire qui le reçoit gratuitement l'apprécie en conséquence et les rues des ghettos fourmillent de jeunes abandonnés par leur père. Le logement décent est un effet des valeurs de la classe moyenne, non une cause. Le logement ne devient décent qu'en n'étant plus vendu à un pauvre, c'est-à-dire grâce au processus, si décrié dans les milieux officiels, d'anoblissement.

L'autre objectif prioritaire du gouvernement est l'intégration raciale. Ce ne serait sans doute pas un problème si elle n'était pas liée à l'intégration des classes qui, sur une grande échelle, est impossible et indésirable. Les hauts fonctionnaires noirs peuvent vivre où ils le souhaitent et de fait, durant la dernière décennie, le mouvement des Noirs fortunés vers les banlieues n'a pas cessé sans que l'on y prête grande attention. Par contre, le mouvement des Noirs assistés vers les communautés de Noirs ou de Blancs de la classe moyenne est un acte de rupture sociale d'autant plus grave qu'il s'opère par les subterfuges du loyer et des prêts hypothécaires. Le racisme est un effet pervers de ces politiques, un aboutissement inévitable. Sur un marché du logement perturbé par les contrôles de loyer, le dirigisme et divers dispositifs, la classe moyenne prend la solution la plus à même de défendre ses principaux actifs financiers et sociaux : l'hostilité à tous les projets publics menaçant son voisinage.

Les journalistes et les reporters de la télévision ont de multiples occasions de « prouver » la fausseté de la thèse libérale selon laquelle le racisme prévaudrait encore dans la société américaine. Ce qui prévaut aux États-Unis, sinon dans l'ensemble du monde et notamment dans l'intelligentsia libérale et bureaucratique, jusqu'à ce qu'elle ait des enfants, c'est bien plutôt le désir de communautés économiques homogènes où on n'aurait pas à craindre d'être volé, ni tabassé ou pris à partie. En ce sens, les seuls véritables non racistes sont les familles urbaines qui s'abstiennent de « grever » le monde de leur progéniture.

L'idéal d'une société égalitaire homogène a également masqué les succès continus du *melting pot* américain. Sans doute cette métaphore serait plus juste au pluriel. Il y a en effet de nombreux *melting pots* comme il y a de multiples communautés. Des flux d'immigrants ne cessent de se transformer en citoyens porteurs de culture américaine. A l'exception probable de quelques groupes hispaniques dont l'isolement nocif est encouragé par le bilinguisme, les États-Unis ont continué au cours des années 70 à assimiler leurs nouvelles minorités – dernièrement, les Chinois, les Japonais, les Philippins, les Antillais et de nombreux Portoricains. Les métissages entre ces diverses ethnies et avec les Américains d'origine se sont largement multipliés.

Il n'y a pas d'autre voie à l'assimilation dans la société moderne. Rejeter le concept du *melting pot* équivaut à consigner les masses continues d'immigrants américains dans la pittoresque pauvreté – ou un factionnalisme séditieux – des nouveaux ghettos américains. Aussi longtemps que de nouveaux immigrants accosteront sur nos rivages et que les vieux immigrés honoreront leurs ancêtres, la précieuse diversité de nos cultures et de nos communautés ethniques persistera. Mais la diversité culturelle ne signifie pas un étroit esprit de clocher ethnique. La seule forme authentique de ségrégation dans l'Amérique contemporaine vient du refus du département de la Santé, de l'Éducation et de l'Aide sociale de faire de l'apprentissage de l'anglais le but prioritaire de l'enseignement ; c'est une technique séparatiste plus corrosive que tout système scolaire sudiste. *E pluribus unum* doit rester la devise de notre politique sociale.

Cette devise n'est pas un simple maquillage de « l'impérialisme culturel ». Les États-Unis ne sont plus dominés aujourd'hui par l'éthique Wasp mais par une culture éclectique nationale. Comme l'écrivait Orlando Patterson, sociologue antillais de Harvard, même la langue anglaise a été irrémédiablement enlevée à ses créateurs et « adaptée de milliers de façons pour exprimer les sentiments, les humeurs et les expériences particulières de milliers de groupes ». De même, le jazz n'est « plus une musique noire-américaine [5] », mais la musique d'une culture universelle ; le basket-ball est un moyen d'exprimer ce qu'il y a de meilleur dans l'athlétisme noir ; et la pizza est aussi américaine que la tarte aux pommes ou le chop suey. Tous ces éléments sont part intégrante du *melting pot* américain, idéal plus vivant que jamais. Mais il continuera à faire de l'Amérique non pas un gruau homogène mais une rivière riche et diverse d'histoire et de conscience nationales. Les « valeurs de la classe moyenne » et la mobilité sociale donneront à ce système sa singularité.

Toutes les études montrent que sur deux ou trois générations, la mobilité sociale est considérable. La notion de mouvement léthargique n'a de sens que si elle s'applique à une seule génération. Si l'on y songe, l'idéal redistributif revient en définitive à diminuer l'influence des parents et des familles sur le destin de leurs enfants ; ses conséquences sont monstrueuses. C'est une provocation à la répudiation de l'histoire sociale, de l'appartenance ethnique, de la religion et même du sexe puisque dans cette optique il n'aurait aucun effet sur les revenus. La société globale est la seule collectivité légitime ; composée d'individus dont les dotations sont aléatoires, les résultats doivent être, eux aussi, aléatoires. L'appartenance ethnique et la diversité culturelle s'affirment toujours de manière rituelle — « notre diversité culturelle est une grande richesse nationale » — même si elle se dissout, hormis peut-être pour les styles d'habillement et de danse. Cette richesse nationale, si grande soit-elle, ne peut avoir en effet aucun impact appréciable sur des réalités aussi tangibles que l'ambition et le revenu.

Par une ironie du sort, les seules influences que les égalitaristes voudraient corrompre — foyer, famille, Église, communauté ethnique — sont précisément les seules qui sont effectives. Les crèches, les écoles et les programmes sociaux qui devraient les remplacer sont pour l'essentiel impuissants à favoriser la mobilité sociale. Le programme égalitaire est capable de détruire les familles et les communautés, d'amputer les fruits de la réussite et de pénaliser l'ambition et la productivité ; il demeure incapable d'accentuer la mobilité sociale dans les groupes qui manquent d'une communauté et de cultures familiales fortes. Il n'est pas nouveau de découvrir que ces niveleurs ne savent favoriser que la mobilité sociale des gestionnaires de cette bureaucratie uniformisante.

Une hypocrisie particulièrement perverse – l'hommage du vice à la vertu – sert à justifier cette impuissance. Alors que l'hypocrisie ordinaire consiste à professer des idéaux dont on ne croit pas un traître mot, l'hypocrisie du socialisme séculier est démoniaque. On décrit donc la société américaine comme raciste, sexiste, exploiteuse et corrompue, non en vertu de critères légitimes mais de façon à accumuler de nouveaux pouvoirs entre les mains du gouvernement et de sa nouvelle classe messianique. Ses membres subliment leur spiritualité réprimée en programmes millénaristes de restructuration totale de la vie humaine – du sexe à l'économie – tout en menant une vie en tous points conventionnelle. Cette hypocrisie est devenue une maladie nationale : des gens intelligents osent dénoncer leurs camarades pour crimes contre l'humanité.

Cette attitude se manifeste même dans un lieu que l'on aurait pu croire préservé, l'Église. Sous l'influence de la culture laïque, nombre d'ecclésiastiques souffrent d'un manque de foi et endurent les douleurs les plus vives de l'incroyance qu'ils compensent par un engagement militant pour une rédemption séculière. La crise du capitalisme démocratique se manifeste peut-être plus ouvertement dans les institutions religieuses qui se désintéressent de l'avenir des âmes et renoncent à satisfaire la soif spirituelle au profit d'un militantisme radical stérile. L'Église s'associe à l'intelligentsia et à la bureaucratie dans une croisade contre la richesse pour triompher des luttes de classes.

NEUF

La guerre contre la richesse

L'HOSTILITÉ AUX PLUS GRANDS BIENFAITEURS, aux producteurs de richesse, est un des mystères les plus curieux de l'histoire sociale. Sur tous les continents et à chaque époque, les gens qui ont excellé à créer des richesses ont été victimes des sévices les plus cruels de la part de la société. L'histoire récente a vu en Allemagne l'holocauste des juifs ; en Russie, les pogromes de koulaks et de juifs ; au Nigeria, l'éviction et le massacre des Ibos ; en Indonésie, l'extermination de près d'un million de Chinois ; en Chine, les violences des Gardes rouges contre les productifs ; en Ouganda, le massacre des Blancs et des Indiens ; en Tanzanie, leur expropriation et leur expulsion ; au Bangladesh, le meurtre ou l'emprisonnement des Biharis. De même, au crépuscule des années 70, une grande part des richesses humaines et matérielles de Cuba et de l'Asie du Sud-Est étaient rejetées à la mer.

Partout des horreurs, des monceaux de cadavres : le monde ne cesse d'exorciser la menace des riches — les boutiquiers, les banquiers, les marchands, les commerçants, les entrepreneurs — au prix de famines et de misères inutiles. Partout les nations proclament leur détermination à « se développer » ; mais partout, leur premier souci est d'exproprier, de bannir ou de tuer les plus actifs. Aux Nations Unies, ces contradictions sont à leur comble : des voix s'élèvent alternativement avec autant de zèle pour dénoncer les fléaux de la misère et accuser les créateurs de richesse, les Américains et les sionistes.

Il y a de toute évidence une perversion de l'esprit humain, même soigneusement passé au filtre d'Oxford et de la Sorbonne, qui empêche de croire au capitalisme : aux mystères fructueux de l'inégalité, aux mines inépuisables de la division du travail, aux miracles perpétuels de l'économie de marché, aux avantages cumulés du commerce et de la propriété. Il est apparemment plus facile de considérer les maîtres de ces œuvres comme des démons ou de les chasser comme des sorciers favorisés par les pouvoirs occultes qu'ils retirent de leur commerce faustien.

Dans certains milieux, ces fantasmes prennent parfois un tour tragique. On l'a bien vu en France, lors des manifestations d'hostilité qui, pendant les années 1960-1970, ont choisi pour cibles, en province, des boutiques juives de confection. Comment ces commerçants, insinuaient les auteurs de ces rumeurs, pouvaient-ils maintenir des prix si faibles pour des vêtements d'une réelle élégance, des modèles de coupe et de chic parisiens? Il devait y avoir conspiration. On mettait en avant des trafics de drogue; puis en s'amplifiant, les rumeurs devinrent plus menaçantes. Deux jeunes femmes montèrent à Paris. Elles furent victimes de la traite des Blanches, assurait-on, dont ces couturiers n'étaient qu'une façade!

Ce mode de pensée apparaît sous une forme atténuée dans les villes américaines avec les inévitables rumeurs qui surgissent autour de tout homme d'affaires italien prospère (« il est en collusion avec la mafia »). Derrière toute blanchisserie ou tout restaurant chinois florissant, on soupçonne un trafic d'opium. Un condamné m'assura une fois avec la plus totale assurance que tout le monde dans sa prison tenait pour acquis que John D. Rockefeller devait sa fortune au gang de Jesse James dont la Standard Oil était une couverture idéale. L'idée que toute fortune se construit sur l'escroquerie est aussi populaire à Harvard que dans les prisons.

Dans *The Moral Basis of a Backward Society*, Edward Banfield prétend que cette attitude est un symptôme caractéristique d'une économie en voie de développement [1]. Dans une petite ville d'Italie qu'il a étudiée pour mieux comprendre les sources de la pauvreté, chaque patron est soupçonné d'escroquer ses employés, chaque prêtre de chaparder dans le plateau de la quête, chaque politicien ou policier d'être un escroc. Un professeur justifiait sa paresse en confiant que la seule utilité de l'enseignement était de mieux exploiter les pauvres. Tout risque de prospérité était une preuve de prévarication et de crime. Inutile de le préciser, il n'y avait guère de signes de prospérité dans cette ville.

Au cœur des villes américaines, cette haine de la richesse prend une expression encore plus violente avec des nuances d'antisémitisme à l'occasion des incendies criminels et des pillages auxquels donnent lieu les pannes d'électricité. Orde Coombs a décrit de façon saisissante le schisme à l'intérieur de la population noire révélé par les émeutes de New York en 1977 [2]. Deux jeunes hommes d'affaires noirs avaient ouvert une boutique de modes à Harlem et espéraient être bien accueillis par leurs « frères ». Malgré son succès remarquable, cette boutique fut fréquemment pillée et finalement incendiée lors de la longue nuit d'ombres et de torches en dépit des signes manifestes indiquant l'origine des propriétaires. Apparemment, cette hostilité à l'égard des riches est indépendante de la race, des credos ou de la couleur de la peau, même si ces facteurs permettent bien sûr au début des pogromes de définir clairement une classe de victimes identifiables.

Que le sentiment moteur fût le racisme ou l'envie, il a toujours passé pour plus respectable de haïr d'autres races ou tribus que de détester la propriété ou le succès. La majorité des haines collectives ont donc pris tout au long de l'histoire humaine un caractère ethnique. Mais ces expressions de xénophobie quotidienne se sont rarement concrétisées en violences massives à moins d'être encouragées par la richesse des boucs émissaires. Ce sont souvent les riches autochtones qui tirent les ficelles et essaient de détourner l'hostilité vers les étrangers.

Dans le passé, cette étrange croisade a souvent recouru aux services d'une *lumpen-intelligentsia* chargée d'imaginer des justifications scolastiques du racisme et du pillage : invention de protocoles de mystérieux financiers juifs, conspirations de banquiers orientaux, associations douteuses d'usuriers. Depuis quelque temps, la mode n'est plus au préjugé racial qui ne reste acceptable que chez les pauvres. Mais la haine des producteurs de richesse ne cesse de prospérer, elle est le racisme de l'intelligentsia.

Aux lieu et place des conspirations ethniques n'ont cessé de proliférer les fantasmes d'un système d'oppresseurs rapaces : ploutocrates, patrons impitoyables, banquiers, spéculateurs, réactionnaires, monopoles pétroliers, establishment, nababs, exploiteurs, impérialistes, avec pour aiguillon occasionnel une famille de Rockefeller si puissante qu'elle semble être à elle seule la classe dirigeante. La matière première et les obsessions polémiques du marxisme trouvent leur origine dans cet esprit général et ce modèle fondamental. Qu'elle soit franche ou déguisée, assaisonnée de xénophobie ou le résultat de calculs informatiques, l'hostilité des intellectuels à l'encontre des riches témoigne de la même incrédulité devant le capitalisme qui sévissait dans les rues de Harlem et en France ; on retrouve la même incompréhension des avantages comparatifs qui a toujours nourri l'hystérie protectionniste ; toujours la croyance fantastique que la cause réelle de la pauvreté, c'est bien entendu la richesse ! Abby Rockefeller, le plus éloquent des jeunes radicaux de la famille, l'a on ne peut mieux exprimé : « L'idée que richesse et pauvreté étaient étroitement liées, que l'une se nourrissait de l'autre, que le grand nombre était victime d'une poignée ; que bonne et mauvaise fortunes étaient inextriquablement liées, ce fut pour moi une découverte. Elle était convaincante [3]. »

La richesse engendre la pauvreté. Il faut conjurer cette idée. Elle a trop obscurci l'esprit de jeunes radicaux et continue à séduire tous ceux qui recherchent un substitut au labeur, à l'inégalité, à l'épargne et au libre échange pour se libérer de la servitude du besoin. Comme il est plus facile de négliger les rudes leçons de l'expérience que de tempêter contre les riches ou les voler ! Que l'expropriation est une formule bien plus simple que la diligence et l'étude ! La Propriété c'est le vol. La Haine, c'est la communauté. La Violence c'est la liberté. La Réalité, c'est l'oppression.

Pourtant, partout où ces idées prévalent, la misère persiste et s'étend. Au lieu de prétendre que la richesse engendre la pauvreté, il serait infiniment plus juste d'affirmer que la véritable source de la pauvreté c'est de croire qu'elle est le tribut de la richesse.

Il est assez paradoxal que l'intelligentsia soit une des sources majeures du credo appauvrissant, de ce même système de croyances nocives qui sévit dans la société arriérée étudiée par Banfield. Les hauts fonctionnaires, les sociologues et les médias en sont les principaux responsables avec leurs théories de la pauvreté centrée sur les Noirs. On prétend que le monde est hostile aux Noirs ; que les classes dominantes veulent les enfermer dans leur misère ; qu'à moins de faire respecter la loi, le racisme et la discrimination sont universels. Les Noirs seraient exclus des entreprises. Les propriétaires de taudis sont accusés d'exploiter leurs locataires. A moins d'être reconnus innocents, les policiers sont déclarés coupables de discrimination et de brutalité. C'est l'establishment blanc qui a fait assassiner Martin Luther King et les frères Kennedy, insinue-t-on. Seuls les avocats, les assistantes sociales, les conseillers d'orientation, les politiciens libéraux et autres agents de l'État sont reconnus comme les véritables alliés des jeunes Noirs. Si le jeune Noir ne reçoit pas directement le message de l'école, la télévision le lui offrira en multipliant les récits où les pires scélérats portent presque toujours des costumes somptueux, vivent dans des palaces, travaillent dans le calme feutré des sièges sociaux d'entreprises et ne doivent leur situation qu'à la violence ou à des moyens inavouables.

Cette conception du monde reposait sur un semblant de vérité dans l'Italie rurale dépeinte par Banfield où quelques hommes d'affaires locaux semblaient corrompus et contrôlés par la mafia. Aux États-Unis, le seul effet de la propagation de l'image d'une société raciste et vénale, comme en Italie de l'image d'une société immobile et corrompue, est de paralyser les pauvres crédules. L'ascension sociale suppose un minimum d'ambition. Une perception claire de la nature de la compétition et le respect des précédents gagneurs en sont des éléments indispensables. Si nous disons aux pauvres que le système est corrompu, raciste, partiellement régenté par la violence et que seuls les diplômes universitaires et les emplois de fonctionnaires permettent de s'en sortir, nous leur donnons une vue fausse et boiteuse de la société.

En fait, les États-Unis constituent sans doute la société la plus mobile de toute l'histoire universelle. La diligence, la discipline, l'ambition et le désir de prendre des risques y sont les vertus les plus récompensées. Les diplômes et l'éducation sont essentiels pour l'administration publique ; partout ailleurs, le travail est la source des compétences. Les petites entreprises, où l'assiduité et le travail acharné sont les valeurs les plus cotées, offrent aux Noirs sans instruction les meilleures perspectives. S'il y a moins de travailleurs indépendants aujourd'hui, ce déclin s'explique avant tout par la disparition des petits exploitants agricoles. Quelque 400 000 nouvelles petites entreprises se créent chaque année et fournissent 80 % des nouveaux emplois des jeunes Noirs. De 1946 à 1975, les petites entreprises ont en chiffres nets d'inflation bénéficié d'une plus-value en capital de 500 milliards de dollars [4], réalisée ou non, vingt fois plus grande que celle des entreprises cotées en bourse. En Amérique, les affaires ne sont pas seulement la voie royale de la richesse ; elles sont pratiquement la seule solution pour ceux qui n'ont pas d'instruction. Seuls les cieux restent hors d'atteinte.

Pourquoi diable cette idéologie est-elle si populaire dans les milieux gouvernementaux et les médias, l'éducation et l'aide sociale ? Il y a sans doute plusieurs réponses. Cette image d'une société statique et figée, hostile aux risques et à l'initiative et qui ne donne de chances qu'aux corrompus et aux rapaces convient parfaitement aux rejetons des classes aisées auxquelles on a enseigné le mépris des richesses. Les emplois de bureau, stables mais peu attrayants, sont leur seul avenir. En choisissant de fuir les risques et les opportunités de l'entreprise pour se réfugier dans les emplois du secteur public non lucratif (enseignement, lettres) ou même certaines professions libérales, des millions d'Américains ont renoncé à la perspective de gagner davantage. Leur carrière les conduira bien loin en deçà des sommets de leurs aïeux. Ces rejetons des classes supérieures ont conclu un pacte avec la société aux termes duquel ils échangent leur possibilité de réaliser de grandes œuvres contre une assurance de sécurité. Ils trouvent la consolation de leur maigre pouvoir d'achat dans le loisir. Ce calcul n'était pas nécessairement méprisable même si l'on peut regretter leur répugnance devant le spectacle de l'accession de centaines de milliers de fils et de petits-fils d'immigrants aux postes de commande de l'économie. Ils ont de la peine à admettre que ces usurpateurs soient en train de former une nouvelle classe supérieure composée en majorité de juifs, d'Italiens, d'Irlandais, d'Asiatiques, d'Allemands et de Polonais qui n'ont pour la plupart guère de racines sur notre terre.

Cette répugnance à affronter la nouvelle réalité sociale américaine présente un versant plus ombrageux. La déchéance sociale est le grand secret de l'aristocratie américaine. On n'en parle guère chez les rejetons de la classe supérieure, mais cette vérité est partout dans l'air. Les riches héritiers qui ont essayé d'épargner leur richesse ont vu, depuis cinquante ans, leur fortune s'évanouir en fumée. Ceux qui vivaient de leur capital ont vu leur bien fondre et leurs revenus amputés par le fisc et l'inflation. Leurs enfants qui exercent une profession indépendante ont un niveau de vie médiocre. Leurs petits-enfants se laissent tomber les cheveux sur les épaules ; ils ont déserté les écoles onéreuses financées par des familles riches en voie de disparition pour végéter dans des carrières artistiques ou artisanales, entrecoupées de périodes de chômage. Après un bref passage dans la bureaucratie publique, ils sont enfin en mesure d'enseigner aux pauvres les ressorts de la mobilité sociale.

Au cours des dernières décennies, le meilleur moyen de négocier les rapides de l'économie capitaliste américaine fut de posséder une entreprise sinon de travailler dans un secteur en expansion. Le plus avantageux était en effet de travailler pour des entreprises en relation directe avec leur clientèle ou qui recouraient à une technologie de pointe : petites ou grandes entreprises des secteurs de l'assurance, de l'immobilier, des nourritures rapides, de la vente au détail; l'électronique, l'informatique et le secteur de l'énergie se sont avérés également profitables. Une telle situation permettait de voir son revenu suivre la hausse des prix, de bénéficier de divers avantages en nature bienvenus en période d'inflation ou de compensations telles les plus-values non réalisées sur de petites propriétés et enfin, de posséder des actifs qui s'apprécient rapidement. Les classes supérieures américaines ont au contraire renoncé à s'engager dans cette voie du progrès technique. Les conséquences en étaient prévisibles. Financièrement, elles n'ont cessé d'hésiter entre des placements dont la valeur s'est dépréciée ou des comptes en banque qui ont fondu avec la hausse du niveau général des prix quand elles ne spéculaient pas en vain sur des valeurs sûres parvenues à leur sommet. Quoi qu'elles aient fait, elles sont loin de l'avoir fait aussi bien que ces catholiques que le manque de « culture » et d'héritage a conduits à étudier la science et les machines pour se lancer dans les affaires.

Ainsi s'explique l'état d'esprit des classes aisées: les caricatures habituelles des nouveaux riches; les références à la corruption et aux malversations comme source de richesse; le refus d'admettre que l'intelligence, la résolution, le travail et le goût du risque sont les véritables clés du succès dans l'économie américaine, ce credo confortait leur choix et leur aveuglement.

Pourtant, ces classes déchues ont réalisé une chose que n'ont pas faite les nouvelles: elles ont maîtrisé à la perfection l'art de la communication. Fortes de leur éducation, elles ont largement contribué à imposer leur imagerie. Leur influence fut sans commune mesure avec leur nombre. Les médias et le gouvernement ont propagé le sentiment très américain de la défaite; ils l'ont communiqué aux pauvres en une période d'égalité des chances et de mobilité sociale sans précédents dans notre histoire.

La guerre contre les riches se poursuit donc dans le pays le plus prospère du monde. On assiste actuellement à une nouvelle campagne inspirée par des riches sur la voie du déclin qui incitent les pauvres à se rebeller contre l'apparition de nouvelles classes triomphantes. Grâce à sa maîtrise des moyens de communication et à son habileté, cette classe déchue risque d'avoir une audience sans comparaison avec son importance sociale. Elle peut dominer les médias, les fondations, les universités et le gouvernement, tous ces asiles sûrs mais stériles à l'abri de la scène réelle où se joue l'ascension sociale. Le monde des affaires est nécessairement la source vive de l'Amérique capitaliste. Les pauvres seront toujours les victimes inévitables de cette croisade contre la richesse quand bien même ils viendraient grossir les rangs de la cohorte des classes déchues. Les seules victimes sont donc ceux qui ont le plus intérêt à la mobilité sociale. Les derniers riches de tous les groupes ethniques se réjouissent de leurs privilèges. Ils peuvent ainsi distribuer la manne idéologique aux moins favorisés et se donner l'apparence mondaine d'une « nouvelle classe » progressiste qui masque son déclin.

DEUXIÈME PARTIE

LA CRISE DE LA POLITIQUE

DIX

Les préjudices moraux du libéralisme

« CELUI QUI, DÈS LE DÉPART, sait où il va n'ira pas loin. » Ainsi parlait Napoléon à la veille de son extraordinaire, tumultueuse et catastrophique odyssée qui devait le conduire de Paris à Sainte-Hélène via Moscou. Spectacle héroïque pour un homme sans doute, mais itinéraire assez peu séduisant pour une nation. Les affaires étrangères ne tolèrent pas tant d'incertitudes; un pays ne peut se permettre d'aller à l'aventure ou de faire des expériences. Sous peine d'aller à la catastrophe, il doit savoir où il va.

L'art politique consiste avant tout à calculer les risques. La politique est dans une large mesure une science de prévoyance. Sur la scène internationale, les chefs de grands peuples doivent agir avec prudence car il n'existe aucun assureur pour les nations ni de polices d'assurances pour les guerres napoléoniennes et encore moins pour les conflits nucléaires. Dans le domaine intérieur, l'État doit veiller avec autant d'attention à équilibrer les assurances et les risques. A moins d'être paralysée dans un monde d'incertitude, l'économie ne peut être préalablement ordonnée : les individus et les entreprises ignorent souvent leur destin. Si les individus peuvent se rassurer en souscrivant un régime d'assurance générale (revenus, emplois, égalité, demande, santé), une société encourrait des risques graves et souvent irrémédiables du fait de son impuissance à s'adapter.

A l'inverse, trop de risques et d'incertitudes ruineraient la foi dans l'avenir qui est le fondement même du capitalisme. Et de fait, le désir de sécurité s'est souvent révélé aussi déterminant que l'esprit d'aventure dans les systèmes capitalistes. Les efforts héroïques de l'entreprise commencent souvent par l'humble recherche de la sécurité. Ces deux attitudes se concrétisent respectivement par l'épargne et l'investissement. Dans les comptabilités nationales, ces deux formes d'activité se traduisent par des identités comptables. Pourtant, épargner ou acquérir des actifs productifs sont des comportements qui répondent à des motivations différentes; ce sont rarement les mêmes individus ou institutions qui pratiquent l'un et l'autre. L'investissement exige le goût du risque, l'épargne témoigne du souci de sécurité.

Sans doute le secret de la réussite du capitalisme tient-il à sa capacité de transformer la recherche de la sécurité, incarnée dans l'épargne, en acceptation du risque, symbolisée par l'entreprise. Les marchés financiers procèdent à cette alchimie fondamentale : ils transforment la crainte en croissance, la prudence en créativité, la timidité en esprit d'entreprise et le désir de conserver en volonté de construire et d'innover. Ils forment l'industrie motrice du capitalisme qui transforme les matières premières abondantes — l'anxiété face à l'avenir — en actifs rares — la foi. Une élite d'hommes d'affaires assume un rôle, des millions d'épargnants l'autre mais ces deux comportements restent indissolublement liés au cœur du capitalisme; ils sont la systole et la diastole de la production et de la circulation du revenu.

Dans les sociétés primitives, l'esprit d'entreprise s'attache d'abord à créer des systèmes rudimentaires d'assurances. La survie du groupe dépend souvent de l'invention de modes de collaboration en cas de calamité, de moyens de redistribution du gibier aux chasseurs malchanceux ou de la répartition des charges en cas de décès ou de maladie. Comme dans la société moderne, l'épargne des tribus primitives découle moins du désir d'investir que de la nécessité de survivre aux catastrophes.

En Amérique, ces groupes d'immigrants qui ont, comme les juifs ou les Asiatiques les traditions de solidarité les plus développées, se sont montrés capables d'assumer les risques de l'entreprise. L'effet le plus durable de l'esclavage des Noirs fut la destruction de leurs modèles tribaux d'aide mutuelle [1]. A la fin du XIXe siècle, l'apparition d'entreprises noires a pris la forme de systèmes d'assurances contrôlés par les Églises ou des groupes fraternels. Plus tard, devaient leur succéder des entreprises plus grandes, organisées selon les mêmes principes telles Atlanta Life et Pilgrim Health and Life [2].

Ce modèle s'applique à tous les pays capitalistes. L'assurance est nécessaire pour encourager le commerce. La confiance et le crédit sont les facteurs clés de l'expansion des marchés. Aucun système ne pourrait se développer sans contrepoids aux risques perpétuels de faillites et de catastrophes naturelles. Au lendemain de l'Indépendance, les États-Unis ont créé plus d'entreprises d'assurances que de toute autre sorte, le secteur des transports excepté [3]. Plusieurs de ces entreprises se spécialisaient dans les polices d'assurance maritime indispensables au commerce international pour pallier les risques de la traversée de l'Atlantique. En attendant que les cargaisons soient livrées à bon port après avoir traversé pendant des mois de dangereux océans, ces assurances permettaient au producteur de poursuivre ses activités, de financer une nouvelle production ou d'échanger d'autres biens. Ces effets de commerce garantis en matière de transport et d'échange furent en fait la première devise internationale des premiers temps du commerce mondial. De même, sur le plan intérieur, les hypothèques sur les bâtiments assurés contre l'incendie furent un stimulant essentiel du commerce et de la construction de logements ainsi qu'une source déterminante du capital industriel. L'assurance permet d'enraciner la foi qui est le germe même de toute entreprise.

La monnaie elle-même a souvent été garantie par une assurance. La promesse du gouvernement de rembourser le papier-monnaie en métal précieux – or ou argent – était une politique d'assurance contre d'éventuelles adultérations de la monnaie ou un effondrement de la production et du commerce. L'étalon-or ne garantit pas davantage la valeur du dollar que l'assurance ne confère sa valeur intrinsèque à une cargaison ou une maison. La valeur du dollar repose toujours sur la productivité de l'économie et le volume des biens contre lesquels la monnaie pourrait être échangée. La valeur d'une maison dérive du refuge qu'elle procure. L'assurance des cargaisons était indispensable au commerce; de même, l'assurance-vie ou contre l'incendie renforçait le marché du logement en permettant des hypothèques suffisamment importantes et couvrant une assez longue période, pour financer la construction; d'une façon analogue, l'étalon-or renforçait la confiance dans le dollar et la livre, et encourageait leur utilisation pour des transactions sans cesse plus risquées à long terme. La disparition de cette assurance sur l'or est un facteur important de la perte de confiance qu'a subie le dollar, du déclin de l'épargne et de l'économie américaine, la turbulence renouvelée et le désordre du commerce international.

Les fanatiques du capitalisme insistent sur les valeurs du risque et de l'initiative et dédaignent l'assistance sociale et l'assurance comme s'il s'agissait là de produits étrangers importés du socialisme. Or à chaque phase du développement, du capitalisme tribal primitif aux manifestations actuelles de l'État-providence, ces institutions ont fait partie intégrante des systèmes d'entreprises privées. La charité a commencé chez soi, dans le cercle familial, avant de s'étendre à la tribu puis d'être canalisée par les Églises et les groupes de bénévoles; par suite, elle s'est normalisée sous forme de sociétés d'aide mutuelle, d'entreprises paternalistes, de syndicats et de compagnies d'assurance avant de devenir en grande partie le fait de l'État-providence. Chacune de ces incarnations institutionnelles de la charité assure un rôle important dans le réseau de coopération qui soutient les luttes de la croissance économique.

La vigueur du système capitaliste dépend de l'équilibre entre le système d'assurance et le goût du risque, entre la solidarité et la concurrence, l'épargne et l'investissement. Le capital ne prospère pas mieux sans coopération et sécurité que sans les aiguillons du risque et de la rivalité. En forgeant un équilibre, les responsables doivent bien comprendre que le risque est inévitable en un monde tumultueux. En préservant certains citoyens, le gouvernement peut déplacer le risque : il ne saura jamais y échapper. Si l'État souhaite prendre à sa charge tous les risques des individus et des entreprises – chômage, inflation, concurrence étrangère, fléchissement de la demande, accidents, handicaps – il sera à son tour submergé de périls plus graves qu'il n'est en mesure d'en affronter. Comme la Lloyd's de Londres, l'État assureur peut être sa propre victime. Sa possibilité d'actionner la planche à billets ne lui offre qu'un bref répit avant le jour d'expiation. Une quasi-banqueroute peut néanmoins être nécessaire pour affronter les dangers de la guerre – le seul risque que le gouvernement peut assumer mieux que les entreprises. Mais les aventures d'un Napoléon ne relèvent pas de la compétence du responsable moderne.

Dans le délicat équilibre du capitalisme entre le risque et l'assurance, les frontières sont définies par ce que les compagnies d'assurances qualifient de *préjudice moral*. Le préjudice moral consiste dans le danger qu'une politique favorise le comportement contre lequel on souscrit une assurance, ou encore, entraîne des désastres. Il représente la clause limitative des contrats d'assurance et marque la frontière naturelle de l'État-providence dans un système capitaliste. De même que l'accumulation de l'épargne ou la thésaurisation de l'or provoquées par la crainte de troubles économiques risquent d'engendrer une dépression en réduisant sévèrement la demande de biens de consommation, une demande excessive d'assurance risque d'entraîner certains dangers qui la motivent.

Sous la pression du gouvernement qui les incite à étendre leurs services, les compagnies d'assurances privées souffrent couramment d'une série de graves préjudices moraux. L'incendie volontaire a longtemps été le crime le plus populaire aux États-Unis : il était pour l'essentiel encouragé par l'assurance contre l'incendie. Les procès pour négligence médicale ont grevé l'ensemble de la médecine en gonflant la bureaucratie : la raison majeure en est que les avocats exigeaient de fortes indemnités, en pensant que l'assurance paierait. L'assurance-santé a si fortement accru les coûts médicaux – en écartant toute considération financière des choix des médecins et des patients – que les premiers versements résiduels (versements déductibles) dépassent souvent la totalité des versements d'autrefois. Pour justifier leur commerce, les trafiquants de bijouterie invoquent journellement l'assurance contre le vol. On est en droit de supposer que l'assurance-vie a favorisé le meurtre – et le suicide – au même titre que les clauses de *Double Indemnity* *. Les pensions de retraite encouragent toujours la retraite anticipée.

Dans tous ces exemples, le risque contre lequel on s'assure est favorisé alors que le type de comportement souhaité par l'assureur est pénalisé. Ceux qui sont en bonne santé paient régulièrement pour les fumeurs, les alcooliques, les toxicomanes, les maladies vénériennes, les fainéants et les imprévoyants autant que pour les malingres ou les prétendus invalides. Ceux qui

* *La double indemnité* est une clause des polices d'assurance-vie qui garantit le versement du double de la somme prévue par le contrat en cas de mort accidentelle *(N.d.T.)*.

renoncent à poursuivre leurs médecins malgré les inévitables déboires de la médecine — ou que la paperasserie judiciaire dissuade — font les frais des trop nombreux litiges. Les gens qui protègent leur propriété et cachent leurs bijoux sont victimes de ceux qui font parade de leurs brimborions. Les policiers qui consacrent leur vie au service paient pour les opportunistes qui se retirent après vingt ans, au moment où ils sont le plus productifs.

Bien évidemment les problèmes sont extrêmement variables selon les différentes formes d'assurance (l'assurance-vie, par exemple, pourrait encore être intéressante en cas de meurtre ou de suicide). Personne ne peut dénier pourtant que ces assurances ont collectivement un impact appréciable et insidieux sur le comportement des Américains. Même les assureurs privés, qui, à la différence des pouvoirs publics, sont astreints à calculer leurs taux et leurs indemnités selon les principes d'actualisation, sont face à un problème sérieux et chaque jour plus difficile, de préjudice moral : les dispositions réglementaires sont encore plus impuissantes à y remédier.

L'expansion de l'assurance privée crée également des externalités — des problèmes qui dépassent les effets immédiats de la politique. Des millions de citoyens sont conduits à penser que la meilleure chance de s'enrichir ne vient pas du travail et de l'investissement : il suffit de vivre aux crochets de ceux qui réussissent. Une invalidité opportune remplace avantageusement la santé, la retraite au bon moment devient préférable à une carrière prolongée et productive. Plus fondamentalement, les gens font l'expérience de l'affaiblissement régulier des liens entre telle ou telle conduite et ses conséquences : le rendement est dissocié de l'effort, la rémunération du mérite. Les préjudices moraux de l'assurance privée contribuent donc à accélérer le déclin de la productivité de l'économie américaine.

La majorité de ces effets pervers étaient infiniment moins fréquents dans le cadre des régimes plus informels d'aide mutuelle qui ont précédé l'avènement de l'assurance de masse : famille, Église, fratries ou tribus. La charité des Églises, des associations bénévoles, des familles élargies ou des tribus exerçait de fortes pressions en faveur des comportements préférés. Dans la plupart des cas, les donateurs connaissaient bien les destinataires de leur aide. Dans les communautés asiatiques d'Amérique, ces disciplines furent si efficaces qu'à peine une poignée de Chinois et de Japonais ont demandé l'aide publique au milieu de la Grande Crise [4].

Il n'en est pas moins vrai que les anciens systèmes d'assistance privée et de discipline religieuse ne sauraient plus suffire dans une société aussi mobile, urbaine, individualiste, atomisée, séculière et rationaliste que les États-Unis. Les compagnies d'assurances privées ont évincé les paroisses, les sociétés funéraires et les groupes d'aide mutuelle en offrant des avantages bien supérieurs à moindre coût. Elles ont également le mérite d'étendre la couverture sociale aux citoyens de la nouvelle économie internationale et de culture rationaliste et séculière qui manquaient d'affiliations bien définies à l'Église, la famille ou la communauté. Partout où la division du travail s'est développée et spécialisée sont apparus de nouveaux systèmes d'assurances adaptés.

Le New Deal a consacré l'émergence du principe d'assurance au statut de thème fondamental de la politique fédérale. Le gouvernement a dû assumer collectivement le risque des citoyens devant le chômage ou l'invalidité, pourvoir aux besoins des vieillards indigents ou des orphelins et aux autres aléas de la vie dans une société industrielle. Les primes collectées permettaient d'indemniser les victimes de l'infortune.

La Sécurité sociale, l'indemnisation du chômage, l'aide pour les enfants à charge et les pensions fédérales d'invalidité, ou encore, les nombreuses autres initiatives décisives de cette période, sont paradoxalement autant de créations des administrations républicaines modérées et même de la présidence d'Herbert Hoover. Ils ne doivent rien à la gauche radicale. En 1953, Dwight Eisenhower créait le département de la Santé, de l'Éducation et de l'Aide sociale dont le républicain texan Oveta Culp Hobby fut le premier secrétaire. Ces programmes ont pris leur plus grande ampleur durant l'administration de Richard Nixon et de Gerald Ford et non pendant la Grande Société inaugurée par Lyndon Baines Johnson. L'État-providence est le fruit d'un large consensus bipartite qui réunit toute la société américaine : hommes d'affaires et milieux syndicaux, démocrates et républicains méritent tous d'en être à la fois félicités et blâmés.

Aujourd'hui, le plus étendu des régimes actuariels — l'assurance-maladie — force l'admiration des plus grandes compagnies américaines aux premiers rangs desquelles figurent General Motors et U.S. Steel qui distribuent souvent gratuitement des médicaments à l'ensemble de leur personnel et, dans certaines entreprises, aux retraités. Le président de G.M. a certifié que l'assurance-maladie coûtait à son entreprise plus de deux cents dollars par automobile : or, cette somme dépasse son profit unitaire. U.S. Steel prétend que son fardeau entrave sa compétitivité dans le commerce international. Si vraiment ce qui est bon pour General Motors est bon pour le pays, le Congrès pourrait peut-être prendre contre l'assurance-maladie diverses autres dispositions — assurance « sans faute * », financement des coussins gonflables ** et d'autres mesures de sécurité — qui permettent de rejeter les charges des victimes malheureuses et des compagnies responsables sur les contribuables corvéables à merci.

* L'assurance « sans faute » est un contrat dans lequel la victime d'un accident automobile reçoit une indemnisation sans qu'il y ait à établir qu'une faute est à l'origine de l'accident *(N.d.T.)*.

** Les coussins gonflables *(air bags)* sont des sacs de nylon ou de plastique qui se gonflent automatiquement lors d'une collision automobile pour éviter au conducteur et à ses passagers d'être projetés en avant *(N.d.T.)*.

Le principe de l'égalisation des risques inspire nombre de politiques assez différentes par leur nature de l'assurance mais qui ont pour même résultat de répartir les conséquences des malheurs et des changements de condition économique. Les lois antidiscrimination, par exemple, permettent de redistribuer plus équitablement les risques de chômage et de faible revenu. Les subventions et les exonérations fiscales consenties en faveur de l'achat d'équipement limitant la pollution répartissent plus largement les coûts des dommages infligés à l'environnement dont seule une minorité souffre vraiment. Une grande part de l'activité du département de l'Énergie consiste à disperser sur l'ensemble du territoire les effets de la pénurie d'énergie de façon à alléger la situation de groupes particulièrement vulnérables. Les contrôles de loyers ont pour but de diffuser les effets de la rareté du logement urbain et de la hausse des coûts.

Le résultat de l'activité de ces secteurs privés et publics — déplacement, diffusion, égalisation, dissimulation, confusion, aplanissement, évitement, renvoi et collectivisation de risques réels et des coûts du changement économique — est de désensibiliser l'économie. L'économie ne répond plus aussi bien aux signes de rareté et de déséquilibre, c'est-à-dire à la hausse des prix qui modifie la structure des prix relatifs et l'éventail des choix. Elle est moins apte à stimuler la création, l'invention et l'esprit d'entreprise.

C'est le préjudice moral global de l'État-providence. Mais tous les systèmes d'assurance ou les programmes d'aide ne présentent pas ce problème ; d'aucuns en compensent d'ailleurs les inconvénients en créant une atmosphère de sécurité plus propice aux entreprises et aux investissements à long terme. Les responsables du capitalisme doivent faire preuve de davantage de discernement et apprendre à évaluer les dangers et les avantages de l'état de bienfaisance. L'État-providence n'est pas un intrus mais le rejeton solide d'une idée fondamentalement capitaliste.

Les préjudices moraux des programmes actuels sont manifestes. L'indemnisation du chômage encourage le chômage [5]. L'aide aux familles qui ont des enfants à charge accroît la dépendance des familles et favorise la démission des pères. L'assurance-invalidité sous toutes ses formes incite à exagérer de petites maladies pour en faire des invalidités temporaires. De même les invalidités partielles deviennent totales et permanentes. Les versements de la Sécurité sociale infantilisent les personnes âgées et détruisent les liens entre générations. Les programmes d'assurance contre la baisse des prix agricoles et la hausse des coûts de l'énergie engendrent un surplus de produits agricoles et une pénurie des carburants. La loi générale sur l'emploi et la formation (C.E.T.A.) permet de financer la création d'emplois publics artificiels : elle risque ainsi de renforcer un sentiment de dépendance à l'égard de l'État sans pour autant donner l'expérience enrichissante du travail véritable. Tous les programmes réservés exclusivement aux pauvres (recensés par une enquête spéciale) apprécient la valeur de la « pauvreté » (les lettres de créance des pauvres) et perpétuent donc la pauvreté. Dans la mesure où les préjudices moraux excèdent les bienfaits, tous ces programmes devraient être modifiés et les avantages réduits.

Il y a de multiples raisons de penser que l'État-providence américain a depuis longtemps dépassé le seuil des rendements décroissants et de la contre-productivité. De même, dans la société américaine actuelle, l'assurance domine tant sur le goût du risque que chacun se sent plus anxieux et menacé et non pas seulement les victimes directes des épreuves ou du changement.

Pendant les années 70, les dépenses réalisées au titre des quarante-quatre principaux programmes d'aide sociale se sont développés deux fois et demie plus vite que le P.N.B. et trois fois plus vite que les salaires. Ils ont distribué quelque 200 milliards de dollars par an sous forme d'allocations et de services à 50 millions de bénéficiaires. (Cette somme exclut tous les versements perçus au titre de la Sécurité sociale — chapitre « assurance » — de même que les intérêts qui sont la contrepartie de cotisations précédentes ; par contre elle comptabilise la part du revenu versé par la Sécurité sociale au titre de l'aide sociale.) En moyenne, une famille de quatre personnes a reçu l'équivalent de 15 000 dollars en 1976 [6] et près de 18 000 dollars en 1979. Ces totaux ne sont pas des cas extrêmes mais des moyennes réelles ; il est frappant de les comparer au revenu médian américain qui était d'environ 14 500 dollars en 1975 et 16 500 dollars en 1979. Les salaires minimaux garantis n'atteignaient pas 50 % des niveaux de l'aide sociale. En dehors des mesures relatives aux personnes âgées, une famille ingénieuse pouvait bénéficier de dix-sept programmes d'aide sociale : entre autres, l'aide aux familles qui ont des enfants à charge, l'aide médicale, pensions et compléments alimentaires ; divers services sociaux et juridiques, les crèches et une série d'allocations et de subventions en faveur du logement [7]. Même en fermant les yeux sur les avantages très appréciables du loisir et les revenus non déclarés, les aides sociales font courir un très grave danger de préjudices moraux ; ainsi, le retrait du marché du travail, l'éclatement des familles et les autres adaptations aux conditions de l'allocation en sont autant de symptômes.

De tels systèmes d'aide sociale atteignent des niveaux qui influencent largement le comportement des familles du bas de la classe moyenne ou des familles pauvres. Ils illustrent la fameuse tendance des programmes de la « pauvreté » à s'engager bien au-delà de leur mandat. Les seules familles pauvres ont reçu des avantages qui les ont portées à 30 % au-dessus du « seuil de pauvreté » officiel. Il faudrait deux emplois à plein temps, rémunérés au salaire minimal, pour atteindre ce niveau [8]. A nouveau, la menace des préjudices moraux se précise. La plupart de ces programmes se sont développés à la faveur de la croissance économique et de l'augmentation de l'emploi de la fin des années 70. Ils ont créé un sentiment de dépendance chez des millions de familles apparemment capables de vivre de façon autonome. Parallèlement, ces transferts se sont traduits par l'alourdissement du fardeau fiscal écrasant les familles actives et ont suscité la colère et un sentiment de frustration à l'égard des institutions démocratiques américaines.

La croissance des programmes d'aide sociale et de service public a également hâté la disparition d'autres modalités d'aide aux pauvres et aux personnes à charge. Avant 1935, plus de la moitié de l'aide provenait de la charité privée. Aujourd'hui, cette part est inférieure à 1 %. Avant l'expansion de la Sécurité sociale, de nombreux enfants prenaient soin de leurs parents. Actuellement, il faut que les parents pourvoient aux besoins de leur progéniture qui tarde à mener une vie d'adulte et supportent toujours davantage le poids de la Sécurité sociale. L'expansion considérable du système public de collèges et d'universités aux États-Unis n'a entraîné qu'une faible hausse de la part du P.N.B. investie dans l'éducation supérieure puisque la part des dépenses privées et leur croissance ont diminué en proportion [9]. Les partisans de l'État-providence actuel semblent généralement supposer qu'en l'absence des programmes publics, les malades, les pauvres, les vieillards et les jeunes seraient abandonnés à leur propre sort; ils paraissent croire que l'État-providence exerce un effet massif sur la condition des nécessiteux mais n'affecte guère leur désir et leur capacité de pourvoir eux-mêmes à leurs besoins. Or il existe de nombreuses preuves du contraire : curieusement, ces programmes n'ont guère d'effet bénéfique mais exercent au contraire un effet négatif dramatique sur les motivations et le désir d'autonomie.

Au cours des dernières décennies, le problème du préjudice moral s'est posé de façon encore plus criante. L'État-providence s'est substitué non seulement aux familles, à la charité et aux aides privées mais aussi à l'épargne et à l'assurance privées. Le processus diastolique, qui est au cœur du capitalisme et par lequel le système attire l'épargne qui l'alimente, a été sérieusement défaillant : l'épargne ne représentait plus que 4 % du P.N.B. à la fin de l'année 1979, le niveau le plus faible depuis 30 ans; sur cinq ans, pendant la décennie 1970, les taux d'épargne individuelle sont restés au quart du niveau japonais (24,9 %), à peine au tiers du taux français et à moitié du taux anglais. Selon Martin Feldstein, chef du Bureau national de la recherche économique, la Sécurité sociale en est très largement responsable : en effet le faible taux de l'épargne est le résultat logique des incitations infiniment plus favorables à la retraite qu'au Japon par exemple [10].

D'autres analystes confirment ces conclusions. John Kendrick a procédé pour le Bureau national de la recherche économique à des estimations de la *formation totale du capital* qui montrent un détournement de l'épargne des entreprises privées vers les institutions non lucratives ou publiques. En tenant compte des investissements en capital humain — éducation, formation, recherche fondamentale, soins médicaux, amélioration de la mobilité et autres facteurs « intangibles » — Kendrick montre que les taux réels d'investissements sont restés stables depuis 1929 malgré un net déplacement des formes tangibles vers les formes intangibles [11]. Pour Feldstein, l'insuffisance de l'épargne individuelle se manifeste obligatoirement par des taux de rendement réels élevés de l'épargne qui sont néanmoins contrariés et dissimulés par la politique fiscale.

Le dernier baromètre consiste dans les performances économiques. En dépit des erreurs de toute approche statistique de la croissance de la productivité, son déclin régulier – à moins de 1 % en 1979 – confirme une défaillance au cœur même de l'économie.

Le plus grand des dangers des efforts entrepris pour nationaliser l'assurance serait de détruire l'équilibre entre le risque et la sécurité. L'assurance s'efforce de prédéterminer les résultats et de garantir des niveaux de revenu malgré toutes les adversités : retraite, chômage, dissolution de la famille, maladie... Mais quand trop de gens savent où ils vont, l'économie ne va pas très loin. Les préjudices particuliers des diverses politiques s'accumulent : la collectivité est menacée d'une véritable sclérose, l'économie devient frileuse et rétive devant les risques et les incertitudes de l'avenir.

ONZE

L'avenir radieux de l'État-providence

PENDANT DE NOMBREUSES ANNÉES, les défenseurs de l'aide sociale reconnaissaient son effet nocif sur les familles pauvres et intactes. Le problème était d'étendre les bénéfices aux familles dont le père était sans emploi. Ce qui fut fait dans vingt-six États. A la surprise de nombreux observateurs, cette mesure n'eut aucun effet sur le taux des ruptures familiales. La raison était simple. Comme dans le cadre des plans de revenu garanti expérimentés à Denver et Seattle, les mariages ne se dissolvent pas parce que les règles le veulent mais parce que le niveau des allocations détruit le rôle clé et l'autorité du père. Il ne peut plus se sentir viril dans son propre foyer. Au début, il peut essayer de maintenir son pouvoir grâce à ses muscles et ses rodomontades. Mais exercer sa force contre une femme est un aveu de faiblesse. Il se réfugiera bientôt dans les rues pour affirmer sa virilité [1].

Ces petits faits de la vie ont échappé à la quasi-totalité des sociologues qui ont étudié les statistiques de familles assistées. Ces études font de la pauvreté et du chômage les premiers facteurs de la rupture des familles : en fait, elles ne parviennent pas, dans une très large mesure, à comprendre que la pauvreté, le chômage et même les conditions psychologiques de « l'incapacité d'exercer un emploi » sont avant tout des symptômes de la détérioration familiale. Dans toute analyse de régressions multiples, l'importance des facteurs économiques sera exagérée car ils englobent et reflètent tous les autres facteurs moins mesurables : l'assurance masculine et l'autorité qui déterminent la virilité sexuelle, le respect de sa femme et de ses enfants, le désir d'affronter l'ennui et la frustration du travail quotidien. Rien n'est si corrupteur de ces valeurs viriles que la conviction impérieuse et croissante de sa femme et de ses enfants qu'ils se débrouillent aussi bien sans lui. L'homme éprouve progressivement le sentiment de perdre pied : son rôle de gagne-pain, l'activité masculine telle qu'elle était définie, des premiers chasseurs jusqu'à la vie moderne en passant par la révolution industrielle, lui ont été largement dérobés; l'État de bienfaisance l'a cocufié.

Sa réponse à la réalité témoigne de cette même combinaison de résignation et de rage, d'évasion et de violence, de projets à court terme et de sexualité instable qui caractérise toujours la vie des pauvres. Mais dans l'exemple qui nous concerne, cette situation est souvent moins le reflet nécessaire des conditions économiques qu'un fruit arbitraire de la politique sociale qui prive les familles pauvres de pères solides, les enracine dans la pauvreté et gâche les perspectives économiques des enfants.

Dans le système d'État-providence, l'argent n'est pas le fruit du travail de l'homme mais un droit que l'État accorde à la femme. Protestation et revendication remplacent diligence et discipline comme sources de revenus. Les garçons sont enclins à se faire entretenir par des femmes; ils trouvent leur virilité dans le cadre macho de la rue et des bars ou en engendrant de façon irresponsable une progéniture de hasard.

Des responsables énergiques de l'aide sociale s'efforcent de rechercher les pères et de les obliger à subvenir aux besoins de leurs enfants. Mais peu de pères disposent des ressources nécessaires pour faire face à une assignation. Ceux qui ont des revenus suffisants donnent souvent volontiers de l'argent aux mères de leurs enfants. Mais ces ressources sont rarement déclarées. Dans de telles situations, l'effet des poursuites judiciaires relatives à l'entretien des enfants est généralement de réduire les sommes reçues par l'enfant en diminuant les allocations sociales. Les versements du père ne répondent plus à un choix moral délibéré, mais à une obligation légale qui le remplit d'amertume. Le père essaie alors d'échapper à cette situation aussitôt que possible. Toute tentative de contraindre les gens à travailler et entretenir leurs enfants qui va manifestement à l'encontre de leurs intérêts financiers et de ceux de leurs enfants se soldera toujours par un échec.

Dans le cas des « enfants de l'amour », nés de pères à peine sortis de l'adolescence ou d'autres migrateurs, les procès sont également futiles. Ces enfants sont en fait la véritable progéniture de l'aide sociale pour les familles qui ont des enfants à charge. Dans une société libre, on ne peut longtemps obliger un homme à travailler pour verser des ressources à des enfants qu'il voit rarement et qui sont élevés par une femme qui vit avec un autre. Le travail n'est pas qu'une simple question de routine mais de motivation, le fameux facteur *x*. Les pères condamnés à verser des pensions à leurs enfants procèdent à quelques versements sans suite avant de quitter leur travail ou la ville. Certains entrent dans le monde du travail à temps partiel, d'autres choisissent la voie plus périlleuse mais combien plus virile du crime. D'autres encore tâcheront d'obtenir un nouvel emploi en espérant que les ordinateurs ne les en délogeront pas une nouvelle fois. Mais l'effet général est encore d'ajouter aux risques de l'emploi et du mariage.

Les obligations de travail sont particulièrement futiles parce qu'elles s'adressent essentiellement à des femmes qui ont des enfants en bas âge, c'est-à-dire aux clients officiels de l'aide sociale, et non à ses bénéficiaires clandestins – les hommes qui vivent du système sans le rejoindre, qui vivent aux crochets des mères assistées sans les épouser. Ces hommes ne sont pas nécessairement les pères des enfants au milieu desquels ils vivent. Ils vivent tout simplement avec une mère assistée avant d'en rejoindre une autre. Ces hommes sont les principaux bénéficiaires – et les victimes – du système. Grâce à lui, ils ne sont pas forcés de se marier ni de le rester ou de se plier aux disciplines de la mobilité sociale.

Ces hommes se comptent en centaines de milliers. Leur légion est une contrepartie inévitable de la masse des mères assistées qui préoccupent toutes les assistantes sociales et les réformateurs. Pourtant, en général, les mères ne tirent pas leur famille de la pauvreté, ni d'ailleurs les assistantes sociales. Pousser les femmes à travailler ne représente guère d'avantages sociaux et ne contribue en rien à combattre la pauvreté. Seuls les hommes peuvent y parvenir en travaillant ; dans la mesure où ils améliorent la condition de la mère, tous les programmes contre la pauvreté contribuent à détériorer la situation des pères ; ils découragent son souci salutaire d'élargir ses perspectives de carrière.

Les passagers clandestins de l'aide sociale forment un groupe distinct des « hommes valides » qui figurent sur les listes officielles – les vieux pochards, les loubards, les anciens condamnés épuisés, tous les estropiés de la terre – reçoivent des allocations au titre de l'assistance générale et sont les victimes sans merci de toutes les tentatives de réforme. Les pères valides sont presque universellement dédaigneux de l'assistance sociale et jamais ils n'oseraient solliciter une aide dans les bureaux d'assistance. Dans toutes les prisons du pays, ces hommes refusent tous les programmes de réinsertion qui cherchent à les aider à se redresser après leur libération. Les programmes d'emplois fondés sur les principes de l'assistance sociale, tels qu'ils sont envisagés dans de multiples propositions de réforme, laisseront de côté tous ces jeunes dont en définitive l'avenir des communautés pauvres dépend.

Même les efforts contre la fraude, si nécessaires soient-ils, risquent d'avoir des effets pervers dans le cadre du monde des assistés. Le moyen classique de combattre la fraude est de comparer les listes d'assistés – comprenant également les maris et les pères – avec les listes d'employés, des comptes d'épargne, de maisons et d'autres actifs afin de dépister les répétitions. Cette approche permet de découvrir divers types de fraude. L'une d'elles, manifeste, est tout à fait répréhensible : les femmes employées à temps plein, qui bénéficient d'une aide pour la crèche et d'une allocation, sinon de plusieurs, en falsifiant l'âge et le nombre de leurs enfants à charge. Ces cas, quoique assez rares, font toujours l'objet d'une grande publicité et la gloire des enquêteurs de l'aide sociale. Mais les fraudes les plus communes sont beaucoup plus ambiguës. Ce sont par exemple des femmes qui émargent à l'aide sociale alors que leur mari travaille. Souvent ces hommes ne vivent plus avec leur femme ou n'ont plus grand-chose à faire avec elle; généralement ces femmes vivent avec d'autres hommes. Ce cas de fraude diffère de tous les cas normaux dans lesquels les pères absents ont été remplacés dans leur foyer par de nouveaux hommes : la femme a fait l'erreur de se marier autrefois, l'homme, d'occuper un emploi officiellement déclaré, d'acheter une maison ou d'épargner.

Autrement dit, les cas de fraude sont souvent le fait des bénéficiaires de l'aide sociale les plus honnêtes et les plus ambitieux, de celles qui ne dissimulent pas où se trouvent leurs maris ou les pères de leurs enfants, de ceux qui font un effort pour se marier, épargner et prendre un emploi régulier ou qui en général essaient de s'émanciper de l'assistance sociale et s'exposent ainsi aux rigueurs de l'aide sociale. La lutte contre la fraude néglige nécessairement les mères assistées qui élèvent des enfants de paternité douteuse et qui ne cessent de changer de partenaires exerçant des activités illégales ou encore celles qui s'adonnent à la prostitution, en partageant leur appartement avec d'autres mères assistées tout en confiant leurs enfants à la grand-mère de quarante-cinq ans de l'étage supérieur et qui reçoivent des allocations pour « invalidité » par suite de douleurs lombaires.

En fait, selon l'ordinateur de l'assistance sociale, le client idéal est une femme qui élève plusieurs enfants de paternité douteuse, qui s'endette largement et dépense tout son argent aussitôt reçu. Au cours des dernières années, quelque cent mille jeunes mères n'ont pas éprouvé de difficultés insurmontables à satisfaire ces conditions. Les efforts pour réduire radicalement les listes d'assistés en éliminant les bénéficiaires de moralité contestable — les « tire-au-flanc », les « tricheurs » et autres vauriens à qui le crime profite — n'atteignent qu'une petite minorité de véritables délinquants. En revanche, ils tranchent sur un grand nombre de cas marginaux que des milliers de Salomon auraient du mal à démêler.

Personne ne conteste la nécessité de mieux surveiller la distribution des allocations. La loi doit être renforcée. Mais dans tous les systèmes reposant sur le critère d'un faible revenu, les injustices et les anomalies demeurent absolument inévitables. Il n'y a rien de tel qu'une bonne méthode de garantie artificielle du revenu. L'objectif majeur devrait être de réduire le système au minimum en le rendant rebutant sinon un peu avilissant. Les anomalies et les perversités deviennent critiques quand les avantages perçus au titre de l'assistance sociale commencent à affecter les choix fondamentaux de millions d'individus.

Dans toutes les polices d'assurance, le niveau des avantages détermine les préjudices moraux. L'assurance contre l'incendie, par exemple, devient une incitation à l'incendie volontaire d'autant plus séduisante que l'on s'approche du point où le règlement de l'assurance excède la valeur de la maison. Notre système d'assistance crée des préjudices moraux parce que les avantages sont montés à un niveau supérieur aux rendements tangibles d'un foyer uni et d'un travail normal.

Dans ces circonstances, la majorité des cas sont frauduleux en ce sens que la plupart des pères pourraient sans doute épouser la mère de leurs enfants et subvenir à leurs besoins s'ils le désiraient. Dans une optique différente, il y a très peu de cas frauduleux : dans le contexte et la psychologie créés par le système, ni les mères ni leurs compagnons ne pourraient élever leurs enfants aux niveaux « décents » et « suffisants » spécifiés dans le « budget de faible revenu » de l'administration américaine.

Les plus fautifs ne sont pas les assistés mais les créateurs de ce monde clos de l'assistance sociale qui dissimulent aux pauvres, adultes et enfants, les réalités les plus fondamentales de leur vie : pour vivre bien et échapper à la pauvreté, il faut tout faire pour conserver une famille unie et travailler davantage encore que les moins défavorisés. L'aiguillon de la pauvreté est la chose la plus nécessaire à la réussite des pauvres.

Au début des années 70, un consensus national s'était formé autour d'un programme de « réforme de l'assistance sociale » qui devait non seulement masquer ces réalités aux familles assistées mais à toutes les familles américaines. Un impôt négatif sur le revenu devait être établi pour distribuer des prébendes à un tiers des Américains aussi simplement que l'Internal Revenue Service nous impose. La redistribution devait abolir la pauvreté. Appuyée à de multiples occasions par des personnes aussi diverses que Richard Nixon, Milton Friedman, George McGovern, Paul Samuelson et le très éloquent David Patrick Moynihan, le temps de sa consécration était venu. Le consensus était à peine réuni qu'il s'effondrait.

Avec beaucoup de courage et de simplicité, le sénateur Moynihan annonçait : « J'ai eu tort. » Livres et articles se sont multipliés pour expliquer que notre système actuel, en dépit de tous ses défauts, était ce qu'il était, « un système d'assistance sociale, bon ou mauvais » ; un expert le décrivit comme « un relief géologique avec ses rochers, ses ruisseaux et ces montagnes pourpres, comme l'Amérique elle-même ». « Un merveilleux système complexe de programmes, de taux de versements, et de règles d'éligibilité », écrivait Martin Anderson, le conseiller de Ronald Reagan, « un système complexe d'assurance sociale pour résoudre le problème très complexe de la pauvreté aux États-Unis [2] ». Anderson estimait même que l'on pourrait augmenter les allocations si les obligations de travail et d'éducation des enfants étaient sévèrement renforcées.

Richard Nathan, ancien conseiller de Nelson Rockefeller en la matière et longtemps haut responsable républicain du département de la Santé, de l'Éducation et de l'Aide sociale et à la Maison Blanche convenait : aucun besoin de grands changements, des réformes marginales suffiront. Trois professeurs de l'université de Californie à Berkeley ont défendu cette optique dans un article intelligent de *The Public Interest* : « Le système uniforme et efficace d'assistance sociale de nos manuels d'économie n'est qu'un mirage. Même une réforme profonde laissera de nombreux problèmes actuels en instance et ne remédiera guère aux malheurs publics[3]. » Ils plaidaient donc pour une augmentation des dépenses sociales. Le sénateur Russel Long lut le livre d'Anderson et le distribua à tous les membres de la Commission des finances du Sénat qui auraient à approuver par la suite tous les projets de réformes ; et le sénateur Moynihan déclara finalement qu'il fallait enterrer l'idée d'un revenu garanti qu'il avait auparavant acclamée comme « la plus importante proposition depuis la Sécurité sociale ».

Pendant ce temps, à l'Institut de recherche sur la pauvreté du Wisconsin, Irving Garfinkel, Robert Haveman et David Betson du département de la Santé, de l'Éducation et de l'Aide sociale, appliquaient le concept de capacité de revenus à dix propositions différentes de transferts de revenus, y compris au Plan d'aide à la famille, aux compléments de salaires et aux allocations familiales proposées par Nixon, et divers systèmes d'impôt négatif sur le revenu. Grâce à leur ordinateur, les chercheurs du Wisconsin ont découvert, à leur plus grande stupéfaction, que l'aide familiale pour les enfants à charge était de loin le meilleur moyen d'atteindre les pauvres réellement nécessiteux, c'est-à-dire ceux qui manquent d'argent mais aussi des moyens de le gagner[4]. L'aide familiale avait, semble-t-il, l'avantage d'exclure la majorité des étudiants, des épargnants, des romanciers peu productifs, des ébénistes désireux de travailler à temps partiel, et d'autres individus qui pourraient vivre de façon autonome mais qui sont aujourd'hui largement bénéficiaires des programmes fondés exclusivement sur le critère du revenu. Après toutes ces années de recherche ingénieuse et de législation, tous ces discours et ces récriminations, nous ne sommes guère avancés avec notre système d'assistance sociale modifié et notre résolution d'en améliorer les dispositions.

Il est arrivé en fait une chose simple et tout à fait remarquable : deux types d'expérience ont été mis en œuvre au cœur même du système. La première fut le programme de réforme appliqué à l'ensemble de l'État par le gouverneur de Californie, Reagan. Consistant en un effort résolu pour contraindre au travail et à l'éducation des enfants tout en améliorant les ressources des « véritablement nécessiteux », les mesures de Reagan furent saluées universellement comme un succès, de Nelson Rockefeller à Jerry Brown. En une période de deux ans, les coûts furent maîtrisés et les listes officielles réduites de quatre cent mille en deçà des niveaux précédents et de huit cent mille en deçà des niveaux prévus[5]. L'autre expérience – le test par le département de l'impact des revenus garantis sur l'effort au travail et la stabilité du mariage – s'est déroulée dans plusieurs villes ; à Denver et à Seattle, cette expérience fut doublée de programmes généraux.

Dans le cadre de cette seconde expérience, selon les prévisions de ses adversaires, les garanties de revenus se sont révélées catastrophiques : elles réduisent l'effort au travail d'un tiers ou de moitié, et accroissent de 60 % l'instabilité familiale par rapport à un groupe bénéficiant de l'aide familiale. Le retrait du marché du travail représente entre 25 et 55 % du coût réel d'un programme de maintien des revenus à un niveau voisin du seuil de pauvreté et les améliorations de la situation des pauvres sont réduites à néant par l'effet des ruptures familiales. Un revenu garanti serait donc beaucoup plus néfaste que le système actuel d'aide sociale.

Grâce aux stupéfiantes capacités des méthodes sociologiques à éviter les faits les plus évidents en matière de travail et de famille, ces révélations ont fait l'effet d'une grande surprise à ceux-là mêmes qui les avaient annoncées[6]. Les conclusions de l'expérience précédente du New Jersey dissimulaient ces effets. De même, les analyses interminables de l'aide familiale, conduites par des chercheurs apparemment scrupuleux, ne montraient aucun lien causal significatif entre l'aide sociale et la rupture des familles; elles soulignaient qu'une garantie de revenu aurait, pour les familles, des effets bénéfiques. Les sociologues étaient unanimes à rendre le chômage et la pauvreté responsables des crises familiales et des mentalités d'assistés; la faiblesse des revenus ne pouvait avoir d'autres causes que le racisme et le sexisme[7].

Les expériences de Denver et de Seattle ont ruiné la confiance dans l'impact d'un revenu garanti par l'État fédéral, sous forme d'aide familiale ou autre. Puisque personne ne proposait de réformes structurelles qui n'aillent pas dans le sens d'une garantie de revenu, la révolution californienne de Reagan est apparue comme la promesse d'un meilleur système.

En Californie, Reagan a accompli une œuvre impressionnante. Avant qu'il procède à ces réformes en 1971, la liste des assistés avait quadruplé en moins d'une décennie et concernait plus de cinq cent mille familles (2,1 millions de bénéficiaires); elle continuait à s'allonger de huit mille cas par mois[8]. D'autres États ont enregistré des poussées comparables (Massachusetts, Michigan) du fait de leur indulgence coupable et ont demandé, sans énergie, l'aide de Washington (qui étudiait alors le plan d'aide à la famille). Trop souvent, les demandes de sauvetage s'accompagnaient d'attitudes absurdes. New York essaya de réimposer l'exigence d'une durée de séjour de six mois alors qu'elle avait déjà été déclarée anticonstitutionnelle. Par ailleurs, ces règles de résidence ont pour effets pervers d'immobiliser les pauvres au moment même où ils ont le plus besoin de se déplacer pour chercher des emplois.

Reagan a préféré mettre au point un ensemble de dispositions juridiques et de mesures administratives destinées à s'attaquer pour de bon à l'obligation de travail, à éliminer des listes tous les tire-au-flanc et autres gredins qui ont des avoirs ou des revenus suffisants, et à rechercher les pères délinquants pour les contraindre à subvenir aux besoins de leurs enfants. Ces mesures ont interrompu l'accroissement du nombre des assistés et ralenti le taux de croissance des dépenses sociales qui est passé de 25 à 5 % par an.

Cependant, malgré tous ces effets heureux à court terme, le programme de Reagan témoignait d'une grave incompréhension du problème de l'assistance sociale. Après avoir fermé la porte des écuries, appliqué un système élaboré de verrous et d'alarmes, et engagé de nouveaux détachements de police pour s'assurer que les organismes et les bureaucrates appliquaient correctement les nouvelles normes, les réformateurs de Reagan ont, pour ainsi dire, mis le feu à la nouvelle structure en acceptant d'indexer les allocations sur le taux d'inflation. De plus, ils ont augmenté de 43 % l'aide aux familles reconnues véritablement nécessiteuses. Pour Reagan, les résultats furent magnifiques : ils lui ont permis d'accroître son audience politique en amputant les listes d'assistés durant les dernières années de son administration. A plus long terme, les effets sont moins roses.

Le gouverneur Brown affirma plus tard que le programme « fonctionnait bien ». Mais, en 1978, la Californie, État ensoleillé où le coût de la vie est relativement faible et l'économie prospère, venait juste après le Massachusetts pour le pourcentage de son budget consacré aux aides sociales, le niveau des versements par famille, le montant des dépenses d'aide sociale et le nombre de bénéficiaires par rapport à sa population. La Californie comptait 25 % d'assistés de plus que New York économiquement stagnant, et son fardeau s'est accru de 40 % plus vite du fait de la nouvelle bureaucratie mise en place par Reagan pour appliquer ses nouvelles règles. Bien entendu, les listes d'assistés du Massachusetts qui s'allongeaient au même rythme qu'en Californie au moment des décisions de Reagan, s'alourdissaient cinq fois plus vite à la fin de la décennie. La pire approche en matière d'aide sociale est encore de ne rien faire pour en restreindre la croissance. Mais la Californie risque d'avoir choisi un pis-aller[9].

Ainsi, derrière ce nouveau consensus autour de ces réformes « conservatrices », on voit pointer la même illusion qui inspirait autrefois les avocats d'un revenu garanti : le mirage d'un « bon » système d'aide sociale, l'idée que l'on peut créer un programme « rationnel » et « compatissant » qui hausse les vrais nécessiteux au-dessus du seuil de pauvreté, tout en excluant rigoureusement les individus méprisables, en forçant les pères à subvenir aux besoins de leurs enfants et en exigeant de tous les allocataires valides qu'ils travaillent.

Dès lors que ses avantages excèdent les salaires et les taux de productivité prévalant dans les communautés pauvres, tout système d'aide sociale accentuera et perpétuera la pauvreté. Un changement des règles peut conduire à des réductions immédiates; Reagan l'a prouvé. Mais les familles finiront toujours par réajuster leur comportement de façon à bénéficier de la solution économique la plus avantageuse. Tant que l'aide sociale (argent, loisirs et services) reste défavorable au revenu éventuel d'un gagne-pain mâle, le système tendra à dissuader du travail et à détruire les familles. La rigueur accrue des règlements n'a pas d'autre signification : les familles n'auront de cesse de s'ajuster et de frauder davantage pour remplir les conditions posées par Washington.

Certes, les familles assistées ne calculent pas soigneusement les avantages ni ne choisissent délibérément de se dissoudre ; les adolescentes ne renoncent pas à la contraception pour bénéficier de l'aide sociale. Il serait absurde que les femmes fuient consciencieusement la tendresse du mariage pour continuer à émarger à l'assistance sociale. Tout cela est possible, mais de façon plus ordinaire, l'aide sociale a une influence majeure sur la vie des ghettos : elle exerce une pression constante, séduisante et corruptrice sur les habitudes de mariage et de travail des pauvres ; au fil des années, elle inculque une véritable « mentalité d'assistés ». La nécessité est mère de l'invention et de la mobilité sociale ; l'assistance sociale dissimule et dénature les nécessités qui ont poussé les pauvres des générations antérieures à échapper à la pauvreté. Invariablement, les routes sont toujours le travail, la famille et la foi.

Par-dessus tout, c'est en rendant facultatif le rôle de gagne-pain de l'homme que l'assistance sociale affaiblit et aliène le premier ressort de la mobilité sociale. A la différence du rôle maternel largement façonné par la biologie, le rôle de gagne-pain du père doit être défini et affirmé par la culture. La mentalité d'assisté prétend que la présence de l'homme n'est pas nécessaire à la famille : il le ressent profondément ; sa femme sait qu'elle peut s'en passer et ses enfants le soupçonnent. L'aide sociale et les divers services sociaux renforcent le rôle des mères au détriment de celui des pères. Il n'est guère étonnant alors que les hommes n'hésitent pas à abandonner leurs enfants avant ou après le mariage. Les crises, qui pourraient être résolues dans une famille normale, aboutissent à une rupture dans les familles des ghettos. Tôt ou tard, l'aide sociale dissout le rôle de la paternité, les disciplines du travail et les règles du mariage.

Sur la plus grande partie du territoire américain, les salaires des emplois ordinaires restent largement en deçà des avantages de l'aide familiale, de l'aide médicale, des pensions alimentaires, du logement public, de l'aide juridique, du loisir et de tous les autres biens ou services distribués par l'État-providence. Aussi longtemps que cette situation persistera, la pauvreté réelle des familles tendra à s'aggraver, particulièrement dans les zones de concentration des pauvres.

La bataille entre les deux types de « réforme », libérale ou conservatrice, est largement truquée. Personne ne tolère la fraude ; tous plaident pour l'obligation de travail, mais personne ne comprend la nécessité d'atténuer progressivement la valeur réelle des aides sociales — en laissant l'inflation diminuer la valeur de l'argent et en y substituant les aides en nature plutôt désagréables. Des deux côtés, on est prêt à indexer les allocations sur le niveau des prix de façon à les rendre plus sûres et séduisantes et encore plus préférables au revenu du travail de l'homme qui reste soumis au fisc et subit les méfaits de l'inflation quand il n'est pas gaspillé en alcool ou en drogues. Le risque du chômage disparaît également et la femme n'a plus besoin de travailler : l'allocation est préférable à la perte de loisir et au travail pénible. Enfin, en choisisssant de se porter sur le marché du travail, les malades risquent de perdre les bénéfices de l'aide médicale, les affamés leurs pensions alimentaires, les heureux leurs subventions de logement et les malheureux l'assistance gratuite d'avocats qui sont souvent nécessaires dans un monde d'assistés. En matière d'assistance sociale, le bon sens n'a pas permis encore de reconnaître et de regarder en face les conséquences des longues séries de programmes généreux et alléchants.

Les expériences de Denver et de Seattle donnent un témoignage frappant des dangers de l'aide familiale. Or on se contente bien souvent de les discuter sur un plan académique et d'y voir les conséquences des programmes aujourd'hui abandonnés de revenus garantis. En fait, l'aide familiale offre déjà une garantie de revenu à tout couple élevant un enfant et qui désire divorcer, ou à toute adolescente de plus de seize ans qui veut conserver un enfant illégitime. En 1979, quelque vingt millions de familles auraient substantiellement amélioré leur situation économique en renonçant au travail ou en se séparant. Pourtant, elles ne l'ont pas fait. Les trois cinquièmes des couples ayant droit aux pensions alimentaires résistent à toutes les séductions des campagnes de publicité. Et pourtant, il leur suffirait de les demander [10]. Des millions de couples continuent à délaisser l'assistance sociale bien qu'ils puissent en bénéficier. Ces séductions insidieuses propagées par les fonctionnaires grassement payés de l'assistance sociale ont pour principales victimes les pauvres des ghettos où la misère est le plus visible, le plus concentrée et le plus identifiable.

Les expériences du département de la Santé, de l'Éducation et de l'Aide sociale ont montré que nombre de familles encore mal informées sont vulnérables à un meilleur effort de prospection. Elles n'hésiteront pas à rompre si elles sont clairement informées des avantages et ne sont pas menacées de poursuites judiciaires. Autrement dit, des millions d'emplois et de mariages seraient compromis par l'extension d'une mentalité d'assisté qui ne voit rien de répréhensible à bénéficier de l'aide sociale plutôt que de travailler pour un revenu qui atteint à peine le niveau des allocations, et des revenus illégaux qui échappent aux enquêteurs officiels.

Si graves que soient les problèmes de l'assistance sociale, ils paraissent mineurs au regard des risques de crise. Aujourd'hui, même parmi les clients de l'aide familiale, à peine un cinquième s'est abandonné au syndrome de la mentalité d'assisté. Seuls 20 % acceptent l'aumône publique comme un mode de vie plus ou moins permanent. Mais ces 20 % reçoivent 60 % des allocations [11]. Les autres bénéficiaires ne plongent dans le système que pendant les quelques années d'une crise familiale; ils le quittent au plus tôt, sans y retourner. L'indexation des allocations sur le taux d'inflation risque de répandre cette mentalité d'assisté comme le laissent supposer les exemples de Denver et de Seattle. Des informations plus récentes montrent que l'on assiste à un phénomène de ce genre en Californie où 30 % des allocataires s'installent durablement dans leur situation [12].

La menace la plus profonde vient cependant de la situation démographique actuelle. Il y a trois tendances principales qui concernent l'État-providence : la première, c'est le déclin pendant quinze ans du taux de natalité ; la seconde, c'est le vieillissement de la génération du *baby boom* ; enfin, la troisième tient à la répugnance croissante des Américains pauvres à accepter de faibles revenus. Ces tendances signifient qu'à dater du milieu des années 80, on assistera à un déclin à long terme de la population active employée qui finance les charges consécutives au nombre croissant des retraités[13]. Cette évolution porte en germe une grave crise de notre Sécurité sociale. Il est douteux que l'effort au travail persiste si les cotisations sociales doivent doubler ou tripler. Que leur hausse soit largement déguisée sous forme de T.V.A. et d'autres impôts cachés n'y changerait rien.

La solution de ce problème est à notre portée : elle surgit aujourd'hui derrière les rives du Rio Grande. Le flux actuel d'immigration, légale ou illégale, permettra de renflouer l'économie et de combler le déficit des naissances et donc des futurs ouvriers qui auraient dû financer la retraite des personnes âgées. Nul besoin d'être universitaire, ni même de déchiffrer les taux de natalité et de croissance économique de l'Amérique latine, pour prévoir que la minorité hispanique actuelle qui compte aujourd'hui douze millions d'âmes et représente près de la moitié de la population noire, doublera d'ici une décennie ou deux. Il est de la plus haute importance pour la politique intérieure américaine de savoir si cette minorité suivra les traces des Noirs et se laissera contaminer par cette mentalité d'assisté.

A la fin de la décennie 70, se sont multipliés les présages de malheurs. Les familles espagnoles, autrefois plus stables que les familles noires, sont victimes d'une épidémie de ruptures ; si le pourcentage des familles unies reste légèrement supérieur à celui des Noirs, les ruptures sont deux fois plus fréquentes. Les étrangers naturalisés se dirigent de façon inquiétante vers l'assistance sociale. Les Hispano-Américains commencent à redresser la tête et à réclamer aides et allocations, ils revendiquent un statut de minorité et rechignent désormais à trimer ou à accepter de faibles salaires[14].

La réponse du gouvernement américain fut encore plus inquiétante. Loin de tirer des leçons de l'expérience américaine avec les Indiens et les Noirs — les minorités précédentes réduites à un amer état de dépendance — les bureaucrates de Washington se sont empressés d'appliquer aux nouveaux immigrants les vieilles formules de « discrimination » et de « pauvreté ». Bien pire, le gouvernement fédéral, se défiant de toute la glorieuse histoire de l'immigration, a adopté un programme injustifiable de bilinguisme : en pratique, l'enseignement se fait en espagnol. En même temps, le département de la Santé, de l'Éducation et de l'Aide sociale exige que tous les dossiers et les formulaires soient traduits en espagnol. Ces mesures entravent l'accès de ces groupes à la culture américaine ; elles développent une véritable ségrégation en autorisant des classes réservées exclusivement aux Hispano-Américains et souvent dirigées par des professeurs antiaméricains. Enfin, elles livrent ce groupe d'immigrés à deux influences : celle des politiciens qui parlent l'espagnol et ont intérêt à la ségrégation et celle des traductions espagnoles des programmes sociaux bureaucratiques[15].

Cette politique est doublement néfaste : elle précipite les femmes dans les bras de l'État-providence et incite les leaders hispaniques à une politique de sédition et de violence. Ils bénéficient ainsi d'une audience captive dans une population isolée et stipendiée, formée à la haine d'un pays qui a séduit leurs femmes et laissé les hommes sans le moindre rôle.

Tel est le danger que fera courir à l'avenir cette mentalité d'assisté. Mais il est facile de l'éviter. Les étapes nécessaires sont évidentes. On doit laisser diminuer régulièrement les allocations sous l'effet de l'inflation. L'aide médicale qui est, à elle seule, une raison plus que suffisante de rester pauvre, doit être amendée de façon à exiger une contribution modeste du patient dans tous les cas, hormis les situations désespérées. Les loyers doivent être versés directement aux propriétaires qu'il est plus facile de superviser que des centaines de milliers de bénéficiaires de l'aide publique qui n'acquittent leur loyer que très épisodiquement.

Dans le système actuel, les bénéficiaires de l'aide publique considèrent leur logement comme un produit à jeter après usage, un emballage résidentiel de leur vie de dépendance. Migrant de logement en logement jusqu'à ce que les propriétaires réussissent à les expulser, ils laissent leur habitation dans une pagaille indescriptible. Ces adeptes de l'assistance sociale tendent à consommer davantage de logements (en termes de valeur financière et de dépréciation) que ne le fait la classe moyenne. Ce comportement est aussi démoralisant pour les locataires que les propriétaires ou les fonctionnaires qui lui trouvent des excuses. Ce processus laisse de nombreux quartiers dans un état de délabrement matériel et social indescriptible. Il est légèrement atténué par les indemnisations versées aux propriétaires — procédure largement utilisée avant que la Cour fédérale s'y oppose — ou par la distribution de titres de loyers assez difficiles à convertir en argent comptant.

La solution au problème de l'assistance sociale est aisé si l'on en comprend l'essentiel. La préoccupation des statistiques de répartition du revenu a suscité une conception tragique de la pauvreté : la situation ordinaire d'une classe inerte de citoyens. La politique sociale doit affecter la situation de ces personnes, mais on refuse de penser qu'elles puissent elles aussi agir sur ce système pour l'exploiter dans leur propre intérêt. Toutefois, pour la majorité, la pauvreté reste une phase transitoire résultant de quelque crise. Le but de l'assistance sociale devrait être d'aider les gens à se sortir de ces problèmes affreux mais transitoires et non de traiter les problèmes transitoires comme s'ils étaient des problèmes permanents. Ce faisant, ils les enracineraient encore davantage. Cet objectif exige un système aux antipodes du nôtre.

Comme à Harvard, selon une épigramme populaire, il est difficile d'entrer dans notre système actuel mais relativement commode d'y rester. Il n'aide guère les gens qui affrontent des situations critiques. Les demandeurs doivent normalement attendre des semaines, remplir des pages et des pages de formulaires et se soumettre à des examens et des évaluations prolongés avant d'être enfin admis à pénétrer dans la terre promise. Comme il se doit, plus les allocations sont généreuses, plus il est difficile de les obtenir. Notre système privilégie les pauvres « qualifiés » au détriment des pauvres « non prémédités » : la femme récemment arrivée de loin, l'homme qui a perdu son travail ou sa femme ou qui, souffrant d'une grave maladie, ne s'est pas résolu à vendre son domicile. Examinons, dans cette optique, le système d'assurance sociale de l'État de New York : la valeur de ses allocations le place au troisième rang de l'État fédéral. Selon le critère de l'accessibilité, il n'est qu'au quinzième. La situation en Californie est à peine plus enviable. Dans ces deux États, l'aide sociale est particulièrement alléchante et encourage les querelles ou les ruptures familiales. Un programme sensé faciliterait l'accès des personnes placées dans une situation critique tout en permettant d'éconduire ceux qui seraient tentés de prolonger leur séjour.

Dans l'idéal, ce système devrait s'accompagner d'allocations familiales forfaitaires quel que soit le niveau de revenu. Ces allocations, qui seraient imposables, permettraient d'alléger les charges des familles nombreuses. Aussi les femmes ne seraient-elles plus incitées à divorcer ou à devenir chefs de famille d'autant plus volontiers que l'aide sociale est la seule source de revenu qui augmente avec la dimension de la famille. Si l'itinéraire de Moynihan est de quelque utilité, c'est qu'il montre que les universitaires engagés dans la politique devraient toujours plaider pour le programme qui a leur faveur, au lieu de trouver des compromis réputés plus acceptables pour l'opinion publique. Les allocations familiales ont toujours été l'objet des préférences de Moynihan ; il n'en a pas moins plaidé pour un système de revenu garanti qui lui paraissait plus profitable politiquement à l'administration de Nixon. Le résultat en fut une décennie perdue d'initiatives peu populaires et médiocres.

Les allocations familiales existent dans la majorité des pays industriels, mais c'est en France que le système a été le plus largement développé. Elles furent instituées pour encourager les familles nombreuses. Si elles ont échoué au regard de cet objectif initial, elles ont réussi à renforcer la cohésion des familles. La France est ainsi préservée du fléau de la dépendance qui afflige les États-Unis[16]. Les allocations familiales ont réussi parce qu'elles ne sont pas des moyens sélectifs. Elles ne créent pas d'incitation à rester pauvre et évitent les préjudices moraux de la guerre contre la pauvreté sans favoriser les familles enclines à se laisser aller. Il n'y a pas de panacée. La suppression de la pauvreté dépend inexorablement du travail. Dans un monde où le travail des enfants est limité, le versement d'allocations à ces familles qui nourrissent et élèvent la prochaine génération est une politique sociale salubre et équilibrée.

Une telle politique n'est guère gratifiante : leurs avocats reçoivent peu de félicitations des organisations pour la défense des droits des assistés et sont jugés avec assez peu de bienveillance par les politiciens heureux de pouvoir distribuer des allocations excessives à certains au détriment des autres. Cependant, une combinaison raisonnable d'aides d'urgence, d'austères allocations en nature et d'allocations familiales – bien entendu largement inférieures aux revenus du travail – serait une promesse d'atténuation de la pauvreté. Elle éviterait de créer une mentalité d'assisté qui perpétue la misère. Un système d'assistance sociale ne saurait espérer mieux faire.

Le système actuel de l'assistance sociale corrode le travail et la famille et entretient donc la pauvreté. Ce système est solidaire d'une idéologie de la désespérance, commune à l'ensemble des bureaucraties fédérale et étatique. Cette idéologie se répand sous la forme de fausses théories de la discrimination et de thèses sans fondement qui font du racisme et du sexisme les forces dominantes qui régissent la vie des pauvres. Les bureaucraties se consacrent à « l'égalité des chances » et à « l'action positive ». Elles rivalisent d'ardeur avec l'aide sociale pour accroître leurs effets pernicieux sur les pauvres et plus spécialement sur les Noirs.

Douze

Les mythes de la discrimination

On reste perplexe devant les accusations de discrimination qui se multiplient bien au-delà des victimes les plus manifestes et les plus graves de l'histoire américaine, les Noirs. Le problème vient de ce que quiconque recherche la discrimination la trouve toujours. Le complexe de persécution est une maladie psychologique classique dont les victimes de toutes races, croyances ou conditions ont peu de mal à déceler les preuves. A leur propre satisfaction, ils trouvent toujours la confirmation de leurs visions d'un monde hostile.

Cependant, au cours des trente dernières années, les États-Unis n'ont cessé de combattre avec succès les vieux préjugés : de fait, il est aujourd'hui impossible de trouver la moindre trace de raciste dans les hauts postes de responsabilité. Les écarts de revenus entre les Noirs et les Blancs occupant des emplois comparables ont pratiquement disparu. Les problèmes demeurent, mais il serait vraiment difficile de prétendre que la société américaine reste oppressive et discriminatoire.

Mais les libéraux ont déployé des trésors d'imagination. Même les citoyens les moins opprimés – les juifs des classes supérieures, les athlètes millionnaires, les femmes de l'aristocratie, les riches catholiques, les étudiants Wasps et les fonctionnaires du corps diplomatique – ont imaginé des conspirations perpétuelles dirigées contre eux-mêmes, leurs familles ou leurs proches.

En désespoir de cause, les aspirants victimes s'abandonnent à des complexes de persécution vicaire. Durant les dernières décennies, les Noirs et les femmes furent les élus privilégiés de cette souffrance altruiste. Même les Hispano-Américains n'ont cessé de récriminer contre leur exploitation ; les politiciens ont regardé avec intérêt le nombre sans cesse croissant de ces masochistes évidents qui encombrent les rivages de l'oppression.

Ce complexe de persécution vicaire a atteint son summum à Washington où elle a donné lieu aux prouesses les plus extraordinaires depuis l'époque du capitalisme sauvage. Une fois parcouru le champ relativement mineur et déclinant des discriminations contre les Noirs, la minuscule commission pour l'égalité des chances devant l'emploi s'est diversifiée pour devenir un puissant conglomérat. Elle s'est résolue à combattre les discriminations dont souffrait toute une cohorte de victimes comprenant quelque 70 % de la population et réunissant les propriétaires de plus des trois quarts de la richesse nationale. Dans une première confrontation, cette commission décida de centrer ses attaques sur la Compagnie américaine du télégraphe et du téléphone, humblement agenouillée devant elle. Pour ne pas être en reste, l'Office des droits civils du département de la Santé, de l'Éducation et de l'Aide sociale a conçu un programme d'enseignement bilingue qui confère à quelque soixante-dix minorités le droit civil d'être éduquées dans leur propre langue. Cette politique risque de multiplier les inaptitudes et de perpétuer les discriminations assez durablement. En fait, quelque vingt agences fédérales, dont les tentacules s'immiscent dans tous les États, incarnent actuellement cette politique de persécution. Leur arrogance et leur pouvoir croissent en proportion directe de la disparition du problème.

Mais ça n'est pas exactement vrai, car, très souvent, il ne s'agit pas d'un authentique problème de discrimination mais d'une attitude endémique de la société d'abondance : on préfère croire que la richesse va de soi et que l'on peut donc se dispenser du labeur et de l'épargne ; la vie est supposée facile et simple ; les inévitables pénuries, échecs et frustrations sont donc la faute de malveillants ; les bonnes intentions devraient valoir leur pesant d'or et les bons certificats devraient se convertir instantanément en puissance et en gloire sans ces incertitudes sordides de concurrence et de lutte. Le monde n'est que superficiellement de guingois : il deviendrait doux et équilibré si du moins on pouvait chasser ces mauvais suzerains. Alors, on pourrait le diriger rationnellement. Cette attitude naît du contraste entre les visions d'abondance et la réalité des hiérarchies humaines qui se rétrécissent et deviennent de plus en plus escarpées quand on approche de leurs sommets (d'où sont diffusées les images de la télévision). Mais peu importe la raison. Quand le gouvernement accepte et propage le fantasme de la gratuité et apprend aux individus à croire qu'ils ne sont responsables ni de leur vie ni de leur choix, le problème s'aggrave inévitablement.

Créés pour réparer les torts ancestraux infligés aux Noirs, la commission pour l'égalité des chances devant l'emploi (C.E.C.E.) et les autres agences pour l'égalité des droits ont réalisé quelques progrès modestes mais importants. Malheureusement, elles deviennent aujourd'hui rapidement de sérieux ennemis du progrès des Noirs. Dans la juridiction de l'agence, les Noirs représentent déjà une petite minorité de moins de 10 %. Il n'est pas aussi absurde qu'il le semble de suggérer un programme positif en leur faveur dans l'enceinte du conglomérat de Washington pour l'égalité des droits. En effet, celui-ci se détourne du marché limité de la minorité noire pour se consacrer à sa majorité fourmillante de femmes et du groupe des Hispano-Américains en pleine expansion. Pour l'instant, il laisse de côté les handicapés, les anciens toxicomanes et les alcooliques, les homosexuels, les personnes âgées, les jeunes et les Indiens, tous ceux qui font valoir leurs droits dans ce Klondike du sectarisme *. Maintenant que les tribunaux ont ordonné le versement de plusieurs millions de dollars aux victimes de discrimination (plus de 67 millions de dollars, par exemple répartis entre quelques millions d'employés de la compagnie du téléphone et des millions pour les femmes qui n'ont bénéficié d'aucun avancement à *Newsweek*, à la N.B.C. et au *New York Times*), les avocats se hâtent de rechercher les aspirants victimes.

Les juges ont déjà passé outre les lois de l'économie. Dans une large mesure, les salaires sont normalement déterminés par l'offre et la demande. S'il y a un excès de professeurs de puériculture et une pénurie d'enseignants en ingénierie, pour un travail « égal », ces derniers seront mieux payés que leurs collègues femmes. En général, quiconque accepte un emploi, en agrée les conditions et la rémunération. Selon toute probabilité, il aurait du mal à trouver ailleurs de meilleures conditions pour un salaire comparable ; à l'occasion, il pourrait d'ailleurs menacer de démissionner et cette simple menace suffirait à faire augmenter son traitement. Ceux qui refusent, ou sont incapables de quitter leur travail, devront se contenter de moins. Si les femmes sont moins mobiles que les hommes parce qu'elles doivent vivre où leur mari travaille, leur moindre rémunération pour un travail égal n'est pas un effet de discrimination mais le résultat d'une préférence pour le lieu de travail.

La plupart des différences de salaire entre hommes et femmes viennent de ce que, entre vingt-cinq et cinquante-neuf ans, les femmes se retirent onze fois et demie plus du marché du travail que les hommes ; en moyenne, la femme ne se consacre que huit mois à sa formation professionnelle, l'homme près de trois ans [1]. Les hommes ou les femmes qui ont des titres ou des doctorats universitaires, même les ingénieurs, gagnent souvent moins que les plombiers, les éboueurs, les mineurs ou les camionneurs qui ont, au mieux, reçu un enseignement secondaire. En choisissant un travail d'intérieur, les femmes acceptent en même temps d'être moins rémunérées. « Salaire égal pour travail égal » est un principe qui ne s'applique nulle part, même pour les hommes. En fait, la C.E.C.E. demande implicitement une carte blanche sur le marché du travail pour supprimer la liberté vitale des travailleurs de choisir leurs propres emplois parmi les offres concurrentes des employeurs [2].

La promotion de l'égalité des droits – au prix même d'un programme ambitieux – était pensable quand on se concentrait sur les 10 % de la population américaine qui subissaient réellement des torts. Mais une politique qui con-

* Le Klondike est une région minière du Canada (territoire de Yukon) qui fut en 1898 le théâtre d'une ruée vers l'or (*N.d.T.*).

cerne plus de la moitié de la main-d'œuvre est nécessairement dérisoire malgré la satisfaction probable de milliers de femmes et d'avocats. Les victimes de cette absurdité sont les Noirs qui auraient pu bénéficier d'un programme discipliné mais sont aujourd'hui contraints de rejoindre la queue infamante des victimes, aussi improbables que les élèves de Yale rudoyés par leurs précepteurs, les anciens toxicomanes refusés par le marché du travail, les professeurs assistants auxquels on refuse un poste ou les standardistes qui découvrent après plusieurs années qu'ils avaient toujours rêvé de faire une expédition dans l'Arctique.

Mais le problème le plus fondamental vient sans doute de l'incomparabilité des personnes qui n'exercent qu'en apparence un travail égal ou qui travaillent dans des circonstances similaires. L'entraîneur de l'équipe féminine de basket-ball de l'université du Kentucky occupe un fauteuil à peine comparable au trône sur lequel se pavane le tsar du basket-ball Adolph Rupp. Dans un autre domaine, la qualité et la vente de leurs livres créent des différences considérables entre deux auteurs, aussi vrai que Reggie Jackson et Eleonore Jackson sont tous deux ailiers droits et Miles Davis et Herman Davis jouent tous deux de la trompette dans des orchestres de jazz. La productivité de deux personnes exerçant le même travail varie considérablement, et chaque catégorie de travail recouvre une étonnante diversité de performances. Toute décision juste ignore nécessairement l'infinie variété des influences – les facteurs *x*, le régulateur transcendantal ou les différences mondaines de diligence – qui affectent le marché du travail et se reflètent dans l'échelle des salaires. Toute politique interférant avec les décisions personnelles sera inévitablement arbitraire et injuste.

Cette erreur est grave. Elle consiste à réduire les décisions personnelles qui résument des centaines de considérations exprimées par le marché du travail à quelques facteurs décisifs – le sexe, la race et les diplômes – et par suite, à discriminer massivement en faveur de ces facteurs secondaires : tout autre élément est assimilé à un ouï-dire ou un préjugé. Un tel biais dénature le marché du travail beaucoup plus que le racisme et le sexisme. On peut aussi montrer que les formes traditionnelles de sectarisme ne jouent plus un rôle significatif sur le marché du travail.

Pour déterminer un modèle de la discrimination, on doit commencer par écouter les anecdotes et les blagues ethniques souvent alléguées comme une preuve de la corruption de l'Amérique. Bien que les juges aient admis de telles données dans les témoignages judiciaires, la seule plainte d'un individu qui incrimine le racisme n'est pas une preuve. Dans la situation actuelle, il est plus facile de dire (ou d'insinuer) qu'un Noir, une femme ou un homme blanc est victime d'exclusives que de lui dire tout simplement qu'il n'est pas à la hauteur de sa tâche. C'est ainsi que le *New York Times* et le *New York Post* ont expliqué la défaite de Percy Sutton : ils expliquaient leur propre refus et celui des électeurs de le choisir comme maire en prétendant que la ville n'était pas encore prête à accepter un maire noir. En fait, ils refusaient une politique sans éclat. Ce constat est aussi vrai pour les plaisanteries invoquées comme preuve manifeste de racisme ou de discrimination. La caricature est la matière première de l'humour et, si crue et déplaisante qu'elle soit parfois, elle n'est guère révélatrice du comportement réel des humoristes. Les Polonais américains furent les principales victimes des blagues au moment même où leur revenu par tête dépassait celui des prétendus exploiteurs Wasps. Bien entendu, ce n'est pas une preuve concluante d'absence de discrimination ; elle pourrait d'ailleurs tout simplement prouver son inefficacité. Quoi qu'il en soit, le gouvernement ne devrait pas s'intéresser à ces biais aléatoires et sans effet, sauf à penser qu'il n'y a pas de problème plus sérieux...

Le test de la discrimination doit s'intéresser à ses effets. Pour justifier l'action et les pouvoirs du conglomérat pour la promotion de l'égalité des droits, il faut élaborer un modèle général de la pauvreté et de traitement différencié dont le racisme et le « sexisme » soient les facteurs déterminants. On peut donner la définition suivante de la discrimination réelle : c'est une préférence persistante, même inconsciente, pour les hommes blancs au détriment des Noirs et des femmes qui recherchent un emploi avec une ardeur comparable et travailleraient aussi bien et avec autant de dynamisme pour un salaire égal ou légèrement inférieur. Pour estimer la valeur de ces arguments, il faudrait commencer par étudier la situation des Noirs. Il y a à cela une double raison : d'une part, ils ont été victimes de l'esclavage et de la ségrégation et, d'autre part, à la différence des femmes, ils ne soulèvent pas un problème de différences biologiques substantielles. Il est très probable que sans les discriminations, présentes et passées, les Noirs bénéficieraient de revenus comparables à ceux des Blancs. En fait, pendant les vingt-cinq années qui ont suivi le démantèlement des barrières légales à leur encontre, les progrès des Noirs ont été largement supérieurs à ceux des autres Américains, malgré leur retard considérable. Dans certains cas, les Noirs ont même dépassé les performances de la majorité blanche.

Avant d'évaluer la situation, il faut néanmoins se débarrasser des idées fausses largement répandues et propagées sans fin par les agences fédérales. La différence entre les revenus des Noirs et des Blancs reflète largement une réalité socio-démographique : l'âge moyen de la population noire est de vingt-deux ans, celui de la population blanche de vingt-neuf. Par ailleurs, la moitié des Noirs vivent dans le Sud[3], c'est-à-dire dans les régions les plus pauvres du pays en terme de revenu (même si, à en juger par les migrations hivernales des gens du Nord, tel n'est pas le cas pour les niveaux de vie réels). En tout état de cause, les familles dirigées par des hommes de vingt-deux ans, blanches ou noires, ont des revenus médians inférieurs de près de cinq mille dollars à ceux des familles dirigées par des hommes de trente ans.

Au New York, les Noirs gagnaient près de deux fois et demie les revenus des Noirs du Mississippi et un tiers de plus que les Noirs d'Atlanta. Pour un âge et une région identiques, les différences entre les jeunes Noirs et les Blancs sont réduites : les Noirs gagnent 80 % de ce que gagnent les Blancs de situation comparable[4].

L'écart qui subsiste s'explique moins par la discrimination contre les Noirs, que par une discrimination bien antérieure à l'égard de leurs parents et par deux autres facteurs : leur dépendance entretenue par le gouvernement et le nombre des femmes chefs de famille. Ces faits traduisent donc une discrimination en faveur des Noirs du fait de l'assistance sociale et des programmes de lutte contre la pauvreté qui ont concerné deux fois plus de familles pauvres noires que de blanches[5]. Cette divergence ne vient pas d'une discrimination consciente, même si les assistantes sociales sont nombreuses à penser que les Noirs ont un droit à l'aide sociale qu'elles inclinent à refuser aux Blancs. Cette différence ne dénote pas non plus la réticence des Blancs devant l'assistance sociale.

Parce qu'ils sont rassemblés dans le centre des villes où les services sociaux peuvent concentrer sur eux leurs artifices et leurs séductions, il est plus facile aux Noirs pauvres de recourir à l'aide sociale. Dans les régions non métropolitaines en dehors des « zones de pauvreté », les familles pauvres blanches ou noires figurent en proportion comparable sur les registres de l'assistance publique. Le nombre des femmes chefs de famille dans les deux communautés a commencé à grimper en 1967, au début de la guerre contre la pauvreté, et n'a cessé d'augmenter au cours des années 70. Mais parce que l'aide sociale s'est concentrée sur les ghettos, le nombre des femmes blanches chefs de famille n'a augmenté que de 20 % alors que celui des Noires a presque doublé[6]. Comme l'assistance sociale intensifie et perpétue les causes et les effets de la pauvreté, une grande partie de l'écart des revenus entre les Noirs et les Blancs s'explique par les différences de couverture sociale.

Toutes les analyses, qui concluent à l'existence d'une forte discrimination, oublient que la création de familles dirigées par des femmes ne contribue pas seulement à aggraver la pauvreté des familles, mais aussi la pauvreté des hommes. Les hommes divorcés, séparés ou célibataires de toutes les races travaillent 20 % de moins que les hommes mariés[7]. Au même âge et avec des diplômes comparables, les célibataires gagnent 40 % de moins que les maris et à peu près autant qu'une femme seule[8]. Proportionnellement, il y a deux fois plus d'hommes célibataires noirs que de blancs[9]. Si l'on corrige les différences entre les Noirs et les Blancs par le statut matrimonial, l'écart entre les revenus des hommes blancs et des hommes noirs d'extraction familiale et de diplômes comparables disparaît complètement. La discrimination subsiste dans une certaine mesure dans certains secteurs du marché du travail, mais son impact sur les revenus relatifs des Blancs et des Noirs est faible.

L'expérience de la progéniture des immigrants de couleur qui a également souffert de prévention et d'exclusion dans la seconde moitié du XXe siècle confirme amplement cette thèse. Les Japonais américains et les Antillais noirs ont subi en Amérique des persécutions navrantes. Leur apparence physique qui les rend aisément identifiables en faisait des victimes désignées de la discrimination. Si la discrimination était une source majeure de la pauvreté, ces deux groupes seraient pauvres. Pourtant, en 1970, les Antillais, qui sont nés et ont grandi aux États-Unis, et la seconde et la troisième génération de Japonais, avaient un revenu médian supérieur à celui des WASPs. Si l'on considère leurs années de scolarité, la proportion de leur population en dessus du seuil de pauvreté et le pourcentage des professions libérales, leur situation était également meilleure que celle des WASPs. La performance de la seconde génération d'Antillais est particulièrement intéressante puisqu'ils sont en fait presque impossibles à distinguer des autres Noirs américains (la principale différence est que les Antillais ont une peau plus sombre et moins de sang blanc [10]).

Il existe de nombreux exemples de groupes noirs américains qui gagnent autant que les Blancs de situation comparable. Les médecins et les ingénieurs noirs gagnent légèrement plus que leurs confrères blancs ; en dehors du Sud, les jeunes familles noires à double revenu gagnent autant que les jeunes familles blanches ; de même, dans les universités et les collèges, les titulaires de diplômes comparables ont un revenu voisin. Comme le montrent les études d'utilisation des capacités de revenus, ces groupes tendent à travailler autant sinon davantage que leurs concurrents blancs.

Aux échelons supérieurs, il n'y a plus de problème noir. Le biais n'apparaît que si l'on renonce à distinguer les hauts revenus des scientifiques des revenus inférieurs des chercheurs en science sociale, les ingénieurs et les professeurs, les diplômés des universités d'élite et ceux, précieux mais inférieurs, des institutions du Sud noir. Le rapport Coleman a montré que, dans les lycées, les Noirs accusaient un retard de trois ans sur les Blancs : il faut donc en tenir compte dans l'appréciation de la qualité moyenne des diplômes des uns et des autres et ne pas en conclure pour autant à la discrimination. Les Noirs plus âgés, qui fréquentaient des écoles séparées dispensant 30 % de cours en moins que les écoles blanches, ont obtenu des diplômes dépréciés. Une analyse corrigée montre qu'aujourd'hui, pour une scolarité comparable, le Noir en tire plus d'avantages que le Blanc ; les revenus inférieurs « inexpliqués » sont limités aux hommes noirs pauvres [11].

Le problème de la pauvreté des hommes noirs apparaît aux niveaux de revenus pour lesquels l'aide familiale devient plus intéressante que le travail. A ces niveaux de revenus, les Noirs travaillent moins que les Blancs, alors que la mobilité sociale exige de consentir de plus gros efforts que des individus plus qualifiés du niveau supérieur. Ce moindre effort n'est pas un effet de l'indolence mais de la solitude. Ces hommes manquent des motivations qu'offre la famille et de la force que donne le mariage.

De nombreux observateurs prétendent que le rôle de la femme comme chef de famille est un phénomène naturel chez les Noirs pauvres. Puisque plus de la moitié des enfants noirs sont élevés sans leur père (contre moins de 20 % pour les Blancs), le meilleur moyen d'aider ces enfants serait d'aider leur mère. Quelle que soit la situation des hommes, on prétend que ces femmes noires souffrent d'une double discrimination, à la fois raciste et sexiste qui exige d'être compensée par une aide massive.

Aussi longtemps que cette thèse prévaudra, la pauvreté noire persistera inévitablement. Les femmes noires gagnent déjà 80 % du revenu des hommes noirs alors que les femmes blanches ne gagnent pas 60 % du revenu des hommes blancs. Même les sociologues féministes concèdent désormais que l'*effet d'indépendance* résultant des hauts revenus féminins est un important facteur de rupture familiale, quels que soient la race ou le niveau d'éducation. Tout accroissement de l'indépendance des femmes noires, encouragé par l'assistance sociale et le marché du travail, ne fera qu'augmenter le pourcentage effroyable d'enfants noirs élevés sans père.

De plus, selon toute probabilité, les femmes noires ne souffrent guère de la discrimination. Celles qui ont suivi des études à l'université ou exercent des professions indépendantes gagnent 25 % de plus que leurs homologues blancs, et ceci, *sans* introduire de correction pour les différences de la qualité de la formation [12]. Dans l'ensemble de l'économie, les femmes noires ont des revenus comparables à ceux des Blanches mais occupent généralement des emplois plus durs [13]. En procédant aux corrections adéquates pour tenir compte de l'origine sociale, de la présence d'enfants et d'autres facteurs, il semble que les femmes noires ne soient victimes d'aucune véritable discrimination. Ce qu'elles affrontent est bien pire : l'incroyable plaie des divorces, des séparations et des enfants illégitimes qui sévit dans les ghettos. Leurs enfants vivent dans la rue et échappent à leur contrôle. Ces femmes manquent de l'amour et du soutien de leur mari. Or, ce problème est rendu encore plus aigu par les fonctionnaires bien intentionnés de Washington : il devient une épreuve beaucoup plus tragique que les effets de la ségrégation. Pourtant, chaque année, toutes les institutions les plus prestigieusement vertueuses de l'Amérique – les éditorialistes libéraux, les principales fondations, les éditeurs et les publications les plus à la mode, les classes de science sociale de toutes les universités, les églises protestantes dans leurs assemblées – plaident avec une rare unanimité pour des politiques qui rendraient la situation plus critique. Au-delà des demandes rituelles en faveur d'une augmentation de l'aide sociale, ils lancent des campagnes pour déraciner ce qu'ils appellent le sexisme. Ce mouvement est fort mal venu si l'on songe que les hommes noirs ont rarement connu situation aussi tragique. Le danger est qu'ils déracinent la famille.

Il n'y a aucun moyen de réconcilier la cause du féminisme avec les intérêts des hommes noirs. Actuellement, il faut développer chez les hommes noirs le goût de l'agressivité, de la compétition et d'aller de l'avant en insistant moins sur les diplômes et les qualifications. Ces qualités ont toujours été les principaux atouts des hommes défavorisés : elles les incitent à lutter pour l'avancement avec les plus favorisés et forment une source essentielle de la productivité dans l'économie. L'agressivité des hommes, biologiquement déterminée mais statistiquement incalculable, est le facteur principal de la supériorité de leurs revenus.

Le facteur biologique est particulièrement important pour donner aux hommes noirs un petit avantage sur leurs femmes. A la différence de la population blanche, la supériorité masculine noire est, selon les analyses statistiques, presque entièrement imputable au sexisme. En raison des difficultés des femmes chefs de famille à discipliner leurs garçons, le Q.I. des femmes noires est souvent supérieur à celui des hommes; leurs résultats universitaires sont d'ailleurs nettement supérieurs [14]. Par leurs seules qualifications, les hommes noirs ne seraient pas capables de concurrencer les femmes blanches ou noires sur le marché du travail ou dans la fonction de gagne-pain.

La différence biologique d'agressivité est suffisamment réelle et significative pour conforter le rôle de gagne-pain de l'homme. Même s'ils échappent aux modèles informatiques qui montrent une forte discrimination, l'impulsion masculine à se battre et le besoin de dominer affectent toutes les relations entre les sexes. Les universitaires féministes Carol Jacklin et Eleanor Maccoby, présidente du département de psychologie de l'université de Stanford, résument cette évidence dans leur volumineuse étude de *The Psychology of Sex Differences* :

1. Dans toutes les sociétés connues, les hommes sont plus agressifs que les femmes.
2. Les différences entre sexes apparaissent à un âge précoce où rien ne prouve que les adultes aient exercé des pressions de socialisation différentielle pour former différemment l'agression dans les deux sexes.
3. On constate des différences similaires entre sexes chez les humains et les primates.
4. L'agressivité est liée aux niveaux d'hormones sexuelles et peut être modifiée par des injections expérimentales de ces hormones [15].

L'aptitude à la direction du groupe est un trait caractéristique de l'homme; il se manifeste dans chaque société mais reste difficile à saisir dans les études sur ordinateur. Dans toutes les sociétés étudiées par les anthropologues, le nombre des hommes en position de leader et qui détenaient l'autorité dans les relations avec les femmes était écrasant. A cette supériorité sociale des hommes, on peut avancer deux raisons : d'une part, leur plus grande agressivité et leur stature physique plus solide, d'autre part le besoin viril de dominer (sans doute fondé sur les exigences neurophysiologiques de la sexualité même). Dans son livre rigoureusement étayé, *The Inevitability of Patriarchy*, que Margaret Mead considérait comme « impeccable par la présentation de ses données [16] », Steven Goldberg réfute toutes les thèses anthropologiques selon lesquelles il y aurait eu des sociétés dirigées par les femmes ou dans lesquelles les femmes auraient eu la supériorité dans la relation hommes-femmes.

Les différences de rôle familial sont tout aussi importantes que ces différences biologiques. Du fait de la longue évolution de la race dans les sociétés de chasseurs, le rôle de fournisseur de la nourriture s'accorde avec les instincts les plus profonds de l'homme. En subvenant aux besoins des femmes et en les protégeant, l'homme a le sentiment d'assumer sa virilité et sa sexualité ; quand il en est empêché, par une mentalité d'assisté par exemple, il préfère souvent la compagnie de groupes exclusivement masculins dans les bars ou dans la rue. Il y trouve une atmosphère qui ne favorise l'épanouissement ni de l'amour familial ni de la sexualité ; en fait, l'homme trouve rarement cet équilibre quand il n'a pas le sentiment de la domination masculine.

Ces différences entre les hommes et les femmes expliquent très largement le désir supérieur des hommes de travailler en dehors de leur foyer, de se battre avec ténacité pour avancer dans les hiérarchies administratives et de faire du revenu un objectif essentiel de leur vie. Ces différences entre sexes expliquent entièrement tous les écarts de revenus. Mais il ne suffit pas de constater que les hommes ont le pas sur les femmes, il faut savoir pourquoi il est si difficile de soutenir le rôle masculin de gagne-pain et sa place de père dans le foyer.

L'activité des organisations pour l'égalité des droits en est sans doute une des raisons. Même quand elles ne favorisent pas directement les femmes noires ou blanches sur les hommes noirs, ces agences encouragent les employeurs à défendre leur politique de personnel sur un plan purement réglementaire. Avec Eleanor Holmes Norton, la femme noire qui est devenue en 1977 la directrice de la commission pour l'égalité des chances devant l'emploi et symbolise son rôle actuel, on accorde peu de place aux différences biologiques. Bien que les agences de Washington aient recouru aux tribunaux pour réduire l'importance des tests et des qualifications et qu'une victoire importante ait été remportée dans l'affaire *Griggs v. Duke Power Company,* l'effet étouffant de la surveillance fédérale sur les politiques de l'emploi est d'encourager les entreprises à s'abriter derrière la paperasserie. Elle les conduit à préférer les qualifications sur titres des femmes à la force et à l'agressivité des hommes. Pourtant, les études de la productivité montrent que ses sources intangibles dans la diligence et la motivation sont les plus importantes.

Les agences qui combattent la discrimination sont devenues des ennemies des progrès des Noirs. Leur influence est aussi néfaste que celle du système d'assistance sociale. Si cette politique aide ceux qui réussissent (mais qui n'ont pas besoin de cette aide), les pauvres de toutes les races en sont les principales victimes. De même que les campagnes pour l'égalité des droits créent une discrimination en faveur des qualifications féminines au détriment de l'agressivité et de la force masculines, elles favorisent aussi les classes établies sur les pauvres et les qualifications que les classes moyennes et riches peuvent facilement acquérir sur la compétitivité, le labeur et le dynamisme qui sont les principaux atouts des classes inférieures.

Il est impossible de mesurer cet effet. Quand le marché du travail est faussé en faveur des femmes et des hommes bien qualifiés, les victimes sont les hommes et les femmes dépourvus de diplômes et dont le seul mérite est de travailler plus dur, plus longtemps et avec plus d'imagination. A nouveau, les analyses informatiques le montrent, le groupe qui est supposé bénéficier le plus du sexisme rassemble les maris, noirs ou blancs, qui comptent douze ans de scolarité ou moins, et qui ont la charge de familles nombreuses [17]. En fait, c'est le seul groupe qui semble avoir un revenu très au-delà de ce que suggéreraient son éducation et son origine sociale. Le principal impact du féminisme est d'enlever les emplois et les promotions aux hommes pour les donner à des femmes instruites. Mais la C.E.C.E. et les autres agences ne sont pas les principales responsables de ce phénomène. Il découle avant tout de l'influence de la politique antidiscrimination sur les attitudes et les pratiques des employeurs.

Toutefois, ce n'est là que le début de l'impact négatif de la politique des pouvoirs publics sur les Noirs. Les agences publiques font des efforts diligents pour recruter des Noirs plutôt que des Blancs, en visitant les campus noirs plus de vingt fois plus souvent que ne l'exigerait le simple respect de l'importance relative des Noirs parmi les étudiants [18]. Ces efforts portent leurs fruits : 25 % des titulaires noirs de doctorat travaillent pour des organismes publics. L'élite des Noirs voit de plus en plus dans Washington la source de tout progrès; elle considère la discrimination comme la source de tous les maux et préfère les emplois sûrs de la bureaucratie aux risques de l'entreprise qui est la principale source de richesse.

La minorité des Irlandais qui a connu la croissance la plus lente de tous les groupes d'immigrés européens a été la dernière ethnie à souligner comme clés de la réussite la politique et le patronage. Les Irlandais ont remporté des triomphes extraordinaires dans le système électoral; grâce à leurs appareils politiques, ils ont pendant des générations dominé la vie politique de nombreuses villes. Aujourd'hui, ils règnent toujours en maîtres à Chicago, Albany et dans d'autres localités. Mais ni la politique ni les sinécures de patronage ne créent la richesse. Car la richesse vient de la concurrence des hommes et des entreprises, de la maîtrise des machines modernes et de la technologie, du goût du risque et de la création, du sens de la marge du profit ou des pertes. Ces valeurs sont rarement cultivées dans l'administration ou les services urbains. Pendant que les Irlandais dominaient les municipalités, les juifs, les Polonais et les Italiens maîtrisaient l'économie américaine.

Un des problèmes des emplois du secteur public vient de ce que nombre d'entre eux conviennent mieux aux femmes. Il est sans doute assez révélateur que le seul groupe, qui en Amérique a réussi jadis à approcher le nombre actuel des maires noirs à la tête des grandes agglomérations, fut également le seul groupe à compter un nombre comparable de familles dirigées par des femmes et à connaître les désordres provoqués par les hommes, émeutes ou crimes. Une étude du ghetto irlandais de l'ouest de Manhattan, réalisée lors de la Première Guerre mondiale, montrait que la moitié des familles étaient dirigées par des femmes. Quoi qu'il en soit, les emplois publics ne conduisent pas souvent aux affaires ni aux professions indépendantes. Ils permettent une consommation immédiate mais ne favorisent ni l'épargne ni l'investissement.

Les pouvoirs publics ne leur font probablement aucune faveur en employant une grande partie de leur élite. En cultivant une subtile idée de la discrimination et de la vanité des efforts, en enracinant un sentiment de frustration et en multipliant les appels à l'égalité des droits plutôt que d'encourager la mobilité sociale et l'autonomie, Washington grève profondément les perspectives des Noirs pauvres. A une époque où il est difficile de trouver une authentique discrimination, on incite les Noirs à la voir partout. Même si elle était le plus souvent justifiée, cette attitude serait néfaste car elle empêche les Noirs de saisir les occasions réelles. Dans un monde où la discrimination s'atténue, son anticipation crée un climat de résignation ambivalente et de combativité peu séduisant pour l'employeur éventuel. La discrimination n'est pas le problème des pauvres américains. Dans la mesure où ils pensent le contraire, ils seront incapables de lire correctement les signaux du monde réel dans lequel ils vivent.

Néanmoins, tout au long des années 70, un grand nombre d'Américains influents des deux races semblaient décidés à perpétuer l'idée du racisme et sa rhétorique, même si la réalité elle-même s'était évaporée. Le shérif bien réel du Sud, ces étranges fruits des arbres du Sud, la ségrégation et l'esclavage, le Nord et le Sud, toutes ces réalités de notre histoire furent parodiées et trivialisées dans une série de charades : notions boiteuses comme « racisme subliminal », *agitprop* aux Nations Unies du style « génocide contraceptif », invention judicieuse de la « ségrégation *de facto* », statistiques spécieuses de « sous-utilisation » des minorités. Le mot même de *ghetto*, si commun qu'il devient inévitable, est chargé d'idéologie vague et périmée, de griefs raciaux et de ségrégation. Tout se passe comme s'il existait dans la pensée américaine un puissant courant qui entretienne l'idée du racisme, qui ne puisse s'en passer. En particulier, de nombreux intellectuels semblent ressentir les vertiges du néant et de l'anxiété à l'idée d'une Amérique, la véritable Amérique dans laquelle ils vivent, qui ait mis fin au racisme pratique et politique en renonçant à l'imagerie littéraire et aux fantômes du divan, aux démons personnels de James Baldwin et aux statistiques confuses de Father Hesburgh, à l'instinct naturel qui porte d'abord vers ses semblables et fait craindre les différences. Ils ne peuvent se faire à l'idée que la grande menace du racisme soit devenue une mauvaise blague d'une Earl Butz ou d'un Billy Carter.

Les raisons de cette étrange nostalgie de la ségrégation ne sont peut-être pas impénétrables. Mais elles sont toutes aussi fausses. Nombre d'esprits libéraux sont convaincus que les Noirs ne peuvent l'emporter dans une compétition véritablement libre. Ils ne peuvent se débarrasser de cette crainte. Or elle est odieuse et injustifiée. Toute l'expérience suggère que les Noirs continueront à surpasser les Blancs dans des domaines comme l'athlétisme longtemps après que toutes les barrières seront tombées. Dès lors qu'ils s'en donnent les moyens, ils peuvent également rivaliser avec les Blancs dans d'autres domaines. Mais si le racisme est mort, les Noirs et leurs patrons politiques ne pourront plus longtemps faire travailler les bureaucraties des droits civils, de la lutte active contre la discrimination ou du ramassage scolaire ; les procès de la commission pour l'égalité des chances devant l'emploi n'auraient plus de raison d'être et les Noirs perdraient leurs droits à l'assistance sociale et aux programmes compensatoires d'emploi. Ils devraient convenir que toutes les analyses qui fondent l'activité de ces organismes n'ont plus de réalité. Seules quelques mesures auront leur raison d'être. Mais l'idée que l'Amérique est une société raciste ne saurait plus en être la justification.

La condition actuelle des Noirs aux États-Unis s'explique en grande partie par le racisme passé. Mais cette explication est insuffisante. Les flatteries démoralisatrices de la guerre contre la pauvreté et l'explosion de l'assistance sociale l'expliquent bien davantage. Des millions d'Américains, libéraux ou conservateurs, noirs ou blancs, devront souscrire à la courageuse conclusion de Daniel Patrick Moynihan : « J'ai eu tort. » Donner de l'argent aux pauvres est néfaste. Mais ils devront également faire amende honorable en d'autres domaines, tel par exemple leur refus de tenir compte des réalités sexuelles de la vie sociale.

TREIZE

La confusion des problèmes de l'emploi

Dire que le libéralisme, et non le racisme, est responsable de la persistance de la pauvreté des Noirs en Amérique, semblera déplacé à beaucoup d'économistes. A leur sens, ni le sectarisme ni les allocations n'ont grand-chose à voir avec la pauvreté. Ce qui importe, c'est le marché du travail et non l'existence d'une mentalité d'assisté. Au cours des années 70, plusieurs jeunes économistes, conduits par Peter Doeringer de l'université de Boston, et Michael Piore et Lester Thurow du Massachusetts Institute of Technology, ont développé des théories ingénieuses pour montrer comment les effets du racisme sur le marché du travail survivent même à la disparition du racisme [1]. La nature des emplois disponibles pour les pauvres, disent-ils, explique la nature des pauvres disponibles pour ces emplois.

Cette théorie duale du marché du travail est un utile complément du concept populaire d'économie à double étage chère à John Kenneth Galbraith : à l'étage supérieur, les entreprises qui maîtrisent leurs prix *(price makers)*, un *secteur planifié* de grandes firmes monopolistiques qui traitent bien leur force de travail parce qu'elles sont en mesure d'en imputer les coûts à la *grande masse* des consommateurs ; à l'étage inférieur, un *secteur de marché* de petites entreprises qui subissent leurs prix *(price takers)* : en raison de leur médiocre profil et de leur faible profit, elles doivent accepter les lois de l'offre et de la demande dénaturées par les grandes entreprises et les pouvoirs publics [2]. Ces petites entreprises ne peuvent distribuer de hauts salaires et des avantages annexes sans souffrir de la concurrence. Cette théorie permet ainsi aux socialistes déclarés comme Galbraith et d'autres de « s'accommoder » ou de « pactiser » avec les compagnies américaines qui font figure d'institutions protosocialistes. Parallèlement, ils contemplent avec indulgence le secteur du marché évoluer vers une forme plus rationnelle quand il n'est pas racheté ou étouffé par les géants.

Dans cette version du marché du travail, l'étage supérieur devient en général le secteur *primaire.* Il réunit les emplois les mieux payés et les plus stables. Cette main-d'œuvre est souvent syndiquée et travaille dans des entreprises vastes et stables qui offrent divers privilèges à leur personnel : formation dès l'embauche, avancement à l'ancienneté, droits d'accès aux caisses de retraite qui détiennent une part appréciable du capital américain. Les ouvriers considèrent ces emplois comme des droits acquis : ils ne les quittent qu'involontairement en cas de licenciement et espèrent les retrouver quand l'économie s'améliore.

Les emplois du secteur *secondaire,* par contre, sont moins rémunérés, instables et éphémères ; ils n'offrent guère de chances de formation et de promotion et sont très vulnérables aux licenciements et aux renvois.

L'acquisition d'un emploi primaire, suggère cette théorie, est un acte comparable à l'achat d'une maison. Elle favorise les comportements réfléchis et responsables et est souvent associée à des perspectives familiales à long terme. Les emplois secondaires, irréguliers et éphémères, confortent les perspectives velléitaires et à court terme des classes inférieures, et découragent tout effort durable pour s'émanciper du comportement impulsif des groupes de jeunes hommes. Même quand un ou deux membres d'un de ces groupes réussissent à obtenir des emplois primaires, poursuit la théorie, ils n'ont pas le cœur à l'ouvrage parce que tous leurs semblables demeurent sur le marché secondaire ou dans la rue, où les disciplines du travail sont tournées en dérison et gangrenées. L'influence du milieu crée un effet « Catch — 22 » de solidarité symbolique * : en sélectionnant soigneusement les personnalités marquantes d'un groupe de ghettos, on prend le risque d'obtenir des travailleurs moins disciplinés qu'en embauchant l'ensemble du groupe. Une communauté s'élève dans la hiérarchie sociale quand l'ensemble des jeunes trouvent de bons emplois : le temps — puis les cloches du mariage — consacre ensuite la rupture du vieux groupe.

Ce concept de marché du travail radicalement bipolaire est solidaire d'une théorie de l'inévitable discrimination capitaliste. Même quand il n'y a aucune trace consciente de racisme ou de sexisme, dit-on, le secteur primaire aura tendance à exclure la majorité des Noirs et des femmes.

Parce que les emplois primaires sont l'occasion d'engagements à long terme de l'entreprise à l'égard de son personnel, l'entreprise cherchera à éviter de recruter des ouvriers qui ne puissent faire face aux exigences à long terme de leur travail. Parce qu'il risque d'être très difficile de licencier un travailleur primaire ou même de lui refuser durablement une promotion, l'entreprise deviendra plus exigeante dans ses critères de recrutement : elle n'embauchera que ceux qui sont jugés convenables pour un avancement. Puisqu'un bureau

* Cette expression est reprise du titre d'un roman de J. Heller, *Catch — 22* (1961). Elle s'applique à tout effet pervers d'une loi, d'un règlement ou d'un comportement contraire aux intentions de son auteur qui devient ainsi sa propre victime. *(N.d.T.)*

du personnel ne peut procéder à une analyse exhaustive de tous les cas, il doit mettre au point des règles de sélection grossières, fondées sur des stéréotypes empiriquement confirmés ou des probabilités vérifiables.

La première règle de sélection, c'est d'exclure les femmes qui risquent de démissionner pour élever leurs enfants et les Noirs qui risquent de présenter les caractères d'instabilité liés aux emplois du bas de l'échelle d'où ils viennent. Les erreurs de politique du personnel peuvent s'avérer très coûteuses dans un monde de droits à la retraite, de droits à la formation et de systèmes d'avancement à l'ancienneté. Cette règle d'exclusion est donc de la plus haute importance pour l'employeur, même s'il écarte divers postulants qui pourraient assumer les charges du travail proposé et si certains pourraient même exceller aux échelons supérieurs. Mais, efficace ou non, cette règle encombrera le marché secondaire de Noirs et de femmes, abaissant encore leur revenu moyen, décourageant la discipline du travail et confirmant à de nombreux travailleurs capables les rumeurs largement répandues accusant l'establishment masculin blanc de sectarisme – même si les entreprises n'ont fait que suivre une pratique raisonnable fondée sur l'expérience réelle.

En définitive, cette théorie prétend que l'emploi fait l'homme et que les mauvais emplois engendrent de mauvaises habitudes de travail, des familles instables et des revenus faibles. Ces conditions maintiennent sinon aggravent la pauvreté des Noirs. La discrimination et le préjugé racial peuvent cependant répondre à l'exigence d'un comportement rationnel de la firme. La recherche concurrentielle de profits, longtemps supposée combattre la discrimination, peut en fait renforcer la segmentation raciale et sexuelle du marché du travail en laissant une sous-classe aux emplois éphémères et aux vies désordonnées. Ainsi, selon cette thèse, le capitalisme crée la pauvreté.

Au-delà des appels familiers au « changement social » et à « une restructuration radicale » de ceci ou de cela, ce concept de pauvreté inspire deux axes politiques : pour le marché primaire, il s'agit de renforcer les pressions contre la discrimination sinon de recourir aux tribunaux et d'imposer, si nécessaire, des quotas pour briser les carcans de la ségrégation *de facto*. Pour le marché secondaire, l'objectif prioritaire est le plein emploi : le gouvernement doit encourager l'expansion de la demande globale qui améliore le pouvoir de négociation des travailleurs de faible revenu et augmente le nombre des emplois proposés par le secteur primaire.

Pour les observateurs plus blasés par la magie de la demande globale, Nathan Glazer offre une analyse similaire mais plus sophistiquée et propose un programme plus judicieux. Il faut « réformer le travail, pas l'assistance sociale »; il conseille de rendre les emplois du marché secondaire plus attrayants en les agrémentant d'avantages sociaux – soins médicaux, allocations familiales, indemnisation de chômage et autres avantages – qui sont aujourd'hui plus faciles à obtenir sans travailler (aide sociale) qu'en occupant des emplois secondaires [3]. L'approche de Glazer a le mérite de ne pas attendre des petites entreprises qui se battent pour leur survie qu'elles distribuent elles-mêmes les avantages consentis par les grandes compagnies. Toute économie capitaliste en expansion doit avoir un secteur secondaire. Mais l'aide sociale et les services sociaux pourraient être davantage intégrés aux emplois – comme en France – au lieu d'être comme aux États-Unis dissociés et attribués en fonction du niveau des moyens de subsistance.

D'une façon générale, les théories du marché dual participent de la critique institutionnaliste de l'économie classique. Les institutionnalistes soulignent que le monde diffère largement des modèles classiques des marchés de concurrence pure et parfaite. Ils oublient qu'on ne peut guère procéder autrement : un modèle est un appareil photo, non une photographie ; c'est un outil qui peut être bien ou mal utilisé pour saisir la réalité, non la dépeindre. A chaque occasion, les institutionnalistes semblent substituer aux modèles heuristiques de l'*Homo œconomicus* évoluant sur un marché libre une image encore plus douteuse de structures institutionnelles qui façonnent la masse inerte et malléable de l'humanité.

L'idée que les emplois ou les institutions font l'homme et que le marché secondaire du travail crée une main-d'œuvre instable ne semble pas mériter l'audience et l'intérêt que cette théorie a reçus, même si elle s'est accompagnée de considérations sociologiques intéressantes sur la société des rues et l'expérience professionnelle. A une époque où la majorité des chercheurs en sciences sociales réaffirment que le foyer et la famille exercent des influences déterminantes sur le caractère et l'effort, la foi dans le travail dont témoignent les économistes radicaux semble plutôt naïve.

Quiconque a passé quelque temps parmi les jeunes hommes noirs sait que leur problème commence bien avant leur premier rejet du marché primaire du travail et persiste souvent longtemps après qu'ils ont reçu un poste[4]. Quiconque connaît un tant soit peu les petites entreprises des zones urbaines sait que les attitudes excentriques de la main-d'œuvre secondaire sont une source considérable d'instabilité et non un simple reflet de cette instabilité. Parce qu'elles disposent de modèles plus personnels et moins spécialisés, les petites entreprises sont généralement mieux placées que les grandes firmes pour offrir aux jeunes motivés des emplois intéressants. Les agences privées qui s'occupent du noyau dur des chômeurs recherchent ordinairement l'aide financière des grandes entreprises mais proposent leur main-d'œuvre aux sociétés du secteur secondaire. Les petites entreprises ne sont pas le problème mais une partie de la solution.

Dans les grandes villes, les entreprises du secteur primaire, comme General Motors, se sont généralement montrées impuissantes à changer les attitudes dilatoires des employés des ghettos. Dans les années 60 s'est déroulée l'expérience suivante : un millier d'emplois primaires furent offerts aux Noirs selon le principe : premier venu, premier servi. Elle s'est soldée par un échec du fait de l'absentéisme et d'habitudes de travail irrégulières. « Il a fallu quatre mille ouvriers pour remplir ces mille emplois », explique le chef du projet [5]. Un bon emploi ne suffit donc pas à créer un bon travailleur. Croire le contraire – que chacun peut travailler sur les chantiers, par exemple – c'est montrer de graves signes de mépris intellectuel pour la classe ouvrière. Les universitaires hostiles aux mesures autoritaires en faveur des femmes dans les universités, mais qui pensent que cette thèse est valable pour les travaux publics, en donnent un exemple dramatique.

En même temps, les entreprises de technologie de pointe comme Control Data, Borg-Warner et I.B.M., ont remporté des succès phénoménaux en créant des usines dans les ghettos et en prenant le temps et la patience, à l'aide de subventions fédérales, pour réunir et former une main-d'œuvre. Ces entreprises très segmentées aux activités si diverses – de la reliure de livres et de magazines à la fabrication de terminaux d'affichage ou d'équipements périphériques pour ordinateurs – ont prouvé qu'une partie au moins de la main-d'œuvre des ghettos pouvait être formée à des travaux essentiels dans des industries complexes. Mais cet effort coûte deux années de subventions, la flatterie des leaders de la communauté, l'assistance légale pour les employés connaissant des situations critiques et enfin une intense formation avant que l'indolence et la méfiance de la mentalité d'assistés soient surmontées. Une fois établies, toutes ces entreprises affichent cependant des niveaux de productivité et un faible absentéisme, comparables à ceux des autres sociétés. La condition de la réussite est simple : il ne s'agit pas de simples moyens de formation mais d'entreprises tout à fait rentables ; par ailleurs, après les deux premières années, aucune concession n'est faite à la qualité, à la discipline et au comportement de la main-d'œuvre [6].

De telles expériences montrent que la théorie selon laquelle un mouvement de groupe vers le secteur primaire peut réussir à briser les mauvaises habitudes de travail recèle un grain de vérité. Mais rien n'indique que les mesures prônées par les théoriciens du marché dual encouragent ce processus. Sous la pression des pouvoirs publics qui inclinent à voir dans la présence d'une minorité au bas de l'échelle des revenus un signe de discrimination, Borg-Warner, A.T.T. et d'autres firmes s'efforcent de promouvoir les femmes, les Noirs, les Hispano-Américains ou autres à l'intérieur de leurs entreprises, au lieu de recruter de nouveaux employés. Grâce à cela, elles peuvent éviter les accusations habituelles : « Bien sûr, ils embauchent des Noirs, mais ils les affectent pour l'essentiel à des tâches du bas de l'échelle. » Le gouvernement dissuade également l'embauche en menaçant de poursuites judiciaires quand les employés de ghettos sont moins bien rémunérés, et en imposant des quotas de main-d'œuvre proportionnels à la composition raciale de la population active de la localité. Il est souvent plus commode d'esquiver le problème en construisant dans les banlieues, comme le font la plupart des grandes entreprises.

Les pressions de la commission pour l'égalité des chances devant l'emploi

(C.E.C.E.) ont parfois soutenu la cause des Noirs. Aujourd'hui, le système des quotas serait antiproductif même si les femmes et les Hispano-Américains n'en étaient pas sans cesse davantage les bénéficiaires. Cette commission et les autres agences pour l'égalité des droits mènent une guerre contre les grandes entreprises : chaque victoire fallacieuse des avocats de l'égalité des droits annonce une nouvelle campagne plus ample. Ces entreprises savent qu'elles ne peuvent l'emporter : elles capitulent dès lors que leur sont offertes des conditions tolérables. Mais elles essaient surtout d'éviter de s'embourber dans les programmes sociaux. Cette attitude est un problème majeur pour les autres agences fédérales qui s'efforcent de s'assurer la collaboration des entreprises pour la formation professionnelle (*On-The-Job Training,* O.J.T.) et d'autres formes d'emploi-formation.

L'intérêt des universitaires et du gouvernement fédéral pour les grandes entreprises semble refléter une incompréhension encore plus grande des petites sociétés. Pour Galbraith et les théoriciens du marché dual, les petites entreprises sont des vieilles badernes baroques et « secondaires » qui ont survécu à une phase plus ancienne de l'évolution de l'économie.

Sur un ton sombre, on évoque ces anomalies malingres et éphémères d'un monde des firmes géantes ou ces infirmes qui subissent les prix sur un marché d'oligopoles ; elles ne seraient plus que le témoignage vacillant de la nostalgie de millions d'Américains et de leur rêve futile d'autonomie.

Le gouvernement voit surtout dans les petites entreprises un problème. Elles sont suspectées de créer des difficultés car elles sont trop nombreuses pour être effectivement supervisées. Les actes de leurs propriétaires « sectaires et fraudeurs » échappent trop souvent à la régulation de la C.E.C.E., de l'administration de la sécurité du travail et de la santé (Occupational Safety and Health Administration, O.S.H.A.), et du service d'immigration et de naturalisation (I.N.S.), du ministère du Travail et des autres organismes fédéraux s'occupant de la pauvreté et du chômage. Ces entreprises sont réputées exploiter leurs ouvriers, particulièrement les « minorités », et dindonner ou duper leurs clients, notamment les pauvres. Elles ne survivraient que comme des parasites à l'abri des grands monopoles de l'économie américaine.

Or 80 % des minorités sont employées dans des petites entreprises qui, proportionnellement, emploient plus de main-d'œuvre que les grandes entreprises. Depuis la Seconde Guerre mondiale, elles ont enregistré un accroissement net de la valeur de leur capital beaucoup plus considérable que celui des compagnies géantes [7]. Les entreprises plus réduites donnent souvent à leurs employés le sens de la productivité ; l'absentéisme y est en moyenne inférieur à celui des grandes entreprises. Même si elles ont un taux de *turnover* * plus

* Le taux de *turnover* est aussi appelé le taux de renouvellement de la main-d'œuvre. *(N.d.T.)*

élevé que les grandes firmes, cette différence ne semble pas justifier les théories auxquelles elle a donné lieu. A la fin des années 70, les entreprises employant plus de mille ouvriers avaient en moyenne un turnover mensuel de 1,4 % alors que celui des petites entreprises était de 1,8 %. Le turnover estimé de la masse des très petites entreprises était supérieur, sans être sensiblement plus élevé [8]. Dans une économie cinétique, où les changements sont la loi, dans laquelle plus de la moitié des chômeurs ont volontairement quitté leur emploi et moins de la moitié restent au chômage plus de huit semaines, un taux annuel de turnover de 25 % dans les plus petites entreprises — de 5 % supérieur à celui des grandes sociétés — ne semble pas capable d'expliquer les désordres sociologiques dramatiques de la pauvreté en Amérique.

La théorie de la ségrégation raciale *de facto* semble également une description simpliste du marché du travail américain. Si l'application perfide de stéréotypes négatifs était vraiment le problème des Noirs, la solution serait de développer le recrutement sur titres, tests, ou diplômes universitaires. Les jeunes Noirs bénéficient désormais du même temps de scolarité que les Blancs et, pour un niveau comparable, ils ont un peu plus de chances que les Blancs d'accéder à l'université. Dans certains secteurs du marché du travail, les Noirs ont des diplômes supérieurs à ceux des Blancs de même capacité et bénéficient donc d'un avantage du fait de l'importance accordée aux titres universitaires. Or les agences pour l'égalité des droits essaient actuellement d'améliorer les revenus des Noirs en contraignant les employeurs à privilégier les qualifications objectives sur les titres et donc à embaucher un certain nombre de personnes sans qualification.

Cette approche a un résultat pervers. Un employeur, qui redoute d'être accusé de discrimination, commence à multiplier ces exigences de titres. Comme il ne peut plus, en fonction de critères subjectifs, exclure un jeune Noir qui lui semble inapte comme il écarterait n'importe quel autre postulant, il décide d'élever le niveau des qualifications de son personnel en rejetant tous ceux qui n'ont pas de diplômes, y compris les Noirs stables qu'il aurait embauchés auparavant. Il peut se fier à son intuition plus qu'aux tests mais il sait que l'intuition n'aura aucun crédit devant la justice. L'activité du gouvernement pour l'égalité des droits est partiellement responsable de cette « diplomite » qui s'étend à l'ensemble du marché du travail américain.

Les conséquences apparaissent clairement. Les jeunes Noirs des deux sexes possédant des titres universitaires ou des doctorats ont largement bénéficié de cette politique et gagnent désormais nettement plus que les Blancs de qualification comparable. Ces groupes sont pourtant parfaitement capables de se défendre eux-mêmes. Cette politique a tout simplement accéléré leur progrès et entache d'une suspicion de favoritisme les succès qu'ils auraient de toute façon remportés.

Mais ces résultats favorables s'arrêtent brutalement aux niveaux les plus défavorisés de la société noire. Ici, en effet, la diplomite a un effet entièrement négatif ; elle contrarie l'ascension sociale de nombreux Noirs qui essaient parfois sans enthousiasme de se défaire de leur mentalité d'assistés. Les Noirs ne sont pas des juifs, brièvement frustrés par les préjugés, qui se précipiteraient en avant, sitôt les barrières et les quotas augmentés. Le problème noir ne ressemble pas, même vaguement, au problème des femmes, largement qualifiées et pourvues de diplômes ; le désir des juristes fédéraux de compenser leur manque général d'ambition et d'agressivité est le seul point commun à ces deux groupes. Le problème des Noirs appauvris n'est en rien nouveau, ni subtil ni insidieux. Il découle essentiellement du problème des précédentes générations d'Américains pauvres : comment compenser à force de travail et d'ambition le manque de stabilité familiale et l'absence de qualification scolaire ? Dans cette situation, l'État-providence est évidemment un très lourd obstacle puisque, manifestement, il dissuade de travailler. Mais le système de recrutement sur diplômes, si cher à la majorité des libéraux américains (enseignants, fonctionnaires) est à peine moins démoralisant. Il stérilise la pensée des libéraux et, en cela, ressemble beaucoup à l'expérience de la dernière guerre dont on dit que les généraux auraient tiré les leçons.

La discrimination raciale a laissé place à un nouveau sectarisme fondé sur une série de demi-vérités relatives au lien entre l'éducation et le travail. Pour son culte des titres, des diplômes, des tests, des certificats et des qualifications, ce système a créé une méritocratie scolaire qui étend régulièrement la portée de sa règle fondamentale : « Vous ne pouvez pas passer si vous ne pouvez faire une analyse grammaticale » ; si vous n'êtes pas capables de mettre les chiffres dans les bonnes boîtes à la vitesse requise et ne réussissez pas à suivre le cursus universitaire classique.

Ce système atteint son apogée dans les services publics où il est devenu une espèce de religion des nombres dans laquelle la foi dans les tests peut éclipser complètement le travail. Peu importe que vous fassiez bien votre travail, vous ne serez pas promu si le résultat de votre test est trop faible ; *a contrario*, peu importe que vous travailliez mal, vous ne serez pas rétrogradés si votre test est satisfaisant. En général, seuls les résultats des tests comptent.

Dans les interviews de jeunes chômeurs réalisées par la Fondation de la vocation à New York, comme dans ma propre expérience des ghettos, le problème des certificats ne cesse d'être évoqué :

« Après qu'ils m'eurent donné tous ces tests et que je les eus remplis, ils m'ont dit que je ne pouvais faire ce travail car je n'avais pas mon diplôme. »
« Je n'étais qualifié pour rien, sinon pour vendre des vareuses. »
« Je faisais bien le travail, mais partout où vous allez vous devez passer tous ces tests [9]. »

Renforcé par le gouvernement et la politique du personnel des grandes entreprises qui se plient à ces appels pressants, le système étend année après année ses tentacules sur le marché du travail américain. Année après année, les exigences augmentent : d'abord un diplôme de l'enseignement secondaire, puis un test spécial, et enfin, un titre supérieur préludent à l'octroi d'une sinécure de fait aux « qualifiés ». Ce système décourage la productivité et exalte l'effort consacré aux tests; ils protègent tous les membres de la classe moyenne, qualifiés mais godiches, de la concurrence des pauvres gens, sans éducation mais agressifs et travaillant dur.

En bref, ce système déprécie les valeurs de diligence, de détermination et de goût du dynamisme qui ont été les tremplins permettant à d'autres groupes d'accéder à la classe moyenne sinon plus haut et dont toutes les études minutieuses ont montré le rôle déterminant dans la productivité; il célèbre au contraire les valeurs des classes privilégiées: éducation, contrôle, évaluation — qui, dans la majorité des emplois n'ont aucune influence sur la productivité.

Comme Herbert Beinstock du département du Travail l'a dit, un des résultats de cette politique est de « créer dans ce pays une barrière à l'accès au premier emploi[10] ». Cette barrière accroît nécessairement le nombre des non-diplômés dans l'ensemble de la population américaine au chômage : les principales victimes seront les recalés des lycées et notamment les Noirs. Ces victimes sont à la fois les nouveaux exclus orphelins de la société d'assistance et les vieux marginaux de l'âge de la ségrégation.

Même ceux qui réussissent à sauter la barrière du premier emploi, affrontent souvent le même problème ultérieurement sous la forme de barrière à la promotion: le même culte des qualifications s'applique maintenant au système de promotion. Qui faut-il faire avancer d'une femme diplômée ou d'un jeune homme agressif et ambitieux? Ce second obstacle signifie qu'un nombre croissant d'exclus du système scolaire de tous les âges se retirent découragés du marché du travail. Peu d'expériences sont plus démoralisantes pour un travailleur consciencieux que de se voir dépasser par des concurrents indifférents au seul vu de leurs qualifications.

Devant la nécessité ou la crise, les personnes « non qualifiées » réalisent souvent des performances supérieures aux niveaux attendus. Les Noirs et les femmes inexpérimentés sont entrés dans la population active au cours de la Seconde Guerre mondiale et ont apporté des contributions cruciales à l'effort de guerre. Les étrangers et les coloniaux qui ignoraient la langue de leur pays d'accueil ont joué un rôle remarquable dans de nombreux pays européens; parfois même ils ont assumé des fonctions réservées, aux États-Unis, aux diplômés des lycées ou des universités. A Taiwan, à Singapour, en Corée du Sud et au Japon, des paysans illettrés ont fabriqué des postes de télévision, des machines électroniques, des puces semi-conductrices ou des instruments de musique qui concurrencent avec succès les produits américains. Contrairement à la croyance largement répandue, les qualifications universitaires n'affectent guère les performances au travail. Une formation sélective, donnée à des travailleurs motivés qui apprennent rapidement dans un but précis, remplace avantageusement l'instruction scolaire. Comme Doeringer, Piore, Thurow et d'autres le soulignent eux-mêmes, la plupart des compétences, dans l'économie américaine, s'acquièrent au travail et n'exigent pas la moitié des connaissances requises pour un diplôme de lycée.

Le progrès technologique ne change rien à cette réalité. Il rend certains emplois plus simples en incorporant les techniques aux machines; d'autres emplois deviennent plus précis et spécialisés et nécessitent un apprentissage sur le lieu même du travail. Par contre, au-delà des « trois R * », la valeur de l'instruction scolaire en matière d'emploi n'a guère augmenté.

Certains analystes dénient que la diplomite soit en elle-même un problème sérieux car elle peut être surmontée par un effort diligent pour obtenir ces certificats et parce que ces exigences sont souvent suspendues pour les travailleurs noirs intéressants. Mais les effets de ce problème sont largement renforcés par les nouveaux moyens d'autorisation et de régulation (qui concernent tout, du chariot gerbeur aux taxis), par l'accroissement du niveau et du champ d'application du salaire minimal et par l'impact des autres restrictions entravant le marché du travail (comme le Davis-Bacon Act sur les entreprises de travaux publics) qui augmentent artificiellement les salaires.

Quand les employeurs sont obligés de verser de hauts salaires à des emplois de faible productivité, ils attirent un excès de candidats pour lesquels l'examen des qualifications est le meilleur moyen de sélection. On a souvent exigé des maçons, du personnel des bureaux de péage, des ouvriers du bâtiment et des camionneurs, un diplôme de l'enseignement secondaire. Parce que les emplois publics sont très souvent surpayés, le problème du recrutement sur titres prend une acuité particulière dans les bureaucraties fédérales, même quand elles sont politiquement opposées à ce système. Le meilleur exemple en est le département de la Santé, de l'Éducation et de l'Aide sociale : son modèle d'emploi, lié à des exigences de qualification sans rapport avec les postes offerts, l'exposerait à des poursuites judiciaires pour discrimination de la part de ses fonctionnaires s'il était une université ou un hôpital plutôt qu'une branche du gouvernement [11].

L'influence de cette diplomite, au même titre que le mythe du racisme, dépasse largement son application actuelle en matière d'emploi : dire aux exclus noirs, qui sont allés jusqu'à la fin du primaire, qu'il est impossible d'avoir un job sans un diplôme de lycée est aussi destructeur que de leur dire qu'ils ne peuvent avancer du fait de l'establishment raciste blanc. Ces deux affirmations sont fondamentalement fausses mais toutes deux renforcent les séductions de l'assistance sociale et de la rue. Le département de la Santé, de l'Éducation et de l'Aide sociale dépense des millions à propager ces mythes.

* *Les trois R* sont la lecture, l'écriture et l'arithmétique considérés comme la base des études élémentaires et les fondements de toute éducation ; ils sont ainsi appelés du fait de leur épellation humoristique : *reading, 'riting* et *'rithmetic. (N.d.T.)*

La campagne pour la réintégration des exclus – la télévision annonce astucieusement : « Dirigée vers les Noirs » – qui donne le sentiment que tout horizon est fermé aux non-diplômés, est particulièrement nocive.

Il ne s'agit pas d'exagérer l'obstacle représenté par ce culte du diplôme. Les bureaucrates expérimentés peuvent énumérer les multiples stratégies inventées pour circonvenir les règles de la fonction publique, particulièrement pour promouvoir les Noirs. Mais l'idéologie de l'éducation, comme la culture de l'assistance sociale et l'idéologie de la discrimination, hante les ghettos et décourage les efforts et les ambitions indispensables au progrès.

Cela ne servirait à rien de nier que le marché du travail n'a pas bien fonctionné pour certains groupes de Noirs. Les adolescents du cœur des villes sont des victimes et des délinquants bien connus : les taux de chômage, d'enfants illégitimes et de crimes prennent un essor parallèle. Mais il est sans doute plus révélateur de considérer le destin de la génération précédente d'hommes noirs qui a réussi et atteignait la trentaine en 1957. Le groupe des Noirs avait déjà obtenu de bons emplois dans le secteur primaire et figurait dans le tiers supérieur de la pyramide des revenus. Depuis les années 50, ils n'ont pas commis de crimes ni attiré autrement l'attention des sociologues ; ces victimes présumées de la ségrégation avaient témoigné d'une grande capacité dans leur travail : on pouvait donc s'attendre à ce qu'elles répondent bien à l'élimination des barrières raciales.

Des études sur l'évolution de la mobilité économique de groupes particuliers ont montré que la majorité des Américains avaient bénéficié depuis 1957 de vives hausses de leur revenu. L'ouvrier moyen qui atteignait la trentaine est au moins monté d'un cinquième dans l'échelle des revenus. Tout ce que le libéralisme pouvait leur donner, les jeunes travailleurs noirs des années 50 l'ont reçu. On aurait pu s'attendre à ce qu'ils montent plus vite que les Blancs. Mais rien de tel n'est arrivé.

Au contraire, bien employés dans des emplois primaires il y a vingt ans, ils avaient dans les années 70 baissé d'un tiers dans l'échelle des revenus. Situés dans les 30 % supérieurs en 1957, ils sont passés en moyenne dans le tiers inférieur en 1971 [12]. Plusieurs centaines de milliers de Noirs qui avaient réussi à surmonter les obstacles pour accéder à des emplois primaires à une époque peu favorable – et qui étaient complètement émancipés de l'assistance sociale – n'ont pas réussi à garder le rythme quand les barrières sont tombées. Leurs revenus relatifs ont diminué avec le racisme.

Une des raisons est claire. De nouveaux obstacles ont surgi, sitôt éliminés les anciens. La diplomite a envahi le marché du travail américain et s'est incrustée encore plus profondément dans les bureaucraties publiques où de nombreux Noirs étaient employés. Cette génération des années 50 avait été éduquée dans les écoles du Sud qui fermaient 30 % de jours de plus que les écoles blanches. La majorité des Noirs de cette génération a quitté le lycée pour travailler. Comme les adolescents de la fin des années 40, leur participation au travail était supérieure et leur taux de chômage inférieur à ceux des Blancs. Après de longues années de travail, une partie d'entre eux furent congédiés vers le milieu des années 50. Or les Noirs avaient reçu une éducation beaucoup moins longue et moins intensive. Ainsi, séduits par la mystique de l'égalité des droits, ils furent piégés dans les services publics de la même façon que les Irlandais avaient été piégés auparavant par les séductions du patronage.

En 1960, par exemple, 17 % des *employés* de la poste étaient noirs et ce nombre était plus du double en 1970. Mais, même en 1970, le nombre des *receveurs* de poste noirs était bien inférieur à 1 % [13]. Au département de la Santé, de l'Éducation et de l'Aide sociale, en 1978, les Blancs gagnaient 35 % de plus que les Noirs, malgré l'entrée massive dans l'administration publique de Noirs titulaires d'un doctorat [14]. Au gouvernement, la diplomatie triomphe toujours des exigences de la lutte contre la discrimination.

Le recrutement et la promotion sur titres ont affecté le secteur privé au moment où la première génération de Noirs pouvait y accéder. L'agressivité et l'ambition dont ces hommes témoignaient dans un monde très sectaire ne pouvaient prévaloir contre les règles catégoriques et les exclusives d'un système fondé sur les diplômes.

Néanmoins, ce système ne suffit pas à rendre compte de la catastrophe qui s'est produite. De nombreux hommes issus d'autres groupes ethniques ont surmonté des obstacles similaires en entrant dans les entreprises, en travaillant la nuit, en occupant deux emplois ou en trouvant des employeurs – et ils sont nombreux – qui apprécient leur dynamisme et leur productivité plus que des années d'école. Mais les jeunes Noirs de 1957 n'ont pas choisi ces routes pénibles. Il y eut quelques problèmes de motivation et de psychologie, et comme la majorité de ces problèmes, ils trouvent leur origine non dans l'emploi lui-même mais dans la famille, et particulièrement dans les relations avec les femmes, un groupe qui a beaucoup moins souffert du culte du diplôme.

En 1957, les femmes noires avaient un Q.I. substantiellement plus élevé, plus d'années de scolarité, plus de titres et participaient beaucoup moins au marché du travail que les hommes noirs. Durant les vingt années qui ont suivi, leur participation à la vie active a augmenté de 40 %. En même temps, elles ont amélioré leurs revenus médians, leurs statuts professionnels et leur accès aux emplois de haut niveau à un rythme trois fois plus rapide que celui des hommes noirs. Partant de revenus inférieurs d'environ 50 % à ceux des hommes noirs et de 43 % à ceux des femmes blanches, les femmes noires ont achevé cette période en gagnant 80 % des revenus des hommes noirs et 99 % des revenus des femmes blanches [15].

Dans la classe des Noirs représentée par les titulaires des plus hauts revenus de 1957, les femmes noires ont multiplié par quatre leur nombre dans les universités (leur niveau reste de 15 % supérieur à celui des hommes) et sont massivement entrées dans les secteurs de la puériculture, de l'enseignement et les services publics. Comme Moynihan le signalait en 1965, quelque 70 % des Noirs du département du Travail étaient des femmes (40 % chez les Blancs) et les femmes noires étaient quelquefois plus nombreuses que les hommes noirs à occuper des situations ouvertes aux fonctionnaires modestement qualifiés [16]. En 1969, il y avait 16 % plus de femmes noires que d'hommes dans les professions indépendantes et l'encadrement et ces femmes gagnaient 75 % de ce que gagnaient les hommes noirs [17]. Le changement crucial s'est produit dans la famille et non dans la société. On compare souvent les revenus des Noirs des deux sexes aux revenus des Blancs, mais, ce qui importe, c'est de savoir comment les Noirs comparent leurs revenus respectifs.

Le problème de la génération noire des années 50 n'était ni le racisme, ni la discrimination, ni le marché secondaire du travail, ni une distribution du revenu et du patrimoine statique et discriminatoire. Le problème était semblable à celui des Noirs pauvres : le libéralisme américain et le culte des diplômes – avec le fétichisme du service public et son obsession de l'égalité – les ont conduits à travailler moins que les Blancs de niveau comparable et à se retirer de la vie active en grand nombre pendant que leurs femmes mieux qualifiées travaillaient davantage. En 1978, 30 % des hommes noirs chefs de famille étaient au chômage ou en dehors de la population active.

On ne peut considérer les revenus des hommes sans les comparer à ceux des femmes. La majorité des hommes font des sacrifices pour progresser et entretenir leur femme et leur famille. Quand les femmes gagnent davantage, les hommes se sentent moins indispensables et perdent de leur entrain et de leur dynamisme. Quand les femmes gagnent moins, les hommes sont incités à travailler davantage et à pousser plus loin leur ambition [18].

L'idée que les obstacles et les problèmes stimulent la motivation et la créativité et encourage le progrès, défie tous les canons de la sociologie actuelle. Mais l'idée opposée que les contraintes de la pauvreté et du rôle de gagne-pain, les obstacles et les défis de la vie contrarie l'effort et l'ambition, défie toute l'expérience de l'histoire, et plus spécialement l'histoire des minorités ethniques d'Amérique.

La crise de motivations des hommes noirs pendant les années 60 s'est poursuivie tout au long des années 70, bien qu'elle fût contrebalancée dans une large mesure par l'amélioration rapide de leur statut professionnel. Cependant, avec la même fabuleuse incompréhension de la nature humaine, les analystes de la discrimination maintiennent que l'avantage de 20 % des hommes noirs sur leurs femmes tient pour 94 % à la discrimination sexuelle. Par contre, seuls 64 % des avantages de l'homme blanc sur la femme et entre 20 et 30 % des avantages des hommes blancs sur les Noirs seraient dus à un biais [19]. Autrement dit, l'élimination de ce que les agences pour l'égalité des droits appellent biais réduirait à néant le faible écart de revenus actuel entre les hommes et les femmes noirs. Par contre, les hommes blancs garderaient l'essentiel de leur avantage sur les hommes noirs. Par conséquent, les hommes noirs ont peu à gagner à la poursuite de l'activité actuelle des agences pour l'égalité des droits qui fondent leur politique sur les mêmes critères de qualifications que les analystes universitaires; elles ignorent toutes les vertus masculines de la diligence et du dynamisme qui ont permis les succès des années 50.

Malgré les décisions judiciaires en faveur des Noirs, la lutte contre la discrimination ne peut récolter qu'une moisson de démoralisation, de retraits de la vie active et de ruptures familiales. Elle précipite le déclin de l'esprit du travail, de la famille et de la foi dont dépend l'ascension sociale durable. L'objectif essentiel de toute politique contre la pauvreté doit être d'augmenter les revenus des hommes chefs de famille et de libérer les pauvres des charmes douteux des emplois et des subventions publiques. Malheureusement, ces politiques sont aujourd'hui à l'opposé des politiques prônées par le gouvernement et l'université: c'est d'ailleurs pourquoi la poche de pauvreté au milieu de l'abondance américaine n'est pas près de disparaître.

QUATORZE

L'illusion des emplois factices

QUAND L'ÉCONOMIE AMÉRICAINE approche de la récession, il y a toujours une augmentation de l'épargne et de la création d'emplois. Mais, à la différence de la majorité des entreprises l'économie est dirigée par des politiciens : l'épargne et l'investissement prennent alors la forme de l'impôt et du bavardage. Par exemple, au cours de sa campagne présidentielle de 1980, John Connally a déplacé les foules par ses promesses de protéger les emplois des travailleurs américains en réduisant le commerce international et la concurrence : « Que les Japonais restent dans leurs ports, assis dans leur Datsun et regardent leurs Sony eux-mêmes. » L'administration Carter a proposé de créer des emplois en élargissant la loi générale sur l'emploi et la formation (Comprehensive Employment and Training Act, C.E.T.A.) qui dépense déjà 12 milliards de dollars par an pour un programme national d'emploi garanti pour tous.

Alors que les présages politiques et économiques de mauvais augure pour la prochaine décennie assombrissaient nos horizons à la fin de 1979, les politiciens de tous bords se sont précipités pour sauver des emplois en subventionnant Chrysler, cette forteresse automobile qui a réussi à perdre près d'un milliard de dollars en 1979. Connally a même proposé la création d'un fonds de soutien automatique pour toutes les grandes entreprises en difficulté. Même un conservateur convaincu comme le chroniqueur Patrick Buchanan, un ancien rédacteur des discours de Nixon, demandait que le gouvernement vienne au secours de la compagnie automobile. « Il est temps pour les républicains de s'élever au-dessus des principes, écrivait-il, et de laisser Ralph Nader déclamer les clichés surannés des conventions républicaines d'il y a des générations. » Buchanan est allé jusqu'à citer les informations douteuses des services du budget du Congrès qui prédisaient « la perte définitive de deux cent cinquante mille emplois » si Chrysler s'effondrait [1].

Le pays s'acheminait vers un système comparable à celui de la Grande-

Bretagne des années 70. Les entreprises étaient éreintées sans merci par les pouvoirs publics jusqu'à ce qu'elles aient prouvé leur innocence – et peut-être mérité des subventions – par leur échec et leur incompétence. La sidérurgie qui ne pouvait faire preuve que d'une modeste sottise fut dédommagée par des barrières à l'importation et des exemptions aux lois antitrusts. Une série catastrophique de bévues (comme celle de Chrysler), qui ont déjà provoqué des licenciements massifs d'ouvriers, pourrait lui mériter une récompense de Washington au titre de précieux pourvoyeur d'emplois.

Pendant ce temps, la recherche dominante sur l'emploi dépeignait la majorité des emplois non subventionnés comme mauvais pour la santé et la famille. Si l'on en croit cette litanie, les ouvriers agricoles sont tristement exploités; les ouvriers de l'industrie sont empoisonnés; les secrétaires sont réduites en esclavage; les ouvriers des lignes d'assemblage sont cantonnés aux tâches répétitives et l'on refuserait aux standardistes de grimper au mât de cocagne. Les techniciens des entreprises de pointe sont accusés de détruire les emplois des autres. Les ouvriers des compagnies d'énergie répandent le cancer et paralysent la circulation.

En fait, le seul emploi généralement acceptable pour ces milieux est un travail qui ne produit rien. La marque distinctive de ces fonctions – outre la bonne rémunération – est de permettre à leur titulaire de prétendre qu'il ne travaille pas pour de l'argent. Comme David B. Wilson l'écrit dans *The Boston Globe*:

> Peu importe que les fabricants de mortadelle de Bologne, de gazoline pure, de tétraéthyle de plomb et de tournevis, les cultivateurs céréaliers et les agents immobiliers, rendent davantage de services à leurs frères humains que les bureaucrates et les professeurs de sociologie... Les membres de la nouvelle classe, forts de leurs statuts et enrichis par les exonérations fiscales, du haut de leurs sinécures ou de leurs postes inexpugnables, réussissent encore à perpétuer la fiction qu'ils sont, d'une manière ou d'une autre, plus dévoués à l'intérêt général que les chauffeurs de semi-remorques à seize roues [2].

Pourtant, quand les gens ne travaillent pas pour l'argent – dont l'emploi ne rapporte aucun profit – ils n'ont tout simplement pas d'emploi. Pour reprendre un vocabulaire plus commun, on parle de *consommation* quand les gens dépensent le revenu gagné par d'autres, et de *loisir* pour l'activité non rémunérée. Célébrer la consommation et les loisirs des emplois subventionnés ou « créés » comme un service public exigeant idéalisme et sens du sacrifice – tout en dénigrant le secteur privé comme s'il s'agissait d'une vulgaire course de rats – relève d'un véritable tour de force. Cette idéologie s'exprime aujourd'hui dans de pesants traités.

Une véritable industrie est apparue pour faire le trafic de rapports, d'études, de conférences, de séminaires, cours, brochures, bandes vidéo, monographies, colloques, films documentaires, symposiums et photos. Les médias diffusent leur conclusion et dénoncent avec acharnement le travail productif et prédisent la fin de l'économie fondée sur le travail.

De nombreux emplois du secteur public ou non lucratifs méritent d'être subventionnés. Même si techniquement ils ne rapportent aucun profit, ils sont d'une utilité sociale considérable. Mais tous ces emplois ne subsistent que par le travail productif des autres. La prolifération des emplois publics repose entièrement sur l'augmentation des profits des entreprises productives. Pourtant, au cours des dernières décennies, la part de la production marchande dans le P.N.B. des États-Unis a régulièrement diminué.

Cette évolution signifie que les travailleurs « subventionnés » du gouvernement consomment une proportion croissante du produit national au détriment des travailleurs des entreprises et des exportations. Depuis les années 50, la part des biens et services marchands absorbée par les employés des services publics aux États-Unis a augmenté presque deux fois plus vite qu'en Angleterre, qui a longtemps eu un niveau d'emploi public bien supérieur. En 1975, les États-Unis avaient presque comblé leur retard: 34 % du P.N.B. marchand allait aux services publics contre 37 % en Grande-Bretagne [3].

L'écart restant était dû pour l'essentiel au système britannique de Sécurité sociale. Bien que les États-Unis, secteurs publics et privés réunis, dépensent presque deux fois plus par tête pour les soins médicaux que la Grande-Bretagne, et que la majorité de ces dépenses soient étroitement supervisées par l'administration, le secteur privé réalise le plus gros de ces dépenses. Pourtant, il n'y a guère de différence de nature des transactions médicales entre médecins et patients dans les deux pays. La combinaison d'une assurance privée avec le Medicare et le Medicaid * fonctionne de façon assez proche du système britannique de Sécurité sociale; mais le système américain est plus élaboré et plus avancé. Selon l'O.C.D.E., la part des dépenses publiques en biens et services du secteur privé par rapport au P.N.B. est légèrement plus forte aux États-Unis qu'en Grande-Bretagne, transferts exclus (Sécurité sociale et Medicaid [4]). Puisque les transferts ne font que détourner la production du secteur privé d'un citoyen vers un autre, ils ne réduisent pas la quantité de biens et services disponibles en dehors du secteur public. En matière de transfert, les Anglais arrivent sans doute en première position, mais les États-Unis dépassent presque tous les pays capitalistes par la part du P.N.B. consacrée à l'appropriation directe par l'État des ressources du secteur privé (toutes affectations confondues, du logement à la défense). C'est

* Le *Medicare* est un programme national de santé grâce auquel certaines dépenses médicales et hospitalières des personnes âgées et des nécessiteux sont pris en charge par les caisses fédérales (essentiellement la Sécurité sociale); pour le Medicaid, cf. note p. 68, chapitre 5 *(N.d.T.)*.

probablement l'indice le plus important de l'impact du gouvernement sur l'économie.

Sans la crise de l'énergie, cette croissance des pouvoirs publics aurait pu être contrôlée. Mais, à la différence de la Grande-Bretagne riche de son pétrole de la mer du Nord, les États-Unis furent contraints d'augmenter massivement leurs exportations pour acquitter leur facture pétrolière de 60 milliards de dollars à l'O.P.E.P. Or, malheureusement, en dépit de ses nombreux usages, le gouvernement n'est pas un produit exportable. Ainsi, pendant que les États-Unis augmentaient leurs exportations, les travailleurs non subventionnés devaient se contenter de moins pour que les fonctionnaires et l'O.P.E.P. aient davantage. De nombreux citoyens et compagnies privées ont commencé à souffrir.

Apparemment dans le but de voiler les sources réelles de la détresse, la classe dirigeante a accrédité une série de mythes. Ils devaient persuader les gens qu'en fait, en raison des profits excessifs et autres crimes des entreprises, ils seraient encore plus dépendants du service public pour leur emploi. Les politiciens pouvaient souffrir en silence pendant que les innombrables emplois des petites entreprises étaient détruits par de nouveaux impôts, la régulation et la fixation de salaires minimaux. Par contre, la faillite d'une grande entreprise victime de la concurrence étrangère attirait trop l'attention des médias et les protestations pour rester ignorée. Le gouvernement intervenait aussitôt sous prétexte de « sauver » des emplois américains. Le seul résultat fut d'accélérer le déclin de la production marchande disponible pour les employés du secteur privé puisqu'une partie de cette production était détournée pour soutenir les syndicats et les firmes privilégiées. Mais on affirmait à l'opinion publique que ces emplois avaient été sauvés et ce, grâce à l'État. Les politiciens eux-mêmes pouvaient se pavaner dans le rôle de sauveur de l'emploi tout en esquivant d'autres problèmes.

Sous l'administration Carter, le gouvernement a résolu de ne plus se contenter simplement de « sauver » des emplois et d'établir un programme national – sans précédent par son ampleur et son champ d'application – de « création » d'emplois. En 1979, 12 milliards de dollars ont été consacrés à ce programme qui devait continuer à se développer en 1980 et au-delà. Ainsi diminuait encore davantage la quantité du produit national disponible pour ceux qui produisent biens et services marchands destinés à la consommation intérieure ou à l'exportation. Mais, à nouveau, les politiciens pouvaient se pavaner comme les défenseurs du revenu familial.

Cette politique réduit en définitive le volume total de l'emploi dans l'économie. On ne devrait pas sous-estimer la plausibilité et l'attrait des arguments avancés à chaque étape de ce processus. Quand les pressions augmentent pour la création d'emplois artificiels, libéraux et conservateurs y succombent de concert.

Qui peut s'opposer aux programmes d'emploi du C.E.T.A. si les pouvoirs publics ne font rien pour empêcher l'augmentation coûteuse de la dépendance, du crime et des ruptures familiales qui sont une conséquence inévitable du chômage ? Qui pourrait trouver à redire à l'aide des pouvoirs publics à une entreprise comme Chrysler quand l'autre solution serait le rachat par des compagnies étrangères, elles-mêmes partiellement contrôlées ou fortement subventionnées par leur gouvernement ? Qui pourrait résister aux garanties d'emprunts qui parent aux dépenses de l'aide sociale et de l'indemnisation du chômage estimées à 16 milliards de dollars dans le cas de Chrysler ? Parce que les coûts de la faillite d'une grande entreprise sont pour l'essentiel mesurables et manifestes, tandis que les coûts du sauvetage sont initialement faibles, et parce que les programmes fédéraux de création d'emplois semblent toujours préférables aux affres du chômage, l'analyse des coûts et des avantages évidents conduira toujours à encourager l'action des pouvoirs publics (que ce soit pour le C.E.T.A. ou pour Chrysler). Mais comme la productivité de l'industrie américaine décline, cette création publique d'emplois risque d'engendrer une économie stérile et stagnante.

L'approche fondamentale du gouvernement américain en matière d'emploi – comme son approche des si nombreuses infortunes de la vie – se résume en un mot : l'assurance. Mais, comme la majorité des assurances sociales, le système d'indemnisation du chômage fourmille de préjudices moraux ; aujourd'hui, le revenu moyen d'une famille qui en bénéficie est bien supérieur au revenu national médian [5]. Les travailleurs qui perdent leur travail reçoivent souvent une allocation qui s'élève à 70 % de leur revenu du travail après impôt : en valeur réelle, ce niveau est encore beaucoup plus haut, particulièrement pour les familles à double revenu qui peuvent ainsi bénéficier de temps de loisir et de revenus non déclarés. Pour l'Américain moyen, le mot *chômage* ne signifie plus être privé d'emploi, mais une coquette pension hebdomadaire. Quelques syndicats accordent désormais la priorité aux licenciés sur les ouvriers les plus anciens. Être licencié est devenu un avantage accessoire ou une présomption d'ancienneté.

Les économistes et les sociologues, qui n'ont aucune idée de la façon dont le système fonctionne, vous diront que les avantages du chômage, qui s'accroissent régulièrement au fur et à mesure que l'inflation pousse les travailleurs dans les tranches de revenus supérieures, ne sont pas la cause principale du chômage. Tout employé sait beaucoup mieux à quoi s'en tenir. Avec ce système d'aide sociale de la classe moyenne, nul besoin de rompre son foyer. Le travailleur empoche l'argent. C'est bien mieux que l'aide familiale. Le problème vient de ce que ce programme ne s'applique pas à la majorité des emplois détenus par les pauvres – emplois de bureau, agricoles ou manuels souvent éphémères et qui forment le vivier du chômage américain. Une politique sociale intelligente réduirait substantiellement l'avantage lié à l'indemnisation du chômage et étendrait le système à tous les emplois pour réduire ainsi l'influence néfaste de l'assistance sociale. Les politiciens américains préfèrent s'imaginer qu'il est « généreux » de détruire les familles pauvres et de corrompre les traditions de travail de la classe moyenne.

Enfin de compte, cependant, après six mois, un an ou plus, selon la situation de l'économie – rendue plus léthargique et rigide par ces charges – les allocations cessent. Des épreuves s'ensuivent pour les chômeurs particulièrement imprévoyants. De surcroît, de nombreux travailleurs qui exercent une activité sans couverture sociale ou qui entrent dans la vie active, ou qui y retournent, n'ont droit qu'aux formes les plus rebutantes de l'aide sociale. Pour tous ces groupes, il existe le système Humphrey-Hawkins qui permet aux pouvoirs publics de garantir des emplois, par le biais du C.E.T.A. ou d'autres programmes. Ainsi, le gouvernement fédéral est en passe de devenir une espèce d'employeur en dernière instance: il garantit un emploi à quiconque en a besoin.

Hélas, comme tout homme riche le sait (et le gouvernement du pays le plus riche du monde devrait l'apprendre), la générosité est fertile en pièges. En l'espèce, le problème vient de ce que la majorité des emplois publics, en raison de leur nature spéciale – la recherche d'une sinécure que le sénateur Bob Dole caractérisait en 1976 comme « un travail à domicile de tout repos » – sont déjà devenus un premier recours pour tous ceux qui souhaitent éviter les inquiétudes d'un travail productif. Garantir le travail s'avère plus difficile et plus coûteux que de garantir des revenus. C'est presque impossible. Comme José Ortega y Gasset l'a écrit : « Toute vie est un combat, un effort pour être soi-même. Les difficultés que j'ai rencontrées dans mon existence sont précisément celles qui ont éveillé et motivé mon action, mobilisé mes ressources [6]. » Garantir un emploi, c'est dénier une vérité pourtant fondamentale: dans une certaine mesure, tout travailleur crée son emploi; c'est lui seul qui le garantit par son travail et sa fatigue ou en méritant une promotion, en participant au combat par lequel chaque vie humaine s'améliore elle-même.

Le test du travail authentique est généralement le marché: ce travail est-il assez difficile, désagréable ou nécessaire pour que les consommateurs acceptent de payer le prix? Ce produit est-il assez désirable ou rare pour que d'autres manifestent le désir de l'échanger contre le fruit de leur propre travail? Ces contraintes apparaissent dans la texture même des emplois: elles permettent de distinguer le travail du jeu ou de l'emploi factice.

Parce que le travail est au départ désagréable, il n'est d'abord accepté que sous l'aiguillon d'une nécessité psychologique ou matérielle. Un des emplois les plus difficiles est de contraindre ou d'inciter les autres à travailler. Les hommes d'affaires sous la pression du marché peuvent le faire; les instructeurs des Marine Corps, qui ont tout pouvoir sur leurs recrues, peuvent le faire. Mais les bureaucrates ou l'inspecteur du C.E.T.A. – qui n'est pas un instructeur de la marine et qui ne se soucie pas que le travail soit fait ou non – ne peuvent trouver en leur cœur la force d'être intraitables.

La plupart des emplois du C.E.T.A. ne sont pas du travail, même s'ils sont parfois désagréables. Une des dispositions de la loi assure à trois cent mille jeunes pauvres un emploi pendant l'été. Mais les jeunes eux-mêmes peuvent en mesurer la vanité. D'aucuns, interviewés par la fondation de la vocation, évoquaient leur participation aux Neighborhood Youth Corps comme une perte de temps et une farce. « Pour l'essentiel, les gosses allaient dans un parc ou sur la plage y gaspiller leur argent », explique un conseiller de la fondation. « Ils gardent l'idée que c'est un travail [7]. »

Les municipalités trouvent toujours le moyen d'annoncer ces programmes et de restreindre la période de leur application de façon que, chaque année, apparaissent de longues queues télégéniques de postulants devant leurs bureaux. Les médias s'y associent et le désir des jeunes d'y participer est présenté comme une preuve de leur ardent désir d'obtenir un emploi. Ce n'est vrai qu'en partie. En effet, la raison la plus immédiate de cette queue vient de ce que ces sinécures estivales sont les meilleures sources de revenus pour les jeunes sans enfants. La « pagaille » de ces emplois est mal ressentie car elle n'abuse ni les bénéficiaires ni les fonctionnaires sur son objectif – l'assistance sociale sous une forme déguisée. Les responsables cyniques enseignent aux jeunes pauvres leur propre mépris du monde du travail tandis que les syndicats de la fonction publique se réservent pour eux-mêmes la majorité des emplois des services publics avec des salaires qui intègrent parfois une composante d'aide sociale aussi grande que le C.E.T.A.

De toute façon, à la fin des années 70, l'essentiel des emplois créés en vertu du C.E.T.A. ne sont pas allés aux jeunes pauvres mais à des pauvres « prémédités » de la classe moyenne qui, au nom de la libre expression, souhaitaient également éviter de travailler sans l'excuse de la prévalence d'une mentalité d'assisté dans leurs communautés. En 1978, il a fallu consacrer 8 milliards aux salaires des employés municipaux, cols blancs ou cols bleus. Dans certaines villes comme Detroit ou New York, nombre de ces emplois étaient légitimes. Ce programme a permis à certains maires de grandes villes d'éviter d'affronter les choix difficiles exigés par les accords exorbitants et les régimes de retraite qu'ils avaient mis au point avec les syndicats de salariés du secteur public.

De plus en plus, le C.E.T.A. fut détourné par les pauvres « prémédités » à leurs propres fins. Les ressources du C.E.T.A. furent affectées aux activités les plus inattendues : financement des œuvres de cinéastes radicaux à Chicago ; de collectifs d'artistes à Cambridge et de troupes de danse moderne dans les Berkshires. Les « organisateurs de communauté » expirants prenaient le train en marche, avec les militants du mouvement homosexuel, les meneurs des manifestations contre les centrales nucléaires, la nuée de prétendants qui prolifèrent autour des bureaucrates insignifiants, les chroniqueurs fatigués de raconter des événements déjà rabâchés, les acteurs de théâtres désertés, les « gardes forestiers » qui cultivent leurs plates-bandes dans les parcs nationaux, les conseillers judiciaires amorphes ou les services d'intervention urgente, les dessinateurs drogués de cartes sans intérêt, les parasites des antichambres de palais de justice qui badinent avec l'avocat public, les paumés qui travaillent dans les cliniques de jeunes drogués – tous, très vaguement supervisés par une vaste cohorte de conseillers d'emplois et de « coordinateurs » très imbus de leur propre importance, ou de « promoteurs d'emplois » convaincus de connaître le fin mot de l'histoire.

On ne peut pas se contenter de blâmer ces jeunes d'être dans de si beaux draps. Comme les bénéficiaires de l'assistance sociale, ils travaillent souvent avec acharnement et esprit de sacrifice (plus qu'ils ne se l'imaginent) pour obtenir des sinécures. Le système politique est bien plus coupable en encourageant ce comportement suicidaire et nuisible à la société : les vrais coupables sont les adultes qui créent ces systèmes insidieux de dépendance et de sybaritisme.

Ces programmes sont tout sauf généreux. Comme l'assistance sociale, le C.E.T.A. a souvent pour effet de protéger les gens des réalités et de les empêcher de se prendre en main, de trouver des activités utiles ou d'en créer. Par une étrange inversion étymologique, le mot *sensé* appliqué au travail a fini par prendre la signification inverse – *dénué de sens* ; l'emploi consiste désormais à consommer des ressources précieuses et à débaucher le capital humain.

Si le gouvernement est souvent mal placé pour créer des emplois, il sait distribuer les richesses avec bonheur. Quand l'opinion publique commence à se sentir frustrée par l' « assistance sociale », Washington peut continuer à distribuer ses ressources sous la forme d' « emplois », plus acceptable à l'opinion et plus alléchante pour les bénéficiaires potentiels. L'État-providence s'accroît en offrant ces produits dans des emballages plus séduisants. Mais sous le vernis nouveau, on redécouvre souvent le même vieux piège de la dépendance et de la démoralisation.

Les *véritables* emplois publics sont souvent extrêmement productifs – parfois plus précieux que les emplois privés. Même si le profit est souvent difficile à mesurer, il peut se révéler très important. Depuis le début du siècle, les trois quarts de la croissance de la productivité en Amérique s'expliquent difficilement par les investissements en terre, travail et capital. La productivité naît plutôt des accumulations intangibles de savoir et de facteur *x*, les profits invisibles du système. Certes, les entreprises privées ont réalisé une bonne part des profits en luttant pour assurer leur compétitivité. Mais le secteur public s'est lui aussi montré nécessaire en apportant une contribution significative à la croissance. Et son apport dépasse très largement les immenses bénéfices manifestes de la recherche, de l'éducation et de la science.

L'Amérique a retiré des avantages considérables de ses efforts pour l'égalité des droits ; grâce à eux, les Noirs se sont donnés plus entièrement à leur travail et le Sud a été transformé ; des villes comme Atlanta ont bien accueilli cette évolution ; elle s'est développée deux fois plus vite que Birmingham qui y a résisté. Le système de collèges agricoles subventionnés par l'État et les services de vulgarisation ont stimulé la modernisation des exploitations agricoles. On verra sans doute plus tard l'utilité des premiers efforts de protection de l'environnement. Le rendement d'un professeur ou d'un constructeur de routes, d'un émondeur ou d'un conseiller des anciens combattants, d'un employé des services de la jeunesse ou d'un conservateur, d'un éboueur ou d'un receveur des impôts, d'un gardien de prison ou de zoo est souvent difficile à calculer. C'est pourquoi, malgré tout son appareil de « science politique » et d'études coût-efficacité, le gouvernement demeure pour l'essentiel un art intuitif.

Une entreprise privée sait qu'il est difficile de créer des emplois : les échecs se traduisent vite dans les comptes. Les pertes s'additionnent vite et obligent à des innovations sous peine de faire banqueroute. Grâce à son pouvoir d'imposition, par contre, le gouvernement peut parfois imaginer que cette tâche est plus facile pour le secteur public, qu'il « crée » des emplois et produit des biens et services quand il ne fait que gaspiller et consommer : cette politique se solde alors par une destruction nette d'emplois. Si la différence entre activités publiques utiles et gaspilleuses est difficile à établir directement, elle n'en est pas moins aussi réelle que la différence entre les emplois du secteur privé qui donnent des profits et ceux qui conduisent l'entreprise à la déconfiture.

Dans le secteur public, il faut attendre plus longtemps pour voir les conséquences du gaspillage ; elles en sont d'autant plus graves : diminution progressive de la productivité dans l'ensemble de l'économie, baisse prolongée de l'emploi, désaffection durable des électeurs, développement du travail au noir et de la fraude fiscale, déclin du patriotisme et de l'esprit public et, enfin, affaissement du niveau de vie réel.

Mais, comme les indices de l'échec apparaissent également dans la sphère privée et la culture, la situation est rarement aussi claire que dans une entreprise privée. New York au bord de la faillite pouvait encore se poser en pourvoyeur héroïque de bénéfices intangibles au bien public, ou au mécène avisé et libéral qui remplace avantageusement le patronage des communautés (qui manquaient d'administrateurs et d'hommes politiques éclairés et capables d'apprécier la restauration de l'élégante façade grecque du Trésor fédéral).

Créer de véritables emplois dans le secteur public – des emplois qui produisent plus qu'ils ne consomment et apportent leur pierre à l'édifice mystique et varié de l'intérêt général – est aussi difficile que de créer des emplois dans le secteur privé. Si cette création semble facile, il s'agit sans doute de consommation. En principe, tout emploi du secteur public créé pour « développer les emplois » et non pour accomplir une tâche nécessaire est sûrement un gaspillage.

Le gaspillage va bien au-delà des activités qui ne sont pas rentables immédiatement. Ses coûts sont bien plus considérables. Les emplois factices du secteur public dissuadent la création de nouveaux emplois. Une personne qui est obligée de subvenir à ses propres besoins, acquiert une expérience précieuse qui accroît encore davantage ses capacités. Elle devient plus apte à choisir sa voie et elle est mieux placée pour trouver un emploi ou une activité profitable. Les risques et les exigences de la vie lui assignent ses limites et ses possibilités. Il en est de même pour une nation. En ce sens, le défaut d'expérience est un des facteurs clés des préjudices moraux provoqués par les programmes publics d'emploi et autres systèmes d'assurance; ils font subir une véritable perte de capital aux citoyens qui n'ont jamais pris la mesure de leurs capacités et de leurs chances. Ces passifs invisibles du compte de la productivité sont la contrepartie des actifs intangibles qui ont produit les trois quarts de notre croissance. Quand le passif s'allonge, l'économie décline.

Ces intangibles alourdissent les charges immédiates des emplois publics. Il est fort probable que chaque nouvel emploi du C.E.T.A. détruise plus d'un emploi du secteur privé pour les pauvres. Selon un rapport du General Accounting Office, chaque emploi du C.E.T.A. coûte au total plus de vingt mille dollars, frais généraux inclus. Cette somme est légèrement inférieure au coût de la création d'un emploi dans les grandes industries du secteur privé. Mais elle représente presque le double du coût de l'emploi dans les petites entreprises à forte main-d'œuvre qui s'adressent à la même clientèle que le C.E.T.A.

Si nous supposons, dans la logique de notre thèse, que les emplois du C.E.T.A. n'apportent aucune contribution nette à l'économie, on peut considérer les vingt mille dollars que coûte leur création comme une perte. D'où vient cet argent? Il vient du produit des emplois productifs: l'aggravation des pressions fiscales, l'augmentation des emprunts fédéraux et enfin, la création de monnaie directement inflationniste. Cette ponction diminue les ressources disponibles du secteur privé pour acheter l'équipement qui permet de nouveaux emplois, pour consommer les biens et services produits par les emplois et enfin l'épargne utilisée pour la construction ou la rénovation de logements.

Pendant ce temps, le gouvernement fédéral augmente le prélèvement fiscal sur les profits et les salaires du secteur privé en dissuadant ainsi la création de firmes et d'emplois supplémentaires. Pour financer un déficit, le Trésor empruntera sur les marchés des capitaux ou il offrira dix milliards de dollars de titres sûrs agrémentés de forts taux d'intérêt. Seules les grandes entreprises fortement capitalistiques seront en mesure de le concurrencer sur le marché des bons et papiers commerciaux.

Ainsi, que le gouvernement emprunte, augmente les impôts ou crée de l'inflation pour financer ces programmes de création d'emplois, les victimes sont systématiquement les petites et moyennes entreprises qui seraient capables d'embaucher les pauvres de façon moins coûteuse, plus efficace et plus productive. Puisque le C.E.T.A. dépensait annuellement plus de 10 milliards de dollars à la fin des années 70 et que des sommes considérables allaient aux employés municipaux syndiqués et aux fonctionnaires de la classe moyenne, l'augmentation simultanée du chômage, des mouvements de retrait de la vie active et des faillites des petites entreprises au cœur des cités n'est plus aussi surprenante. En fait, au vu des effets de l'assurance sociale, de l'indemnisation du chômage et des politiques de salaires minimaux qui renforcent le noyau dur du chômage des ghettos, l'inutilité du C.E.T.A. semble manifeste et inévitable.

Mais l'impact majeur de ces programmes n'est pas d'ordre financier. En effet, particulièrement dans les ghettos, peu d'entreprises recourent aux prêts bancaires. Mais cette politique prive les entreprises des ghettos d'une main-d'œuvre bon marché. En donnant le salaire minimal ou plus pour des travaux infiniment moins pénibles que les petits emplois du bas de l'échelle offerts par le secteur privé, le C.E.T.A. augmente encore les coûts en main-d'œuvre des petites entreprises dont le nombre et la rentabilité décroissent. Les possibilités d'emplois durables s'effacent au profit d'emplois artificiels qui offrent une expérience du « travail » décevante et démoralisante et qui à nouveau privent les pauvres de la compréhension de leur situation : le besoin de travailler avec plus d'acharnement que les classes plus favorisées pour obtenir une amélioration de leur situation sociale. Cette politique a donc un double effet négatif: elle diminue le volume net de la création de nouveaux emplois et détourne les ressources des petites entreprises au profit des bureaucraties et des adeptes de la libre expression décadente.

Même si c'est New York qui a le plus attiré l'attention, l'État du Massachusetts donne une idée exemplaire de la façon dont fonctionne le système. Il se singularise non seulement par les niveaux les plus élevés d'assistance sociale et un taux de chômage parmi les plus graves du pays, mais encore par le nombre d'emplois créés par le C.E.T.A. à la fin des années 70: les emplois relevant de ce programme ont en effet représenté 57 % de la croissance nette du volume d'emplois de cet État [8]. Le gouvernement fédéral a fait figure de créateur d'emplois avec la collaboration totale du gouvernement de l'État. De 1967 à 1977, le budget de l'État du Massachusetts est passé de 700 millions à 4,3 milliards de dollars: en termes réels, il a presque triplé alors que la population n'augmentait que de 5 %.

L'impression générale d'une distorsion des dépenses fédérales en faveur du Sun-Belt * est ici démentie ** : l'aide fédérale n'a en effet cessé d'augmenter au cours de cette période. Après plusieurs années de silence des fonctionnaires du Nord-Est, le General Accounting Office a fini par procéder à une analyse soigneuse en 1977: elle confirme les précédentes conclusions de Warren Brookes et d'autres selon lesquelles, sur chaque dollar qu'il donne au budget fédéral pour l'impôt, l'ensemble du Nord-Est en récupère un dollar et six

* Le *Sun-Belt* comprend la majorité des États du sud et du sud-est des États-Unis, caractérisés par un climat chaud et ensoleillé et considérés comme une zone de rapide croissance démographique et économique. *(N.d.T.)*

** Le Massachusetts est un État du nord-est des États-Unis. *(N.d.T.)*

cents, et le Massachusetts – comme le laissait présager la situation éminente de ses députés à Washington – un dollar et huit cents [9].

Tout au long de cette décennie d'emprise croissante du gouvernement dans la région, le Massachusetts est resté un des États les plus riches du pays *per capita* ; sa population comptait une classe moyenne très importante et fortement scolarisée mais seulement 3 % de Noirs. Par ailleurs, elle est restée à l'abri des grandes migrations en provenance du Sud auxquelles on associe souvent le développement de l'assistance sociale et du C.E.T.A. dans les autres États. Le Massachusetts donne en fait une réponse décisive à ceux qui pensent que la crise de l'État-providence américain vient d'un problème racial. De plus, en tant que foyer des institutions privées d'enseignement les plus prestigieuses du pays et centre des technologies de pointe – avec 2,8 % de la population totale et 3,5 % des emplois en 1960 – cet État semblait bien placé pour prospérer sans l'infusion massive de ressources provenant d'autres régions.

Pourtant, le Massachusetts n'a pas prospéré. En tenant compte des emplois publics, la croissance de l'emploi y a été moitié moins rapide que dans le reste du pays ; elle n'a été que de 60 % aussi rapide que dans le reste de la Nouvelle-Angleterre * et, tout au long des années 70, que du quart du taux de son voisin, le New Hampshire. Au moins pour l'emploi privé, les perspectives d'avenir semblaient pires. Selon la First National Bank de Boston, le Massachusetts souffrait d'un vif déclin de l'investissement ; selon une étude de 1977 réalisée par *Fortune*, cet État arrivait bon dernier dans la création de nouvelles entreprises.

Le Massachusetts a cependant terminé cette décennie au premier rang en matière d'assistance sociale, que l'on considère le montant des allocations, leur croissance et leur part dans le budget ou enfin le pourcentage de la population assistée. Le nombre de jeunes sans emploi est voisin de 40 %. Afin que nul ne s'inquiète de ces malheureux esprits désœuvrés, le revenu moyen des familles de chômeurs durables (pendant quinze semaines ou plus) était de 15 311 dollars (ressources non déclarées exclues [10]). Le nombre d'offres d'emploi restées sans réponse était un des plus forts du pays. Dans l'ensemble de l'État, les entreprises proposaient des emplois industriels à 40 ou 70 % au-dessus du salaire minimal mais s'entendaient répondre régulièrement par le département pour la sécurité de l'emploi la même ritournelle : « Il n'y a personne de convenable pour le type d'emploi que vous proposez. »

Quand les bureaucrates du Massachusetts déplorent les pertes d'emplois et réclament de nouvelles aides fédérales, ils mentionnent rarement que les entreprises sont littéralement chassées, sinon par le manque d'ouvriers, du moins par les tracasseries des pouvoirs publics. Elles sont ainsi accusées d'em-

* La Nouvelle-Angleterre réunit les six États du Nord-Est : le Maine, le Vermont, le New Hampshire, le Massachusetts, Rhode Island et le Connecticut. *(N.d.T.)*

baucher des étrangers, d'exploiter des sectes religieuses fondamentalistes (désireuses de travailler) et même d'émettre des odeurs nauséabondes, comme on le reprocha à un fabricant de postes de télévision à grand écran de Cambridge qui était pourtant en règle avec les exigences de l'Agence pour la protection de l'environnement. Le vrai crime de cette entreprise était, on le devine, de troubler l'ordre public : elle était ouvertement capitaliste. Cette usine fut sous peu chassée du New Hampshire ; elle eut droit alors aux adieux de la première page du *Boston Globe* qui l'accusait de retirer impitoyablement le travail des pauvres alors que le véritable danger était que tous les emplois se réfugient bientôt au Japon.

Évoquant New York dans une remarquable prose, le sénateur Moynihan suggère que le malheur du Nord-Est, en proie aux difficultés économiques et souffrant de politiques fédérales trop favorables au Sun-Belt, vient d'une crise profonde du libéralisme :

> Et que se passera-t-il si l'on en vient à penser que les politiques du New Deal ont entraîné la ruine de la région qui les a nourris et les a donnés à la nation ? Je vais vous dire ce qui va arriver. L'amertume et la réaction approcheront en durée sinon en intensité la réponse du Sud à sa défaite dans ce que nous appelons désormais la guerre entre les États *. Ce serait une chose de perdre le Nord-Est. Mais ce serait un choc très différent et beaucoup plus grave que de perdre la tradition du libéralisme national que le Nord-Est a tout fait pour donner à la nation [11]. »

Toutefois, au même titre que les individus, les États sont, en temps ordinaire, responsables de leur destin. Le New Hampshire, sans doute moins libéral que le Nord-Est, a été le principal créateur d'emplois de la nation. Les États qui, comme l'Ohio, l'Illinois, l'Indiana et l'Iowa, reçoivent le moins d'aide fédérale, ont tous obtenu des résultats bien supérieurs à New York ou au Massachusetts. L'Illinois, le pays d'Abraham Lincoln, Adlai Stevenson et du sénateur Paul Douglas, dont la tradition libérale est presque aussi forte que celle de New York et dont la population de Noirs est de 25 % supérieure à celle de New York et cinq fois plus grande que celle du Massachusetts, n'a récupéré, tout au long de cette décennie, que 70 cents pour chaque dollar d'impôts versé au budget fédéral. Pourtant, ses taux de chômage étaient moindres et la croissance de son revenu *per capita* – de 15 % supérieur à la moyenne nationale et de 11 % supérieur à celui du Massachusetts à la fin de la décennie – a été de 12 % plus rapide. Les dépenses de l'assistance sociale étaient également de 25 % inférieures [12].

L'analyse du General Accounting Office (G.A.O.) montre de façon aussi

* L'expression de « guerre entre les États » est utilisée de préférence à « guerre civile » par ceux dont les sympathies allaient à la confédération pendant la guerre de Sécession (1861-1865). *(N.d.T.)*

convaincante qu'une statistique peut le faire, qu'il n'y a aucune corrélation entre l'aide fédérale et la croissance économique. Et Brookes conclut :

> De même que l'assistance sociale n'aide guère les individus à s'en sortir et risque même de les enfermer davantage encore, l'étude du G.A.O. montre que c'est aussi vrai pour les États comme le Massachusetts et New York. Le Massachusetts est devenu un « enfant à charge » du budget fédéral et il ne nous fait pas le moindre bien [13].

Il n'y a pas eu au Massachusetts de crise du New Deal, ni non plus, comme d'aucuns le suggéraient, d'effondrement de la volonté et de l'éthique du travail. Le Massachusetts présente plutôt le syndrome d'un dérèglement de l'esprit d'entreprise. Les énergies qui nourrissent la croissance capitaliste ont trouvé leur débouché dans le secteur public en expansion.

La création d'emplois est avant tout le fait des individus. Leurs offres de travail et de capital humain peuvent engendrer leur propre demande. Le Massachusetts a vu naître une jeune génération dégoûtée de la guerre du Viêt-nam et méprisant les affaires comme la classe supérieure britannique dédaignait le « commerce ». Cette génération a été formée à défendre une politique de « changement social », à afficher son souci des pauvres ; elle professe une psychologie de la libération et de l'épanouissement individuels. Ces attitudes se sont traduites par une demande d'emplois « constructifs », préservés de la contamination du capitalisme et permettant de travailler avec le peuple.

Ce n'était pas une génération de flemmards ni une génération silencieuse ; la fièvre brillait dans leur regard et l'esprit d'entreprise veillait au fond de leur cœur. Mais, en méprisant l'entreprise, leurs énergies n'avaient d'autre exutoire que le secteur public. En 1972, ils ont remporté leur grande victoire en réussissant à porter McGovern à la tête d'un État, cas unique dans les États libéraux de la nation. Dans un État dominé par les catholiques, ils ont réussi d'abord à élire un républicain yankee * libéral puis un protestant grec réformateur au poste de gouverneur, pour diriger une législature dominée par les libéraux. Ils avaient trouvé leur chemin.

Et ils ont « créé » des emplois ! Ce fut une manifestation d'esprit d'entreprise et d'initiative digne des grandes époques de la croissance. A une époque de déclin régulier de la population d'âge scolaire, par exemple, il n'était pas facile d'augmenter de 60 % les dépenses d'éducation. C'est pourtant ce qu'ils ont fait grâce essentiellement à une bureaucratie pléthorique [14]. Leur plus importante contribution fut néanmoins de transformer le concept même et la structure du service public. Témoignant d'un syncrétisme audacieux, l'État a

* *Yankee* était le nom donné aux soldats de l'Union pendant la guerre de Sécession. Il désigne aujourd'hui les gens originaires de la Nouvelle-Angleterre. *(N.d.T.)*

créé une masse interdisciplinaire de guérisseurs sociaux et de provocateurs.

Les services de santé mentale de l'État ont été dévolus aux communautés ; parfois, ils se présentaient sous la forme de programmes de « prévention du crime » bénéficiant, au titre du maintien de l'ordre public, des subventions de la loi Nixon *(Law Enforcement Assistance Administration)* ; d'autres fois, ils se sont fondus avec les organismes d'éducation spécialisée et d'aide au nombre croissant des enfants retardés et avec les services publics de la jeunesse, associés avec des groupes d'accueil et des groupes écologistes. Il y eut également des programmes de formation aux thérapies de groupe et de défense du consommateur liés au développement des énergies de remplacement, à la contestation antinucléaire et au culte du solaire ou encore à la « revitalisation » des villes. Pendant ce temps, proliféraient les cours de yoga et les groupes d'adolescents, les mouvements d'action collective et les campagnes pour l'égalité des droits se multipliaient. Toutes ces activités étaient liées d'une manière ou d'une autre à l'éducation sexuelle des adolescents, la diffusion des moyens contraceptifs, aux consultations pour avortement ou à l'éducation des enfants. On ne doit pas oublier enfin les agences satellites pour les victimes de viol, les femmes battues ou encore les coopératives d'alimentation. Toutes ces institutions participaient au conglomérat des services sociaux du Massachusetts au sein duquel les différentes unités étaient devenues presque impossibles à distinguer, dirigées par les mêmes activistes polymorphes aux devoirs indéfinis et ces avocats envahissants sans la moindre tutelle du gouvernement ou le plus petit contrôle du corps législatif. Exploitant le désarroi général à chaque occasion, les syndicats du service public avaient réussi à négocier des contrats et des plans de retraite aussi généreux que ceux de la ville de New York.

Pour couronner toute cette œuvre, on assista à une débauche de surenchère d'un gouvernement ignorant tout des contraintes budgétaires. Les emplois qui étaient créés avec tant d'ingénuité et de désinvolture, à force de cajoleries et d'intrigues, de protestations et de chicaneries, d'ingéniosité procédurière et d'imagination bureaucratique — suffisantes pour lancer un millier d'entreprises — étaient au fond tout sauf des emplois ; comme du bétail devant sa mangeoire, les travailleurs consommaient leur propre capital humain et le revenu de l'État, assurés de servir la cause sacrée du « changement social » et des progrès.

Alfred Marshall, le professeur et le précurseur de Keynes à Cambridge écrivait :

> Le gouvernement est la plus précieuse richesse humaine ; et l'on ne saurait consentir aucun sacrifice trop grand pour lui permettre de réaliser son œuvre de la meilleure façon : à cette fin, une condition essentielle est de ne lui confier aucune charge pour laquelle il n'est pas spécialement qualifié, dans des conditions de temps et de lieu données [15]. »

Cette précieuse ressource fut triplement gaspillée. Bien que les réductions fiscales et la technologie de pointe aient depuis renforcé le renouveau économique de l'État, le Massachusetts des années 70 était un microcosme de Washington. Le gouvernement national dispensait ses bienfaits bien au-delà de ses compétences budgétaires et dilapidait ses ressources en milliers de consultations, commissions et contrats; des bureaucraties satellites tournaient avec profit autour de l'espace fédéral; toutes les ressources de la procédure et l'imagination des pouvoirs publics étaient mobilisées dans ce sens. A nouveau, l'élan de la création d'emplois et l'esprit d'entreprise, si positifs dans une économie privée, ignoraient les exigences du marché et outrepassaient les contraintes budgétaires. Le don capitaliste lié à la seule espérance de récompense se transformait en don public, en don de l'argent des autres, dans l'espoir hypothétique de profiter du contribuable. L'activité est la même: une opportunité à saisir, mobilisation de capital et d'aide, organisation du travail et vente du produit. Mais, en général, le sens de la réalité fait défaut et la demande publique est ignorée.

Le résultat est paradoxalement de détruire emplois et capital. L'expansion du gouvernement au nom du plein emploi, du droit à l'emploi et de l'assurance, se solde par une réduction des emplois réels proposés au niveau des salaires alléchants mais artificiels. Peu importe le sentiment de sécurité de tous ces paumés et pensionnés de l'État, son avenir reste dans les mains des créateurs de richesse et des amortisseurs de risques. La production est la source de toute demande; quand les offres de produits vendables déclinent, la valeur des contrats de travail spéciaux et des retraites idylliques dégringole en même temps.

L'intoxication fiscale a déchaîné une nouvelle force culturelle soucieuse d'un « emploi constructif » et du « changement social » sans tenir aucun compte des coûts réels. Vers la fin des années 70, cette force s'est heurtée à une autre force, celle de la révolte fiscale, inspirée par une idéologie de la libre entreprise qui peut sauver l'économie américaine. En fin de compte, ce mouvement servira sans doute davantage les idéaux du sénateur Moynihan que toute réforme de l'aide sociale ou tout flux fédéral vers le Nord-Est assiégé. Comme les individus, les économies ont besoin des contraintes de la santé et des motifs de combat: « Les difficultés qu'ils rencontrent... sont précisément ce qui mobilise et éveille leurs énergies [16]. »

La rédemption par le combat, comme le sénateur le sait si bien, c'est l'histoire de l'Amérique. Il n'y a pas d'alternative. Dans les années 80, comme auparavant, les groupes qui triment, épargnent et créent leur propre emploi obtiendront les meilleurs profits. Durant les années 70, cette période même d'assistance sociale pléthorique et d'expansion du C.E.T.A. en réponse à une crise de chômage supposée, l'Amérique a connu un flux considérable d'immigration comparable aux grands flux des Irlandais, des Italiens et des juifs au

XIXe siècle et au début du XXe. Quatre cent mille immigrés sont entrés légalement dans le pays avec quelque huit cent mille étrangers non déclarés: partout ils ont trouvé ou créé des emplois.

Dans cette époque étrange, il semble parfois salutaire en Amérique de *ne pas* connaître la langue et donc d'être insensible aux charmes de l'aide publique qui se tourne avec empressement vers les nouveaux arrivants qui débarquent sur nos rivages. A Ferry Street, au centre de Newark, où le taux de chômage était de 20 %, Cubains et Portugais ont réussi à créer, sans aide publique ni prêts bancaires, un quartier de boutiques actif: boulangeries, maisons d'ameublement, magasins de liqueurs ou boutiques de modes, épiceries et restaurants [17]. En Floride, 93 % des trois cent mille Cubains ont trouvé du travail au centre de Miami où 16 % des Américains du centre de la ville étaient au chômage. De même, dans Los Angeles ou aux alentours, où 20 % des Américains étaient sans emploi, les Mexicains ont envahi la ville et ont trouvé du travail dans les exploitations agricoles et les usines, les hôtels et les restaurants, dans l'industrie du vêtement ou encore comme domestiques; aujourd'hui, ils sont majoritaires dans tous ces emplois dans de nombreuses villes américaines [18]. La plupart des étrangers, à l'instar des premiers immigrants, ont accepté des travaux pénibles pour de faibles salaires; ils ont méprisé les allocations. Dans le comté de San Diego, centre d'immigration mexicaine, les fonctionnaires n'ont pu découvrir que dix cas d'étrangers en situation illégale parmi 9 132 cas d'assistés examinés en 1975 [19].

Ces nouveaux venus sont un grand atout pour l'Amérique. Ainsi, le sénateur Chafee de Rhode Island pouvait dire que « les immigrés portugais sont notre meilleur programme de rénovation urbaine [20] ». Des milliers de Vietnamiens qui sont arrivés aux États-Unis les yeux grands ouverts après avoir subi des épreuves lamentables, seulement 10 % ont échoué à l'aide sociale; des centaines ont ouvert des boutiques, des blanchisseries ou des restaurants. A San Diego, ils sont des milliers à travailler dans des ateliers d'assemblage de composants électroniques qui sous-traitent pour de grandes entreprises de matériel militaire ou d'équipement de communication [21]. Ils reçoivent un médiocre salaire mais qui dépasse largement celui de leurs concurrents de Taiwan, Hong Kong et Singapour.

Un emploi garanti promet une chose impossible. Il implique que chacun diminue son effort et accepte nonchalamment un salaire sans entraîner le déclin du système. Si tous les employés disposaient des mêmes garanties que les salariés du secteur public, ils travailleraient avec un minimum d'effort et le niveau de vie américain ne tarderait pas à s'effondrer. Le risque de licenciement est la contrepartie normale d'un travail mal accompli. Quand l'emploi est garanti, il est très largement à l'appréciation de l'employé; comme le montre l'exemple du C.E.T.A., il n'a souvent plus rien à voir avec un travail réel.

L'altruisme est l'essence du travail productif dans un système capitaliste.

Comme Richard Posner l'a écrit : « Parce qu'un individu ne peut prospérer dans une économie de marché sans comprendre et s'intéresser aux besoins et aux désirs des autres, et parce que la culture de l'altruisme favorise la bonne marche des marchés, l'économie de marché... développe également l'empathie et la bienveillance, sans pour autant détruire la personnalité [22]. » En dépit des prétentions altruistes de ses avocats, l'emploi artificiel est souvent égoïste. Son but est de satisfaire le donateur plutôt que le donataire. Par une ironie du sort, les titulaires de ces emplois s'irritent souvent de leur sinécure et de la paperasserie de leur bureaucratie. Pendant ce temps, ceux qui consentent des sacrifices et occupent un emploi productif peuvent tirer de grandes satisfactions de leur travail. En élargissant le domaine des emplois subventionnés, le pays sape la morale du travail et suffoque l'esprit de charité qui nourrit le sens de l'effort le plus créatif.

Subventionner les entreprises géantes pour sauver des emplois n'a pas de meilleurs effets que de créer des emplois ou de les garantir par le C.E.T.A. On a prétendu que sauver une firme comme Chrysler, c'était s'élever au-dessus des principes. Or il s'agissait tout simplement d'un principe différent : même si elles ne servent pas l'intérêt public ou n'assument pas un rôle crucial pour la sécurité nationale, les grandes entreprises américaines n'ont pas le droit de faillir.

Ce principe entraîne un déclin accéléré de la productivité américaine et l'abandon du leadership américain dans l'économie mondiale. Le risque d'une faillite importe autant à une entreprise capitaliste que la chance de réussir. Comme l'attestent l'expérience de l'industrie ferroviaire américaine, le département de la Poste ou les services publics de la ville de New York, l'accès au Trésor américain paralyse les rapports entre la direction de l'entreprise et les syndicats. Les contrats qui résultent des négociations promettent des avantages bien au-delà de ce que permettent les gains de productivité ; ils affaiblissent donc la santé financière de l'entreprise jusqu'à ce qu'elle fasse faillite et doive chercher l'aide du gouvernement. Un fonds fédéral qui subventionne les entreprises défaillantes appelle les faillites : c'est une *self-fulfilling prophecy* *.

Toute l'expérience européenne le prouve : dès qu'une entreprise passe sous la tutelle de l'État, elle n'est plus guère en mesure de réaliser des profits. Les quatorze plus grandes entreprises publiques d'Europe occidentale bénéficient toutes des nombreux avantages spéciaux mais une seule, D.S.M., une entreprise de chimie des Pays-Bas, a eu un rendement consistant. Comme la *Harvard Business Review* l'a souligné, la concurrente du secteur privé de

* Littéralement, prophétie qui se réalise d'elle-même. Il s'agit en fait d'une prophétie qui se réalise du seul fait d'avoir été énoncée. Se préparer à aider les entreprises en difficulté, c'est les inciter à la négligence et les pousser au bord du gouffre. *(N.d.T.)*

Renault, qui est l'exemple le plus célèbre de succès d'une entreprise nationalisée, Peugeot-Citroën, a versé autant d'impôts à l'État (1,8 milliard de francs au cours des cinq dernières années) que Renault a reçu de subventions (1,7 milliard de francs[23]). En Italie et en Grande-Bretagne, les entreprises nationalisées, en proie à des syndicats voraces, ont provoqué de graves crises budgétaires.

Le sauvetage de Chrysler sera un désastre s'il doit faire figure de précédent et appeler de nouvelles interventions de l'État. Une politique de subvention des canards boiteux conduira à une économie jonchée d'industries qui se goinfrent de capital sans donner le moindre profit. L'économie fourmillera de vieilles entreprises incapables de créer de nouveaux emplois mais qui encombreront les sentiers de la création d'emplois.

QUINZE

Laffer et l'économie libérale

DÉCIDÉMENT, ROBERT L. HEILBRONER est bien un de nos plus prestigieux et éloquents économistes ; à la fin de 1978, il a réussi à découvrir la solution des énigmes de l'économie américaine. Pour assurer un maximum d'audience et d'impact à ses trouvailles, il les divulgua le 22 décembre dans une tribune libre du *New York Times*. John Kenneth Galbraith est une autorité encore plus célèbre et plus volubile : quelque trois semaines plus tard, au début de 1979, il est apparu au même endroit avec presque la même révélation. Pour les deux experts, le problème de l'économie américaine venait d'une insuffisance d'impôts et de contrôle.

Comme d'habitude, Galbraith était tranchant et incisif. Après nous avoir offert son analyse familière de la politique des prix imposés des grandes entreprises, il affirmait que le contrôle des prix était pratique et efficace. « On a appris durant la Seconde Guerre mondiale et souvent remarqué qu'il n'était pas difficile de fixer des prix qui étaient déjà fixés. » Cependant, les seuls contrôles ne suffiraient pas. Les impôts étaient aussi indispensables. Il appelait de ses vœux « une très modeste augmentation de la fiscalité... sur les revenus supérieurs à trente mille dollars... Elle toucherait moins de cinq millions de contribuables (4,8 millions en 1976) en exerçant une légère contrainte sur les détenteurs du quart ou du cinquième de l'ensemble du revenu imposable. Cette mesure permettrait de modérer les achats d'automobiles les plus chères, d'immobilier le plus coûteux, des vêtements de luxe, de mobilier très recherché ; elle assignerait quelques limites au respect des observances sociales les plus mémorables et restreindrait quelques autres dépenses d'urgence secondaire... ».

« L'effet stimulant de l'imposition des plus hauts revenus, nous assure suavement Galbraith, n'est pas défavorable. Autrefois, quand les impôts sur les plus hauts revenus étaient bien plus élevés qu'aujourd'hui, la croissance économique était bien plus rapide. Une modeste restriction des dépenses des mieux nantis (et la clameur qui l'entoure) devrait rendre plus facile de demander aux cols bleus d'accepter de limiter les hausses de leur salaire [1]. »

De nouveau, comme à l'ordinaire, Heilbroner était plus solennel et moins suffisant, mais ses prescriptions étaient fondamentalement les mêmes : une combinaison « d'impôts drastiques » et de contrôle des salaires et des prix [2]. De telles mesures liées à un renforcement de la planification économique « pourraient donner au système capitaliste une mesure de la vie nouvelle, bien que limitée ». Mais il restera « enclin aux crises » et comme Heilbroner le disait dans un essai publié quelques mois plus tôt, « même une crise relativement modérée... laisse planer les spectres de l'effondrement, de la révolution, de la fin du monde [3] ».

En effet, les États-Unis semblaient atteindre la fin d'une ère. Ce n'était pas le stade final du capitalisme mais la déroute de l'économie à la mode de la gauche. Ces deux articles sont une confession d'inconséquence de la part des deux auteurs principaux de l'économie libérale. Même s'il est concevable qu'une combinaison de contrôle des salaires et des prix avec une fiscalité plus forte et plus progressive apporterait une « solution » dont l'économie américaine se passerait volontiers, « nous n'avons pas besoin d'économistes pour de pareils conseils », raillait Irving Kristol. Après des décennies passées au premier plan de leur profession, de nombreux best-sellers et d'innombrables articles présomptueux, après avoir gagné des millions par leurs textes et leurs consultations, ces deux lumineux chercheurs finissent, pour lutter contre l'inflation, par se laisser aller au même sempiternel réflexe de ceux qui sont sensibles aux sondages d'opinion.

La jouissance de telles ironies est une des multiples consolations de l'observateur des marchés encore libres de l'Amérique moderne. Mais il y a encore plus important que la vente des œuvres de Galbraith et d'Heilbroner et plus révélateur que les poses élitistes de leur socialisme, c'est l'inanité croissante de leurs idées. Il est difficile de ne pas s'irriter pour répondre à une recommandation d'augmentation des impôts comme antidote de l'inflation à une époque où depuis une décennie les impôts augmentent à un rythme 80 % plus rapide que les prix.

Ces économistes, il est vrai, désiraient concentrer les augmentations d'impôts sur les tranches de revenus les plus hautes. Mais les 1 % d'Américains placés au sommet de la pyramide des revenus paient déjà 20 % des impôts sur le revenu fédéraux et 25 % en versent 72 %. Ni Galbraith ni Heilbroner n'ont conçu le moindre soupçon à cet égard : un alourdissement des taux marginaux d'imposition risque d'entraîner des réductions de revenus, et particulièrement des hautes tranches des revenus qui peuvent consacrer leurs ressources à des usages moins productifs et donc moins imposables.

Cette ardeur de nos deux économistes à réclamer des contrôles de salaires et de prix est également stupéfiante après la description que Robert Schuettinger nous a donnée de l'expérience maudite de « quarante siècles » de ces mesures [4]. Galbraith et Heilbroner invoquent tous deux le « succès » des restrictions du temps de guerre : ils oublient tout simplement qu'elles n'ont pas réussi à enrayer l'inflation et qu'elles furent suivies d'une explosion inflationniste dès leur suppression. Galbraith loue les contrôles de l'époque de la guerre de Corée ; or ces limitations de prix n'avaient aucun sens à une époque où de nombreux prix diminuaient réellement par suite d'une politique budgétaire et monétaire restrictive.

Aucun de nos économistes n'envisage l'impact profondément pervers des contrôles sur les entreprises de technologie en expansion qui n'arrivent pas à retenir leurs techniciens et leurs ingénieurs ; aucun ne considère non plus les autres effets destructeurs des limitations de prix sur l'investissement et la productivité. En définitive, les contrôles risquent de renforcer les pressions inflationnistes et non de les alléger puisque la productivité déclinera, mais pas la masse monétaire.

Ce n'est pas seulement la futilité de leurs programmes qui consacre la fin d'une ère. Galbraith et Heilbroner pourraient soutenir de façon tout à fait plausible que leurs convictions socialistes les font pencher vers des mesures plus énergiques, mais que dans les circonstances actuelles, on ne peut recourir qu'à des expédients. La désuétude de leur vision globale de l'Amérique est plus révélatrice : leur incompréhension de ses relations de classes et de ses structures économiques va de pair avec leur refus des nouveaux modes de pensée économique.

Galbraith laisse transparaître sa vision du monde à travers sa liste malicieuse des dépenses marginales des riches que de modestes augmentations de la fiscalité devraient tempérer. A l'en croire, un impôt plus progressif réduirait essentiellement les achats d'objets de luxe. Il réclame la fermeture des « échappatoires » et la fin du traitement différentiel des plus-values de façon à imposer une nouvelle austérité aux fortunés. Grâce à ces mesures, suppose-t-il, on pourrait aider plus généreusement les pauvres.

Nous rencontrons de nouveau ici la vieille illusion de l'équilibre partiel. Si Galbraith renonçait à passer ses hivers à Gstaad pour faire un don à un professeur pauvre de Cambridge, son propre revenu et son style de vie déclineraient, et ceux du pauvre homme augmenteraient, au moins temporairement. Galbraith se serait imposé lui-même de façon plus progressive en aidant les pauvres. Mais comme Keynes nous l'a appris, ce qui s'applique à l'un ne s'applique pas nécessairement à tous. C'est le paradoxe de la redistribution. Au-delà d'un certain point, déjà atteint dans les démocraties modernes, l'aggravation de la pression fiscale sur les plus hauts revenus conduit les riches à davantage et non moins de luxe ; de même, ils aident moins les pauvres. Cette illumination, qui pointe lentement aux horizons nuageux de l'État-providence occidental et commence à transformer le paysage de l'économie politique, n'est pas encore entièrement comprise par les conservateurs. Mais son intelligence est nécessaire si l'on veut comprendre ce qui se passe dans le monde.

Dans un pays capitaliste, la question cruciale est celle de la qualité et de la quantité de l'investissement des riches. Une augmentation de la fiscalité ne modifiera guère leur consommation qui représente une part relativement modeste et stable de la richesse des classes supérieures. Par contre, elle affecte l'épargne et l'investissement des riches, leur montant et leur affectation.

Dans les années 70, à Londres, les visiteurs avaient maintes occasions de remarquer la profusion d'objets de luxe et de signes d'abondance. Aucun mystère : le taux d'imposition sur les revenus montait en pente raide à 90 % et le revenu des investissements était imposé au taux incroyable de 98 %. Mercedes et Aston Lagonda manœuvraient dans les parkings, au milieu des Austin Princess et de leurs chauffeurs, à proximité des bijouteries resplendissantes et des galeries d'art de Bond Street. En un temps si inclément, la fiscalité redistributrice poussait un cinquième des cadres et des professions libérales du pays dans les restaurants français du centre de New York, le long des rives d'Ibiza et de l'Algarve, et peut-être en hiver sur les pentes de Gstaad. Galbraith a pu s'imaginer qu'il pouvait les détourner de cette voie et les ramener à Londres en imposant les revenus des investissements à 100 % – l'écart de deux points serait enfin comblé ! – sinon en confisquant les traitements. Mais, hélas, ces mesures n'auraient qu'un seul impact : de faire proliférer l'accent anglais sur les pentes de Gstaad.

Le principal effet d'un impôt très progressif est d'abaisser les prix relatifs des objets de luxe et du loisir au détriment de l'investissement et du travail. Paul Craig Roberts a tiré au clair cette question :

> Prenez le cas d'une personne qui est menacée d'un impôt de 70 % sur le revenu de ses investissements. De deux choses l'une : soit elle choisit d'investir 50 000 dollars pour un taux de rendement de 10 % qui lui rapporteraient 5 000 dollars de revenu annuel avant impôt ; soit elle choisit de consacrer ses 50 000 dollars à l'achat d'une Rolls Royce. Puisque, après impôt il ne reste plus que 1 500 dollars des 5 000 dollars initiaux, en se privant simplement de ce revenu, elle pourra jouir d'une automobile de luxe. L'impôt britannique de 98 % sur les revenus des investissements a réduit le coût d'opportunité de l'achat d'une Rolls en termes de revenus à 100 dollars par an seulement. On aurait donc tort de voir dans la profusion actuelle de Rolls Royce en Angleterre un signe de prospérité [5]. »

Comme Scott Burns l'a souligné à propos des États-Unis : « Nous verrons davantage de Cadillac et de Mercedes sur les routes et de yachts sur la mer jusqu'à ce que l'économie finisse par se désintégrer [6]. »

La pression fiscale et l'inflation provoquent l'effondrement de l'économie de la même façon que les taux d'intérêt qui préoccupaient Keynes. Mais une fiscalité excessive est encore plus néfaste car elle décourage l'entreprise – et risque donc de réduire les revenus de l'État – alors que les taux d'intérêt élevés peuvent avoir un effet autocorrecteur permettant de dégager davantage l'épargne. Tous deux exercent leurs ravages en incitant ou en contraignant les investisseurs potentiels à renoncer à investir : ils appauvrissent l'économie en éliminant les riches et en les invitant à rester sur leurs yachts.

Supposons, par exemple, que Galbraith se lasse des charmes de la vieille Europe et se décide à affronter le mouvement de concentration de l'édition américaine. Il décide donc de retourner à New York et d'éditer ses propres œuvres.

Il a récemment reçu une leçon de choses pour financier néophyte de la part de son compagnon de ski, William F. Buckley Jr. Buckley avait essayé de diriger plusieurs entreprises tout en écrivant deux romans et deux cents chroniques, d'éditer un magazine et un bulletin hebdomadaires, de donner d'innombrables conférences, de diriger une série d'entretiens télévisés, d'apprendre à jouer Bach au clavecin, de traverser l'Atlantique sur un rafiot et enfin de visiter la Chine et Gstaad. Trouvant une minute de temps libre, Buckley a signé quelques rapports qui l'ont conduit à la banqueroute et lui ont valu diverses accusations de fraude : en tout cas, il en est sorti beaucoup plus averti des dangers de la richesse et de la paperasserie dans le monde américain des affaires.

Quoi qu'il en soit, Galbraith décide de s'occuper en détail de son affaire et refuse de s'absenter ou de se fier à des juristes. Il investit un million de dollars, s'assure du financement, loue un siège social approprié, embauche des rédacteurs, des artistes et des sociétaires, passe un marché avec des compositeurs, des imprimeurs et des relieurs ; bref, il se soumet aux épreuves quotidiennes de la vie d'un homme d'affaires à New York.

Après un an de combat, son entreprise survit. La seconde année, il publie un best-seller de Galbraith et fait donc un profit de 10 % sur son capital – après que ses ouvriers ont payé les impôts sur le revenu aux échelons fédéral, étatique et local et que son entreprise a acquitté les droits de propriété, les autorisations et divers autres droits.

The Wall Street Journal décrit ce qui arrive par la suite dans un cas voisin :

> Sur 100 000 dollars de profit, la ville en absorbe en gros 5 700 et laisse 94 300 dollars. L'État en prend environ 10 % et laisse donc 84 870 dollars. L'Internal Revenue Service, prélevant un impôt progressif, s'empare de 38 000 dollars. Il ne reste alors que 46 870 dollars. Notre bonhomme riche se les attribue alors comme dividende.
>
> Comme il est riche, notre homme figure bien sûr dans une des tranches les plus élevées de l'impôt sur le revenu ; après avoir payé 4,3 % à la ville (2 015 dollars) il lui en reste encore 44 855. L'État lui filoute 15 % (6 728 dollars) et lui laisse 38 127 dollars. L'oncle Sam lui barbote 70 %, 26 689 dollars, et l'abandonne avec 11 438 dollars.

> Par conséquent, sur un investissement d'un million de dollars en capital et après deux ans de travail intensif pour créer une entreprise risquée, cet heureux compère qui avait réalisé un profit de 100 000 dollars n'a plus en poche que 11 438 dollars. Il a renoncé à deux ans de croisière pour gagner un revenu annuel de 5 719 dollars[7].

Jamais un brillant professeur ne commettrait pareille bêtise. Mais imaginons un homme qui a investi sur le marché boursier et a vendu ses parts en 1973 (année pour laquelle on dispose de résultats détaillés). Cette année-là, les investisseurs avaient enregistré une plus-value nominale sur leur capital de 4,63 milliards de dollars. Cependant, nombre de ces actions avaient été achetées des années auparavant, avant que l'inflation ne prenne son essor. En données corrigées de l'inflation, ces 4,63 milliards de dollars se transforment en une perte nette de 910 millions de dollars. Néanmoins à cause de cette plus-value nominale, ils ont dû payer 1,13 milliard de dollars et donc subir une perte réelle supérieure à 2 milliards de dollars. Officiellement, ils avaient réalisé un profit. Et l'année 1973 n'eut rien d'exceptionnel. Entre 1968 et 1977, les indices des actions et des titres les plus cotés, y compris les bons du Trésor à quatre-vingt-dix jours, sont restés derrière l'inflation d'au moins 20 %; les comptes d'épargne individuels se sont encore plus détériorés.

L'amendement Steiger – abaissant le taux maximal d'imposition des plus-values de 49 à 28 % – n'a pas modifié fondamentalement cette situation. Martin Feldstein, président du Bureau national de la recherche économique, a estimé que même si les profits et les valeurs boursières parvenaient à suivre le rythme de l'inflation et à croître en termes réels, un impôt de 20 % sur les plus-values nominales équivaudrait à un impôt de 80 % sur les profits réels pour un taux d'inflation de 7 %. Avec 8 % d'inflation, le taux effectif de prélèvement fiscal dépasserait 100 %. Or, il a atteint ce niveau durant les années 70, avant les réformes[8]. Avec l'inflation, l'impôt sur les plus-values est devenu tout simplement une confiscation.

De la même façon, l'inflation a augmenté l'impôt sur les revenus de l'investissement, dividendes et intérêt. Galbraith écrit qu' « autrefois, quand les impôts sur les plus hauts revenus étaient bien plus élevés qu'aujourd'hui, la croissance économique était bien plus rapide[9] ». Il se réfère sans doute au début des années 60, quand la limite du taux d'imposition du revenu de l'investissement était de 91 % et qu'il incitait le président Kennedy à « ranimer l'Amérique » en augmentant les dépenses du secteur public. Kennedy a préféré entreprendre une réduction à 70 % des taux d'impôt sur les tranches de revenu supérieures et à 50 % du taux sur les revenus du travail. L'économie a repris son élan après que le président Johnson eut signé le projet de loi.

Contrairement à l'affirmation de Galbraith, le taux réel d'imposition du revenu de l'investissement – même en excluant les impôts des États et des villes – fut largement supérieur durant la décennie 70 à ce qu'il était à l'époque de la Camelot de Kennedy *. L'impôt réel n'était pas de 70 %; le taux de 70 % s'appliquait aux revenus nominaux artificiellement gonflés par l'inflation tandis que la valeur du principal se dépréciait au rythme de l'inflation [10]. Sur un certificat de dépôt de 10 000 dollars et rapportant 10 % d'intérêt, par exemple, le revenu avant impôt serait de 1 000 dollars, et l'impôt fédéral (prélèvement de l'État exclu) serait de 700 dollars. La perte de principal consécutive à l'inflation de 7 % serait également de 700 dollars. Par conséquent, l'impôt *réel* sur un revenu de 1 000 dollars serait de 1 400 dollars, soit un prélèvement de 140 %.

Au début des années 80, l'impact combiné des impôts et de la dépréciation du dollar approchait 200 % du revenu de l'investissement : l'inflation détruisait une partie du principal équivalent au double des charges d'intérêts ordinaires qui eux-mêmes étaient imposés au taux maximal par les autorités fédérales et l'État. Selon une estimation de Warren Brookes, le taux de *taxflation* était de 132 %, c'est-à-dire supérieur d'un tiers à ce qu'il était dans les années 60 avec un taux nominal de 91 % [11]. Or des économistes libéraux comme Galbraith et Heilbroner, et les conseillers du président Carter et du sénateur Kennedy, n'ont cessé tout au long de cette période de réclamer avec insistance une augmentation de la pression fiscale. Une telle attitude défie toute imagination. Il n'y a que deux explications possibles : ou ces hommes ne comprennent rien de rien à l'économie ou ils sont réellement déterminés à nationaliser le patrimoine américain, sans se soucier des conséquences.

Quoi qu'il en soit, cette politique s'est soldée par le retrait de 6 millions d'investisseurs du marché boursier; les entreprises plus petites ont vu se limiter leur possibilité de procéder avec succès à des émissions de titres, lesquelles sont passées de plusieurs centaines à quelques poignées par an; enfin, on a assisté à un effondrement des valeurs boursières des entreprises en deçà de la valeur comptable de leurs actifs. Si les investisseurs ne pouvaient pas acheter de titres, d'autres entreprises le feraient. Il n'y avait aucune raison de prendre le risque de nouveaux bâtiments et de nouvel équipement si l'on pouvait acquérir meilleur marché des usines existantes. Ainsi, pendant que les politiciens démagogues s'en prenaient à la taille des entreprises et proposaient de nouvelles lois et pouvoirs contre les trusts, la politique même du gouvernement se traduisait par quelque 2 100 fusions ou rachats pour la seule année 1978.

Les actions du gouvernement furent bien plus convaincantes que ses paroles étourdies et mensongères. Le gouvernement américain a ainsi encouragé massivement les citoyens et les entreprises à désinvestir du capital productif américain. Mais ce message fédéral ne signifiait pas que le riche n'avait

* Camelot était la ville légendaire où le roi Arthur avait sa cour et sa Table ronde. L'administration de J. F. Kennedy mérita d'être appelée ainsi en raison de la qualité du brain trust conseillant le président, de son projet et de ses idéaux. *(N.d.T.)*

rien d'autre à faire de son argent qu'acheter des yachts ou des Rolls Royce et se divertir en loisirs de luxe. Quand il est impossible de gagner un rendement raisonnable d'un capital durable, la seule solution est de se diriger en tâtonnant vers les domaines beaucoup plus vastes mais plus périlleux de la spéculation. Entre 1968 et 1977, alors que tous les indices de la valeur des investissements en capital productif indiquaient en moyenne des pertes réelles — redoublées par un impôt élevé sur des profits illusoires — plusieurs milliers de spéculateurs ont pris leur essor et rejoint le camp des déstabilisateurs du marché des matières premières ou sont venus grossir la vague des investisseurs dans les établissements de jeu d'Atlantic City. Des milliers d'individus perspicaces et avisés ont acheté des francs suisses, des diamants, des monnaies, des objets rares et surtout de l'or, en réalisant des bénéfices monstrueux. Néanmoins, l'importance de ces spéculations est restée relativement insignifiante. La majorité des Américains, même les riches, s'est sagement tenue loin des marchés incertains d'objets rares appréciés des connaisseurs et s'est abstenue de parier sur des affaires spéculatives.

Les gens ont préféré spéculer sur leurs propres maisons. Alors que 24 millions d'investisseurs étouffaient sous l'inflation et les impôts, 46 millions de propriétaires amélioraient leur logement par des hypothèques — dont ils pouvaient déduire la charge des intérêts de leurs revenus imposables — et obtenaient des gains réels sur la valeur de leur premier versement, supérieurs aux profits des spéculateurs sur l'or ou les devises étrangères. Ils misaient alors leurs gains sur une seconde hypothèque à dépenser en biens durables — machines à laver et contre-fenêtres, télévisions couleur et automobiles — qui leur permettraient de se protéger des périls de la monnaie dans l'Amérique inflationniste.

Non seulement la hausse de la valeur de leurs maisons a été de 20 % supérieure à celle de l'indice des prix, mais avec peu de risques, ils pouvaient obtenir des profits supérieurs à tous ceux des actionnaires les plus phénoménalement chanceux. La classe moyenne américaine réussissait mieux sur le marché du logement que tous les investisseurs les plus avisés sur les marchés boursiers et financiers de la planète. En 1979, la valeur des propriétés résidentielles individuelles avait atteint 1,3 billion de dollars, soit le double de la valeur des actions détenues par les particuliers.

Les Américains avaient trouvé le moyen d'investir que les capitalistes cherchaient en vain. Ils ont trouvé un refuge contre l'inflation dans lequel ils puissent également vivre. Ils ont dû inventer un moyen d'épargner sans que les intérêts soient soumis à des prélèvements. Ils ont trouvé un actif supportant des impôts faibles et déclinants, déductibles des déclarations fiscales. Même si l'on a retenu de préférence les exceptions, l'impôt sur la propriété a diminué dans la grande majorité des États et des localités, tout au long des années 70. Même en Californie, avant la proposition 13, le prélèvement fiscal de l'État sur un revenu personnel de 1 000 dollars avait baissé de 71,50 à 65,14 dollars [12].

Derrière la prospérité du marché du logement et le déclin du capital, se profilait la puissance du gouvernement. A la fin de la décennie, la National Mortgage Association (Société nationale des hypothèques) et la Federal Home Loan Bank (Banque fédérale de prêt au logement) – agences indépendantes au niveau du budget fédéral – canalisaient près de 30 milliards de dollars vers le logement. Vendant des hypothèques aux investisseurs privés, elles en utilisaient les bénéfices pour financer de nouvelles hypothèques, soit directement, soit par l'intermédiaire de sociétés de prêt avant d'acheter de nouvelles hypothèques afin de financer l'émission de nouveaux titres pour soutenir l'expansion de la dette hypothécaire. Cette véritable spirale hypothécaire repose en définitive sur les garanties du Trésor.

Les nouvelles lois relatives au crédit – qui exigent de compter trente années de revenus, non seulement du mari mais aussi de la femme – ont encore stimulé l'expansion. Ce n'était guère une expression de la croissance de la demande ou de la population. L'intensification de l'aide publique au logement dans les années 70 a couronné deux décennies au terme desquelles les États-Unis dépensaient déjà huit fois plus de capital pour le logement que l'Europe occidentale et trois fois plus que le Japon, dont la croissance démographique était bien plus rapide. Les entreprises nouvelles ou marginales qui manquaient de garanties, d'exonérations et de subventions étaient tout simplement incapables de concurrencer l'hydre hypothécaire.

Tout au long des années 80, le logement conservera son rôle de valeur refuge. Les gens se sentent suffisamment riches pour s'engouffrer dans des niveaux de dettes sans précédent. Les temps sont révolus où le consommateur épargnait davantage qu'il n'empruntait pour acheter une maison ; l'industrie dégage désormais un solde net d'épargne déficitaire. L'endettement du consommateur est monté 50 % plus vite que ses revenus.

Néanmoins, dans une économie, la valeur dérive avant tout de la production de biens et de services. La spéculation sur le logement – qui est essentiellement une marchandise – a entraîné l'Amérique par le biais de la fiscalité dans une dépression de la valeur de ses actifs productifs. Mais bientôt, s'il faut rembourser le principal hypothécaire et les intérêts (dont les taux avoisinent deux chiffres) ; s'il faut payer les impôts sur la propriété, réparer les toits et les chaudières, repeindre les surfaces exposées, entretenir les canalisations, les chéneaux et l'isolation thermique ; s'il faut étançonner les fondations, assurer l'entretien des appareils ménagers et acquitter la facture du chauffage et de l'électricité – si, en fait, la valeur actuelle du logement ne souffre pas d'un effondrement soudain qui laisserait les dettes sans garanties et les banques exposées avec des implications en chaîne incalculables – l'entreprise américaine devra renouveler son capital. La valeur du logement dépend en dernière instance des emplois et des entreprises ; nos logements ne suffiront plus longtemps à soutenir l'économie.

En l'absence de revenus de l'investissement, l'Amérique a troqué son commerce contre la spéculation. Tandis que la population, la production, les profits réels stagnaient ou déclinaient, l'expansion du logement a donné un refuge à la richesse américaine. Au début des années 70, la Grande-Bretagne avait connu une expansion similaire du logement, également fortement encouragée par les pouvoirs publics. Après avoir maintenu sa valeur pendant que les actions s'effondraient en 1968 et 1969, la valeur réelle du logement s'est élevée pendant trois ans, d'abord au rythme du marché puis en le dépassant ; le gain réel total fut ainsi supérieur à 20 %. Puis, entre 1973 et 1975, la valeur du logement est tombée de près d'un tiers, à un niveau de 10 % inférieur à celui de 1956 ; elle n'a à nouveau augmenté qu'après la reprise de l'investissement [13]. Il y a certes des différences clés entre les deux pays, mais, dans les deux, prévalait le sentiment que le marché du logement pouvait être immunisé contre l'effondrement. Il ne le peut pas.

Dans les années 80, l'économie américaine sera exposée au vent et ouverte à la concurrence dans un monde où ses rivaux ont investi beaucoup plus largement. Les États-Unis ont « consommé » leur avenir de la même façon que les économies les plus prodigues de l'Europe. La croissance de notre investissement et de notre productivité a traîné derrière celle de tous nos concurrents occidentaux. Durant la décennie 70, en pourcentage du P.N.B., l'investissement américain était inférieur de moitié au niveau japonais et de deux points inférieur au taux de la Grande-Bretagne qui gavait son économie de projets prioritaires. La croissance moyenne de notre production par heure de travail était inférieure du tiers à celle de la Grande-Bretagne, bien que la croissance de notre P.N.B. réel excédât celle de la Grande-Bretagne (et *seulement* celle de la Grande-Bretagne).

Même l'investissement était à l'excès consacré à répondre aux régulations publiques ou à les contourner : ils ont ainsi servi à développer les services juridiques ou comptables de préférence aux lignes de production. David Ranson de Wainwright and Company a ainsi estimé que :

> en 1976, sur chaque dollar investi en usine et en équipement, à peine 5 cents reflétaient réellement une hausse nette du capital. Quelque 90 cents servaient à remplacer le capital déprécié ; et au moins 5 cents consistaient en dépenses obligatoires pour la réduction de la pollution et la sécurité du travail [14].

Roger Brinner de Harvard et Data Resources et Douglas Greenwald de la division économique de McGraw Hill ont donné des estimations similaires. Simultanément, les pouvoirs publics ont entravé et concurrencé les entreprises. Aussi, seul le capital du gouvernement et de sa vaste clientèle de propriétaires a-t-il réellement augmenté.

On est en droit d'émettre quelques réserves sur la valeur de cette croissance de secteurs souvent négligeables pour l'évolution économique d'ensemble. Elle reposait sur une accumulation de dettes résultant largement d'anticipations inflationnistes qui seraient confirmées si la dette devait être remboursée dans une économie stagnante. Pourtant, à moins d'une réduction drastique de la fiscalité, l'inflation ruinerait la majeure partie des investissements productifs américains.

Dans cette conjoncture difficile, les économistes libéraux jugeaient de bon aloi de chanter leurs mêmes vieilles ritournelles. Ils citaient la loi de Denison pour montrer qu'au cours des siècles, les taux d'épargne s'étaient maintenus au même niveau, indépendamment des taux d'intérêt. Bien entendu, ils négligeaient les estimations très largement différentes du prix Nobel Simon Kuznets. En fait, l'idée que les taux d'intérêt n'ont aucune influence sur l'épargne est manifestement fausse. Comme les économistes n'ont cessé de le faire pendant des siècles, les libéraux ont spéculé sur l'épuisement prochain de l'énergie vitale et du génie innovateur du capitalisme. Selon eux, le gouvernement devrait maintenant prendre le relais. Ils parlaient de fraude, d'apéritifs et de faim en Amérique. Ils tempêtaient contre le chômage, les profits des monopoles et l'inégalité des revenus et des patrimoines. Devant la crise, ils n'ont plus rien à proposer sinon d'aggraver la fiscalité et d'accroître les contrôles.

Que proposait l'opposition sinon de diminuer les impôts et les contrôles? S'en tenir à cette réponse serait trompeur. Cette pharmacopée traditionnelle de la droite s'articule aujourd'hui autour d'un consensus bien mieux accordé avec les conditions du monde en gestation. Elle n'a jamais si clairement et directement répondu à la convergence des crises de l'inflation, de l'innovation et de la croissance.

A l'origine de ce renouveau, il faut mentionner, en dépit de ses défauts secondaires, la courbe de Laffer et son galvanisme politique. La courbe de Laffer montre qu'il existe deux taux de fiscalité qui rapportent une même recette. Par exemple, un taux zéro ne rapportera aucune recette; un taux de 100 % non plus car il arrêterait toute activité imposable. Mais la contribution majeure d'Arthur Laffer n'était pas une formule mathématique. Jude Wanniski, son fervent admirateur, l'a montré on ne peut mieux dans son ouvrage, *The Way the World Works*. Laffer nous a laissé deviner comment couper le nœud gordien de la croissance du secteur public et de la stagnation du secteur privé. Il a montré que l'allégement de la pression fiscale pouvait stimuler les affaires et détourner les revenus des valeurs refuges vers les activités imposables à tel point que la diminution des prélèvements fiscaux entraînerait une augmentation des revenus de l'impôt. On peut soulager le secteur privé du poids qui l'accable sans pour autant réduire les services du secteur public. L'idée était simple et démontrable. Elle était vraie. Mais les économistes libéraux s'en moquèrent et les conservateurs se montrèrent prudemment sceptiques.

Pour disqualifier cette thèse, les critiques ont usé d'un moyen désormais familier dans toutes les sciences sociales; ils ont refusé toute originalité de raisonnement pour se borner à leur rôle de programmation et d'interprétation des résultats de leurs ordinateurs. Or cette approche a un point faible : il faut agréger des données variées et assez peu fiables en omettant les dimensions cruciales de la qualité et de la dynamique. De plus, les résultats perdent de leur signification dès que plusieurs variables sont introduites; le choix de quelques variables significatives permet toutes les accusations de biais et de signification abusive. Dans tous les cas, la nouveauté, la créativité, l'imagination et la surprise — les variables intangibles de la vie — sont éliminées.

Néanmoins, les ordinateurs fournissent un mode de réfutation universel de toutes les théories qui n'ont pas l'heur de plaire aux experts ou qu'ils n'ont pas inventées les premiers. La technique est élementaire : elle consiste à faire des régressions sur des équations qui comptent un nombre incalculable de variables, qui sont sophistiquées et reposent sur des statistiques douteuses. L'expérience s'arrête quand tout sens est évacué. Alors, triomphalement, ils annoncent que « les plus récentes analyses et études des données montrent qu'il n'y a aucune preuve... absolument aucune preuve... pas l'ombre d'une preuve... » ou plus précisément « une confirmation anecdotique... pas la moindre donnée ». Conclusion : il n'y aurait aucune preuve convaincante que les États-Unis aient atteint le sommet de la courbe de Laffer ni qu'un allégement de la pression fiscale puisse augmenter les revenus. Avec des taux réels sur les profits très largement supérieurs à 100 %, l'évidence était si écrasante, si massive, qu'elle semblait invisible à la majorité des experts.

Chesterton avait déjà expliqué ce problème il y a un demi-siècle :

> Voici un des quatre ou cinq paradoxes que l'on devrait enseigner à chaque enfant qui babille encore sur les genoux de sa mère : plus un homme regarde une chose, moins il peut la voir; plus un homme apprend une chose, moins il la sait. L'argument fabien de l'expert — on devrait faire confiance à l'homme instruit — serait absolument irrécusable s'il était réellement vrai que l'homme qui a étudié une chose et l'a pratiquée tous les jours devait en percevoir toujours davantage la signification. Mais tel n'est pas le cas. Il en saisit de moins en moins le sens[15].

Quelle qu'en soit la raison, les économistes américains normalement les plus imaginatifs et intéressants se sont révélés incapables de comprendre une réalité économique — le poids excessif de la fiscalité sur le revenu et l'investissement — qui était pourtant manifeste à l'ancien footballeur devenu membre du Congrès, Jack Kemp, à un éditorialiste du *Wall Street Journal* peu formé à l'économie, Jude Wanniski, ou à un économiste, Arthur Laffer, qui fait largement figure de brebis galeuse aux yeux de ses collègues les plus prestigieux.

A l'origine du problème, il y a une confusion entre les taux d'imposition et les taux de recettes. Tous les économistes, libéraux et conservateurs, apprennent que ce qui importe le plus, pour le meilleur ou le pire, n'est pas la façon dont le gouvernement se procure des ressources mais combien il dépense. Même si elle est d'une importance vitale, ce n'est qu'une vérité partielle. Entre deux programmes fiscaux assurant des rentrées similaires, les taux marginaux — les taux qui s'appliquent à chaque accroissement successif de revenu — feront toute la différence. Les taux marginaux déterminent l'impact de la fiscalité sur les motivations, les anticipations, les ambitions et les comportements, sur le désir de se retirer et de travailler ou d'investir pour gagner un dollar de plus.

Le problème crucial est de savoir quel pourcentage de ce dollar ira dans les caisses du gouvernement et combien en garderont ceux qui prennent des risques, se dépensent en efforts, renoncent à la consommation ou s'abstiennent de repos. L'imact des taux marginaux est significatif pour tous ceux qui, comme les clients de l'assistance sociale et les riches, ont déjà l'assurance d'une aide. Mais l'impact risque d'être plus déterminant pour le désir de mettre en œuvre des projets risqués ou à long terme. Pour mobiliser les énergies et favoriser les innovations des entreprises pionnières, il faut laisser la possibilité — peut-être illusoire — de réaliser des profits fabuleux.

Avant toute autre chose, au-delà des ressources et de la technologie, ce sont les forces psychologiques qui façonnent le potentiel d'une économie. L'ambition et la résolution renforcent le dynamisme de la croissance, de l'entreprise et du progrès. Un impôt excessif risque de diminuer les espérances des hommes d'affaires et donc de conduire au renoncement. L'impôt ne fournira donc plus aucune recette. Il risque de décourager les affaires sans laisser de traces.

Au sommet de la courbe de Laffer, taux et revenus sont inversement proportionnels. Plus les taux sont forts, moins le revenu est élevé. Dans ces circonstances, il ne rime à rien de prétendre que les États-Unis supportent un faible fardeau fiscal sous prétexte que la part des impôts dans le P.N.B. est relativement modeste.

Dans sa critique de l'amendement Steiger pour la réduction de l'impôt sur les plus-values, l'administration n'a cessé d'ignorer cette distinction. Pour le département du Trésor, le taux de 49 % sur la plus haute tranche de revenu était négligeable car il ne procurait qu'une faible recette. En fait, l'absence même de revenu révélait son impact destructeur sur l'incitation à réaliser des plus-values pour les riches qui sont soumis aux taux les plus forts. En mesurant les seuls effets de revenu, les économistes libéraux ont également oublié les effets de la progressivité croissante de l'impôt sur le revenu consécutifs à la diminution des catégories les plus basses et aux effets de l'inflation sur les tranches de revenu les plus hautes.

De la même façon, les économistes négligent cette distinction entre impôts et recettes quand ils comparent les charges fiscales des différents pays. Ils oublient également la différence tout aussi fondamentale de l'impact économique des transferts – qui modifient la structure de la demande à l'intérieur même du secteur privé – et de celui des dépenses publiques entre biens et services. En terme de pourcentage du P.N.B. consacré aux impôts et aux dépenses publiques, dans les années 70, les États-Unis arrivaient bons derniers derrière la plupart des principaux pays européens, y compris les économies dynamiques de l'Allemagne et de la France. Les économistes en ont ordinairement conclu que le fardeau fiscal américain était substantiellement plus faible. Cet écart s'explique en fait par la nature des programmes de transfert européens : l'assurance médicale, les allocations familiales et les retraites sont essentiellement financées par des cotisations à la Sécurité sociale relativement régressives et par des impôts sur les ventes ou des taxes sur la valeur ajoutée qui sont donc beaucoup plus importants en Europe qu'aux États-Unis.

Ainsi, en Grande-Bretagne et en Allemagne, les versements et les débours médicaux sont par exemple comptabilisés comme des impôts et des dépenses publiques. Aux États-Unis, ils relèvent d'entités quasi privées comme Blue Cross et Blue Shield *. L'ensemble du système est régulé par le gouvernement et financé par le Medicare et le Medicaid. Mais il n'y a guère de différence entre les deux modes de gestion si l'on examine leur impact sur l'économie d'une nation, sauf que le système mixte public et privé des États-Unis consomme une portion beaucoup plus large du P.N.B.

Si l'on exclut les transferts largement assurés par les systèmes d'assurance et de retraites privés aux États-Unis, seuls deux pays d'Europe occidentale – la Suède et le Danemark – dépassent les États-Unis par l'importance des dépenses publiques. Selon les statistiques de l'O.C.D.E., la part des prélèvements sur le P.N.B. dans les années 70 était aux États-Unis légèrement supérieure à celle de la Grande-Bretagne mais dépassait de 6,8 % celle de l'Allemagne; par ailleurs, les prélèvements américains représentaient en pourcentage du P.N.B. plus du double des prélèvements japonais [16]. Pour mobiliser les ressources (biens et services) du secteur privé à des fins publiques, du développement énergétique à l'éducation des enfants en passant par la défense, les États-Unis sont restés au premier rang des principaux pays capitalistes.

En raison des échappatoires, des exonérations et d'une application très molle, qui sont la règle plutôt que l'exception dans la majorité des pays européens, la comparaison de taux d'impôts sur le revenu dans les différents pays soulève de sérieux problèmes analytiques. C'est la raison pour laquelle nombre d'observateurs restent incapables de comprendre que les États-Unis possèdent le système fiscal d'appropriation directe de biens et services le plus

* Il s'agit d'un système d'organisation d'assurance médicale non lucratives qui offrent à leurs souscripteurs l'hospitalisation et diverses prestations médicales; les bénéficiaires sont souvent des employés et leur famille. *(N.d.T.)*

progressif, complexe et néfaste du monde libre. D'une façon générale, aux États-Unis, le fardeau fiscal repose relativement plus sur les riches et moins sur les pauvres ou les classes moyennes qu'au Japon, en R.F.A., en Suède, en France, en Grande-Bretagne ou en Italie.

La plupart des pays européens recueillent les deux tiers de leurs revenus par les cotisations à la Sécurité sociale, les impôts et les droits indirects ou les taxes sur la valeur ajoutée. Les États-Unis perçoivent moins de 40 % de leurs recettes par ces moyens relativement régressifs. Par contre, 11 % de leurs revenus (c'est-à-dire une part très largement supérieure à celle de la majorité des autres pays) proviennent des impôts sur les profits des entreprises ou sur les plus-values. L'impôt sur les détenteurs de portefeuille est donc beaucoup plus lourd[17]. Proportionnellement, les États-Unis retirent plus de deux fois plus de ressources par ces moyens que la Suède ou l'Allemagne et imposent leurs plus-values et leurs actifs huit fois plus lourdement que la Suède et quatre fois plus que l'Allemagne ou le Japon[18]. De surcroît, l'Allemagne, la Suède, la France et d'autres pays européens offrent diverses échappatoires qui exemptent de nombreuses grandes entreprises rentables de tout impôt sur les profits ; par ailleurs, les pays européens ont longtemps autorisé des amortissements beaucoup plus rapides pour compenser la dépréciation de nouvelle technologie.

A l'exception de la Grande-Bretagne, les États-Unis sont le seul pays à tirer des revenus substantiels des impôts sur la propriété ; leur importance est comparable aux impôts acquittés par les entreprises. Bien que l'incidence exacte de l'impôt sur la propriété demeure aussi obscure que l'impact de l'impôt sur le revenu des entreprises, les analyses prouvent amplement que ces deux impôts reposent essentiellement sur les classes les plus riches. Les libéraux marquent de plus en plus leur hostilité à la révolte contre les impôts sur la propriété. Les propriétaires fonciers ont été de façon notoire incapables de répercuter ces impôts sur leurs locataires de faible revenu[19].

Si l'on cumule l'impôt provenant de sources relativement progressives – droits de propriété, impôt sur le revenu et profits des entreprises – l'ensemble des prélèvements américains s'élevait à 17,6 % du P.N.B. en 1977. Ce taux était supérieur de 16 % au taux allemand, de 57 % au taux italien, de 70 % au taux japonais, et de 90 % au taux français[20].

Aux États-Unis, les salariés de revenus faibles ou moyens paient donc moins d'impôts que dans les principaux pays européens, et les revenus supérieurs, davantage. Les personnes qui gagnent moins de la moitié du revenu moyen paient 14 % des impôts aux États-Unis, 18 % en Grande-Bretagne, 19 % en Allemagne et 31 % en Suède. La France est le seul pays où ce pourcentage est légèrement inférieur à celui des États-Unis. Le groupe intermédiaire des contribuables paie aussi moins d'impôts aux États-Unis que dans les autres pays. Il fournit 31 % des recettes fiscales aux États-Unis, 36 % en France, 45 % en Allemagne et 60 % en Suède[21]. Enfin, les contribuables des plus hautes tranches de revenu sont beaucoup plus imposés aux États-Unis qu'en Europe ou au Japon : 30 % des contribuables américains versent 74 % des impôts sur le revenu; les 1 % du sommet de l'échelle en paient 20 % à eux seuls[22].

Les taux marginaux sur les plus hautes tranches de revenu du travail ne sont pas plus élevés aux États-Unis que dans la plupart des autres pays industriels; mais les taux américains (fédéraux et étatiques) frappent des revenus bien plus faibles. En R.F.A., par exemple, le taux maximal est le même qu'aux États-Unis : 56 %; mais le taux allemand s'applique uniquement aux revenus supérieurs à 140 000 dollars. Par contre, aux États-Unis, la plus haute tranche de revenu est à peine à moitié de ce niveau : 60 000 dollars. En France, le taux maximal est de 60 % mais ne s'applique qu'aux revenus dépassant 92 000 dollars. Le Japon et l'Italie ont tous deux des taux marginaux limites supérieurs à 70 % mais qui ne s'appliquent qu'à des revenus plus de six fois supérieurs au revenu américain imposé à 56 %. En Suisse, ce taux est de 41 %; dans les économies en pleine expansion de l'Asie, à Hong Kong, à Singapour, en Corée et à Taïwan, les taux sont très inférieurs au taux américain sur tous les revenus supérieurs ou moyens. A Hong Kong, le taux maximal est de 15 %[23].

A la différence de leurs collègues occidentaux, les responsables des économies capitalistes d'Asie comprennent le rôle des allégements fiscaux pour le dynamisme des entreprises. Au milieu des années 50 une série de réductions fiscales délibérées a lancé l'envol économique de Taiwan[24] et les réductions se sont succédé tout au long des années 70. En 1980, Singapour a réduit de 16 % ses taux pourtant faibles; devant un Parlement réceptif, le ministre du Commerce Goh Chok Tong s'en expliquait ainsi : « Plusieurs pays avancés, comme l'Angleterre, se sont laissé hypnotiser par le slogan " faire payer les riches ", avant de découvrir tout simplement qu'une fiscalité excessive sur les revenus individuels avait étouffé tout dynamisme et goût du succès[25]. »

En dépit d'un fardeau fiscal total apparemment moindre, ces chiffres suggèrent que la structure des taux réels des États-Unis est beaucoup plus progressive que partout ailleurs. Nulle part les riches ne sont davantage imposés. En raison de leurs taux maximauxquirapportentunefaiblerecette, la Grande-Bretagne et la Suède sont pour une partie de leur système fiscal placées plus haut que les États-Unis sur la courbe de Laffer. Mais ces deux pays européens imposent davantage les classes moyennes et moins les entreprises qu'aux États-Unis; par ailleurs, la progression des taux sur les plus hauts revenus y a été bien moins rapide qu'en Amérique, même avant les profondes réformes fiscales de la Grande-Bretagne en 1979 et 1980.

Il n'y a donc aucun doute en la matière : les taux de la fiscalité américaine sont plus progressifs que ceux de nos principaux concurrents – la R.F.A., la France, le Japon et les pays capitalistes en expansion d'Asie. Les taux fortement progressifs ont beau avoir une consonance idéaliste, ils n'en réduisent pas moins les incitations à la réussite économique, au travail; ils dissuadent de prendre des risques et encouragent la recherche de sinécures improductives qui empiètent le moins possible sur le temps de loisir et préservent le confort du foyer. Si l'économie ne peut offrir de rendements appréciables aux entreprises, l'ambitieux recherchera les avantages de l'assurance et de la sécurité, le pouvoir politique et le lucre bureaucratique. En définitive, les taux marginaux élevés sapent continuellement la diligence et la détermination nécessaires à l'accomplissement de tout travail utile. Ils invitent au renoncement et à retourner à l'économie domestique; ils détruisent le goût de l'effort sur lequel repose la mobilité sociale.

Puisque les États-Unis ont un des systèmes fiscaux les plus progressifs du monde — les plus répressifs à l'égard de la richesse — et souffrent de taux d'épargne et d'investissement très nettement inférieurs à ceux de ses rivaux, il ne fait aucun doute que nos impôts sur le capital et l'investissement doivent être réduits très largement. Non seulement ces mesures amélioreront la diversité et la qualité de notre capital, notamment en suscitant la création de nouvelles entreprises mais, comme l'assure Laffer, les réductions fiscales augmenteront les revenus.

Par ailleurs, en diminuant leurs cotisations de Sécurité sociale extraordinairement coûteuses, la France et l'Italie pourraient se situer sur un point plus raisonnable de la courbe de Laffer. Ces impôts ont considérablement développé la main-d'œuvre souterraine. En Italie, on estime à un tiers de la population active les travailleurs qui participent à un *lavoro nero*, un marché noir du travail qui rassemble quelque quatre millions de personnes travaillant dans des sous-sols ou des ateliers abandonnés[26].

La Grande-Bretagne, la Suède et les États-Unis pourraient également se situer sur un point nettement inférieur de la courbe de Laffer en réduisant leurs impôts sur le revenu. En Grande-Bretagne et en Suède, la fraude fiscale a atteint des niveaux endémiques dans les années 70. En Suède, l'absentéisme a atteint en moyenne 16 jours par an (contre 3,5 en Amérique)[27]; le retrait de la vie active a pris une telle ampleur que le gouvernement a proposé d'imposer les violons d'Ingres et autres passe-temps. Le célèbre économiste Gunnar Myrdal, socialiste de toujours, en fut conduit à dénoncer les impôts sur le revenu.

> « Ma conclusion principale est que les impôts sur le revenu sont, à divers égards, de mauvais impôts... Pour la majorité de la population..., un taux marginal d'imposition fort et progressif diminue le désir de travailler plus que nécessaire... En abaissant l'impôt sur le revenu, le détournement irrationnel de l'investissement de la production vers les biens de consommation durables ne serait plus si sévère. Parce que l'impôt sur la consommation (Gunnar Myrdal réclamait l'adoption de la T.V.A.) est un impôt sur le niveau de vie et non sur le revenu, et favorise donc l'épargne et l'accumulation du capital, chacun devrait le préférer, et particulièrement en ces temps... De tous les défauts de notre système d'impôt sur le revenu, le

plus grave me semble être que nos lois invitent directement à la fraude fiscale. Pour moi et ma génération, l'honnêteté des Suédois a été une source de fierté. Aujourd'hui, à cause de mauvaises lois, j'ai le sentiment que nous sommes en train de devenir une nation de filous[28].

Gunnar Myrdal rejoint Arthur Laffer.

A la fin des années 70, le gouverneur de Porto Rico, Carlos Romero Barcelo, a eu la chance de rencontrer Arthur Laffer. Jude Wanniski, qui avait également rencontré Barcelo, fut assez audacieux pour terminer son ouvrage en prédisant que la réduction des taux de prélèvement pour les tranches supérieures de revenu stimulerait la croissance et accroîtrait les revenus de Porto Rico. Barcelo a suivi son conseil. Il a réduit les taux d'impôts sur le revenu et a supprimé en 1978 deux surtaxes de 5 %. L'année suivante, selon les statistiques officielles, les recettes fiscales augmentaient de 15 millions de dollars par rapport à l'année précédente, le taux de chômage baissait de 1,2 % et l'inflation se ralentissait. Barcelo procéda à de nouvelles réductions en 1979 : les recettes fiscales augmentèrent de 13,5 % et les listes de contribuables s'allongèrent de 100 000 nouveaux noms en 1980[29].

Le gouverneur Romero Barcelo s'inspirait de la fameuse réduction fiscale de Kennedy en 1964, signée par Lyndon Johnson après l'assassinat de Kennedy mais déjà en bonne voie en 1963. Les États-Unis auraient dû renouveler cette opération dans les années 70. En 1964, le taux maximal avait été réduit de 91 à 70 % et les autres taux avaient été diminués en proportion; les bénéfices en avaient été exceptionnels pour l'économie. Mais le résultat le plus frappant de l'annonce de l'allégement de la fiscalité par Kennedy fut sans doute l'expansion considérable de l'investissement privé et son détournement de la terre et de la propriété vers l'entreprise. Dans les quatre années précédant les réductions, 27,4 % de l'investissement se dirigeaient vers les entreprises et 38,5 % vers l'immobilier. Pendant les quatre années suivantes, 58,6 % allaient aux entreprises et 11,2 % seulement à l'immobilier[30]. Une telle modification de la structure des investissements était à nouveau nécessaire à la fin des années 70, après plus d'une décennie d'augmentation des impôts – une majoration de 10 % en 1968, un quasi-doublement des taux d'impôts sur les plus-values en 1969, et les effets de l'inflation chronique – qui avaient réduit à néant les bénéfices de la politique de Kennedy et handicapé l'économie américaine.

Sur les conseils de Paul Craig Roberts, alors conseiller au Sénat, Jack Kemp, député de New York, et William Roth, sénateur du Delaware, ont présenté en 1976 une proposition de réduction de la fiscalité conçue sur le modèle du programme Kennedy en 1964. Si urgente fût-elle, cette proposition de loi suscita l'opposition de nombreux économistes influents, tant libéraux que conservateurs. S'ils s'accordaient souvent à reconnaître les effets destructeurs de l'impôt progressif pour les tranches supérieures de revenu, ils estimaient que l'immense majorité des contribuables américains subissaient des taux marginaux trop faibles pour être dissuasifs ou encourager la recherche de moyens légaux d'échapper au fisc.

Croire que les Américains ne souffraient pas d'entraves fiscales est totalement faux. A la fin des années 70, tous les Américains, de Harlem à Hollywood et de Wall Street à Walla Walla – des chauffeurs de taxi aux boutiquiers en passant par les dialoguistes ou les financiers – se préoccupaient d'éviter les impôts ou de dissimuler leurs revenus ou leurs profits. La resquille est devenue une des premières industries.

A la lecture attentive du livre d'Edgar K. Browning et William R. Johnson, *The Distribution of the Tax Burden*, analyse générale de l'impact distributif de l'ensemble du système fiscal américain, la raison en devient évidente. Publiée en 1979 par l'Institut américain de l'entreprise, cette analyse diffère de la majorité des analyses précédentes : en effet, elle inclut dans ses calculs des taux fiscaux marginaux non seulement l'accroissement des contributions fiscales résultant de l'augmentation des revenus, mais aussi la perte des allocations de transferts (Medicaid, aide sociale et pensions alimentaires...) que subit son titulaire quand il décide d'augmenter son revenu en travaillant. Browning et Johnson concluent que le taux fiscal marginal effectif sur le revenu des ménages commence à plus de 60 % pour le tiers inférieur (principalement du fait des pertes de transferts), dépasse 40 % en moyenne pour le groupe intermédiaire et monte à 50 % pour le cinquième supérieur[31]. Mais cette étude ignore toutes les hausses de la fiscalité postérieures à 1976. En tenant compte de la hausse des cotisations à la Sécurité sociale et des autres prélèvements à la fin de la décennie 70, l'analyse de Browning et Johnson montrerait que l'immense majorité des ménages américains subissent des taux fiscaux marginaux de 50 % ou plus.

Autrement dit, la majorité des Américains ne pouvaient guère espérer conserver plus de la moitié des revenus supplémentaires qu'ils auraient été tentés de se procurer. Indubitablement, ces taux marginaux de prélèvements, frappant les revenus faibles et moyens, ont un impact négatif substantiel sur l'activité économique imposable, le travail et la productivité. Mais, alors que ces effets étaient pourtant visibles à l'observateur distrait, ils ont souvent échappé aux économistes abusés par l'expansion notable de la population active à la fin des années 70. L'analyse globale semblait révéler une hausse et non une diminution de l'activité.

En fait, la hausse des taux marginaux a favorisé le travail féminin, notamment le travail à temps partiel[32]. Mais l'augmentation quantitative des travailleurs dissimule une détérioration et une fragmentation de l'activité, un déclin des perspectives de carrière, une rupture des familles et un vaste mouvement vers l'économie souterraine[33]. Toutes ces tendances prouvent que l'économie américaine se situe à un point élevé sur la courbe de Laffer ; par suite, une diminution de la pression fiscale provoquerait un détournement massif des valeurs refuges vers les activités imposables tout en améliorant la productivité et la croissance.

En 1978, l'État de Californie décidait de mettre à l'épreuve ces idées en diminuant fortement les impôts sur la propriété : ce fut la Proposition 13. Cette loi réduisait le fardeau fiscal effectif de l'État grevant le revenu personnel d'environ 30 % pour les deux années suivantes. La majorité des experts furent consternés. Partout les économistes prévoyaient un désastre pour l'emploi. La Business Round Table de Californie augurait « une inflation explosive ». L'Office du budget du Congrès (C.B.O.) consulta son modèle économétrique et prédit « un ralentissement de l'activité économique » en envisageant néanmoins une baisse de l'indice des prix à la consommation du fait de l'impact de la réduction des impôts grevant la propriété sur les coûts de logement [34].

Selon le rapport du C.B.O., la Proposition 13 entraînerait l'économie de la Californie dans la dépression, accroîtrait le chômage et réduirait les recettes fiscales de l'État.

Le C.B.O. avait raison pour l'inflation mais ses raisons étaient mauvaises. Pour tout le reste, il se trompait. Malgré la hausse continue des coûts du logement, l'indice des prix à la consommation était d'un point inférieur à celui de l'État fédéral. Mais les revenus individuels ont augmenté de 40 % plus vite que dans l'ensemble de l'Amérique; 400 000 emplois ont été créés; les recettes fiscales n'ont pas cessé d'augmenter et ont permis de dégager un surplus de 1 milliard de dollars dans les comptes de l'État. Arthur Laffer fut le seul économiste à avoir prédit de tels résultats.

Pour les libéraux préoccupés de la distribution du revenu, la courbe de Laffer offre une promesse aussi séduisante que les restrictions keynésiennes contre l'austérité et l'épargne. Les impôts régressifs aident les pauvres! Il est aujourd'hui manifeste qu'une structure fiscale moins progressive est nécessaire pour réduire le fardeau fiscal qui accable les classes faibles ou moyennes. Quand les taux des tranches supérieures de revenus sont abaissés, les riches consomment moins et investissent davantage. Leurs revenus augmentent et ils paient davantage d'impôts. Par suite, la contribution fiscale des moins favorisés pour financer les services publics pourra être réduite.

Au cours des dernières années, les taux vivement progressifs, exacerbés par l'inflation, semblent avoir régulièrement réduit l'investissement productif des classes supérieures de nombreux pays occidentaux. Ils ont donc imposé une charge fiscale plus lourde sur la classe moyenne. Si tout se passe au mieux, cette situation provoquera la révolte fiscale des classes moyennes; mais le mal vient des taux qui grèvent les plus hauts revenus et si seuls les taux de la classe moyenne sont réduits, la situation empirera. Diminuer les taux fiscaux de la classe moyenne rendra simplement le système plus progressif et réduira encore davantage la productivité des riches. D'une façon ou d'une autre, la classe moyenne devra subvenir aux besoins de l'État. C'est le cul-de-sac de l'égalitarisme : pour aider les classes pauvre et moyenne, on doit réduire les taux de prélèvement sur les riches [35].

En Angleterre et en Suède, la méconnaissance de ce paradoxe a créé une situation dramatique : les taux nominaux les plus élevés rapportent des recettes négligeables ; les riches n'ont de cesse de fuir à Malte ou à Nassau pour y préserver leurs gains, laissant la classe moyenne sédentaire payer les impôts. Mais Wanniski démontre que les effets de la fiscalité progressive apprise en Occident exercent les ravages les plus graves dans le tiers monde. Même les pays qui autrefois épargnaient sont réduits à cette situation par un cercle vicieux d'inflation et d'impôts. L'économie de la Turquie était autrefois solide. En 1980, elle se débattait sous un système fiscal appliquant un taux de 55 % aux revenus de 1 600 dollars et de 68 % aux revenus de 14 000 dollars. Pendant ce temps, le Fonds monétaire international (F.M.I.) exigeait de nouveaux programmes « d'austérité », de dévaluation et d'impôts, comme condition de nouveaux prêts [36]. Ce problème est également endémique en Amérique latine où l'émigration économique, l'exode des cerveaux et la fuite des capitaux ont étouffé toutes les impulsions de la croissance.

Aux États-Unis, le net déclin des recettes des impôts sur les plus-values après l'augmentation des taux en 1973 montre que l'émigration économique peut tout aussi bien être un phénomène interne ; les investisseurs potentiels retirent simplement leurs ressources des emplois les plus productifs et imposables. La spéculation s'acharne sur les produits existants, la terre et les objets d'art ou se tourne vers les actions des établissements de jeu tandis que le capital durable de la nation – nécessaire à la prospérité future – est dilapidé.

SEIZE

L'État inflationniste

LA THÉORIE ÉTABLIE disposait d'un argument de poids à l'encontre des raisons invoquées par les républicains en faveur de la loi Kemp-Roth et de l'économie lafferiste. Des citoyens responsables, de Galbraith au président Carter, convenaient qu'un allégement de la fiscalité de 30 % tel que le proposait la loi serait largement inflationniste. Après trois années de discours lénifiants, ils venaient soudain de se rappeler que l'inflation est assurément « le plus cruel de tous les impôts ».

Les économistes libéraux ne mâchaient pas leurs mots et ne monnayaient guère leurs convictions. De nombreux conservateurs écoutaient avec inquiétude leurs arguments tandis que leur propre parti semblait se détourner cavalièrement des canons de la responsabilité budgétaire. La réponse vigoureuse des partisans de la réduction des charges fiscales a profondément modifié l'approche des problèmes les plus cruciaux de l'économie.

Au cours du débat, divers combattants guettaient la lueur rouge des combats et les éclats de lumière fugitifs pour s'assurer que les drapeaux chéris de l'économie partisane restaient bien en place, flottant aux brises de leur propre rhétorique. Ceux qui suivaient le débat avec attention virent pointer les quelques illuminations de l'aube. Il devenait clair, par exemple, que la pharmacopée traditionnelle des keynésiens contre l'inflation – accroître les impôts pour éponger l'excès de la demande, restreindre l'offre du crédit, réduire les dépenses publiques – était soit extrêmement difficile à invoquer, soit inefficace. Cette situation laissa les deux camps dans une grande perplexité. C'est alors qu'a surgi une nouvelle dissidence. Ce qui avait commencé comme une timide hypothèse – serait-ce possible? – est devenu une hérésie largement propagée; il ne faut pas modifier l'analyse keynésienne, il faut la renverser : *l'inflation résulte des impôts.*

Quiconque douterait que l'idée fût révolutionnaire n'a qu'à observer la façon impromptue dont elle est apparue. Les idées véritablement révolutionnaires ne triomphent pas de leurs adversaires en les écrasant sous l'évidence. Le plus souvent, elles l'emportent par l'effet « bon sang, mais c'est bien sûr ! » : « Bien sûr, *quelques* impôts sont inflationnistes. » Au départ, quand ils s'opposaient à la T.V.A., les libéraux mentionnaient les impôts sur les *ventes*. Puis, en réclamant une limitation des hausses des cotisations à la Sécurité sociale en 1978, ils citèrent l'impôt sur les salaires *. Par suite, il fut largement question des droits de propriété après la Proposition 13 qui les réduisait en Californie ; l'Office du budget du Congrès (C.B.O.) prévoyait alors une baisse de la composante logement dans l'indice des prix à la consommation. Enfin, l'impact inflationniste des 100 milliards de dollars relevant des régulations publiques, une forme d'impôt, devint la matière première de tous les discours présidentiels sur le sujet. Mais une fois accordé leur « bien sûr » pour les ventes, les salaires et les droits de propriété, il ne s'agissait plus apparemment que d'une question de temps pour les impôts sur les revenus.

Le sens de cette évolution demeure obscur et de nombreux économistes, comme Galbraith et Heilbroner refusent d'en prendre acte. Si une décennie de croissance de la fiscalité à un rythme de 80 % supérieur à celui de l'inflation n'a pas enrayé cette inflation, c'est qu'il faut encore davantage d'impôts. D'autres sont en désaccord. Mais on dénombre presque autant d'explications que d'économistes étudiant la question.

Comme d'habitude, Milton Friedman se montra le plus simple et le plus lucide et donna son aval à la proposition de loi Kemp-Roth pour la seule raison qu'elle exerçait des pressions en faveur de la réduction des dépenses. « Le fardeau fiscal total, dit-il, est ce que le gouvernement dépense, non les recettes appelées impôts. Tout déficit est supporté par la population sous la forme d'impôts cachés[1] », de deux façons principales : par le déclin de la valeur de ses dollars et l'intérêt grevant la dette fédérale. Par conséquent, si l'on ne diminue pas les dépenses publiques, la réduction des taux nominaux dissimulera simplement le fardeau plus qu'elle ne le réduira.

C'était, en la matière, le commencement de la sagesse. Mais le débat n'était pas clos, car cette thèse négligeait l'impact des modifications de la structure des taux d'imposition sur l'économie. Bien qu'il ait écrit de façon aussi éloquente que quiconque sur l'importance des incitations pour les hommes d'affaires et les travailleurs, Friedman en est revenu, à l'occasion de la proposition Kemp-Roth, aux calculs stériles d'agrégats douteux au lieu d'insister sur les effets dynamiques de la créativité et de l'investissement des entreprises. Paradoxalement, il était beaucoup plus sensible aux effets politiques dynamiques : comment les politiciens seraient-ils conduits à réduire les dépenses si le résultat de la politique de Laffer aboutissait à augmenter les recettes de l'État ?

Pour un des rédacteurs de la proposition Kemp-Roth, Paul Craig Roberts,

* Retenu à la base. *(N.d.T.)*

l'inflation était un problème fondamental; il fut d'ailleurs le plus subtil avocat économique de cette loi. Il affirma avant tout que des taux élevés étaient un frein pour la production, et que ce *frein fiscal* engendrait l'inflation en réduisant l'offre de produits sans limiter la masse monétaire. D'où une situation inflationniste classique : « Beaucoup trop de monnaie pour trop peu de biens. » Mais en l'occurrence, le déficit des produits importe davantage que l'excès de la masse monétaire. Roberts marchait sur les traces de Dennis Robertson, un des premiers théoriciens modernes de l'économie de l'offre, qui, en 1927, reprochait à Keynes de nier qu'une hausse de l'impôt sur le revenu pourrait créer l'inflation. Robertson expliquait que l'augmentation de la fiscalité aurait des effets sur l'offre en réduisant la quantité offerte et en augmentant ses prix[2].

L'argument du frein fiscal, cependant, laissait sans réponse les objections des monétaristes comme Friedman et Herbert Stein; ils affirmaient en effet que même si l'effet Laffer se produisait réellement, le système Kemp-Roth se traduirait d'abord par des déficits fédéraux inflationnistes du fait des retards inévitables de son impact sur la production. En termes monétaristes élémentaires, Roberts rétorquait que les déficits ne sont inflationnistes que s'ils sont financés par une création de papier-monnaie. Or la loi Kemp-Roth augmenterait suffisamment l'épargne pour financer le déficit [3]. Personne, apparemment, n'y avait songé et personne ne pouvait en contester l'éventualité. La décennie 70 s'était achevée avec des taux réels sur les revenus de l'épargne ajustés en fonction de l'inflation nettement supérieurs à 100 %; par ailleurs, le taux d'épargne américain avait plongé à moins de 4 % du P.N.B. : il y avait donc un champ considérable ouvert à l'accroissement de l'épargne comme réponse à une diminution de la fiscalité sur les intérêts. Les impôts sur le revenu inhibent doublement l'épargne : d'abord en amputant le revenu initial à partir duquel l'épargne se forme, ensuite, en absorbant une partie des revenus de l'épargne. De même, l'épargnant éventuel est à la fois dissuadé de gagner des ressources supplémentaires puis de les épargner. Par conséquent, on peut s'attendre à ce que la réduction des taux marginaux stimule davantage l'épargne que la consommation.

Dans le même sens, Michael Evans, alors président de Chase Econometric Associates, a traduit l'argument du frein fiscal en termes macroéconomiques. Tout au long de l'histoire, assurait-il, l'inflation a eu tendance à s'accroître quand la production augmentait jusqu'à la limite des capacités de production – c'est-à-dire quand l'écart entre le P.N.B. réel et le P.N.B. potentiel se réduisait. Une des solutions de ce problème consiste donc à abaisser les prix en augmentant la fiscalité. Une meilleure solution serait de développer les capacités productives en diminuant la charge fiscale. Les réductions fiscales seront anti-inflationnistes dans la mesure où elles augmentent la capacité des usines et des équipements plus que le P.N.B. [4].

Pour rendre effectifs les bénéfices des réductions fiscales dans la lutte contre l'inflation, le gouvernement devrait donc réduire davantage les impôts sur les investissements et les plus-values que les impôts sur le revenu. La combinaison la plus inflationniste serait de réduire les impôts sur le revenu tout en augmentant ceux sur l'investissement : c'est en fait ce qui s'est passé à la fin des années 60 et au début de la décennie 70, quand les taux supérieurs de l'impôt sur le revenu furent réduits de 70 à 50 % alors que le taux sur les plus-values nominales augmentait à presque 50 %; les taux réels (compte tenu de l'inflation) grevant les revenus de l'investissement dépassaient largement 100 %. Parallèlement, les impôts étatiques et locaux s'envolaient et représentaient le double des taux de prélèvements fédéraux. Non seulement, cette évolution de la structure fiscale a entravé le développement quantitatif d'investissements, mais elle a diminué sa qualité en décourageant l'esprit d'entreprise. Quand les impôts sur les revenus sont substantiellement supérieurs aux impôts sur les plus-values, les jeunes managers agressifs des grandes entreprises sont plus facilement alléchés par le monde périlleux des nouvelles entreprises.

David T. Morgenthaler, patron de la National Venture Capital Association, expliquait ainsi :

> Ceux qui ont la trempe des créateurs d'entreprise sont précisément ces gens que les grandes entreprises rémunèrent grassement, beaucoup mieux que les petites entreprises encore à peine rentables ne peuvent le faire. Dans les années récentes, notre politique fiscale a dissuadé encore davantage les éventuels créateurs bien payés des grandes firmes de quitter leur place pour accepter les médiocres salaires d'entreprises encore dans les limbes. L'espérance de plus-values des nouvelles entreprises n'était plus aussi alléchante [5].

Or les nouvelles entreprises contribuent davantage à l'extension des capacités de production que les vieilles.

La théorie du frein fiscal pour combattre l'inflation par une réduction de la fiscalité était convaincante même si ses effets à court terme sur l'épargne et l'investissement demeuraient obscurs. Les arguments de Roberts et Evans étaient valables à long terme et suffisaient à justifier cette politique. Néanmoins, ils ont négligé un biais plus direct par lequel les impôts créent l'inflation. Avant même que les impôts entravent la productivité, ils ont un effet inflationniste immédiat sur les coûts de production. Une grande partie de l'inflation actuelle des pays capitalistes échappe aux catégories de l'*inflation par la demande* ou d'*inflation par les coûts*. Le meilleur terme est l'*inflation par l'impôt*: les impôts ont en effet un impact inflationniste immédiat sur les salaires et les prix.

Cette idée court depuis longtemps aux lisières de la pensée économique. Un ancien correspondant du *Time* en Amérique latine, le brillant et bouillant William Krehm, l'a défendue dans plusieurs livres qu'il a lui-même publiés à Toronto. John Hotson, de l'université de Waterloo, également au Canada, a lui aussi développé cette idée. Walter Eltis de l'université d'Oxford l'a abordée dans son livre important écrit en collaboration avec Robert Bacon : *Britain's Economic Problem : Too Few Producers*. Elle a sans doute fait surface pour la première fois aux États-Unis à l'occasion d'une conférence sur l'inflation organisée par la Brookings Institution à Washington en 1975. Arnold Lovell du Trésor britannique, Vito Tanzi du Fonds monétaire international et Robert Gordon de l'université du Nord-Ouest ont tous trois suggéré que la hausse des impôts sur le revenu pouvait être inflationniste puisque les salariés s'efforçaient de maintenir constants leurs revenus après impôts. Gordon mentionnait des études relatives aux États-Unis indiquant que les salaires augmentent d'un cinquième de toute hausse de l'impôt sur le revenu. Lovell se référait à l'expérience britannique pour expliquer que la hausse des salaires s'accélère avec la croissance de l'inflation et la conscience qu'en ont les travailleurs [6].

Un économiste orthodoxe de la Brookings, George Perry, s'est refusé à entrer dans cette voie. Il a vigoureusement écarté toutes ces spéculations qui impliquaient que l'augmentation de la fiscalité est inflationniste et qu'une baisse est déflationniste. A son sens, c'était là une probabilité « extrêmement faible ». Mais cette éventualité fit l'objet de discussions sérieuses au Brookings; les graines de théories plus radicales du rôle du gouvernement dans les économies modernes étaient semées.

La théorie orthodoxe de l'impôt inflationniste repose essentiellement sur la loi des coûts. Les impôts sont des coûts : quand les coûts augmentent, les profits baissent, les entreprises marginales ferment, la production décline, la demande persiste et donc les prix augmentent. Ce processus indirect opère pleinement dans les frontières de l'économie classique. Le concept de l'inflation par l'impôt est à la fois plus simple et en définitive d'une portée beaucoup plus grande. Il est à l'origine d'une nouvelle théorie générale de l'inflation.

Comme la courbe de Laffer, la nouvelle théorie a trouvé son audience la plus large en dehors des cercles de l'économie universitaire. Comme la courbe de Laffer – au moins dans la version de Wanniski – la nouvelle théorie se référait autant à l'histoire qu'à l'expérience récente. David Warsh et Lawrence Minard en ont donné une première exposition dans un article de toute première importance publié dans la revue *Forbes* : ils reçurent un abondant courrier et cet article leur valut le prix Loeb Award du meilleur écrit financier en 1976. Warsh approfondit sa réflexion dans un texte de soixante-dix pages publié dans un numéro spécial de la revue *Forbes* en septembre 1977 à l'occasion de son soixantième anniversaire [7]. Peu de lecteurs pouvaient conserver leur conception de l'inflation après avoir achevé la lecture de son article.

L'analyse de Warsh ne convaincra pas ceux qui cherchent en économie les mêmes lois incontestables des sciences exactes et que les modèles monétaristes semblent offrir. L'expérience historique sur laquelle il se fonde ne concerne que la Grande-Bretagne qui a maintenu un étalon-or pendant un millénaire. Un graphique analogue pour la France et l'Allemagne révélerait des ascensions vertigineuses des niveaux des prix : la monnaie perdait toute valeur à l'occasion de débauches politiques comme la Révolution française ou la République de Weimar.

Les arguments historiques et structurels ne réfutent pas la théorie quantitative de la monnaie. Personne ne conteste qu'un accroissement de la masse monétaire, sans flux de biens parallèle, réduise la valeur de la monnaie. La théorie est une évidence mathématique. Aussi longtemps que l'on peut définir de façon satisfaisante les biens et la monnaie et leur vitesse de circulation, on peut calculer sans difficulté leurs relations.

Les monétaristes spécifient également quelques contraintes réelles fondamentales qui pèsent sur la politique. Les données historiques qu'ils ont compilées montrent que toute croissance de la masse monétaire excédant la progression de la productivité se traduira par une hausse des prix et une diminution de la valeur de la monnaie ; par suite, un nouveau flux de monnaie risque de créer une hyperinflation et de détruire entièrement l'économie. Cette théorie générale et ses nombreux raffinements et intuitions conceptuels représente une contribution majeure à la science économique et à l'intérêt général.

Néanmoins, les monétaristes n'ont pas de réponse concluante à toute une série de questions : la discipline monétaire est-elle toujours possible ou même désirable ? Les outils conventionnels permettent-ils une mesure adéquate du niveau des prix ? Est-il facile de définir et de contrôler la masse monétaire durant des périodes de changements économiques rapides ? Une théorie parfaitement valable risque de se trouver en porte à faux si le monde réel n'offre pas les signaux clairs et les instruments nécessaires à son application ou si les facteurs dont elle traite ne sont pas des facteurs déterminants.

La théorie quantitative peut expliquer l'inflation et la déflation et montrer les effets désastreux d'une mauvaise politique sans pour autant prouver que l'histoire du niveau des prix s'explique mieux par la saga des banques centrales que par le récit de l'histoire de l'art et de l'industrie, de la science et de l'hystérie, des technocrates et des technophobes, des patates et des « puces » électroniques, des cheikhs et des mollahs, des antibiotiques et des bombes — toutes ces choses qui de temps à autre peuvent distraire ou déconcerter, rassurer ou bouleverser un banquier central et ses masses monétaires. Aujourd'hui, les catégories de la masse monétaire se multiplient comme les canons, de M 1, M 2 à M 14 en passant par M 3 jusqu'à M *x* ; elles s'élèvent en tourbillonnant de l'or au pétrole quand elles ne tournent pas à la graisse multinationale ; elles rebondissent comme des balles de caoutchouc ; brutalement, elles s'enfoncent sous terre dans les limbes monétaires par suite d'un exceptionnel retrait des dépôts bancaires ; puis soudain on parie sur elles et on les chérit ; les guichetiers les rebaptisent et les statistiques les font renaître sous forme d'eurodollars ; les ordinateurs les transforment en autant de chimères et elles rebondissent sur un satellite vers les paradis fiscaux des plages des Caraïbes ; elles planent sur un rayon cosmique avant de faire un saut à Londres pour une nuit de noces en papier commercial. Plus tard, apparemment calmes, elles peuvent même atterrir dans une banque de New York pour se soumettre à la férule de Paul Volcker.

Comme la demande globale, la masse monétaire est avant tout un concept mathématique moins significatif qu'il n'y paraît ; de même qu'une forte accumulation d'épargne, l'inflation n'est pas nécessairement messagère de déclin et de ruine. Selon les circonstances sociales, économiques ou technologiques, elle apparaît différemment comme un phénomène positif ou un phénomène négatif que les moyens non monétaires seront plus aptes à combattre ou encore comme un élément neutre d'importance négligeable. Comme de multiples choses, l'inflation devient une catastrophe sous ses formes extrêmes ; même à de faibles niveaux elle doit éveiller notre vigilance, mais elle n'est pas obligatoirement ni toujours pathologique. Si l'économie est un organisme qui évolue au cours de longues périodes historiques, l'inflation peut être l'occasion d'une saine adaptation aux nouvelles conditions et non une maladie du corps politique. C'est cette perspective que défend Warsh.

Son analyse se fonde sur la recherche historique de deux professeurs de la London School of Economics, sir Henry Phelps-Brown (président de la Société économique royale) et Sheila V. Hopkins [8]. S'inspirant sans doute des recherches sur l'évolution des prix et des salaires des historiens économiques français, François Simiand et Fernand Braudel, les deux Britanniques ont inventé un nouveau modèle simple pour mesurer l'évolution du niveau des prix au cours de l'histoire. Aux indices du « niveau général des prix », ils ont substitué un panier particulier de biens contenant nourriture, combustibles et vêtements de façon à refléter le coût de la vie. Pour mesurer le mouvement des prix, on ne comparait plus les pommes aux taux d'intérêt, les machines à laver la vaisselle aux femmes, les carrioles tirées par les baudets aux postes de télévision ou encore les billets d'avion aux chaussures de marche, comme on avait tendance à le faire avec l'indice des prix à la consommation et les déflateurs du P.N.B.

Phelps-Brown déduisait de son analyse que les modifications du contenu du panier surpassaient nécessairement en importance les variations de prix entre paniers d'époques différentes. Il ne fallait pas interpréter les prix comme un ratio entre la quantité de monnaie et la quantité de biens parce que, dans une société, les « biens » ne cessent d'évoluer et de se modifier. Toute mesure élémentaire est donc exclue. Au cours du temps, l'utilité de produits identiques peut changer radicalement. Par exemple, l'utilité d'une automobile varie selon ses qualités propres, mais elle dépend aussi de toute une série de facteurs étrangers : la qualité des routes et des pistes, la disponibilité d'essence sans oublier l'existence d'autres moyens de transport. Il faut également tenir compte du niveau des revenus réels, des coûts d'opportunité d'un achat de cette importance et de la proximité des banlieues et des centres d'achat. On pourrait multiplier ces considérations à l'infini. Si elles modifient les prix et les valeurs, elles défient toute quantification ou comparaison des prix d'une époque sur l'autre, qu'il s'agisse d'automobiles ou d'attelages de chevaux. Dans une note de bas de page de son célèbre essai sur l'inflation, Robert Solow observe sur un ton désinvolte que tous ceux qui soulèvent de tels problèmes « peuvent s'inscrire à un cours sur la théorie des indices, mais ils le trouveront ennuyeux [9] ». Ennuyeux ou non, de telles questions constituent l'essence du problème de la définition, de la mesure et du traitement de l'inflation.

Ces problèmes enlèvent aux indices ordinaires presque toute signification scientifique à long terme; même à court terme, leur valeur reste douteuse. L'inflation n'est donc que le reflet de l'évolution de la structure du panier; aussi l'étude de Londres a-t-elle remis en question les fondements statistiques mêmes de la théorie des prix; ce faisant, elle contestait les images les plus enracinées de l'histoire de l'inflation que les économistes gardent à l'esprit quand ils interprètent les événements actuels.

La principale de ces images est un graphique que l'on retrouve dans de si nombreuses études de fond ou articles journalistiques qu'elle est sans doute gravée dans le cerveau de tous les économistes. Dans sa version américaine, il donne l'impression que les hausses et les baisses du niveau des prix s'échelonnent au cours du temps comme une chaîne alpine de pics et de vallées escarpées entrecoupée de sommets d'altitude voisine pendant les guerres de 1866, 1918 et 1945. Les conceptions actuelles ont du mal à se défaire de ces images rassurantes où tout sommet est rapidement suivi d'une descente abrupte. Or, 1945 représente une exception bizarre dans la monotonie de ce paysage; elle dessine une rupture majeure : pour la première fois, *le niveau des prix ne redescend pas*.

Comme Heilbroner et Thurow l'écrivaient dans *The Economic Problem,* « l'expérience contemporaine diffère fondamentalement de celle du passé... L'inflation semble être devenue un élément chronique de la situation économique [10] ». Dans sa contribution à *The Political Economy of Inflation,* actes d'un symposium britannique publié par Harvard en 1978, C. Panic qualifie ce stupéfiant niveau des prix insubmersible de « pire inflation en temps de paix de toute l'histoire [11] ». Après avoir présenté le graphique habituel, Solow évoque ce prétendu changement comme « une chose qui mérite certainement que l'on en parle [12] ».

Pour analyser l'inflation sur de longues périodes, le modèle d'un panier de biens changeant dictait presque nécessairement un cycle historique quasi invariable de hausses et de baisses puisque les mouvements fondamentaux ou séculaires des prix se traduisaient à l'intérieur même du panier; ils étaient incorporés dans l'évolution de la nature et de la qualité des biens contenus dans les différents paniers. Phelps-Brown et Hopkins ont préféré suivre l'évolution de leur unique panier de biens fondamentaux pendant plus de sept siècles de l'histoire anglaise pour le comparer à l'évolution du pouvoir d'achat d'un charpentier et d'un menuisier au cours de cette période. Ils ont publié leurs résultats dans deux articles parus au milieu des années 50 dans le prestigieux journal britannique, *Economica*. Leurs conclusions ont fait voler en éclats la conception traditionnelle de l'inflation conçue comme un phénomène cyclique oscillant le long d'une tendance régulière au gré des guerres et des nouvelles découvertes d'or, d'argent ou d'autres cataractes accidentelles de monnaie. Ils ont réfuté l'idée selon laquelle la période actuelle serait une exception historique et disqualifié l'affirmation de l'historien Charles S. Maier dans *The Political Economy of Inflation* qui prétendait que ce problème est « intégralement lié aux conditions de stabilité du capitalisme du XXe siècle [13] ». En fait, ils ont détruit une multitude de clichés.

Warsh a repris ces conclusions et, avec l'aide des chercheurs de *Forbes*, il a étendu le champ de cette analyse aux trois siècles précédents jusqu'en 1950. Le résultat fut un graphique cohérent retraçant un millénaire d'évolution des prix des moyens de subsistance en Angleterre.

Au lieu de la chaîne alpine habituelle, familière aux graphiques limités à un siècle, on voit apparaître un millénaire de longs plateaux durant chacun des centaines d'années et s'achevant par une montée inflationniste prolongée pour atteindre un nouveau niveau. La découverte la plus iconoclaste fut le constat de l'absence complète de chute durable ou profonde. Les économistes restent perplexes devant la rupture marquée par la Seconde Guerre mondiale. Mais l'étude des chercheurs de Londres a montré qu'il n'y avait jamais eu tout au long de l'histoire de diminution des prix. Par contre, il y eut plusieurs fois des mouvements ascensionnels massifs et persistants.

Décrivant les poussées inflationnistes critiques, Phelps-Brown et Hopkins concluent :

> Pendant un siècle ou plus, semble-t-il, les prix obéiront à une loi toute-puissante avant qu'une nouvelle loi ne prévale ; une guerre qui fait monter les prix vers de nouveaux sommets est impuissante à les faire fléchir. Mais alors, deux questions se posent : quels sont les facteurs de cette stabilité périodique ? Pourquoi après s'être si longtemps maintenus à travers de telles oscillations légères laissent-ils rapidement et complètement la voie à d'autres [14] ?

Telles sont les questions auxquelles Warsh répond.

Le graphique retraçant l'évolution du pouvoir d'achat du charpentier au cours de ces sept siècles présente une configuration analogue aux graphiques traditionnels de l'inflation : même série phénoménale de pics et de précipices, même succession de montagnes et de vallées. Chacune des longues poussées inflationnistes du graphique du niveau des prix est ponctuée sur le graphique du charpentier par une chute catastrophique du pouvoir d'achat. Cette chute ne résulte pas d'une baisse des salaires nominaux (qui ont rarement baissé en sept siècles) mais de l'effondrement de la valeur de l'unité monétaire par rapport au panier des biens de subsistance.

Que dissimulent donc ces dramatiques périodes d'inflation qui durent presque un siècle et accroissent les coûts des moyens de subsistance de quatre ou cinq fois en soumettant souvent le travailleur moyen à de terribles épreuves ? Warsh nous l'explique : elles jalonnent les pages les plus glorieuses de l'histoire économique de l'humanité ; ce sont précisément ces longues périodes qualifiées par les historiens, selon leurs préférences sémantiques, de « séminales », « transitionnelles » ou « révolutionnaires ». Ce sont les époques où de nouvelles classes émergent ; l'organisation sociale est bouleversée ; de nouvelles technologies apparaissent. L'énergie et l'invention forgent une nouvelle société, définissent d'autres rôles, de nouvelles spécialisations ; les hiérarchies et les structures sont transformées, de même que changent les attitudes et les idéologies ; collectivement, les hommes se dépouillent de leurs vieux oripeaux et inaugurent une nouvelle ère dans le cadre d'une division du travail différente et bien plus complexe qui s'enracine sur les ruines du vieux monde. Avec l'époque actuelle, le millénaire qui s'achève aura compté quatre métamorphoses inflationnistes de cette nature.

La première poussée inflationniste a rompu la monotonie du plateau prolongé du haut Moyen Age en consacrant l'émergence de l'ère féodale et commerciale du XIIIe siècle. L'Angleterre tribale en proie aux guerres de barons a donné jour aux structures enchevêtrées du féodalisme avec ses nouveaux canons de comportement social, ses nouvelles hiérarchies seigneuriales de lords, de chevaliers et de vassaux, ses nouvelles boutiques et ses nouveaux métiers, ses nouveaux systèmes de propriété, d'échange et de distribution. « Au commencement, écrit Warsh, il y avait des villes, des églises et des chefs de guerriers ; à la fin, il y eut des cités, des cathédrales et des rois puissants prompts à lancer des croisades au Moyen-Orient [15]. »

Au terme de cette grande transformation de la structure de l'économie aux alentours de 1325, on constate un nouveau plateau des prix relativement stables qui a persisté pendant près de deux siècles. Puis, sous le règne des Tudor, l'Angleterre subit une nouvelle épreuve de changements ; elle aborda une nouvelle époque de complexité croissante de sa division du travail et de son organisation sociale. Les prix ont à nouveau bondi pendant un siècle et le gouvernement s'est développé jusqu'à absorber un tiers du revenu national.

Cette seconde convulsion consacra la révolution du mercantilisme : le capitalisme international et l'État-nation émergeaient du royaume des baronnies féodales. La Grande-Bretagne acheva sa guerre et expédia sa flotte marchande autour de la terre. L'Armada espagnole fut défaite en 1588 et en sept ans la flotte marchande doublait son tonnage ; le sucre et le tabac affluaient des colonies ; la Compagnie des Indes orientales fut formée ; l'économie et sa panoplie complexe de banquiers, de marchands, de corporations, de collecteurs d'impôts, d'armateurs et de commerçants est née de la masse dispersée des corps de métiers locaux, des boutiques et des petites maisons de prêts ; elle a surgi des nations fragmentées des siècles précédents.

Comme Warsh l'observe :

> Demandez à un économiste pourquoi les prix ont augmenté dans l'Angleterre du XVIe siècle, il vous répondra qu'il y eut un afflux de métaux précieux en provenance du Nouveau Monde. Même John Kenneth Galbraith donne cette raison dans son livre *Money* *.
>
> Mais fut-ce réellement aussi simple? La présence d'un surcroît d'or a-t-elle « créé l'inflation » ? Ou bien la complexité croissante — et la nécessité de monnaie supplémentaire pour faire face aux hausses des prix — fut-elle la « cause » de la recherche et de la découverte d'or [16] ?

Quoi qu'il en soit, l'inflation a frappé de nombreux pays comme la Suède aux frontières de l'Europe presque aussi durement que l'Espagne, destinataire de l'or, ou que l'Angleterre qui en a fait le meilleur usage. Et malgré la production rapidement croissante de métaux précieux en Amérique du Sud, les prix se sont stabilisés aux environs de 1620. Le plateau a alors persisté jusqu'à la révolution industrielle.

Commençant au milieu du XVIIIe siècle, la révolution industrielle a inauguré une nouvelle période couvrant six décennies d'industrialisation rapide (l'ère du machinisme) et d'inflation « galopante ». Quand elle prit fin au milieu du XIXe siècle, on vit apparaître un nouveau plateau des prix : ce fut l'âge industriel duquel nous émergeons aujourd'hui au milieu d'une poussée d'inflation qui dure depuis trente-cinq ans et persistera sans doute encore quelques décennies.

Au fond, la thèse de Warsh peut se résumer simplement : les périodes inflationnistes marquent la gestation capitalistique de nouveaux systèmes sociaux et économiques plus complexes. Une fois le nouvel ordre établi, les économies d'échelle et la spécialisation interrompent la hausse des prix et des coûts, les consommateurs adaptent leur demande aux nouveaux modèles d'offre et de nouvelles épargnes équilibrent le flux de l'investissement. Mais, au départ, la mise en œuvre laborieuse d'une nouvelle infrastructure s'accompagne d'une longue période de troubles ; l'apparition de nouvelles attitudes rencontre des oppositions farouches. Les nouvelles divisions du travail, les nouvelles spécialités, les nouveaux métiers et services, les entreprises et les bureaucraties, les instituts et les systèmes émergent difficilement ; ils représentent une charge énorme sans donner de contrepartie immédiate comparable.

* Traduction française de Daniel Blanchard, *L'Argent,* coll. Idées, Gallimard. *(N.d.T.)*

Chacune de ces grandes métamorphoses crée une nouvelle forme de gouvernement et fait jaillir un nouveau secteur d'entreprise. L'ère féodale a donné naissance à un secteur commercial de petits marchands ; le mercantilisme a produit des nations puissantes et des compagnies de commerce international ; la révolution industrielle a instauré des États démocratiques rationalisés et un secteur de grandes firmes industrielles. L'ère moderne nous a donné entre autres l'État-providence bureaucratique et régulateur en nous gratifiant d'un secteur de services protéiforme – services publics, économiques, non lucratifs et internationaux. Malgré son expansion, ce secteur reste encore massivement inefficace et improductif.

Ces périodes de gestation de nouvelles et immenses divisions du travail sont coûteuses et convulsives. Elles ressemblent aux étapes initiales de la formation et de l'expansion d'une grande entreprise : il faut réaliser d'importants achats de capital, embaucher un grand nombre d'ouvriers et les former, accumuler dette sur dette, tolérer temporairement les insuffisances et s'accommoder des goulots d'étranglement et dépenser des sommes considérables quand les nouveaux investissements n'ont pas encore produit leurs fruits ou qu'il n'y a encore aucun nouveau produit fini à offrir sur le marché. Dans la période la plus récente, une grande partie de l'investissement n'a pas été le fait des entreprises. Mais, comme John Kendrick l'a montré, l'inclusion des investissements réalisés par les secteurs publics et non lucratifs en capital humain et intangible (formation, recherche, mobilité) révèle une expansion des dépenses totales d'investissement au cours des dernières décennies [17].

Ces intensifications du capital sont caractéristiques des phases inflationnistes initiales du cycle économique. En s'aidant des travaux pionniers de Phelps-Brown et Hopkins, Warsh, au fond, n'a fait que projeter ces phases désormais familières du cycle économique sur le vaste panorama historique de l'histoire sociale et institutionnelle.

Mais où en sommes-nous aujourd'hui ? L'Amérique traverse-t-elle sa phase Tudor pendant que nous lançons notre flotte d'entreprises multinationales sillonner la terre et l'espace et que nous mobilisons un tiers du revenu national brut à travers le gouvernement ? Où en sommes-nous alors que nous essayons par à-coups et souvent en vain de réaliser une révolution industrielle dans le secteur pullulant des services ? Si les périodes inflationnistes d'antan se sont étendues sur près d'un siècle, l'intégration croissante de l'économie mondiale nous laisse présager d'autres tempêtes sur ces terres inondées de nouvelles offres anarchiques de monnaie et de crédit. Nous allons assister à une répétition simultanée et tumultueuse des quatre grandes métamorphoses inflationnistes d'autrefois : certains pays du tiers monde émergent dans la violence du Moyen Age, d'autres forgent des États-nations mercantilistes ; d'autres encore s'industrialisent rapidement pendant que l'Occident inaugure l'âge postindustriel et projette sa puissance industrielle et financière aux quatre extrémités de la planète. Les hausses de prix sont inévitables.

La fin de la Seconde Guerre mondiale a bien marqué l'aube d'une nouvelle ère inflationniste mondiale, et pas seulement aux États-Unis. Même si l'analyse de Warsh n'est pas universelle, elle offre une vue utile sur ce processus panoramique. Les inflations nationales actuelles reflètent souvent les phases initiales du développement capitaliste quand le gouvernement et les services occupent encore une place réduite dans l'économie. En outre, même les pays les plus avancés, préservés des lourdes charges américaines de la défense et de la suspicion morbide de la richesse, sont parvenus à éviter l'expansion considérable des dépenses publiques réelles en proportion du P.N.B. Néanmoins, tous les changements profonds, positifs ou négatifs, ont toujours été associés à des hausses de prix. En particulier, le développement du système financier mondial – la prolifération massive des services bancaires jusqu'au bout du monde, la création des immenses marchés de l'eurodollar, le lancement des grandes firmes multinationales et même la montée de l'O.P.E.P. – n'a cessé d'accroître et d'internationaliser les offres mondiales de liquidité.

Le Japon a accompli le miracle de sa croissance d'après-guerre grâce à une inflation régulière qui a permis à ses entreprises assoiffées de capital d'imposer les épargnes considérables de la population. Les indices monétaires du Japon – que l'on considère la somme de la monnaie et des dépôts à vue (M_1) ou le total de la monnaie, des dépôts à vue et des comptes d'épargne (M_2) – ont augmenté plus vite que son P.N.B. Durant ces années d'économie alcyonienne, de 1960 à 1965, la base monétaire du Japon (M_1) a plus que doublé ; M_2 a augmenté de deux fois et demie, son indice des prix à la consommation est monté de quarante points ; son P.N.B. a progressé de deux tiers et son industrie s'est imposée comme une force majeure de l'économie mondiale. En 1966, le ratio M_2/P.N.B. du Japon atteignait 99 % alors que le niveau américain, d'alors et d'aujourd'hui, avoisine 70 %. Après 1966, la M_2 du Japon a commencé à s'accroître au même rythme que son P.N.B. nominal sans avoir d'effet très perceptible, ni sur la croissance réelle ni sur l'inflation avant le choc pétrolier imposé par l'O.P.E.P. en 1973 [18].

En somme, tout au long des années 60 et 70, le Japon était à la tête du monde industriel, à la fois en termes de croissance et en termes d'inflation. L'importance particulière accordée aux exportations en est partiellement responsable. Mais les pays qui ont enregistré des déficits de leurs balances des paiements ont généralement souffert davantage. La véritable raison de l'inflation japonaise réside dans l'expansion massive de ses capacités de production : cette inflation permettait de construire l'avenir et de s'adapter promptement aux opportunités fugitives de l'économie.

Taïwan, la Corée et les autres économies prospères de l'Asie, qui ont changé le cours de l'histoire mondiale en faveur du capitalisme, ont également connu de forts taux d'inflation tout en enregistrant les plus forts taux de croissance du monde. Ainsi elles ont pu remplacer le maoïsme comme paradigme du développement en Asie. En fait, de tous les principaux pays industriels qui ont dépassé les États-Unis par la croissance de leur productivité au cours des dernières décennies, seule l'Allemagne a un rythme d'inflation plus lent. La France, la Suède et l'Italie comme les pays asiatiques ont tous vu leur productivité et leurs prix augmenter plus vite qu'aux États-Unis.

Si l'on examine les systèmes monétaires des différentes économies, on trouve certaines relations grossières qui confirment rétrospectivement la conception monétariste. Quand M_1 croît plus rapidement que la productivité, l'inflation se développe comme prévu. Mais on découvre aussi une variété considérable de systèmes monétaires favorables à la croissance. Dans certains pays comme au Japon, M_1 (monnaie et dépôts à vue) semble représenter le tiers du P.N.B. alors que M_2 lui est presque égal. Par contre, en R.F.A., M_1 équivaut généralement à un sixième du P.N.B. et M_2, selon les estimations, en représente entre 50 et 65 % [19]. Aux États-Unis, pendant l'essentiel de l'expansion des années 60, M_2 est restée voisine de 70 % du P.N.B. puis elle a décliné en proportion du P.N.B. tout au long des années de stagflation de la décennie 70. Pendant ce temps, les pays moins développés avec une inflation rampante ont des masses monétaires minuscules au regard de leur P.N.B. nominal en raison des restrictions qui pèsent sur les taux d'intérêt et de l'absence de systèmes bancaires efficaces.

Une telle diversité de relations historiques entre la monnaie, l'inflation et la croissance ne confirme pas la thèse selon laquelle l'inflation serait le problème principal des économies ou que le seul effet de la masse monétaire serait d'assurer une croissance économique saine. Le meilleur moyen de combattre l'inflation et de limiter ses effets, c'est d'encourager la croissance du secteur privé. Les restrictions monétaires entravent avant tout la croissance du secteur privé et favorisent l'expansion même du secteur public, principal fautif en la matière.

L'expérience de l'Allemagne et de l'Asie donne une leçon à l'Amérique : il faut renforcer l'investissement et la productivité en abaissant les taux de la fiscalité désormais spoliatrice qui grèvent les hauts revenus de l'investissement. L'économie de la demande, keynésienne et monétariste, est à bout de souffle. Au lieu de continuer à contrôler strictement des agrégats rebelles, nous devrions privilégier l'impact de politiques spécifiques sur l'incitation au travail et à l'investissement, sur les sources profondes de la demande de liquidité et de crédit et de biens et services pour lesquels elles sont créées. Tel est le message de la nouvelle économie des lafféristes et de la théorie de la diffusion.

Il importe également de s'accommoder de la dimension structurelle de l'inflation des pays les plus avancés : les États-Unis en sont un exemple. Avant l'interaction de l'offre et de la demande, le prix de base de tout bien marchand est le sommet de la pyramide de production qui réunit tous les participants intermédiaires au circuit de production et tous les ayants droit. C'est la somme de ses propres coûts intermédiaires augmentée d'une partie d'autres coûts incorporés dans le prix. Quand la pyramide s'élève et que les processus productifs deviennent plus complexes et se spécialisent, quand de nouveaux groupes d'ouvriers et de cadres participent à la structure de production, quand l'État étend ses services et accroît ses impôts, quand des groupes étrangers et des gouvernements extorquent un tribut supplémentaire, quand de simples tâches sont décomposées et industrialisées et quand l'univers de l'activité économique s'élargit et s'enrichit, les prix ont tendance à s'élever en proportion directe des ayants droit intermédiaires de la pyramide. Quand l'expérience s'accumule et que le système gagne en efficacité, l'ascension des prix s'interrompt si elle ne laisse pas place à une baisse. Pendant que de nouvelles pyramides de prix sont lancées et élargissent leur base, la proportion des ayants droit intermédiaires dans les prix finals augmente ; par conséquent, le niveau général des prix continuera à croître.

J'écris dans les premiers jours d'avril, entouré de verdure tropicale, de larges miroirs et de beaux bois clairs dans un restaurant perché sur le versant d'une colline escarpée du quartier marchand de Seattle, surplombant la baie d'Elliott ; des vastes fenêtres panoramiques, je domine les Olympic Mountains qui se profilent à l'horizon. Je paie trois dollars et vingt-cinq cents un *cheeseburger* « français » et un dollar un quart pour un *cappucino* (du café et un nuage de lait chaud avec de la cannelle). Partout ailleurs à Seattle, je pouvais avoir le même café et un *cheeseburger* encore plus gros pour moins de la moitié du prix. Je paie pour les architectes et les menuisiers et les vendeurs de plantes tropicales, pour les publicités parues dans *The Seattle Times*, pour les imprimeurs du menu, pour les cravates noires et le service des garçons, les cuisiniers, les plongeurs et les entrepreneurs, les propriétaires de ranch, les routiers et les généraux brésiliens, les serruriers et les vitriers, les comptables et les juristes. Mais surtout, comme le montre Warsh, à la fin des années 70 en Amérique, tous les prix finals incorporent la pyramide des services publics qui prélèvent leur dîme à chaque étape du système productif.

Selon Warsh, notre dernière poussée inflationniste reflète essentiellement la *diffusion* à travers la structure des prix des coûts croissants du gouvernement dans l'ensemble du monde, de l'O.P.E.P. aux Health & Human Services (H.H.S., autrefois H.E.W.). Avec ses bienfaits et ses maux, ses services et ses insuffisances, le gouvernement ne cesse de s'étendre. Depuis 1965, les coûts du gouvernement américain ont augmenté sans interruption à un rythme de 68 % supérieur à celui du P.N.B., 80 % à celui du niveau général des prix et 70 % à celui du revenu personnel [20]. Par son expansion et ses gaspillages, ses initiatives et sa présence envahissante, le gouvernement est le principal fauteur d'inflation des années 70. La réaction des autres secteurs, bien réelle et parfois excessive, fut avant tout défensive. Entre 1940 et juin 1979, par exemple, le prix des services publics a augmenté quatre fois plus vite que le prix de la nourriture et six fois plus vite que le prix du pétrole [21].

La situation est donc tout à fait claire et simple. Aucun groupe, y compris les syndicats, n'a aussi bien tiré son épingle du jeu que les pouvoirs publics, l'État fédéral, les États et surtout les autorités locales. La spirale a commencé avec les dépenses requises par le *baby boom* et ses effets sur les écoles et les collèges. Mais bientôt ce mouvement acquit un dynamisme propre renforcé autant par l'appareil politique que par les besoins sociaux. Sans doute, le phénomène majeur qui explique le comportement de l'économie entre 1970 et 1975 a-t-il été le quadruplement des dépenses des gouvernements étatique et local après 1965.

Comme Warsh le soutient, le gouvernement est devenu pour le meilleur et pour le pire un facteur de production au même titre que la terre, le capital et le travail. Il n'est pas rétribué par les loyers, les salaires, les intérêts ou les profits mais par les *impôts* qui sont les rentes de la bureaucratie. Une grande partie de l'activité des pouvoirs publics est inutile ou nuisible. Elle fait penser aux milliards de dollars absorbés par les marchés privés des narcotiques et autres saletés pour ne pas mentionner les cigarettes. Mais, même les députés conservateurs accueillent avec joie chaque nouvelle dépense publique réalisée dans leur circonscription et dilapident les milliards de dollars des programmes sociaux. J'y suis, j'y reste...

Dans ces circonstances, il est suicidaire pour les conservateurs de prétendre que l'impact inflationniste des impôts sur les coûts est d'abord un problème de masse monétaire. Tôt ou tard, les libéraux américains comme les travaillistes britanniques vont découvrir que les restrictions monétaires sont un moyen merveilleux de détruire le secteur privé tout en préservant le gouvernement et en offrant de multiples prétextes pour nationaliser l'industrie. Puisque le gouvernement est devenu un facteur de production, le seul moyen de diminuer son impact sur les prix est de l'économiser – exactement comme on économiserait la terre, le travail ou le capital – en réduisant sa taille et en améliorant sa productivité.

Les coûts du gouvernement ne sont que partiellement absorbés ou incorporés par le secteur privé ; la plupart se diffusent à toute l'économie : charges, salaires et honoraires dans les entreprises qui occupent une situation stratégique ; de même les syndicats et la main-d'œuvre en tiennent compte dans les négociations sociales pour maintenir leur situation en termes *réels*. Au terme de cette multiplication en chaîne commencée à Washington et dans les États, le système monétaire, le Trésor et le Bureau fédéral de réserve n'ont plus qu'à en prendre acte.

De nombreux conservateurs pensent que le Bureau fédéral de réserve ne devrait pas permettre cette augmentation des dépenses publiques ; il devrait au contraire restreindre la monnaie en circulation et le crédit et s'efforcer d'interrompre la spirale des coûts. Mais il est déjà trop tard. Une fois les dettes souscrites et la nouvelle division du travail en place, une fois les pyramides élargies, la banque centrale n'a guère de choix. Les prix continuent à augmenter jusqu'à ce que le changement soit effectif et efficace et que les consommateurs aient ajusté leur demande au nouveau modèle d'offre.

Dire que le Bureau fédéral de réserve ne devrait pas ratifier les dépenses publiques revient à affirmer en pratique que les entreprises devraient payer. Et non la vaste classe moyenne qui dépense sa richesse en logements et en biens de consommation ni les bureaucraties organisées ou la main-d'œuvre syndiquée qui touchent des salaires ou des retraites et divers avantages annexes. Non les plus grandes entreprises capables d'émettre leurs propres titres commerciaux ou d'emprunter aux banques à des taux avantageux. Ces groupes sont trop puissants politiquement pour faire les frais de la contraction. La victime sera l'avenir : les investissements vitaux des entreprises privées, les énergies créatrices de la croissance prospective réelle et les sources indispensables de toute nouvelle production marchande — toutes les forces privées qui doivent en définitive entretenir les services publics et soutenir la position américaine dans l'économie mondiale et l'équilibre militaire.

Même si le Bureau fédéral de réserve devrait prudemment surveiller l'expansion du crédit au regard de la croissance respective du gouvernement et des entreprises, toute tentative de combattre l'inflation par le seul moyen d'une contraction de la masse monétaire aurait des effets encore plus destructeurs; elle paralyserait les entreprises et créerait une inflation encore plus durable. Si le problème essentiel résulte d'une disproportion entre la taille du gouvernement et celle du secteur privé — derrière chaque prix du secteur privé on retrouve le nombre des salariés du secteur public — ce déséquilibre serait aggravé par une limitation des crédits privés. Même si ces restrictions sont déguisées sous la forme spécieuse de réduction des dépenses publiques (qui durera jusqu'à l'apparition d'une nouvelle récession), les inhibitions qui paralysent la croissance du secteur privé intensifieront la disproportion inflationniste initiale entre les secteurs public et privé.

Dans cette conjoncture, il n'existe pas d'autre programme anti-inflationniste praticable que l'économie laffériste et la politique de l'offre. Il n'y a aucune autre voie au renforcement de la productivité des secteurs public et privé. La principale cause de l'inflation n'est pas le déficit fédéral. Si le déficit est comblé par une augmentation de la fiscalité — et la masse monétaire maintenue constante — le niveau des prix augmentera de façon classique selon la loi des coûts. Il y aura moins d'investissement et de production, et moins de nouveaux produits, mais les prix de l'éventail restreint des anciens produits augmenteront pour refléter l'accroissement des charges directes. L'expansion de la masse monétaire permet simplement à l'activité privée de subsister malgré la diffusion massive des impôts à travers l'ensemble du monde du fait des gouvernements, de l'O.P.E.P., de la City... Le seul moyen de soulager l'économie mondiale de son fardeau est d'améliorer la productivité, et en particulier la productivité des services publics et des gouvernements, les secteurs en expansion de la nouvelle époque de l'histoire du capitalisme.

DIX-SEPT

La productivité des services

LES NOUVEAUX SECTEURS inflationnistes de l'économie moderne sont l'administration et les services, c'est-à-dire toutes les activités sociales non productives et souvent non lucratives qui vivent sur les impôts : des avocats aux assistantes sociales, aux professeurs et aux agents de voyage en passant par les nurses, les programmeurs informaticiens ou les rockers et les experts d'entreprise. C'est dans ce monde en fusion de l'administration et des services que les nouveaux rôles caractéristiques de notre ère ont été inventés. Des centaines de milliers de personnes canalisent leur énergie, leur ambition et leur sens de l'initiative vers les services de l'âge « postindustriel ». Il sera difficile de les ramener à l'âge industriel. N'en déplaise à tous les nostalgiques des fermes, des petites boutiques et des industries artisanales, le changement social est un impératif vital. Selon le modèle de Warsh, la nature et le potentiel du secteur des services déterminera largement l'avenir de l'inflation actuelle pour le plus grand bien ou la ruine de notre pays.

Les services comprennent un large spectre d'activités et de professions dont la plupart sont vieilles et familières, du plus vieux métier du monde à l'épicerie du coin, qui ne fabriquent ni ne manufacturent de produit final. Toute définition est quelque peu arbitraire. En un sens, tous les biens sont des services. Quand on achète une automobile ou un poste de télévision on acquiert aussi les coûts de transport et d'entretien capitalisés dans le prix. Néanmoins, telles qu'elles sont utilisées dans les sciences sociales pour expliquer le déclin des taux de productivité ou prévoir l'avènement de la « société postindustrielle », des expressions comme « la révolution des services », « l'émergence d'une économie des services » ou encore « les services à forte main-d'œuvre et faible productivité » font référence à deux groupes d'activités qui subviennent aux besoins de la population sans faire autre chose elles-mêmes.

Les écoles, les hôpitaux, les musées, les magasins, les chaînes commerciales, les restaurants, les agences pour l'emploi, les professions libérales et autres métiers de cette nature forment le groupe le plus réduit. Le groupe le plus important embrasse l'ensemble de l'économie en dehors des mines, de l'industrie du bâtiment et de l'agriculture : il rassemble donc la finance, l'assurance, l'immobilier, le transport et les communications et tous les autres services nécessaires à l'activité et à l'entretien du groupe précédent.

On a assisté à un grand remue-ménage au début des années 60 quand ce secteur (l'administration publique exceptée) a dépassé le secteur industriel américain pour son emploi et son chiffre d'affaires. Cet événement a donné lieu à des théories grandioses proclamant doctement que les États-Unis étaient une « société de service » entrant dans « l'âge postindustriel ». Même si, en vertu des mêmes critères, la Grande-Bretagne était déjà une économie de service en 1850 [1], nous pouvons convenir qu'il s'est passé un phénomène majeur. L'idée d'un âge postindustriel est utile.

Ces notions ont convergé avec un foisonnement de concepts suggérant l'émergence d'une « nouvelle classe » : le secteur du savoir fermé d'informaticiens, de techniciens de laboratoires, d'experts des médias, d'avocats et des professions parajuridiques, de médecins et des professions paramédicales, d'architectes, de dessinateurs, de bibliothécaires spécialisés, d'assistantes sociales, de professeurs, d'administrateurs de société et d'une véritable pépinière d'experts divers. Rassemblant l'ensemble de ces services dans une espèce d'outre commune avant de les distiller dans un ballon de cristal, les sociologues pouvaient dépeindre une société dans laquelle l'industrie n'employait plus qu'un tiers de la population active; tout un secteur était désormais subordonné à une « nouvelle classe », à une « technocratie du savoir ».

Toutes ces analyses véhiculaient certaines conceptions justifiées des changements en cours aux États-Unis. La théorie en a cependant tiré un certain nombre de conclusions douteuses. Le domaine de la production semblait destiné à diminuer encore au fur et à mesure que l'automatisation et les nouvelles technologies disqualifiaient sa main-d'œuvre et abaissaient ses prix. Pendant ce temps, le secteur des services, qui avait des besoins de main-d'œuvre irréductibles et une faible productivité, continuerait à absorber de nouveaux salariés, à asseoir sa force politique et économique, à augmenter ses salaires et ses prix relatifs et à conquérir une part encore plus considérable du P.N.B. Comme certains chercheurs l'annoncèrent, il perpétuerait une inflation structurelle et accélérerait le déclin de la productivité [2].

Le passage de l'industrie aux services devait donc annuler les gains de productivité issus du mouvement précédent de l'agriculture vers l'industrie. Le plus lyrique des prophètes pouvait prédire l'avènement d'un nouvel âge pastoral : les entreprises encrassées seraient enfin automatisées. Dans une société de services, les gens désormais libérés s'empresseraient de se câliner mutuellement. Ce nouveau style de rapports sociaux exigera à n'en point douter de solides compétences en sociologie.

Sous diverses formes raffinées et sophistiquées, des chercheurs comme

Daniel Bell, Peter Drucker et Scott Burns (parmi d'autres) ont entretenu cette vision. Si la théorie était vraie, elle serait un présage lugubre. Si les services sont intrinsèquement improductifs, les moyens monétaires seraient les seuls capables de combattre l'inflation dans une société de services. En comptant l'administration – également censée être immunisée contre les moyens ordinaires d'améliorer la productivité – les deux tiers de la main-d'œuvre s'embourberaient dans le marais de tâches intrinsèquement coûteuses sans aucun espoir de salut par l'amélioration des techniques.

Cette théorie, dominante dans les sciences sociales, ferait de l'inflation un phénomène largement étranger au modèle de Warsh. Il ne s'agirait pas de la gestation d'une nouvelle division du travail qui se libérera bientôt de ses entraves et fournira des rendements d'échelle et de spécialisation régulièrement croissants dont l'aboutissement logique serait donc la réduction des coûts et l'arrêt de l'inflation. Les pays avancés s'apprêteraient à connaître une économie stagnante dirigée par un gouvernement léviathan. Aucun profit futur ne rembourserait les coûts actuels du capital ni les dettes. La nation se vautrerait à nouveau dans l'orgie inflationniste pour faire face à ses engagements. « Débaucher la monnaie » est encore une voie sûre du déclin et de la pauvreté.

En fait, l'histoire offre de multiples exemples de bureaucraties sclérosées tarissant les sources de la créativité et de la croissance ou détruisant la richesse de la nation par des débauches d'inflation. Le modèle warshien d'ascension à partir de la dette est beaucoup plus rare. La conception des services et de l'administration publique comme moteurs de la croissance vers la prospérité industrielle risque d'abuser de la crédulité de l'opinion publique. Il est toujours plus facile d'envisager la continuation des tendances actuelles vers le déclin et la catastrophe que d'imaginer les surprises de la création et de l'innovation annonciatrices d'une nouvelle ère non inflationniste de paix et de progrès.

Le scénario sinistre paraît beaucoup plus convaincant. La domination actuelle du secteur des services ne s'explique que partiellement par l'existence réelle de besoins publics. De toutes les industries américaines, ce secteur est le seul à avoir profité en abondance de l'inflation. En 1978, par exemple, le gouvernement a récupéré quelque 50 milliards de dollars supplémentaires au titre de l'impôt sur le revenu (que l'inflation a fait monter dans une tranche d'imposition supérieure), sur les plus-values artificielles et les profits douteux, sans compter la hausse des cotisations sociales nécessitée par l'inflation ; il a bénéficié aussi d'une réduction de 58 milliards de dollars sur la valeur de sa dette ; son dividende inflationniste, qui provient pour l'essentiel des salaires et de l'épargne du secteur privé, s'est donc élevé à 108 milliards de dollars [3]. Quand on entend que les débiteurs profitent du déclin du dollar il faut se souvenir de l'identité du principal emprunteur, le gouvernement, et du volume de sa dette totale : un billion de dollars.

On connaît moins les bénéfices que les services tirent de l'inflation. Cependant, les études réunies par la Brookings, *Inflation and the Income Tax*, donnent quelques indications : les services, au sens étroit, furent le seul secteur à bénéficier de l'impact de la hausse des prix sur les barêmes de dépréciation et autres règles de définition des revenus imposables [4]. Dans les services, les profits risquent moins d'être annulés par l'augmentation des coûts de remplacement du capital ou par l'insuffisance des provisions pour amortissement. Le capital des services est surtout constitué d'êtres humains ; et les coûts de développement sont souvent couverts par les impôts qui financent les écoles publiques et les universités. De plus, les services comme la justice, la santé, l'éducation, la comptabilité et les crèches bénéficient amplement des programmes publics et des régulations comme le Medicare, le Medicaid, l'aide à l'éducation et de la multiplication des règles administratives régissant tous les domaines, de l'environnement à la répartition de la richesse ; tout ce mystère contribue à imposer de nouvelles charges au secteur industriel.

Quand on s'aperçoit que les services ont profité de subventions du gouvernement et que le gouvernement s'est nourri de sa propre inflation, la probabilité de vastes bénéfices futurs semble quelque peu ténue ; l'autre grand modèle historique de croissance bureaucratique et de décadence nationale semble plus probable.

En dépit de tous les présages contraires, le gouvernement et les services s'accordent parfaitement au modèle de Warsh. Une analyse approfondie montre que la plupart des services ont réalisé des profits comparables au reste de l'économie ; dans l'ensemble, les services paraissent à la veille de retirer de nouveaux profits considérables de la technologie et de la gestion. Même le gouvernement, malgré ses opérations étrangères, ses programmes douteux et son gaspillage de ressources, pourra alléger le fardeau qu'il fait peser sur l'économie grâce à des améliorations sensibles de la productivité, quand bien même on ne procéderait pas à des coupes sombres dans les dépenses publiques. S'il existe sans aucun doute des possibilités de réduction des dépenses publiques au plus grand bénéfice du pays, il n'y a aucun signe, même dans le parti républicain, d'un désir de réduire les programmes actuels, même les plus infructueux comme l'aide à l'éducation dans les zones surpeuplées *(Aid to Education in Impacted Areas)*. Les dépenses d'armement s'accroissent. La défense est sans doute l'activité la plus inflationniste car elle insuffle de la monnaie dans l'économie.

Elle fait concurrence aux autres secteurs pour l'acquisition de ressources rares et précieuses de main-d'œuvre et de matériel, mais elle ne produit aucun bien de consommation à usage interne. L'expansion de l'économie privée et la croissance de la productivité des services des secteurs public et privé sont donc impératives. Heureusement, c'est chose possible.

Le bureau est l'arène centrale des services. Le bureau est aux services ce que l'usine est à l'industrie. La technologie du bureau est le capital fixe de la majorité des entreprises de services. Durant les années 70, la productivité industrielle a progressé de 90 % alors que celle des bureaux n'a augmenté que de 4 % soit à peine 0,5 % par an. Pourtant, de façon paradoxale, les industries qui ont enregistré l'expansion la plus rapide furent souvent celles qui fournissaient l'équipement destiné à renforcer la productivité des bureaux. D'I.B.M. à 3 M, de Control Data aux Wang Labs, de Texas Instruments à Hewlet Packard ou d'Olivetti à Motorola, les constructeurs des unités centrales d'ordinateurs, de semi-conducteurs, de microprocesseurs, de moyens de télécommunication ou de systèmes de traitement des données — la panoplie complète du bureau électronique moderne — ont tous progressé au rythme annuel de 20 %.

Au début de 1979, l'année de la crise pétrolière iranienne, les analystes ont classé l'équipement de bureau au second rang après l'énergie dans leur liste des cinq groupes industriels d'avenir ; les actions individuelles I.B.M. figurent toujours au premier rang et Xerox au quatrième du classement des experts. Les bureaux de toute espèce n'ont cessé d'acquérir de nouveaux appareils ; ces moyens complexes et coûteux sont d'une maîtrise immédiate difficile mais promettent à l'avenir d'honorables profits.

Le nouvel équipement de bureau est toujours plus lié aux systèmes de gestion. Au lieu de vendre des appareils particuliers, la plupart des entreprises d'informatique ont commencé à vendre des « réseaux d'information », des « capacités de traitement distribuées », « des sociétés d'analyse planifiée et de contrôle », « des équipes d'analyse fonctionnelle intégrée », et des « ordinateurs à utilisation simultanée ». Tout ce jargon souligne la nécessité et la possibilité de réorganiser et de recanaliser l'activité des bureaux vers l'exploitation de nouvelles technologies. Avec le perfectionnement de ces méthodes, la productivité des bureaux s'accroît par des bonds comparables à ceux décrits par Adam Smith dans sa fameuse analyse de l'économie d'échelle et de la spécialisation dans une manufacture d'épingles *.

La nouvelle technologie de bureau exerce déjà un impact déterminant sur de nombreuses entreprises de services. En fait, sur la liste des meilleures valeurs de 1979, trois groupes de services venaient après l'énergie et l'équipement de bureau : les banques, les services médicaux et les compagnies aériennes dont la croissance est largement tributaire de l'usage de nouveaux systèmes informatiques, de traitement des données et des systèmes de télécommunications. L'alimentation, la vente au détail, les communications, les assurances, l'immobilier et les médias (presse et téléradio-diffusion) ont également bénéficié de la révolution informatique. Pour reprendre le paradigme de Warsh, toutes ces industries ont investi dans un équipement coûteux qui commence par augmenter les coûts avant d'améliorer la productivité et la valeur.

* Cf. Adam Smith, *Recherches sur la nature et la cause de la richesse des nations*, livre premier, chap. I, « De la division du travail », pp. 38-39, coll. Idées, Gallimard. *(N.d.T.)*

Les services deviennent plus complexes et vont donner un nouvel essor à la croissance de l'ensemble de l'économie.

Les services entrent aujourd'hui dans l'âge industriel. Comme Theodore Levitt de la Harvard Business School l'a écrit :

> Depuis peu, certaines industries de services traditionnels et certains emplois du secteur tertiaire ont commencé à raisonner en termes industriels ; depuis peu, ils ont commencé à regarder les « services » avec l'œil averti de l'industriel et non plus de l'humaniste de même qu'à la fin du XVIIIe siècle la population commençait à penser le travail à la façon d'un industriel plus que d'un artisan... La fameuse société postindustrielle ne marque pas la fin de l'industrie. L'industrialisation est tout aussi réalisable dans les services que dans la production de biens, dans les emplois du tertiaire que dans l'artisanat [5].

Sans doute, l'hôpital résume-t-il la quintessence du problème inflationniste du secteur des services. En 1950, le coût moyen quotidien par patient était de seize dollars ; en 1979, il dépassait deux cents dollars. Mais ici, également, le phénomène de l'évolution de la composition du panier de biens prend une grande acuité. Martin Feldstein en témoignait devant la sous-commission de la santé du Sénat américain :

> En matière de soins hospitaliers, il est au moins une chose évidente : ils sont aujourd'hui très différents de ce qu'ils étaient il y a vingt-cinq ans ou même une décennie. Aujourd'hui les soins sont plus complexes, plus sophistiqués et plus efficaces. D'une façon générale, les coûts des services médicaux augmentent plus rapidement que le niveau des prix car les patients et leurs médecins ne choisissent plus désormais les mêmes vieux produits mais utilisent des techniques différentes et infiniment plus onéreuses. Par conséquent, la hausse rapide des coûts hospitaliers n'est pas une forme d'inflation mais représente une augmentation de la quantité de services hospitaliers fournis en une journée de soins [6].

Dans ce domaine, la véritable inflation résulte avant tout de l'expansion régulière des couvertures intégrales d'assurances publiques – Medicare et Medicaid – ou privées – Blue Cross et Blue Shield. Feldstein souligne que le coût moyen réel supplémentaire d'une chambre de deux cent cinquante dollars pour un patient qui a souscrit une assurance privée est juste de huit dollars. Aussi longtemps que ces nouveaux services seront facturés à l'ancien prix, la demande continuera à s'accroître.

Néanmoins, les nouvelles technologies offrent des promesses de rendement substantiel qui sont encore souvent contrariées par des tentatives d'imposer des contrôles des prix. La médecine montre bien les écueils et les entraves mais aussi les promesses et les opportunités de la gestion et de la technologie dans la révolution des services.

Parce que les contrôles fédéraux et les exigences des autorités de tutelle ont imposé d'immenses charges nouvelles de paperasserie médicale, l'automatisation de cet aspect de la médecine permettra aux infirmières et aux médecins de se consacrer aux problèmes réels de leurs patients. Aujourd'hui, un interne dépense en moyenne 90 % de son temps aux tâches administratives. La croissance de la bureaucratie humaine, avec ses règles inévitables et ses rapports, crée l'aliénation et les travaux impersonnels. L'automatisation tend à privilégier les responsabilités de contrôle et à réduire le rôle des exécutants intermédiaires et des employés qui effectuent des tâches machinales.

Toutes ces améliorations ne dépendent pas seulement d'automatisation. De petites améliorations d'organisation sont susceptibles de fournir des gains considérables. La ligne directe pour diabétiques mise au point par le Dr Reese Alsop et le Dr Peter Bourne avant son départ de la Maison-Blanche en est un excellent exemple. Les comas diabétiques coûtent actuellement à l'Amérique plusieurs milliards de dollars par an. Quand un diabétique entre dans le coma, il faut l'hospitaliser pendant de longues périodes et entreprendre un traitement intensif et coûteux. En 1970, un hôpital de Los Angeles expérimentait une ligne ouverte vingt-quatre heures sur vingt-quatre pour les crises diabétiques; par ce seul moyen, on peut réduire l'hospitalisation des deux tiers et sauver de nombreuses vies en épargnant plus de 2,5 millions de dollars. L'application à l'échelle fédérale de tels systèmes permettrait d'économiser plusieurs milliards [7].

L'industrialisation a toujours reposé autant sur les innovations de gestion que sur le progrès technologique. Comme le montre l'industrie en pleine expansion mais encore embryonnaire de la gestion hospitalière, une meilleure gestion des services médicaux assurerait des profits considérables. D'autres innovations en ce sens sont possibles : les nouveaux centres de chirurgie ambulants effectuent des opérations simples de maladies bénignes pour un coût des trois quarts inférieur au tarif hospitalier; les laboratoires centraux et les cliniques de diagnostic permettent aux patients de subir, en un même endroit, une vaste série de tests et d'examens qui seraient plus onéreux en temps et en argent dans le cadre des installations traditionnelles. Ces unités médicales et chirurgicales rentables qui se multiplient rapidement aux États-Unis bénéficient très largement des progrès de la spécialisation et de la gestion. Leur succès croissant prouve qu'il existe un champ considérable pour l'amélioration de la productivité des services de santé, indépendamment de nouvelles technologies ou de nouveaux médicaments.

La science médicale elle-même est à l'origine d'immenses progrès de productivité. Ainsi, par exemple, de l'usage d'agrafeuses chirurgicales qui simultanément coupent et referment les artères au cours des opérations, réalisant en quelques minutes une tâche qui exigeait auparavant plus d'une heure de travail minutieux de suture et de pansements. Les électrocardiogrammes bien plus performants que les stéthoscopes, les unités cardiologiques offrant une très large série de soins aux malades cardiaques, les scanners T.A.C. (tomographe axial computérisé *) qui permettent d'identifier les tumeurs cérébrales et toute une nouvelle génération de drogues antivirales sont autant de progrès d'une science qui ne cesse de multiplier ses bienfaits.

Les hôpitaux deviennent plus coûteux, plus complexes et consomment davantage de capital. Leur construction et leur entretien coûtent beaucoup plus cher. A la fin des années 70, les bénéfices étaient souvent moins évidents que les coûts. Mais il est probable qu'à l'avenir, la décennie 70 fera figure de période de gestation de techniques plus humaines et plus productives des prestations médicales. Mais cette évolution risque d'être paralysée par les contrôles fédéraux des coûts.

La percée initiale de la révolution industrielle des services s'est produite dans le secteur des grandes surfaces : souvent oppressives, elles n'en attirent pas moins les dollars. Les années 70 ont vu l'évolution des supermarchés vers les centres commerciaux et la transformation raffinée et élaborée de ces gros blocs rectangulaires gris entourés d'asphalte en cathédrales séculières du commerce, rassemblant des centaines de boutiques et de succursales, au milieu des arcades étincelantes et de grands escaliers en colimaçon éclairés par des ouvertures sur le ciel. D'anciennes voitures de chemins de fer, des bateaux abandonnés ou les vestiges de stations-essence abritent aujourd'hui des restaurants entourés d'arbres et de sculptures à proximité de fontaines.

James Rouse a développé et enrichi ce système dans le centre des villes en créant de véritables cornes d'abondance affairées et trépidentes comme Quincy Market de Boston et la galerie du Market East à Philadelphie. D'autres tout aussi éblouissants ont été créés au Ghirardelli Square de San Francisco et dans de nombreuses autres villes, tandis que Rouse inaugurait de nouveaux centres commerciaux gigantesques sur la place Harbor de Baltimore et au South Street Seaport de New York. A Boston, il a transformé six arpents de bâtiments abandonnés derrière Faneuil Hall en un complexe coruscant de boutiques et de restaurants qui ont drainé des foules plus considérables que Disneyland et ont réalisé la première année un chiffre d'affaires de 60 millions de dollars.

Bien sûr, la plupart des centres commerciaux ne sont pas aussi aguichants. Mais le supermarché d'antan a connu des évolutions surprenantes; parfois il est revenu au marché de luxe à la vieille mode d'autrefois, en plein air, les odeurs de poisson et de cannelle flottant au gré des brises; ailleurs se sont multipliées les grandes surfaces et les magasins pratiquant le discount. Toutes ces innovations ont créé d'immenses appels de capitaux dans l'ensemble des secteurs publics et privés qui ne seront amortis que dans l'avenir et dont les coûts se diffusent aujourd'hui à travers le système des prix.

Ce processus d'industrialisation est en cours dans toutes les branches d'activité : les cartes plastiques révolutionnent le crédit populaire, la télévision

* Appelé aussi en France tomo-densitomètre à rayons X. *(N.d.T.)*

démultiplie à l'infini la productivité des fantaisistes, les imprimantes exaltent l'efficacité des secrétaires; les « bips » rendent les pompiers et les médecins plus rapidement disponibles. Comme dans toutes les précédentes époques de transition, le système commence à être plus coûteux avant de s'avérer plus productif.

La productivité du gouvernement soulève des problèmes très difficiles mais qui ne sont pourtant point insurmontables. De nombreux services publics — de l'imposition en Ohio à la comptabilité financière dans le comté d'Orange en Californie, des pompiers et des ambulances en Arizona au ramassage des ordures dans de nombreuses villes — ont été dévolus au secteur privé et donc soumis à la discipline du profit [8]. Le résultat est quasi systématiquement un abaissement considérable des coûts et une amélioration de la productivité. D'autres services publics ont bénéficié de cette pléthore de nouvelles technologies et techniques de gestion analogues à celles employées dans les entreprises.

Le département du Commerce, par exemple, a choisi quatorze employés pour constituer une équipe spéciale de productivité et les former à développer et à appliquer les normes de rendement d'un bout à l'autre du Census Bureau. Cette expérience s'est soldée par une hausse de 52 % de la productivité en épargnant au contribuable la charge de 117 000 heures de traitement. En l'absence de critères ou de niveaux de productivité, les employés de l'administration publique sont tout aussi raisonnables que les salariés des autres industries : ils travaillent à 60 % de leur capacité. Quand le Census Bureau a mis en œuvre son programme de productivité, ce taux est monté à 91 %. Quand les incitations salariales sont associées à des critères de productivité, ce taux peut monter jusqu'à 125 ou 135 %. Un expert analysant les résultats de ce programme pouvait ainsi conclure :

> L'amélioration de la productivité du gouvernement, que ce soit à l'échelon fédéral, étatique ou local (...) peut égaler ou dépasser celle de l'industrie quand les principes de gestion scientifique sont effectivement appliqués. (...) Le Congrès, les assemblées d'État et les conseils municipaux feraient mieux de dépenser moins de temps à faire ou refaire des lois et consacrer davantage d'attention à s'assurer (...) que l'efficacité de chaque unité ou de chaque employé soit mesurée (...) Le système budgétaire actuel (...) est foncièrement inadéquat et tend à se solder par des dépenses très largement excessives. Le Congrès a créé un environnement propice aux opérations publiques dont la « règle du jeu » est d'obtenir un budget généreux dont on est sûr qu'il sera épuisé à la fin de l'année budgétaire. Ce climat doit changer [9].

Comme dans tous les services, la productivité du gouvernement est largement un problème d'organisation. Par la diversité de ses rôles et de ses activités, le gouvernement ressemble à un conglomérat géant. Les grandes entreprises bénéficient souvent de rendements d'échelles : financement, publicité, politique du personnel... Mais un conglomérat ne fonctionne qu'à une condition : chaque partie de l'entreprise ne survivra que si ses coûts unitaires sont assez faibles pour rendre l'opération profitable. L'entreprise est fondamentalement un système de productivité.

Toutefois, le gouvernement est un système de règles et d'assentiment. Plus le budget accordé par les citoyens à un organisme public est grand, plus leur « assentiment » importe. Un des moyens d'obtenir leur approbation est de leur procurer argent et emplois. Le gouvernement peut donc assimiler son propre électorat. Mais cette assimilation peut s'opérer de deux façons. Les fonctionnaires élus, particulièrement dans les États et les villes, sont prisonniers de leurs propres subordonnés qui, non seulement forment un puissant bloc électoral, mais encore disposent du monopole sur les services publics dont eux-mêmes sont responsables. En élargissant ses fonctions de gestion opérationnelle, le gouvernement peut éventuellement assimiler son propre assentiment. Mais les employés du secteur public assimilent aussi les pouvoirs du gouvernement. C'est un système contreproductif. Quand le gouvernement prospère, que ses budgets et son personnel se gonflent, la productivité décline; ce déclin engouffre encore davantage de ressources et tarit l'économie.

La productivité du secteur public est une préoccupation relativement récente. Autrefois, seul le secteur privé était censé produire. Comme les angelots valsant dans la tête d'un maire idéaliste, les critères de productivité ignoraient les vertus publiques, le charisme, la sagesse, la majesté ou l'esprit martial.

Ces jours sont révolus. Nos élus doivent à la fois prendre des décisions politiques et diriger les affaires: ils sont autant des managers que des leaders. Comme le secteur public – fédéral, étatique et local – absorbe une part toujours croissante des ressources disponibles de la nation, la productivité de sa gestion devient un problème économique vital; il est crucial de combattre l'inflation.

C'est pourquoi, abstraction faite des moyens parfois brutaux utilisés par le mouvement, la révolte fiscale inaugurée par la Proposition 13 est l'arme la plus importante contre l'inflation. Mais cet effort est voué à l'échec si l'on ne comprend pas que les réductions de la fiscalité doivent s'accompagner d'une amélioration de la productivité. Le service public fait souvent l'objet de la première coupe sombre d'une bureaucratie menacée; la réduction de la main-d'œuvre est souvent la dernière étape. Si une agence publique réagit ainsi à un allégement de la pression fiscale, elle deviendra un fardeau encore plus lourd pour l'économie, car l'opinion publique se sentira frustrée: la population ne verra pas le fruit de l'impôt qu'elle continue à verser. Le frein fiscal – la mesure dans laquelle il peut dissuader l'effort productif du secteur privé – ne dépend pas seulement du montant des impôts mais aussi de l'attitude du public à leur égard.

Si en temps de guerre la population s'estime satisfaite de l'utilisation de ses deniers, elle continuera à travailler malgré des taux voisins de 100 % ou même, comme le souligne Wanniski, dépassant 100 %. Ainsi, pendant le siège de Stalingrad, la population affamée n'en combattait pas moins l'ennemi. Mais si le gouvernement se montre incapable de remplir les services que la population juge précieux – s'il est manifestement improductif – l'opinion publique le sentira bientôt ; elle ne tardera pas à considérer ses impôts comme une perte absolue qu'il faut compenser par une augmentation des salaires.

Un des signes les plus sûrs du poids excessif de la fiscalité est la tendance croissante, tout à fait nouvelle dans notre histoire, des citoyens de tous les niveaux de revenus à parler exclusivement de *revenus réels* et de *salaires reçus* *. Cette préoccupation est plus symptomatique que toutes les estimations de l'inflation ; elle suggère en effet que l'opinion est avant tout soucieuse de ses revenus et doute des précieux services que l'augmentation des impôts diffusée à travers l'économie est censée devoir lui apporter. Les fonctionnaires essaient de détourner ce ressentiment vers les institutions – les médecins, les hôpitaux et l'assurance médicale par exemple – mais la population ne considère pas encore les frais occasionnés par ces services comme la perte sèche qu'ils voient dans toute augmentation des impôts.

Les politiciens et économistes libéraux doivent se ranger à la conception warshienne de la fiscalité : les impôts ne sont pas une externalité qui se greffe sur le secteur privé mais représentent un coût de production ; ils doivent reconnaître que le gouvernement n'incarne pas une nécessité externe mais qu'il est un facteur de production. Si le gouvernement américain s'avérait plus productif que le secteur privé pour satisfaire le spectre de la demande, la population serait ravie d'abandonner ses revenus à l'État. A l'heure actuelle cependant, le gouvernement est désastreusement improductif, même dans ses fonctions spécifiques : le maintien de l'ordre, la défense nationale et l'éducation publique. Bien plus que les services privés, le gouvernement doit devenir productif.

Le poète Randoll Jarrell a intitulé une de ses protestations les plus poignantes contre l'âge moderne « Un cœur gros dans le supermarché ». Un jour qu'il vagabondait sur une autoroute à proximité de chez lui, il fut écrasé par un camion. Même si la sensibilité s'est largement accommodée des usines, les frontières de l'industrialisation se déplacent actuellement vers les services publics et privés ; la vie dans un monde de supermarchés et d'autoroutes, symboles suprêmes de service modernisé, semble encore laide et aliénante. Pourtant, si l'on essaie de voir au travers de ses premières étapes, on entrevoit un monde meilleur. Non pas un monde qui résolve toutes les profondes tragédies humaines qui affligeaient Jarrell mais un monde dans lequel les activités les plus stériles et triviales seraient reléguées aux marges de nos vies.

* Moins impôts retenus à la source. *(N.d.T.)*

Ce que nous faisons de notre temps libre et de nos énergies relève de l'imagination et de notre éthique personnelle, non de l'économie. Mais, empêcher le progrès technologique et matériel au nom de valeurs spirituelles serait accorder aux pièges superficiels de nos vies une importance disproportionnée au regard de ses mérites. Ce serait courir le risque d'une faillite économique qui mettrait en danger l'avenir de nos sociétés libres.

DIX-HUIT

Les impératifs de la croissance

LE GRAND DÉBAT ENTRE monétaristes et keynésiens est largement dépassé. Même les keynésiens reconnaissent aujourd'hui l'importance de la monnaie. Le rôle de la monnaie est manifeste et les erreurs de politique monétaire peuvent infliger de graves dommages à l'économie réelle. L'expansion excessive de la masse monétaire à la fin des années 70 et sa brutale contraction au cours de la grande crise ont affecté de façon vitale le bien-être du monde.

La reconnaissance générale du rôle de la monnaie a représenté un triomphe de premier ordre pour les monétaristes. Suivant l'exemple des économistes classiques, les keynésiens ont souvent considéré la monnaie comme un voile – un intermédiaire transparent au travers duquel on pouvait deviner les réalités les plus essentielles à la lumière de l'analyse économique. En fait, ce voile n'est diaphane qu'immmobile. Les variations erratiques de la masse monétaire transforment ce voile en un écran agité et trompeur, une cape de torero, qui incite les entrepreneurs et les économistes à charger sur des faux signaux d'opportunité et de valeur, de profit ou de perte.

Dans leur préoccupation de l'inflation et de la déflation, les monétaristes et les keynésiens ont aussi souvent associé leurs forces qu'ils se sont combattus. Tirant aux deux extrémités de l'équation de la théorie quantitative de la monnaie : MV = PT (masse monétaire × vitesse de circulation de la monnaie = prix × volume des transactions) ils s'imaginaient engagés dans une épreuve de force intellectuelle au centre de l'arène de la pensée économique. Les monétaristes se cramponnaient à la masse monétaire (MV) pendant que les keynésiens s'attachaient à l'autre bout de la corde : la demande globale (PT). Mais les deux écoles tiraient sur la même corde d'analyse économique, les mêmes formules clés des agrégats. En dépit de la vivacité de leur lutte, ils restaient invariablement attachés à l'équation elle-même et bien peu ont remarqué qu'au regard des problèmes les plus cruciaux de l'économie, cette équation demeurait périphérique.

En s'attardant sur les processus de production et d'innovation, les théoriciens de l'offre inversaient l'équation. Au lieu d'insister sur la demande globale de biens et de services, ils analysaient le processus dynamique de l'offre. De préférence au contrôle de la masse monétaire, ils soulignaient la création de la demande de monnaie à travers le circuit de la production : les offres créent le besoin d'une réserve de valeurs et d'un moyen d'échange. La qualité de la monnaie prime sur le volume de la masse monétaire. Cette qualité n'est autre que sa valeur anticipée en biens et services ou en or.

Après tout, le désir d'encaisses monétaires dépend plus fondamentalement des actes d'épargne et d'investissement qui fourniront les nouveaux objets du marché futur. Dans une économie qui s'essouffle ou qui a perdu sa foi dans l'avenir, aucune politique monétaire ne peut empêcher les individus de surenchérir sur la hausse des prix réels d'une réserve déclinante de biens.

A long terme, la réponse à la préoccupation keynésienne de la demande globale n'est pas une insistance sur l'offre de monnaie (la masse monétaire) qui n'est qu'une autre facette de la demande. La réponse tient au contraire à la formation inlassable de nouvelles offres, sources de créativité et d'anticipation qui créent la demande de monnaie. Les deux membres de l'équation clé de l'économie sont, d'une part, l'innovation à long terme et la croissance et, d'autre part, la qualité à long terme de la monnaie.

L'inflation n'est pas le problème fondamental de l'économie américaine. Le véritable problème tient à l'effondrement de la productivité consécutif au déclin de l'innovation et de la recherche. Celui-ci a diverses raisons : le détournement des ressources vers l'immobilier et les objets de collection ; l'expansion régulière du fardeau fiscal qui pèse sur chaque travailleur productif ; la stagnation et la mésallocation des investissements productifs ; l'essor d'une économie souterraine échappant à l'impôt mais qui n'a guère de capacité à long terme pour engendrer un progrès technique ; le vieillissement et l'obsolescence des machines et de l'équipement et enfin, le ralentissement de 40 % depuis 1973 du taux de croissance du stock de capital par unité de travail. Tous ces problèmes ont été rendus d'autant plus graves par un système fiscal pervers et destructeur.

Aux niveaux actuels, l'inflation reflète et intensifie l'effet du fardeau des dépenses publiques sur la productivité. Quand la productivité stagne, c'est-à-dire quand aucune richesse n'est créée, les impôts amputent encore plus profondément les revenus de la population. C'est alors seulement que les conflits normaux auxquels donne lieu l'avancement dégénèrent en une spirale inflationniste de revendications en une période de stagnation de la production de biens et services. A nouveau, c'est l'offre qui importe, l'expansion et l'amélioration des produits par la promotion de nouvelles opportunités. Il vaut donc mieux renoncer à renflouer de vieilles compagnies automobiles ou à bouleverser les marchés fonciers et immobiliers.

Il paraîtra difficile à plusieurs conservateurs de reconnaître que la prodigalité monétaire et budgétaire – le déficit des dépenses publiques et la création de la monnaie – n'est que la cause immédiate de l'inflation aux États-Unis. Ce n'est d'ailleurs pas tout à fait regrettable, étant donné la hausse régulière des impôts. Mais la reconnaissance de cette vérité est le préalable de toute politique adéquate. En s'attachant à la nature de l'inflation, la majorité des analyses monétaristes tendent à en perdre de vue les effets. Avant tout, elle redistribue les ressources du secteur privé au profit du gouvernement. L'inflation est un impôt. En cela, elle réduit le déficit réel du budget fédéral en deçà de ses niveaux officiels. Les détenteurs de monnaie et de bons dont la valeur décline sont les principaux contribuables au titre de l'impôt inflationniste [1].

Si l'inflation est avant tout un impôt, il est nécessaire de savoir si la somme de l'inflation et des impôts existants est plus ou moins néfaste à l'économie que les autres moyens de financer les dépenses publiques. Ceux qui qualifient l'inflation d'impôt le plus cruel devraient au moins considérer les effets des autres impôts sur les projets de nos citoyens, et particulièrement les veuves, les orphelins et les pauvres quand la croissance économique décline. Autrement dit, il faut déterminer si la dévaluation des encaisses et des bons publics – avec les autres coûts et risques de l'inflation – est plus ou moins destructrice de richesse et de production que les mesures qui accroissent directement la fiscalité sur l'entreprise et le revenu.

On peut donner une réponse simple à cette interrogation : les possesseurs de titres publics (les investisseurs paresseux ou qui témoignent d'une aversion pour le risque) et les thésauriseurs (en grande partie des membres de l'économie souterraine) sont des victimes très désirables de toute hausse de la fiscalité exigée par les nouvelles dépenses de l'État. On pourrait ainsi considérer l'inflation comme une bourrasque : elle n'emporte que ceux qui cherchent à s'en préserver. Ceux qui continuent à investir dans l'économie et la production de biens vendables s'en sortent bien.

Mais si l'inflation n'était qu'un simple moyen de prévenir les crises budgétaires en frappant les financiers trop timorés, les valeurs étrangères, les dépôts fiduciaires, les compagnies d'assurance et les caisses de retraite, ou un moyen de combler les déficits en barbotant dans les besaces des maquereaux, des trafiquants, des parieurs et autres parasites, personne n'aurait jamais songé à qualifier l'économie de « science maudite ». Si l'inflation n'était qu'un moyen de récompenser l'investisseur courageux et qui prend des risques, l'entrepreneur actif et l'éclaireur ingénieux qui ouvre de nouvelles voies aux dépens de l'accapareur béat de coupons ou du possesseur de biens inertes, le monde serait bien plus riche.

Malheureusement, la situation est moins bénigne, que l'on puisse y remédier ou non. En élevant les impôts sur le revenu réel à des niveaux qui confinent à la confiscation, l'inflation stimule désormais la croissance de l'économie souterraine qui échappe au fisc au détriment des activités imposables. Les titulaires de revenus imposables doivent entretenir une masse déjà croissante d'activités peu imposées et improductives. Il y a quatre principaux groupes de bénéficiaires : les affaires régulières, illégales, immobilières et non lucratives qui correspondent à différentes économies : l'économie superficielle, l'économie souterraine, l'économie foncière et l'économie déracinée.

Dans les affaires, l'économie superficielle prend la forme d'un détournement de *cash flow* des investissements productifs : apéritifs, honoraires des experts réputés ; sièges sociaux immenses et monumentaux ; objets d'art pour le bureau du président ; publicité de prestige et charité ; cartes d'abonnement aux compétitions sportives ; adhésions à des clubs et voyages dans le jet de la compagnie pour des conférences à Hawaii. Le personnel reçoit des pensions et des avantages accessoires, des médicaments ou des actions, les cadres bénéficient de petits cadeaux et reçoivent la reconnaissance des hommes politiques plutôt que des dénonciations pour profits excessifs.

D'autres activités ont moins de prestige mais appartiennent toujours à l'économie superficielle : les valeurs refuges et les moyens d'échapper au fisc, la soudaine prolifération de ressources sur le marché monétaire gaspillent une grande partie de nos ressources financières les plus précieuses par une intermédiation superflue. Les légions avisées de juristes, de comptables et autres resquilleurs financiers sont du plus haut intérêt à leurs clients mais ne contribuent guère à la croissance à long terme de l'économie. Ils forment une véritable tumescence au sein de l'entreprise ; ces départements ancillaires se développent non seulement en proportion directe des impôts mais aussi de la régulation et de la bureaucratie de Washington.

Dans la concurrence entre les entreprises, l'inflation fiscale favorise très largement les moins imposés plutôt que les productifs. Parmi les principales valeurs refuges figurent le refuge lui-même et la terre qui l'accueille : l'économie foncière. Les entreprises de construction bénéficient directement de l'allégement du service de la dette consécutif à l'inflation et des règles toujours plus généreuses de dépréciation qui s'appliquent à des biens qui ne se déprécient pas le moins du monde. De même, les propriétaires bénéficient à la fois d'une exonération fiscale pour « loyer imputé » et d'une déduction pour les intérêts hypothécaires. Deux appréciations sont possibles : les propriétaires récupéreraient ainsi ce qu'ils ont perdu en épargne ; en fait, le Congrès a atténué la pénalisation des petits épargnants tandis que la déduction des intérêts hypothécaires est irréversible.

De façon bien compréhensible, la majorité des propriétaires se gaussent de l'idée que le seul fait de vivre dans leur propre maison et de voir diminuer leur charge hypothécaire les transforme en principaux bénéficiaires des largesses des pouvoirs publics. Leurs sarcasmes seraient légitimes dans un monde de laissez-faire. Mais dans une économie très largement fiscalisée et inflationniste, tout revenu non imposable est un avantage réel. Les services de logement que le propriétaire reçoit représentent un « revenu » de la propriété. Or le locataire doit consacrer une partie de son revenu imposable à acheter ces services et à supporter certaines charges du propriétaire. Celui qui possède son logement est au contraire exonéré de l'essentiel des impôts sur les plus-values réalisées sur sa propriété; grâce à l'exonération des intérêts hypothécaires, il est exonéré d'impôts non seulement sur l'intérêt réel de sa dette mais aussi sur la prime d'inflation qui l'aide en fait à rembourser le principal réel. De plus, grâce à l'appréciation de son logement, il peut emprunter et acquérir terre, or ou biens de consommation durables à nouveau libres d'impôts sur les charges d'intérêt réelles ou la prime d'inflation. Dès lors, l'enquête réalisée par *Fortune* en 1978 n'est pas surprenante : la moitié des nouveaux multimillionnaires le doivent à l'immobilier.

Néanmoins, ces grands avantages dont bénéficie le logement n'ont pas empêché autrefois ce secteur de s'effondrer pendant les périodes de resserrement du crédit. En fait, la vulnérabilité du logement aux récessions a été un stabilisateur essentiel de l'économie américaine car les activités saisonnières et ajustables sont moins préservées des effets de la politique monétaire. Le marché du bâtiment est un marché capricieux et sensible à la conjoncture; l'indemnisation du chômage permet d'amortir les variations de sa main-d'œuvre. La majorité des autres entreprises sont moins flexibles : si elles ne peuvent emprunter, elles risquent de faire banqueroute. Annoncer une politique anti-inflationniste et stimuler vivement le marché du logement est une politique nationale de suicide industriel. Pourtant, au moment le plus critique de la crise du dollar de 1978, Stuart McKinney, directeur de la Banque fédérale de prêt au logement, décidait d'accroître l'offre de prêts hypothécaires en abaissant le niveau des réserves obligatoires des organismes d'épargne et de prêt; le président promettait par ailleurs à l'industrie du logement de ne pas lutter contre l'inflation à son détriment. Pendant ce temps, la panoplie des agences hypothécaires d'assurance fédérales inondait le marché hypothécaire de nouvelles ressources. Partiellement sous l'effet d'une hausse des prix d'un facteur invariable, la terre, cette relance, a fait bondir l'ensemble des prix du logement. L'économie foncière est donc à la fois bénéficiaire de l'inflation et cause essentielle de sa vigueur.

En dépit de tous les efforts pour la dissimuler, l'économie souterraine est aujourd'hui un effet remarquable de l'inflation fiscale; ses aspects sont multiples : elle va des taxis non patentés et des domestiques payés comptant aux trafiquants de drogue ou aux prostituées; des doubles comptabilités et des inventaires truqués aux bouilleurs de cru ou aux employeurs d'adolescents; des trafiquants de main-d'œuvre immigrée aux travailleurs au noir. Pour joindre les deux bouts, les petites entreprises de nombreuses grandes villes sont contraintes de frauder en achetant la « protection » ou en graissant la patte de fonctionnaires, inspecteurs du logement ou policiers. La commission des taxis de New York affirmait en 1980 que les taxis exerçant légalement leur activité perdaient de l'argent pour tout kilomètre parcouru. Pourtant, la valeur réelle des médaillons représentatifs d'une franchise ne cessait d'augmenter[2]. Dans l'ensemble de la société, les individus se sont ajustés au niveau élevé des impôts et des transferts en se protégeant eux-mêmes d'une façon nuisible à l'économie.

Sans doute, le groupe le plus nombreux de travailleurs illégaux est-il celui des faux retraités de la Sécurité sociale qui réaliseraient 10 % des heures de travail aux États-Unis (contre 20 % en Suède [3]). Tous ces travailleurs échappent aux recensements et à l'administration fiscale, faussant ainsi la plupart des statistiques américaines en matière de pauvreté, de chômage et de profits.

Cette économie souterraine prospère d'autant plus que les charges fiscales s'alourdissent. Elle représente aujourd'hui entre 20 et 25 % du P.N.B. La dramatique expansion des encaisses liquides est un indice de sa croissance. Bien que la prolifération des cartes de crédit ait semblé atténuer les besoins d'argent comptant, les encaisses de papier monnaie ont dépassé très largement l'augmentation des dépôts à vue (comptes en banque, comptes d'ordre négociable de retrait ou autres moyens de conserver son argent pour réaliser des transactions). Alors qu'en 1973, le taux de croissance des encaisses liquides était voisin de celui des dépôts, les avoirs liquides détenus en dehors des banques ont crû beaucoup plus rapidement que les dépôts [4]. A la fin de la décennie 70, ils atteignent presque 100 milliards de dollars, soit près de 500 dollars pour chaque homme, femme ou enfant. Le billet de 100 dollars est l'unité de compte qui a enregistré la plus forte croissance. Quelle que soit notre interprétation de ce phénomène (et on ne peut que spéculer sur l'ampleur et la nature des transactions concernées), il est largement un résultat de la hausse des impôts consécutive à l'inflation.

A l'instar du boom immobilier et de nombreux effets de l'inflation, l'économie souterraine est aussi une cause de l'inflation et un obstacle à sa disparition. Devant la croissance de l'argent liquide dans la base monétaire, la masse monétaire devient plus difficile à contrôler par l'imposition de restrictions sur les dépôts à vue. Pour atteindre un objectif spécifique, le Bureau fédéral de réserve est obligé de réduire le crédit encore plus sévèrement pour les entreprises productives, au risque même de les jeter dans les bras d'usuriers et autres requins de l'économie souterraine.

Enfin, il est une dernière catégorie qui profite de l'inflation, même si elle est sans aucun doute secondaire: elle relève de l'économie déracinée ou volatile — le monde non lucratif des Églises, des sociétés de bienfaisance et des fondations. Toutes bénéficient de ressources supplémentaires quand l'augmentation des impôts accroît la valeur relative des exonérations et diminue l'intérêt des investissements. Toutefois, ces bénéficiaires vivent en sursis car, quelle que soit leur abondance temporaire de ressources, ils dépendent en définitive de la capacité de l'économie à produire de la richesse et à maintenir leurs dotations.

Par contraste, les secteurs imposables et les plus productifs de l'économie ont tendance à s'exténuer. Alors que l'industrie de l'immobilier est libre d'afficher dans ses comptes une dépréciation rapide mais fictive des constructions dont la valeur réelle augmente, les entreprises de technologie de pointe souffrent d'une réelle dépréciation de leur équipement qui devient obsolète du jour au lendemain sans pouvoir la traduire dans le calcul de leur revenu imposable. De plus, le gouvernement n'a longtemps autorisé l'amortissement que sur la base du coût historique ou d'origine de l'équipement alors même que le coût de remplacement était bien plus considérable. Nombre d'entreprises sont imposées sur des profits qui en fait traduisent une consommation de leur capital : elles n'ont pas le droit de constituer suffisamment de réserves pour réparer ou remplacer leur équipement.

L'Internal Revenue Service a également imposé des profits d'inventaires fictifs résultant des hausses de prix requises par la croissance des coûts d'acquisition de nouveaux stocks. Toute entreprise qui affiche les coûts historiques au lieu des coûts de remplacement sera bientôt ruinée. La plus grande partie des fameux profits exceptionnels des compagnies pétrolières est simplement imputable à la hausse des coûts de remplacement de l'ancien stock dans un monde hostile où continuent à planer les menaces de nationalisation et de guerre et où l'on fait appel à des modes de production plus chers consommant moins de pétrole brut et d'huile de schiste [5].

Enfin, si le nouvel équipement était acheté grâce à un emprunt, la prime d'inflation sur les charges d'intérêt était déductible du revenu imposable et la valeur de la dette diminuait donc régulièrement. Dans les années récentes, ce profit a été si grand que certaines entreprises bénéficiant d'un accès facile au crédit se sont laissé tenter par des projets d'investissement imprudents. Même si ce problème est moins grave aux États-Unis qu'en Angleterre, qui admet aujourd'hui une dépréciation annuelle de 100 % du capital et offre une masse d'avantages et de subventions aux grandes entreprises, les États-Unis risquent de voir se détériorer la qualité de leur capital dès lors que la fiscalité favorise l'endettement sur les actions et les profits réinvestis sur l'investissement des individus.

La somme des coûts et des avantages de l'inflation varie très largement selon les entreprises et la structure de leur capital. En dehors des expansions et des récessions cycliques – notamment la hausse des profits à la fin des années 60 – la rentabilité potentielle des grandes entreprises n'a probablement pas diminué au cours des dernières années. Mais elles ont souffert d'une diminution de leurs fonds propres du fait de l'imposition excessive des investisseurs virtuels. Elles ont également souffert de l'incertitude supplémentaire introduite par l'inflation dans la planification à long terme et du fardeau estimé à 100 milliards de dollars des nouvelles régulations proliférantes. Enfin, elles ont subi une détérioration normale dans ce monde de périls et de changements.

Les entreprises plus réduites, dont l'accès au crédit est plus limité, qui n'ont pas accès au marché boursier et contrôlent moins l'évolution de leurs prix, ont souffert bien davantage. Mais à nouveau, il est malaisé de décider si leurs problèmes sont imputables à l'inflation elle-même plutôt qu'aux distorsions du code fiscal. Il n'en est pas moins clair qu'une politique monétaire rigoureusement anti-inflationniste frapperait davantage les petites entreprises en expansion qui sont les victimes désignées d'un resserrement du crédit. Ce sont les nouvelles entreprises qui pâtissent le plus de la limitation des prêts.

Le plus grave dommage infligé à l'économie par l'inflation des années 70 résulte donc du détournement des ressources des activités productives vers des activités de diversion ou qui échappent à l'impôt. Ce problème tient partiellement à la hausse des risques et de l'incertitude liés aux contrats : signés dans des circonstances données, leur contenu serait aujourd'hui radicalement différent. Devant l'augmentation des impôts, l'investisseur éventuel exigera des perspectives de rentabilité supérieures. Les investissements immédiatement rentables sont préférés aux engagements à long terme. La recherche et le développement et les autres activités d'avenir sont réduits en dépit de leur rôle crucial dans la création de nouvelle richesse et l'efficacité de l'économie.

Les réductions fiscales peuvent atténuer sinon supprimer une grande partie des nuisances engendrées par la taxflation. Par exemple, le noyau de l'activité souterraine essentiellement légale — travail au comptant, troc, dissimulation du profit — disparaîtrait aussi vite qu'il est apparu si les impôts, les salaires minimaux et les écritures étaient réduits. Il faudrait aussi réformer les autres politiques dissuadant l'emploi légal des jeunes, des étrangers et des personnes âgées. Mais une politique monétariste contre l'inflation qui maintient les niveaux actuels de prélèvements fiscaux n'aura guère d'influence sur l'économie souterraine ; elle n'aura guère d'impact sur l'inflation et nuira aux entreprises saines.

Il est encore plus facile de s'attaquer au problème du déclin de la recherche et du développement. La R.D. ne bénéficie pas seulement à l'entreprise mais aussi aux firmes concurrentes et, en fait, à l'ensemble de l'économie : toute découverte peut donner lieu à des imitations et conduire à de nouvelles innovations et applications. Selon diverses estimations, remarque Roger Brinner de Data Resources, le taux de rendement privé et social de l'investissement en R.D. serait de 17 à 25 % [6]. La plupart des études attribuent au moins la moitié de la croissance de la productivité américaine au progrès technologique. Entre 1950 et 1974, les entreprises de technologie de pointe se sont développées deux fois plus vite que le reste de l'économie tandis que leur taux de hausse des prix ne représentait qu'un sixième du taux d'inflation [7]. La corrélation entre la croissance rapide des profits et la faible croissance des prix est si forte qu'il s'agit presque d'une loi économique.

La combinaison de recherche et d'esprit d'entreprise est la source suprême de la productivité et de la richesse. Sans ce catalyseur, la stabilité des prix serait un indice de pauvreté et de déclin. Grâce à lui, la hausse des prix est un problème maîtrisable. La première mesure de toute politique sérieuse contre l'inflation doit être de favoriser l'expansion de l'investissement privé (aujourd'hui déclinant) dans ce domaine riche en promesses. Les crédits à l'investissement lourd et les autres subventions en faveur de la R.D. ne font que compenser l'échec naturel du marché à apprécier les larges rendements sociaux.

L'abolition des impôts sur les plus-values d'actions améliorerait le climat de la créativité et corrigerait le biais actuel en faveur du logement, exempt pour l'essentiel de ces impôts et des autres. Nombre des systèmes conçus pour encourager la formation du capital, telle la dépréciation accélérée, n'ont guère d'effet sur l'entreprise qui expérimente un nouveau produit et réalise peu de profits. La faculté de déduire les intérêts gonflés par l'inflation ne profite qu'aux entreprises lourdement endettées tandis que les prêts restent rares pour les entreprises risquées. Les banquiers doivent toujours exagérer le facteur du risque dont il peuvent pâtir, mais seul le propriétaire des actions bénéficie largement du succès de l'entreprise. L'allégement fiscal sur les plus-values non immobilières et l'encouragement de la R.D. exerceront à long terme un puissant effet anti-inflationniste.

Si l'on considère l'inflation comme un impôt, on peut réduire l'impact de l'inflation sur la productivité en éliminant ses effets les plus pervers par une réduction de la fiscalité. Quand la croissance de la productivité est rétablie et l'innovation ressuscitée, la gravité du problème s'atténuera vite avant de disparaître définitivement. Si, par contre, on y voit un problème de déficit budgétaire et de croissance monétaire excessive, les politiques poursuivies auront pour effet d'éroder la productivité et la richesse et d'exacerber les désordres fondamentaux de l'économie.

La majorité des pays occidentaux connaissent une période de pression en faveur des dépenses publiques. Les États-Unis s'engagent dans une expansion du budget de la défense. Avec le vieillissement de la population, les services de la santé et des retraites vont exiger des ressources croissantes. Il faudra également financer la protection de l'environnement, la restauration des infrastructures délabrées des vieilles cités (des canalisations d'eau qui se détériorent aux transports de masse), des écoles, la voierie, les ponts, les digues et autres ouvrages publics. Les politiciens continueront sans doute à distribuer les prébendes aux diverses variétés ordinaires de groupes de pression stratégiques, des exploitants agricoles aux syndicats de marins. Le département de l'énergie continuera probablement à dispenser ses largesses à travers le pays et essaiera à nouveau de s'attribuer le mérite de toute réussite du secteur privé. Il y a fort à craindre que les dépenses publiques augmentent encore même si le gaspillage gigantesque et les effets pervers d'une politique gauchiste s'atténuent.

Dans ces circonstances, nous continuerons à nous opposer à tout nouveau programme inutile. Même si le Congrès persiste à adopter les mêmes mesures coûteuses et inutiles, nous ne renoncerions pas à prôner la réduction des impôts. L'objectif de l'allégement de la fiscalité, on ne doit pas cesser de le souligner, est d'élargir l'assiette de l'impôt, de faire payer aux riches davantage d'impôts en les incitant à consommer moins et à travailler ou à investir plus. Personne ne devrait s'affoler si cette politique se solde par un déficit initial. Dans une économie dont le secteur public est excessif, même un substantiel déficit des dépenses publiques est préférable à l'augmentation des impôts.

Il est tout à fait plausible que les déficits publics suscitent maintes récriminations. Parce que les dépenses publiques proviennent nécessairement de la production courante, dit-on, l'utilisation publique de biens et de services équivaut donc à un impôt réel. Pourquoi alors dénaturer cet impôt en défigurant la structure des prix et en imposant la charge de l'intérêt aux générations futures? Imaginer qu'émettre un bon est préférable à lever un impôt, c'est souffrir de l' « illusion du bon », de l'idée que nous pouvons obtenir quelque chose sans contrepartie en manipulant les instruments financiers. Il n'y a jamais de déjeuner gratuit, nous dit-on; la production réelle de l'économie est la seule source d'abondance.

C'est une vérité trop souvent contestée et précieuse. Mais ce n'est qu'une demi-vérité: elle implique en effet que « l'économie » et d'autres concepts analogues, comme « la masse monétaire », le « potentiel industriel », « l'offre de travail » ou encore « les réserves de ressources naturelles » sont des entités définies et mesurables, soumises à des lois mathématiques. Ainsi, on tient communément le raisonnement suivant: si le gouvernement décide de consacrer un milliard de dollars supplémentaires pour construire un sous-marin, le secteur privé devra nécessairement renoncer à un milliard de dollars de travail technique ou manuel, de ressources naturelles et d'équipement industriel, etc. La consommation et l'investissement privés se réduiront d'autant, que le gouvernement choisisse d'augmenter les impôts, de vendre des effets publics aux citoyens ou au Bureau fédéral de réserve (augmentant ainsi la masse monétaire et créant de l'inflation). Malgré leur rigueur apparente ces calculs sont spécieux. Bien sûr, il n'existe pas de déjeuner gratuit. Mais il n'existe pas non plus de réalité comme une « économie » mesurable ou « d'offre » formelle de monnaie, de travail ou de ressources.

L'offre de travail et de ressources, par exemple, est très élastique. L'ouvrier moyen ne travaille qu'à moitié de ses capacités et le cadre moyen est infiniment moins productif que les meilleurs. Les économies modernes regorgent de main-d'œuvre et de machines puissantes, sous-utilisées ou trop utilisées selon les secteurs. Dans une économie saturée d'impôts, les évaluations des contraintes et des capacités de production sont pour l'essentiel dépourvues de signification.

La valeur d'une ressource est largement tributaire des idées et des technologies qui changent rapidement. Dernièrement, elles ont transformé les puits de pétrole que l'on croyait taris, l'huile épaisse, les scories des vieilles mines de cuivre et le silicium des plages ensablées en trésors industriels. La masse monétaire est tout aussi insaisissable. De nouvelles formes de monnaie et de crédit prolifèrent aux États-Unis; les 850 milliards de dollars du marché des eurodevises, qui se sont répandues en dehors de tout contrôle et dans une incompréhension quasi générale, jouent un rôle central dans le commerce mondial et sur les marchés des changes.

Quand le gouvernement décide de dépenser un milliard de dollars supplémentaires, l'extraction des ressources ou l'utilisation des capacités de production requises par les dépenses publiques importent moins que l'impact sur les incitations et la créativité des entreprises et des ouvriers. Affirmer que les effets publics et l'inflation imposent une charge moindre que l'impôt direct ne suggère pas une « illusion du bon », mais la réalité d'une noosphère économique gouvernée par les émotions, les visions et les idées. Son impact sur l'expansion ou la diminution des ressources et des capacités de production de la nation dépasse de loin celui de tout programme public. A l'heure actuelle, toutes nos lois fiscales contribuent à rétrécir les horizons de la noosphère – à déprécier les véritables rendements de l'investissement aux frontières créatrices de l'entreprise.

Le déficit budgétaire peut être un moyen de protéger le secteur public et ses investissements les plus riches de promesses des effets de la fiscalité directe. Telle ou telle entreprise peut craindre l'inflation ou les futurs impôts que la dette implique. S'il s'agit d'une firme en expansion, elle peut s'accommoder de l'inflation en augmentant ses prix (l'inflation frappera également ses concurrents) ; dans certaines circonstances, l'entreprise peut même bénéficier de profits d'inventaire. Les impôts sont au contraire une charge immédiate et directe dont les effets sont amplifiés par le haut rendement des investissements des entreprises qui connaissent une expansion rapide. Même les entreprises qui décollent, sans profit et en utilisant une nombreuse main-d'œuvre, ou les firmes de technologie de pointe, supporteront une lourde charge du fait des cotisations à la Sécurité sociale. Elles devront probablement prendre à leur charge une partie de la hausse des impôts sur le revenu puisque leurs employés réclameront des augmentations de salaires. Une hausse des taux marginaux d'imposition sur les plus-values nuirait encore davantage aux petites firmes ou aux entreprises en expansion qu'elle priverait des ressources du marché boursier.

Il est toujours préférable de réduire les dépenses publiques quand leur efficacité et leur rentabilité sont inférieures à celles des dépenses privées. Mais à défaut de suivre la meilleure politique, les gouvernements ne devraient pas, comme ils le font si souvent de nos jours, recourir à la pire des politiques : la hausse des taux marginaux d'imposition ou le refus de diminuer la pression fiscale de façon à réaliser un « budget équilibré » et à combattre l'inflation. Ce choix s'avère toujours stérile. Dans un contexte sain, comme au Japon, les déficits élevés peuvent être entièrement couverts par une nouvelle épargne publique pendant que se poursuit chaque année la réduction des impôts et que le capital privé se développe.

En quoi cette thèse contrevient-elle aux canons de l'intégrité budgétaire si longtemps prêchée par les économistes les plus responsables? D'exercice numérique, l'intégrité budgétaire devient un art vital susceptible de préserver et d'étendre la richesse réelle et séminale de la nation. Il ne s'agit pas simplement d'équilibrer les recettes et les dépenses mais d'équilibrer les profits futurs des secteurs public et privé et de financer des projets rentables à long terme dans l'un ou l'autre secteur grâce à des émissions appropriées de créances publiques. Dans les circonstances actuelles, le retour à ce type conventionnel d'intégrité budgétaire et d'équilibres comptables se traduira toujours par une résistance irresponsable et néfaste aux réductions fiscales. Aussi longtemps que l'on considère les capacités de production comme une réalité inélastique et que l'économie sera réduite à une somme de quantités mesurables, l'augmentation des dépenses publiques exigera inévitablement une aggravation des charges fiscales et la fermeture des horizons de la croissance. Les conservateurs auront toujours beau jeu de souligner de façon irréfutable que les déficits déforment simplement l'impact réel des dépenses publiques en stimulant l'inflation et en accroissant les versements d'intérêts à l'avenir. Ainsi, la pression fiscale s'alourdira et la croissance du secteur public sera financée aux dépens des entreprises.

Ce danger n'est ni abstrait ni hypothétique. Dans l'ensemble du monde, les conservateurs élus sur des promesses de réduction de la fiscalité – de Herbert Hoover à Dwight Eisenhower et Richard Nixon aux États-Unis, Joe Clark au Canada, Malcolm Fraser en Australie et Edward Heath en Angleterre, et même Margareth Thatcher qui a commencé par accroître les taxes sur la valeur ajoutée plus qu'elle n'a réduit les prélèvements fiscaux – ont fini par augmenter la pression fiscale en invoquant la « responsabilité budgétaire ». Ils se fondaient sur des calculs apparemment rigides de l'économie monétaire. Mais dans cette optique de paiement comptant, il n'y a plus aucune place pour la créativité et l'inspiration ni même pour les réactions incalculables et imprévisibles de l'offre qui sont le piment des miracles de la croissance capitaliste. Comme Warren Brookes le disait, seule la partie physique de notre richesse est limitée. Ses ressources métaphysiques (imagination et créativité) sont infinies. Le capitalisme offre plusieurs repas gratuits parce qu'il existe des esprits libres et des hommes libres : les rendements du capital métaphysique sont illimités, les profits du don multiples et la règle d'or magique. Mais ces avantages échappent toujours aux calculs de la macroéconomie.

Si le conservatisme américain en vient à comprendre la signification de la dette, ce sera un triomphe intellectuel presque sans précédent. Thomas Macaulay, dans son *History of England,* écrite au milieu du XIXe siècle dans la prose la plus élégante jamais appliquée à l'économie, raconte la saga de la grande dette britannique. Il vaut la peine de le citer :

Quand la paix d'Utrecht mit fin à la grande guerre qui opposait l'Angleterre à Louis XIV, la nation devait environ cinquante millions; la dette était alors considérée comme une servitude qui paralyserait en permanence le corps du pays. La multitude grossière aussi bien que les châtelains chasseurs de renard ou les orateurs de café s'accordaient à la redouter, avec les penseurs avisés et profonds...

Bientôt la guerre éclata de nouveau; et sous l'administration énergique et prodigue du Premier William Pitt, la dette se gonfla rapidement jusqu'à cent quarante millions. Sitôt passée la première euphorie de la victoire, les hommes de théories et les hommes d'affaires décrétèrent presque unanimement que le jour fatal était maintenant arrivé. Edmund Burke fut le seul homme d'État, actif ou spéculatif, à être assez prudent pour ne pas se laisser abuser par l'illusion générale. David Hume, incontestablement un des économistes politiques les plus profonds de son époque, déclara que notre folie avait dépassé celle des croisés. Car il était impossible de prouver par des chiffres que la route du Paradis ne traversait pas la Terre sainte; mais il était possible de prouver par les chiffres que la route de la ruine de la nation passait par la dette nationale...

Adam Smith fut à peine plus clairvoyant. Il admettait que, si grande fût la pression, la nation la supportait et prospérait...

Mais il avertissait ses concitoyens que même une petite augmentation serait fatale. George Grenville, homme éminemment diligent et pratique, ne portait pas un jugement moins lugubre sur notre situation financière. La nation, expliquait-il, doit succomber sous le poids de sa dette de cent quarante millions à moins que ses colonies américaines n'en supportent une partie. La tentative d'imposer une portion de la dette aux colonies américaines donna lieu à une nouvelle guerre. Cette guerre nous laissa avec cent millions de dette supplémentaire et sans les colonies dont l'aide avait paru indispensable...

De nouveau l'Angleterre sombra dans le désespoir; et de nouveau, l'étrange patient persistait à devenir plus fort et plus florissant en dépit de tous les diagnostics et les pronostics des médecins de l'État... Bientôt cependant, les guerres issues de la Révolution française, et dont le coût dépassa de loin tout ce que le monde avait jamais vu, imposèrent de recourir jusqu'aux extrêmes limites du crédit public. Quand le monde fut de nouveau en paix, la dette publique consolidée de l'Angleterre s'élevait à huit cent millions... C'était en vérité une dette gigantesque, fabuleuse; inutile de nous demander si le cri de désespoir fut plus sinistre qu'auparavant... Pourtant, comme le malade imaginaire d'Addison, qui continuait à pleurnicher qu'il se mourait de consomption jusqu'à ce qu'il devînt si gras que la honte le réduisît au silence, l'Angleterre ne cessa de se plaindre qu'elle était noyée dans la pauvreté jusqu'à ce que sa richesse l'ait persuadée du ridicule de ces gémissements...

Cette société réduite à la mendicité, en pleine banqueroute, s'avérait capable non seulement d'honorer toutes ses obligations mais, tout en les honorant, elle s'enrichissait si vite que la croissance pouvait presque être discernée à l'œil nu... Pendant que les politiciens frivoles répétaient que les énergies de la population étaient brisées par le poids des fardeaux publics, se déroulait le premier parcours d'une machine à vapeur sur chemin de fer. Bientôt l'île fut sillonnée de voies ferrées. En quelques années, ce peuple ruiné dépensa volontairement une somme

> excédant le montant total de la dette nationale à la fin de la guerre américaine pour multiplier les viaducs, les tunnels, les digues, les ponts, les gares, les machines. Pendant ce temps, l'impôt ne cessait de s'alléger, bien que les caisses de l'Échiquier fussent pleines...
>
> Ceux qui ont répandu et entretenu cette longue suite de prédictions désespérantes s'imaginaient à tort qu'il y avait une analogie exacte entre la situation d'un individu endetté à l'égard d'un autre individu et la situation d'une société endettée à l'égard d'une partie d'elle-même; cette analogie les a conduits à une suite interminable d'erreurs... Leur erreur n'était pas moins grave concernant les ressources du pays. Ils n'accordaient aucune place à l'effet produit par les incessants progrès des sciences expérimentales ni à l'incessant effort de chaque homme pour améliorer sa vie. Ils voyaient que la dette s'accroissait mais oubliaient que les autres choses se développaient également [8].

Les plus grands épisodes de l'histoire économique — de la révolution commerciale à la révolution industrielle — se sont déroulés au milieu d'une hausse des prix et d'une augmentation des dettes. Au cours des dernières décennies, le grand triomphe du capitalisme en Asie s'explique par la dette et l'inflation. C'est le Japon qui a connu les déficits les plus effroyables. En 1979, le Japon enregistrait un déficit approchant 70 milliards de dollars. Pour une économie d'une importance inférieure de moitié à celle des États-Unis, son déficit officiel était plus du double. Pourtant, il a financé son déficit sans explosion de la masse monétaire ni de l'inflation. Cette réussite reposait uniquement sur une politique fiscale encourageant largement l'épargne et l'investissement.

De 1963 à 1978, le taux d'épargne japonais est passé de 16 à 23 % et le fardeau fiscal s'est allégé d'autant; pendant ce temps, l'épargne américaine s'effondrait et les impôts montaient en flèche. La croissance de la productivité s'est accélérée au Japon; aux États-Unis, elle a décliné. Malgré toutes les différences évidentes entre ces deux économies — attitude culturelle, orientation des exportations et dépenses de police et de défense — nous pouvons tirer certaines leçons de l'expérience japonaise. Les Japonais ont accepté la dette et l'inflation mais tout au long de ce quart de siècle de croissance, ils ont procédé une année sur deux à des réductions fiscales. En 1980, le taux moyen était de 20 %.

Une dette surabondamment monétisée ou accompagnée par le chaos, comme pendant la Révolution française ou une dette gérée avec laxisme pour détruire l'unité de compte d'une autre dette, comme dans la République de Weimar, peut entraîner la ruine. Une dette semblable à celle de l'Amérique accumulée pour financer des programmes payant les gens à ne rien faire et assortie de pénalités pour les entreprises profitables risque de détruire une économie. Mais une dette encourue pour financer des investissements au bénéfice des citoyens et de leur productivité ou pour éviter d'infliger des impôts nuisibles aux firmes en expansion est susceptible de devenir un atout vital de la croissance et du progrès. Le pire désastre économique est de grever l'avenir en supprimant les entreprises « catalytiques » à la frontière de l'économie.

Dans une économie en expansion, la monnaie actuellement disponible pour l'investissement est infiniment plus précieuse que l'argent payé ultérieurement en intérêts ou les prélèvements diffusés à travers toute l'économie par la hausse des prix.

Pour le capitaliste entreprenant, l'avenir est toujours plus riche de promesses qu'aujourd'hui : seule une économie statique et stérile vit au jour le jour. Dans l'horizon étriqué d'un budget à somme nulle (où chaque profit de l'un est perte de l'autre), dans le temps linéaire ou homogène et dans un monde mathématique abstrait, le fardeau de la dette semble nécessairement étouffant.

Dans une économie capitaliste en expansion, la gestion n'est pas un jeu à somme nulle ni le temps linéaire. Au-delà d'un certain horizon, l'argent qui doit être versé se dissipe presque entièrement ; même en comptabilité, un versement annuel de cent dollars une fois pour toutes a presque la même valeur qu'un versement de cent dollars pendant vingt ans. Dans un système croissant, le temps est un capital qui rabougrit toutes les dettes.

L'endettement américain a longtemps décliné. Les États-Unis sortaient de la Seconde Guerre mondiale avec une dette supérieure à leur P.N.B. et l'ensemble des dettes de l'Angleterre dépassait deux fois et demie son P.N.B. En trois décennies, les États-Unis ont réduit leur dette à moins du quart de leur P.N.B. et la Grande-Bretagne à moins de la moitié. Même si l'on inclut la dette privée, rien n'indique que l'endettement soit aujourd'hui supérieur à ce qu'il était il y a dix ou vingt ans. Les statistiques de croissance de la dette privée reflètent moins un accroissement des créances sur le revenu et la richesse que l'expansion du nombre des intermédiaires financiers se prêtant l'un à l'autre, diversifiant leurs portefeuilles et rendant probablement le système plus stable. Le problème des États-Unis et de la Grande-Bretagne ne tient pas à la dette mais au gaspillage, non au déficit des dépenses publiques mais à la guerre redistributionniste contre la richesse qui appauvrit chacun et paradoxalement développe l'inégalité.

Ces pays affrontent une série de défis majeurs qui exigeront la mobilisation massive des ressources et des énergies créatrices. Tous deux ont récemment subi une période de stagnation résultant pour l'essentiel de l'excès d'impôts et de gaspillages ou de dépenses publiques antiproductives. Au milieu de la grande crise des années 30, ces deux pays avaient répondu à une crise très différente mais tout aussi exigeante en multipliant les protections et les contrôles, en subventionnant le secteur privé et en équilibrant le budget fédéral. Ce fut un échec. Dans les années 80, les États-Unis doivent alléger la pression fiscale, supprimer les protections paralysantes et renoncer à subventionner le secteur privé. Il faut libérer les énergies et négliger délibérément les démonstrations mathématiques concluantes des économistes conservateurs les plus éminents. A suivre cette nouvelle politique, nous n'allons pas sur « la route de la ruine nationale ». La réduction des impôts est le seul moyen désirable d'équilibrer le budget ou de supporter de nouvelles dépenses pour la défense : on ne saurait en disconvenir, c'est un fait.

Le problème essentiel tient à l'usage qui sera fait de l'impôt inflationniste. Le prix Nobel W. Arthur Lewis l'a bien expliqué :

> Quelques chercheurs naïfs ont prétendu prouver que l'inflation n'augmente pas la formation du capital, en montrant qu'en nombre de pays où elle s'est produite (notamment en Amérique latine), la formation du capital n'avait pas augmenté. Il n'est pas de bon sens dc généraliser ainsi sur les effets de l'inflation. L'inflation utilisée dans des buts de destruction a des effets destructeurs ; mais, comme c'est le cas (dans de nombreux pays) ou dans la phase ascendante de tout cycle économique, l'inflation due à une création de monnaie en vue d'accélérer la formation de capital a pour effet d'accélérer la formation de capital [9].

Si les États-Unis détournent les bénéfices de l'impôt inflationniste vers le noyau créateur de la croissance capitaliste – la nouvelle recherche et l'industrie de l'avenir – les problèmes de l'inflation et de la croissance disparaîtront. S'ils préfèrent continuer à subventionner les secteurs épuisés de l'économie et la croissance étouffante de la bureaucratie, l'inflation et la torpeur persisteront malgré toutes les disciplines héroïques dont on pourrait faire preuve dans la gestion de la dette et de la monnaie. Nous continuerons à contempler les limites illusoires de la croissance en souffrant de claustrophobie. D'un air maussade, nous mesurerons encore les statistiques fallacieuses de nos capacités de production et de nos ressources, du revenu et de la production. Nous serons condamnés à la réclusion budgétaire. Nous maintiendrons dans les fers les énergies et les incitations des hommes libres et des entreprises.

Les États-Unis doivent venir à bout du sophisme matérialiste : de l'illusion selon laquelle les ressources et le capital sont essentiellement des choses qui peuvent s'épuiser et non les produits de la volonté humaine et de l'imagination qui dans un régime libre sont inépuisables. Ce sophisme est une des plus anciennes illusions économiques, de la période de l'empire où les gens pensaient que la richesse était la terre, à l'époque contemporaine où l'on suppose que c'est le pétrole, en passant par le mercantilisme où l'on imaginait l'or paré de toutes les vertus ; nos contemporains se rattachent autant à l'or qu'à l'immobilier. Mais l'erreur des économistes est à peine moins coupable quand ils additionnent le capital en quantités et supposent que la richesse réside avant tout dans les machines et les usines.

Tout au long de l'histoire, de Venise à Hong Kong, ce ne sont pas les pays les mieux pourvus en ressources matérielles mais les pays riches en esprits libres et en droits de propriété privée qui ont enregistré les plus fortes croissances. Deux des pays les plus vigoureux de l'économie mondiale ont perdu au cours de la Seconde Guerre mondiale la quasi-totalité de leur capital matériel: des entrepreneurs dynamiques leur ont permis de remonter la vague. L'optique matérialiste au contraire n'a fait que renouveler le destin de Midas.

TROISIÈME PARTIE

L'ÉCONOMIE DE LA FOI

DIX-NEUF

L'économie cinétique

COMME JANE JACOBS L'A ÉCRIT, chaque économie est en prise à un conflit crucial et décisif [1]. Ça n'est pas la rupture entre capitalistes et ouvriers, technocrates et humanistes, gouvernement et entreprises, libéraux et conservateurs, ou riches et pauvres. Toutes ces divisions sont des reflets partiels et déformés d'un conflit plus fondamental: la lutte entre le passé et l'avenir, entre la configuration existante des entreprises et les industries qui un jour les remplaceront. Ce conflit oppose les usines, les technologies et la formation du capital établies à ses entreprises qui n'existent pas encore mais qui bientôt les rendront caduques; aujourd'hui les entreprises de demain n'en sont encore qu'au stade d'idées timides, de minuscules compagnies, d'obscurs projets de recherche ou d'ambition audacieuses mais sans ressources; leur rôle reste insaisissable même si elles sont destinées à jouer un rôle déterminant dans la progression d'une économie en croissance.

Sauf à très court terme, la croissance ne tient pas à l'expansion de la demande ni à la hausse de la productivité – à l'augmentation des ventes de savon ou de Chevrolet – dont le président discute avec la Table ronde économique pour relancer l'économie américaine. La croissance ne résulte pas même de ce que la plupart des entreprises installées appellent l'investissement: réparation, ramplacement ou expansion du capital et de l'équipement actuels. Avec le temps et l'évolution des circonstances, les systèmes en place deviennent plus coûteux et moins appropriés. Leur reproduction est souvent une charge qui entrave la croissance, un détournement des ressources au détriment d'investissements toujours nécessaires en nouvelle technologie. Au fond, on pourrait définir la croissance à long terme comme le remplacement des usines, des équipements et des produits actuels par des unités meilleures et nouvelles.

Sir Henry Bessemer, le créateur de la méthode de production sidérurgique à grande échelle, a décrit avec acuité une période de découverte et de renouvellement au XIXe siècle. En 1854, après le premier succès de ses essais pour la fabrication de l'acier, il écrivait :

> D'un simple coup d'œil, je pouvais maintenant imaginer l'effondrement de la grande industrie sidérurgique du monde sous la force irrésistible des découvertes récentes. Par ce seul résultat, l'avenir m'appartenait... Ni les talents accumulés au cours des cent cinquante dernières années (...) ni les millions investis pour faire fonctionner le système actuel de fabrication, ni la grande résistance de l'inertie ne pourraient étouffer cette unique grande découverte [2].

Bessemer avait raison. Même si l'adaptation et la diffusion de sa méthode a pris plus de temps qu'il ne l'espérait, l'intention de Bessemer a fini par prendre sa revanche : des Midlands britanniques à la Pennsylvanie, les paysages étaient parsemés de villes fantômes et d'usines désertées et encrassées. Dans les dernières décennies du XIXe siècle, le système Bessemer assurait 85 % de la production totale d'acier de l'Amérique ; remplaçant le fer forgé, il a permis l'extension universelle du réseau de voies ferrées. Mais la technique de Bessemer devait aussi succomber au changement. Vers 1910, le procédé des fours à sole, radicalement différent des usines traditionnelles, a usurpé la place du système de Bessemer avant de conquérir les deux tiers du marché américain de l'acier.

Comme Schumpeter l'écrivit de façon si mémorable :

> La destruction créatrice est l'essence du capitalisme... elle est naturellement une forme ou une méthode du changement économique ; non seulement elle n'est jamais stationnaire, mais elle ne peut jamais l'être... L'élan fondamental qui lance et entretient le mouvement du moteur capitaliste provient des nouveaux biens de consommation, des nouvelles méthodes de production ou de transport, des nouveaux marchés et des nouvelles formes d'organisation industrielle que crée l'entreprise capitaliste [3].

Dans les luttes de la destruction créatrice, ni les grandes ni les petites entreprises n'ont d'avantage décisif. En général, les grandes entreprises sont mieux placées pour réaliser d'immenses améliorations (cumulatives) de leur productivité et étendre leur marché à l'économie mondiale où la puissance politique et financière prime souvent sur l'innovation. Dans l'ensemble, les petites entreprises sont infiniment moins efficaces. Mais elles sont aussi plus aptes à créer de nouveaux produits. Les grandes entreprises peuvent parfois acheter ou organiser des filiales, comme Zilog et Vydec d'Exxon, qui déploient beaucoup de ressources pour imiter et améliorer les innovations des autres. Mais les grandes entreprises manquent de la fertilité du nombre et de la flexibilité des petites unités. Même si telle ou telle petite entreprise est moins créative qu'une grande firme, les millions de petites entreprises sont la source vive de la destruction créatrice — les principales initiatrices de l'amélioration.

Les vertus mêmes de la grandeur — les économies d'échelle — sont le corollaire de leurs vices : leurs immenses investissements dans des équipements et des organisations éprouvées. Sans exprimer la moindre hostilité à l'égard des grandes entreprises, on ne peut s'empêcher de penser que la lutte entre le passé et l'avenir est un peu un combat entre David et Goliath, et ce combat n'aura pas de fin. Même si Schumpeter lui-même a fini par sous-estimer les conséquences inaltérables de l'impératif du changement — et, chose étonnante, les économistes contemporains sont légion à imaginer que nous entrons actuellement dans un âge technologique stationnaire ou stagnant — la destruction créatrice est toujours l'essence de la croissance.

C'est en cela que réside la question centrale que pose tout système d'économie politique, toute plate-forme de parti ou tout plan d'orientation d'un responsable : laissera-t-il prévaloir l'avenir ? Privilégiera-t-il les promesses de l'inconnu sur les conforts et les passions d'un passé menacé ? C'est là l'essentiel — comme à toutes les époques critiques de l'histoire humaine, nos technologies et nos productivités actuelles sont incapables de faire face à une croissance rapide de la population et de la demande mondiales. De nouveau des hommes sans foi et à la vue courte essaient d'interrompre le progrès de la connaissance et de la technologie : ils rêvent « d'états stationnaires », « d'équilibres économiques », de « styles de vie différents », de « rendements technologiques décroissants », de « stase écologique » et d'un « retour à la nature » tout en ânonnant sur les « menaces du progrès scientifique ». De telles idées fantasques, inlassablement réfutées et sans cesse récurrentes, sont le principal obstacle à la survie de la civilisation.

Ce problème prend une acuité sans cesse plus pressante dans les États modernes. Partout, les gouvernements sont tiraillés dans des directions opposées : entre les clameurs d'un vieillissement agité et les appels des opportunités à saisir, entre les convalescents et les victimes de nouvelles épidémies, entre les entreprises qui se dérobent à la concurrence ou demandent des subsides pour compenser leurs erreurs et les entreprises qui recherchent des ressources humaines et du capital pour créer de nouveaux produits et assurer leurs nouveaux marchés.

Les gouvernements socialistes et totalitaires sont condamnés à entretenir le passé. Parce que la créativité est imprévisible, elle est également incontrôlable. Si les politiciens veulent disposer d'un pouvoir de commande et de planification central, ils renoncent au dynamisme et à la vie. Une économie dirigée est presque par définition une économie improductive : elle ne peut progresser qu'en empruntant ou en escroquant l'étranger.

Après un séjour en Union soviétique, Luigi Barzini décrivait les résultats d'une direction « progressiste » dans un pays immensément riche. Rien ne ressemble davantage à nombre d'entreprises russes en activité, expliquait-il, qu'un musée industriel de machines du XIXe siècle, coquettement entretenu ; les machines y sont bien huilées, polies, astiquées comme une vieille Packard soigneusement préparée pour un rallye de tacots. Hormis dans le domaine vital de la défense nationale où l'Union soviétique se doit de concurrencer les États-Unis, le communisme est en général un système purement réactionnaire, une espèce de rêve devenu réalité lors d'une conférence d'archéologues industriels. En théorie, les pays socialistes qui « planifient » leur liberté et leur changement – c'est-à-dire qui deviennent partiellement capitalistes, pourraient échapper à cette stérilité. Mais en pratique, seul le capitalisme libère les forces de la destruction créatrice susceptibles de sauver le monde de sa perpétuelle crise de population et de rareté.

Néanmoins, comme les gouvernements capitalistes s'immiscent sans cesse plus profondément dans la fabrique économique, les systèmes politiques capitalistes et démocratiques se rallient toujours davantage aux côtés de l'ordre établi, du côté de la stagnation contre la croissance créatrice. Tout parlementaire démocrate soutient généralement les entreprises les plus puissantes et les mouvements culturels influents de sa circonscription. Les syndicats, qui jouent un rôle essentiel dans les pays non communistes, épaulent les intérêts des entreprises déjà organisées. Les bureaucraties sont souvent étroitement solidaires des entreprises qu'elles contrôlent, particulièrement quand les régulations – et l'imposition excessive – font subir de tels dégâts aux industries, comme l'industrie ferroviaire ou les entreprises de services, qu'à bout de souffle elles finissent par tomber dans les bras de l'État.

Naturellement, les systèmes détaillés de régulation favorisent de préférence les produits et les modèles de comportement ajustés aux règles, les entreprises faciles à comprendre et à superviser pour l'expert en fonction. L'innovation a toujours des effets imprévisibles. Elle risque d'être dangereuse. Au départ, elle est toujours incertaine et inefficace ; si elle est fondée sur de nouvelles découvertes scientifiques, son avenir est impénétrable. Tous les systèmes de régulation et de sécurité pour protéger l'environnement et l'emploi ou préserver les consommateurs n'auraient jamais permis le lancement d'un avion ; inutile de parler alors de la révolution industrielle. Les pouvoirs publics doivent toujours se fier aux connaissances actuelles, fruits des disciplines scientifiques existantes et de leurs principaux maîtres d'œuvre.

Pourtant, l'expertise scientifique est presque toujours aussi circonscrite que profonde et les scientifiques en place résistent aussi avec autant d'opiniâtreté au changement que tous les autres corps établis. William Shockley fut un des inventeurs du transistor, un des héroïques innovateurs de l'âge moderne. Mais au début des années 60, il fut aussi aveugle aux promesses des circuits intégrés qu'il l'est aujourd'hui à celles de la génétique de l'intelligence. La plupart des percées scientifiques sont le fait d'hommes de vingt ou trente ans. Les laboratoires nationaux, l'administration des produits alimentaires et pharmaceutiques (F.D.A.) et l'agence pour la protection de l'environnement, qui contrôlent pour l'État les produits de la science civile, sont remplis d'hommes qui ne sont plus dans leur prime jeunesse : intellectuellement et affectivement, ils sont liés aux technologies du passé et résistent avec acharnement aux progrès. Leur demander de juger les implications de nouvelles découvertes pour la fusion de l'énergie ou la microbiologie est tout aussi incohérent que si l'on avait demandé aux techniciens du rail du XIXe siècle d'apprécier les plans des frères Wright *.

Ces réalités ne disqualifient pas la régulation. Elles en suggèrent seulement les inévitables traquenards et les coûts incalculables. Plus les systèmes de régulation auront de l'ampleur, plus il y a de risques qu'ils soient dominés par des médiocres et donc que la croissance de l'économie américaine soit médiocre. Une régulation excessive qui voudrait nous préserver des risques créerait le pire de tous les dangers : une société stagnante dans un monde changeant. Le choix n'est pas entre un équilibre confortable et un progrès irréfléchi ; il est entre une détérioration aveugle et la destruction créatrice du génie humain. Notre appareil actuel de régulation risque de devenir un ennemi de la destruction créatrice.

Pendant près d'une décennie, l'E.P.A. a sans répit empêché l'utilisation de nouveaux insecticides biologiques – phéromones, bactéries pesticides et autres pesticides organiques que Rachel Carson célébrait comme des substituts possibles du D.D.T. De ce fait, on a continué à utiliser des produits chimiques tels que le parathion bien plus nocifs et destructeurs que le D.D.T. alors que la plupart des nouvelles substances biologiques ne présentent aucun danger pour l'environnement. Selon William Tucker de *Harper,* la cause de cette paralysie ne réside pas dans une opposition délibérée ni dans une conspiration ; comme il l'expliquait dans une analyse de la situation [4], elle tient à l'ineptie caractérisée face à la nouveauté.

Tous les industriels l'ont constaté : si le problème technique essentiel des nouveaux pesticides était de savoir les conserver assez longtemps dans l'environnement pour affecter les insectes, pour ne pas parler des hommes, leur principal problème commercial venait de ce que leur efficacité restreinte, généralement limitée à un seul type d'insectes, limitait leur marché et donc les sommes qu'il pouvait être rentable d'investir pour les tester.

Pourtant, l'E.P.A. applique à ces substances microbiennes étrangères, conçues pour perturber la reproduction ou détruire certaines espèces spécifiques d'insectes, exactement les mêmes exigences mises au point pour les insecticides chimiques qui tuent un grand nombre d'espèces et qui, utilisés en grande quantité, persistent durablement dans la nature. L'E.P.A. n'avait pas prévu la création d'insecticides organiques ; sa bureaucratie était donc mal outillée pour les approuver. Année après année, les entreprises devaient dépo-

* Les frères Wilbur (1867-1912) et Orville Wright furent des pionniers de l'aviation américaine *(N.d.T.).*

ser leur bilan, les scientifiques qui avaient réalisé des innovations remarquables se tournaient, frustrés, vers d'autres domaines. Pendant ce temps, l'E.P.A. ruminait sans fin sur le sort à réserver à ces innovations, elle prescrivait des programmes d'expérimentation coûtant des centaines de millions de dollars et changeait si souvent de personnel que les entreprises ne pouvaient jamais déterminer les responsables de leur faillite. Le progrès s'enlisait et l'on en revenait à des pesticides bien plus nocifs que le D.D.T. qui était à l'origine des régulations.

De la même façon, la F.D.A. est dominée par des médecins qui ne comprennent pas un traître mot des nouveaux développements de la pharmacologie et s'opposent obstinément aux nouveautés. Derrière tout nouveau médicament, ils soupçonnent la thalidomide. En fait, un système qui a empêché de tester tout produit pharmaceutique aux effets pervers aussi nocifs que la thalidomide paralysera tout progrès de la pharmacologie et coûtera bien plus de vies qu'il n'en sauvera. De nos jours, la F.D.A. est le principal obstacle au progrès médical américain : il bloque inconsidérément et dissuade les innovations et notamment l'apparition d'une nouvelle génération d'agents antiviraux dont on ne peut s'assurer de la sécurité et de l'efficacité sans des décennies d'expérimentation humaine que la F.D.A. interdit.

En 1974, par la loi sur le contrôle des substances toxiques, le Congrès menaçait d'étendre ce système bureaucratique à l'ensemble de l'industrie américaine en contrôlant des milliers de produits chimiques et des myriades de combinaisons, la plupart d'entre eux étant toxiques à des degrés et selon des applications variables. Un tel contrôle est fondamentalement impossible, il paralyserait l'économie tout entière. Comme l'administration de la sécurité et de la santé du travail, cette loi permet au gouvernement de harceler toute entreprise qui la gêne, quelle qu'en soit la raison. Mais la raison la plus probable n'est guère mystérieuse : cette entreprise persiste à créer de nouveaux produits. Le meilleur moyen d'éviter les difficultés est d'éviter l'innovation. Avec cette loi, plus l'E.P.A. devient consciencieuse, plus elle exerce de ravages. En l'occurrence, notre seul espoir réside dans l'incompétence.

On a souvent montré la perversité de ces interventions sur le marché. Mais en dépit de tous les problèmes, la régulation est parfois nécessaire ; elle ne devrait être adoptée qu'à une condition, « quand les avantages excèdent les coûts ». Mais ce calcul est loin d'être simple. De nombreux coûts sont impossibles à mesurer car ils tiennent aux avantages d'une économie plus ouverte et compétitive qui permet l'exploitation rapide de nouvelles technologies. Le plus sérieux dommage infligé par ces contrôles superfétatoires vient de ce qu'ils découragent l'innovation et l'esprit d'entreprise en précipitant le déclin. Paré de toutes ses séductions et de ses vertus, le gouvernement est presque toujours un obstacle au changement. Puisque dans l'ensemble du monde, l'espérance de vie est la plus longue dans les pays les plus industrialisés, dynamiques et pollués – et elle continue à augmenter dans les sociétés industrielles

– la charge de la preuve devrait normalement incomber à ceux qui souhaitent arrêter le progrès sous prétexte de sauver des vies.

La résistance du gouvernement au changement a diverses raisons; le processus de destruction créatrice peut non seulement attaquer une industrie mais aussi l'appareil de régulation qui le parasite; il est beaucoup plus difficile d'amputer une bureaucratie que d'acculer une entreprise à la faillite. L'appareil régulateur peut croître davantage que l'industrie qui l'accueille et devenir à son tour un hôte pour de nouveaux parasites: l'industrie risque en effet d'être alors réduite au parasitisme; bientôt, elle sera dépendante des subsides et de la protection de ce même gouvernement qui avait initialement sapé sa force. Aujourd'hui, l'Europe entière est parsemée de telles industries, d'entreprises qui vivent aux dépens de sociétés qu'elles ont jadis gavées. Aucune des entreprises industrielles nationalisées de toute l'Europe ne réalise de profit substantiel; elles sont toutes des fardeaux pour ces économies qu'apparemment elles dominent : en réalité, elles les subvertissent.

En Grande-Bretagne, on appelle parfois la découverte du pétrole de la mer du Nord une « calamité déguisée »: en effet, tout au long des années 70, elle a permis au pays de continuer à financer ses léviathans parasites et même de se doter de nouvelles entreprises nationalisées comme Inmos, une attardée irrémédiable de l'informatique, ou de véritables créatures du gouvernement comme DeLorean autos. Cette firme ne remboursera sans doute jamais les immenses subventions par lesquelles la Grande-Bretagne a surenchéri sur la bienheureuse Porto Rico pour s'assurer le droit d'épuiser son économie nationale afin de « créer » quelques emplois et d'en détruire beaucoup plus.

Quand bien même l'aide publique aux entreprises indépendantes se fait plus modeste, les gouvernements agissent souvent de façon à favoriser les firmes en place contre leurs rivales éventuelles. Les droits de douane, les quotas d'importation, l'amortissement accéléré, les autres impôts et dispositions commerciales sont toujours plus utiles aux firmes bien installées qui ont, de longue date, des lignes de produits à protéger, un équipement à amortir et des profits à compenser. Longtemps acclamées comme instruments d'une politique sociale, ces mesures encouragent ordinairement l'élargissement et la reproduction du stock de capital existant: les usines et les machines utilisées pour construire et vendre davantage toute une série de produits estimables – automobiles, télévisions couleur, machines à laver, sèche-cheveux, engrais chimiques et insecticides – mais aussi tous les articles d'intérêt toujours plus secondaire devant les problèmes qui surgissent dans une conjoncture mouvante. Comme nos circonstances changent, il faut transformer notre stock de capital: inéluctablement, les fortunes des propriétaires les moins prévoyants devront décliner et avec eux tous les syndicats qui en dépendent, les villes et les bureaucraties que les entreprises entretiennent.

Les médias renforcent ces tendances du gouvernement à la régression. La moindre rumeur sur un produit défectueux, un déchet industriel peut-être toxique ou un produit chimique vaguement cancérigène fait la une des journaux et suscite de sombres commentaires aux journaux télévisés. Mais les produits et services précieux qu'une régulation excessive a empêchés de créer ou de vendre n'ont pas voix au chapitre. Quand un trust léviathan souffre d'un échec ou de réduction de ses salaires — du fait de la concurrence des importations, d'une simple obsolescence ou même de la politique des pouvoirs publics — les caméras et les micros se précipitent pour enregistrer geignements et griefs. Mais des centaines de milliers de petites entreprises assurant des millions d'emplois meurent chaque année sans laisser de traces. A nouveau, on propose complaisamment l'image d'une économie formée d'un conglomérat de grandes entreprises et de bureaucratie d'État; les véritables sources de croissance à long terme sont masquées. Les importations font figure de menace, le progrès est dépeint comme un péril; par contre, le lessivage gouvernemental de l'économie pour financer les canards boiteux et éviter les faillites est présenté comme un moyen de « sauver des emplois » même si, en définitive, le relâchement des disciplines de concurrence fait perdre infiniment plus d'emplois.

Les syndicats et les politiciens font chorus avec la presse pour prétendre que la banqueroute d'une Penn Central, d'une Chrysler ou d'une Lockheed serait une perte sèche pour l'économie plutôt qu'un moyen de réorganiser les actifs des entreprises de façon plus profitable. Au fond, le plus grave problème de l'industrie ferroviaire découle de l'idée que le système actuel est tout uniment indispensable et qu'il doit donc être aidé par les pouvoirs publics si le secteur privé échoue. Or il s'agit là d'un non-sens patent. Cette notion prend la forme d'une prophétie qui s'accomplit d'elle-même, car aucune industrie (ni aucune ville) n'a de chances de tirer profit d'une négociation avec les syndicats si les travailleurs pensent que l'entreprise dispose toujours d'un ultime recours dans le Trésor fédéral.

De la même façon, le domaine de l'énergie regorge de ces prophéties; les médias répandent une propagande technophobe sur la quasi-totalité des formes de production et de transport de combustible. Les centrales électriques, les raffineries de gaz et de pétrole et le développement de toutes les nouvelles énergies sont invariablement entravés et différés sous prétexte de sauver des vies ou de protéger l'environnement. Pourtant, les pannes et les pénuries d'électricité, la hausse des coûts de l'énergie et la stagnation industrielle des décennies prochaines provoquera bien plus de morts et de ruines; la société devra alors recourir à des mesures désespérées: nationaliser les services, retourner au charbon et aggraver les risques de guerres nocives à l'environnement. En célébrant la décadence et en honorant la crainte devant la technologie, les médias provoquent l'émergence de crises vraiment dangereuses à l'avenir.

L'aide publique à la gabegie, l'inefficacité et la réaction dépassent très largement le cadre des entreprises. L'échec confortable appellera toujours, inévitablement, une politique qui le protégera du changement. Au moment même où les entreprises défaillantes se tournent vers l'État, la population et les groupes qui fuient les charges du travail productif et de la vie familiale crieront eux-mêmes à la crise nationale et invoqueront la responsabilité nationale. Et naturellement, cette crise arrivera. Plus l'État fédéral dispense son aide aux chômeurs, aux divorcés, aux marginaux ou aux prodigues, plus ces fléaux se répandent et plus les risques de rupture sociale deviennent alarmants. Un gouvernement préoccupé des statistiques de la crise y verra souvent des problèmes de subventions : il soutiendra essentiellement des formes morbides d'activité économique et sociale, créera des incitations au chômage, à l'inflation, à la dissolution familiale, à la décrépitude des logements et aux déficits municipaux ; il aggravera encore les problèmes en les rendant profitables. Quand le gouvernement s'accroît, le temps vient vite où les solutions sont moins profitables que les problèmes.

Tout au long des années 70, derrière l'inévitable rhétorique de l'innovation et du progrès et les façades de l'avenir, les forces de l'obstruction se sont rassemblées à Washington : un département de l'énergie imposant de nouveaux impôts antiproductifs et des contrôles des prix ; un département du logement instituant des contrôles de loyer ; et même un centre national pour la productivité contraint de chanter les louanges du syndicat le moins productif par heure de travail – la fédération américaine des employés de l'État, des comtés et des municipalités.

Avec les meilleures intentions du monde, le gouvernement planificateur aura tendance à se réfugier dans le passé qui est seul sûr et chiffrable. En réponse aux inévitables crises de pénurie, il prescrira comme seul progrès des anachronismes timidement déguisés : un renouveau des bicyclettes, une renaissance des coopératives de consommateurs, un nouveau système fédéral de contrôle des prix, un retour massif au charbon ou une recrudescence des petites exploitations agricoles et des moulins à vent.

L'ensemble des programmes fédéraux actuels participent à une défense tous azimuts du *statu quo* contre l'apparition de tous concurrents éventuels. La politique économique se limite à stimuler la demande globale de produits existants au lieu d'encourager l'offre de nouveaux biens. Les crédits à l'investissement et la dépréciation rapide des allocations – toujours préférable à l'absence de réduction fiscale – favorise le simple remplacement du stock actuel de capital plutôt que la création de nouvelles formes de capital et de nouveaux modes de production. Les dispositions antitrusts sont essentiellement dirigées contre les concurrents les plus profitables (tel I.B.M.) et ignorent que les mesures fédérales sont à la racine de la plupart des monopoles américains. Le système des changes flottants s'accommode des défaillances du commerce international en dépréciant le dollar au lieu d'obliger à un regain de la concurrence par une meilleure productivité et de nouveaux produits. Notre système d'imposition et de subventions cautionne exagérément l'échec (des entreprises, des individus et des gouvernements locaux) et récompense surtout la productivité et les ressources des avocats d'entreprise et des comptables. Il n'a de cesse de faire tomber dans un guet-apens toutes les entreprises inattendues, sans protection et qui réussissent.

Nos programmes sociaux et d'emplois souffrent d'un biais similaire. En vertu de règles impératives et de perpétuelles menaces de procès, l'administration publique distribue aujourd'hui emplois et promotions sur la base de critères immuables — tests, diplômes, race et sexe — et néglige la productivité du travail de chacun. Les politiques d'emploi reposent de plus en plus sur de nouvelles formes de stabilité et de droits acquis mais laissent échapper l'opportunité de nouveaux emplois.

En général, ces politiques sont censées protéger les pauvres et les vulnérables des coûts du changement ; abstraction faite des charmes apparents de la politique égalitaire, leur principal effet est de refuser aux classes les plus défavorisées les bénéfices d'une économie de progrès. Le risque et la compétition, la mort et le changement sont l'essence même de la condition humaine. L'effort pour échapper à l'inflation en indexant les revenus de groupes favorisés et de combattre le chômage en subventionnant des emplois périmés ne fait qu'aggraver les problèmes en en rejetant le poids sur la majorité silencieuse : sur les petites entreprises, les travailleurs non syndiqués et, d'une façon générale, sur la population victime d'une économie stagnante.

Même des contrôles volontaires des salaires et des prix pénalisent essentiellement les entreprises les plus dynamiques : elles ont besoin en effet de bien rémunérer leur personnel si elles veulent éviter qu'il se dirige vers d'autres entreprises et doivent afficher un prix élevé pour les rares produits ou services sur lesquels la firme détient un éphémère pouvoir de monopole. Dans la mesure où le gouvernement peut artificiellement comprimer le prix des automobiles et des postes de télévision, il accroîtra les pressions sur les prix de l'alimentation, des carburants et du logement. Comme il est toujours plus commode au gouvernement de contrôler les prix des articles de luxe, son intervention contribuera toujours à augmenter les prix des produits de première nécessité qui absorbent l'essentiel du budget des pauvres. Les politiques de stabilisation des prix de Nixon et Carter en fournissent des exemples évidents.

En général, l'effet majeur des efforts du gouvernement pour se protéger lui-même et sa clientèle de l'incertitude et du risque est de mettre l'ensemble du système en danger. Il devient à la fois trop rigide et trop faible pour réagir énergiquement aux nouveaux chocs et aux défis soudains inévitables dans un monde changeant.

Si la préparation de l'avenir est théoriquement simple, elle lance aux responsables de multiples défis. Le gouvernement peut multiplier les miracles de la créativité et de la croissance en renforçant les lois actuelles, en protégeant les brevets et les droits de propriété ; en favorisant les études scientifiques et technologiques ; en limitant les pouvoirs de l'État de créer et d'entretenir des monopoles ; en supprimant les barrières commerciales ; en limitant chaque fois que possible l'emprise étouffante du gouvernement ; en imposant de lourdes pénalités aux industries qui menacent l'environnement ; en créant une atmosphère de stabilité et de sécurité à l'intérieur et à l'étranger.

De telles tâches offrent d'immenses responsabilités aux bureaucrates de Washington. Les assumer exigera des efforts héroïques. L'agenda le plus ambitieux du libéralisme contemporain promet la passivité totale du gouvernement : il ne fera rien sinon s'étendre lui-même pour s'opposer à la croissance et à l'innovation. Le gouvernement préparerait mieux l'avenir en s'abstenant d'essayer indûment de le façonner, car l'impact de la politique fédérale se conforme presque toujours à l'incidence actuelle du pouvoir politique, laquelle dérive de la configuration existante du capital et du travail.

Sans doute, le symbole suprême de la lutte entre le passé et l'avenir est-il cette bataille perpétuelle autour de la politique fiscale et notamment de l'impôt sur les plus-values. Les enjeux sont relativement simples. Si, en termes absolus, les grandes entreprises en seraient naturellement les principales bénéficiaires, la diminution de l'impôt sur les plus-values représenterait un don rédempteur pour toutes les entreprises qui se préparent à l'expansion, les entreprises nouvelles et innovatrices. Les plus-values sont la principale source de nouvelle richesse dans une économie capitaliste. C'est le moyen de s'enrichir. Avec un taux d'inflation de 8 %, un impôt de 20 % sur les plus-values a rapidement un impact moyen supérieur à 100 % sur les actifs détenus relativement longtemps. On peut encore s'enrichir, si l'on est sage ou chanceux, en spéculant sur les actions et les titres, les matières premières et les objets de collection ou en essayant de se montrer plus malin que le marché ou le Bureau fédéral de réserve. Mais un achat précoce de titres d'une firme pionnière, conservés pendant la période de lancement d'un nouveau produit, sera souvent imposé à des taux spoliateurs quand ils seront vendus.

Cet impôt protège les grandes entreprises : il les défend contre les petites, il protège les vieilles richesses contre les nouvelles, le passé contre l'avenir. Mais nos fameux politiciens progressistes résistent avec acharnement à sa suppression pour les actions. Même si la majorité des libéraux reconnaissent désormais la nécessité d'encourager l'investissement, ils prônent tous, aussi bien le sénateur Kennedy que le secrétaire au Trésor Blumenthal ou le président Carter, « une approche sélective » de primes et de subventions pour les investissements qu'ils préfèrent. Pourtant, une réduction générale des impôts créerait une nouvelle richesse et multiplierait le nombre des riches entrepreneurs.

Les libéraux donnent l'impression de désirer la richesse sans les riches. Nonobstant, la richesse naît souvent des individus de façon imprévisible et impénétrable. Le dynamisme d'une économie dépend de la prolifération des riches, de la création d'une vaste classe d'hommes qui ont le goût du risque et sont désireux de sortir des sentiers battus de la vie confortable pour créer une nouvelle entreprise, gagner d'immenses profits et les investir à nouveau. Or on se hâtera de prétendre que leurs revenus sont illégitimes et injustes. En fait, les entrepreneurs apportent bien davantage à la société qu'ils n'en reçoivent et la majorité d'entre eux ne gagnent aucune richesse. Ce sont des héros de la vie économique ; ceux qui leur envient leurs récompenses démontrent ainsi leur impuissance à comprendre leur rôle et leur promesse.

Au moins vis-à-vis de la richesse, l'attitude des politiciens est tout à fait compréhensible. Dans une large mesure, les politiciens américains sont des aristocrates. Ils sont parvenus à leur rang en prenant des risques aussi grands, en se soumettant à une concurrence aussi intense et en consentant des sacrifices aussi larges que tout entrepreneur. Les politiciens victorieux sont au pinacle même de leur carrière. Pourtant, ils sont moins rémunérés que les professions libérales (avocats, médecins...) assurés d'un revenu garanti et de leur prestige ; leurs revenus sont nettement inférieurs aux fortunes des entrepreneurs qui ont su prendre des risques comparables et sont parvenus au faîte de leur gloire. Il est compréhensible que nos politiciens jugent avec amertume ce mode de distribution de la richesse américaine. Les sénateurs, les gouverneurs, les maires et les députés devraient être payés quatre ou cinq fois plus qu'ils ne le sont actuellement. La seule raison de leur situation actuelle vient de leur irrépressible démagogie populiste : mais ils sont les seuls à blâmer d'autant plus que l'héritage qu'ils chérissent ou vilipendent leur a souvent permis d'échapper aux risques économiques ordinaires du conflit politique.

Compréhensible ou non, l'hostilité des politiciens à l'encontre des principales sources de la richesse en Amérique font de la plupart d'entre eux – indépendamment de leurs professions de foi sur le progrès et l'égalité – des défenseurs réactionnaires de la vieille ploutocratie contre les forces de l'innovation et du progrès. Les politiciens, qui doivent à leur intelligence et à leur goût du risque d'être parvenus au prix de nombreux combats aux responsabilités, deviennent les alliés naturels de la bureaucratie et des privilèges et les adversaires acharnés de la croissance et de la vitalité économiques. Pourtant, par leur vie d'ambition et d'aventure, les politiciens sont de la race spirituelle des entrepreneurs. En considérant leur propre carrière, la fortune et le prestige dont ils jouissent, les politiciens devraient pouvoir comprendre la dynamique du capitalisme et la nécessité de grandes récompenses pour ceux qui ont triomphé des privilèges.

L'avenir du capitalisme américain dépend de la conversion du corps politique qui doit renoncer à la défense réactionnaire du passé pour étreindre l'avenir et le progrès. Dans le monde anormal de la politique américaine, cette évolution exigera presque nécessairement de vaincre les forces « progressistes » de la société.

VINGT

Le brasseur impétueux

A L'ESPRIT QUI DOUTE du rôle décisif du génie, du courage et de la chance dans l'histoire, l'avenir semble généralement impossible : le monde occidental semble voué à la décadence et à la coercition par une pression démographique croissante dans un monde clos où la science et la technologie ont atteint la loi des rendements décroissants. On voit apparaître une sociologie du désespoir, fondée sur une contrefaçon de science, marquée par l'incompréhension des épreuves qu'a traversées l'histoire de l'humanité et l'aveuglement devant les sources éternelles du succès. Alors que les physiciens commencent à concéder la liberté aux particules microscopiques, les sociologues persistent à la nier aux êtres humains. La structure atomique tolère le hasard et l'incalculable; mais la structure sociale serait balayée par les forces mécaniques de l'entropie et de l'épuisement et enfermée dans la logique du « cercle fermé » du déclin écologique.

Ces attitudes déforment systématiquement les perceptions et les politiques. Le même état d'esprit qui pousse l'homme à voir l'avenir accablé sous les contraintes et la rareté l'incite à croire que le présent peut être aussi libre de risques et d'incertitudes que le passé; l'illusion rétrospective de la fatalité règne. Constatant qu'une logique intelligible a déterminé ce passé et façonnera sans doute l'avenir, le penseur politique moderne désire imposer cette même rationalité aux événements actuels. Il demande au gouvernement de créer une économie obéissante et prévisible où les réserves connues d'énergie correspondent aux besoins prévus et où les emplois satisfassent aux exigences géographiques et démographiques; la demande devra toujours augmenter pour absorber la production nouvelle des entreprises actuelles; les intrus de l'étranger devront être bannis du marché sous les droits de douane ou les quotas. Les ouvriers devront contrôler les usines et interdire tout mouvement ou changement rapide pendant que les bureaucrates domestiqueront l'invention et la créativité pour les enrôler derrière la bannière des marches forcées de la recherche et du développement; chaque contrat devra comporter une assurance contre l'inflation, chaque emploi une assurance-chômage, et chaque entreprise bénéficiera d'une assurance-faillite. Le fisc sera sans pitié pour tous les enrichissements exceptionnels et des garanties de revenus supprimeraient toute pauvreté messéante. Sous des formes diverses mais parfaitement discernables, des légions d'intellectuels « humanistes » font de l'élimination des risques et de l'incertitude le problème fondamental du gouvernement. Une seule solution : la quête de l'assurance tous risques par une économie obéissante dans un monde quiet et prévisible.

Ces recommandations insultent gravement les conditions essentielles de la croissance économique et du progrès humain. La quête d'une rationalité calculable dans les affaires humaines défie la subjectivité incalculable des êtres humains, le péril et l'indétermination de toute vie humaine. En économie, ce problème apparaît le plus manifestement dans les échecs de la planification qui sont sans doute le plus patents dans les petites économies du tiers monde qui se débattent au milieu des difficultés. Les idées contemporaines s'y appliquent avec une rigidité abstraite impensable dans les sociétés denses et multiples de l'hémisphère nord industrialisé. Avec une dévotion passionnée aux idéaux de l'État-providence et du contrôle central et devant un indéniable besoin de travaux publics et d'investissements, les pays en voie de développement s'embourbent continuellement dans les affres de la gestion rationnelle.

Albert O. Hirschman, un professeur d'économie de Harvard et Princeton qui s'est longtemps spécialisé dans l'étude des économies retardées, a lancé il y a quelque quinze ans une analyse des modèles de développement et de leurs résultats dans cinquante pays en voie de développement. Comme on pouvait s'y attendre, il a découvert un marécage. Il a rencontré des « programmes généraux » exploitant un pot-pourri de vains espoirs, de jargon d'experts et de vieilles idoles au service d'un plan de « développement » aux « moult fourches »; il a trouvé une frénésie « d'imitations » douteuses : chaque vallée arrosée devait être le site d'une « nouvelle T.V.A. * », il vit de grandioses usines sidérurgiques et des firmes automobiles s'élever au-dessus de petits marchés nationaux étanches. Généralement, un résultat sinistre ou imprévu ne tardait pas à accoucher de ces plans élégants et de ces analyses sophistiquées.

Autrement dit, Hirschman a trouvé dans le tiers-monde toutes les prétentions et les fatuités ordinaires du développement économique. Il lui aurait été parfaitement possible d'élaborer le même sempiternel rapport, félicitant les pays en voix de développement de leurs ambitions et de leurs aspirations tout

* *La Tennessee Valley Authority* (T.V.A.) est une entreprise fédérale organisée en 1933 pour fournir l'énergie électrique bon marché, contrôler le débit et l'irrigation, etc., en developpant le bassin de la Tennessee, particulièrement en construisant barrages et réservoirs. Ce programme s'inscrivait dans le cadre de la politique de grands travaux lancés par Roosevelt pour sortir l'économie américaine de la crise. *(N.d.T.)*

en critiquant les défauts d'exécution, le manque de compétence technique, les inhibitions de la culture primitive et la parcimonie du monde industriel qui empêchent le tiers monde de suivre les prescriptions occidentales pour la croissance. Il a préféré en montrer les épreuves et les erreurs et, à l'occasion, les succès pour en découvrir un principe crucial du progrès économique.

Sa découverte clé est paradoxale : il n'y a pas que les projets faisant fiasco qui déçoivent les espérances. La plupart des *réussites* divergent radicalement des plans et des intentions de ceux qui leur ont donné naissance. On construira une entreprise au milieu d'une forêt de bambous pour exploiter cette source de pâte à papier. Le bambou s'avérera inutilisable mais l'entreprise prospérera en utilisant les morceaux de bois charriés par le cours d'eau voisin de l'usine. On construit une centrale hydroélectrique pour stimuler le développement industriel d'une zone rurale. Aucun développement industriel ne suit; la centrale semble un fiasco complet jusqu'à ce que les câbles de transmission permettent de distribuer l'énergie à une région voisine. La demande s'accroît et il faut alors doubler les capacités de la centrale.

Multipliant les exemples, Hirschman en a proposé la théorie : « le principe de la main cachée[1] ». Les résultats des plans et des projets économiques sont rarement conformes aux intentions initiales. Néanmoins, ces plans sont indispensables aux leaders des pays du tiers monde. Ils peuvent leur donner à eux-mêmes et à leurs partisans la confiance et la volonté de commencer une grande entreprise en dissimulant les dangers et les difficultés. Cette « main cachée » prend la forme d'un plan ou d'un simulacre d'expertise qui le plus souvent surestiment les avantages et sous-estiment les difficultés. Un ton et un calendrier péremptoires permettent de persuader un responsable timoré que tous les problèmes ont été prévus et que les solutions sont connues.

Cette « main cachée » a sans doute été active tout au long du développement industriel des États-Unis de la première moitié du XIXe siècle. L'historien économique John Sawyer a aussi observé que « les mécomptes ou l'ignorance pure et simple » des coûts et des difficultés furent la clé du lancement et de la réussite d'un grand nombre d'entreprises, des canaux et des voies ferrées aux mines et aux manufactures[2].

La folie même semble fructueuse. Que se passe-t-il donc? Est-ce à dire que le progrès économique est essentiellement fortuit, qu'il est le résultat statistiquement prévisible d'une série innombrable de tâtonnements et d'erreurs, une accrétion aléatoire de chances interférant l'une l'autre dans un processus darwinien de sélection naturelle entre diverses mutations probables? Il y a de meilleures explications dont Hirschman nous fournit une clé.

Dans toute entreprise, la réussite est le fruit de la créativité humaine. Mais

> la créativité se manifeste toujours comme une surprise; nous ne pouvons donc jamais compter sur elle et n'osons pas y croire jusqu'à ce qu'elle advienne... Puisque nous sous-estimons nécessairement notre créativité, il est souhaitable que

> de façon similaire nous sous-estimions les difficultés. Ainsi entreprendrons-nous les tâches dont nous sommes capables mais auxquelles nous n'oserions pas nous atteler autrement... La main cachée est essentiellement un mécanisme *qui fait prendre des risques à celui qui les fuit* et diminue ainsi son aversion pour le risque[3].

Bien sûr, les entrepreneurs ne l'entendront pas de cette oreille. Jamais ils ne pourraient imaginer leurs grandes espérances déçues. Comme Hirschman le dit, dans un *aperçu* * linguistique : « Nous tombons dans l'erreur, mais en général, nous ne parlons pas de tomber dans la vérité[4]. »

Hirschman est ainsi tombé sur quelques-unes des vérités les plus vitales pour toute société humaine, mais il n'ose guère les étendre au-delà du monde moins développé ni chercher à en expliquer le sens fondamental. Les choses, semble-t-il supposer, sont différentes dans les économies modernes.

Il donne à entendre (même s'il sait sûrement à quoi s'en tenir) que la planification réussit dans les sociétés modernes. Les coûts sont correctement estimés et les bénéfices clairement entrevus. Manifestement, s'il s'était penché sur le monde industriel avancé, il aurait découvert le même modèle que dans l'Amérique du XIXe siècle et le tiers monde : la croissance n'est pas l'effet de plans détaillés ou de processus prévisibles mais du charisme individuel, de l'initiative et de la créativité. La planification est toujours nécessaire, souvent utile, rarement adéquate. L'imprévisibilité intrinsèque qu'Hirschman considérait comme la maladie du sous-développement est en fait la condition insaisissable de tout progrès économique. On ne décrète pas le progrès ni la créativité sinon temporairement ; les coûts en seraient infiniment supérieurs à ce qu'un pays du tiers monde ou une entreprise compétitive sont en mesure de supporter. Il n'existe pas de moyen durable d'échapper à l'ouverture et au risque.

Cette vérité est anathème à tous ceux qui cherchent un modèle paisible de développement et de croissance, qu'ils soient des généraux gauchistes analphabètes régentant de petits États ou des patrons onctueux à la tête d'une entreprise américaine. Cette règle du risque s'applique autant à la planification nationale et à l'entreprise privée qu'aux industries de pointe utilisant les lasers et les microprocesseurs et même au cinéma.

Dans un livre extraordinaire, *The Studio,* John Gregory Dunne raconte les chimères de la planification d'une année de grandes espérances. La Twentieth Century Fox avait changé de direction. Plusieurs « opérations sûres » étaient en préparation et préoccupaient les producteurs : *Doctor Doolittle* avec Rex Harrison, *Star!* avec Julie Andrews (renonçant à sa mine d'or de *Sound of Music*) et *Hello Dolly* avec Barbra Streisand. Ces « opérations sûres » auraient précipité la compagnie au bord du gouffre s'il n'y avait pas eu, produit après maintes hésitations, *La Planète des singes. La Guerre des étoiles* fut plus tard un miracle comparable pour le studio. Et il ne s'agit pas d'une

* En français dans l'original. *(N.d.T.)*

expérience extraordinaire. Comme l'expliquait le responsable d'une entreprise de confection, Richard Salomon, au *Wall Street Journal*, « tout le monde chante les louanges de méthodes soigneusement testées et de la planification à longue échéance. Pourtant, les plus grandes réussites tiennent souvent à des réponses immédiates à des situations absolument imprévues, qui entraînent l'entreprise dans une position qu'elle n'aurait jamais imaginée auparavant [5] ».

En ce sens, la microéconomie et la macroéconomie convergent, l'économie de l'entreprise avec l'économie de la nation. L'imprévisibilité fait de l'ouverture la première condition de la croissance ; la flexibilité est la clé du succès de toute planification. Les systèmes fermés peuvent parfois réussir à manipuler les marchés ou les pouvoirs publics, à améliorer leur productivité ou à lancer les innovations des autres. Mais ces systèmes engendrent rarement de nouvelles entreprises ou une croissance substantielle.

Dans une célèbre étude de la planification, Aaron Wildavsky n'a pu trouver le moindre succès indubitable[6]. De la France aux Phillipines, on propose des plans factices dont on se gausse. Des pays comme Taïwan et la Côte-d'Ivoire qui concèdent un espace aux entreprises privées non contrôlées se développent plus vite que leurs voisins centralisés. A la fin des années 70, alors que les économies européennes centralisées stagnaient, l'Italie, avec son gouvernement chaotique et son système d'imposition à l'aveuglette, s'est accommodée d'un immense marché noir prospère fabriquant textiles, chaussures et même des pièces détachées d'automobiles dans des ateliers abandonnés et des mansardes ; grâce à lui, le produit national est d'un tiers supérieur. Avec ce *lavoro nero* comme secteur moteur de la croissance, l'économie italienne a surpassé celle de la Grande-Bretagne et de la Suède avec leurs syndicats, leurs « contrats sociaux » et leur armada de bureaucrates soumis.

Comme par hasard, le centre de la prospérité souterraine de l'Italie était la province communiste Emiglia Romana. La revue *Forbes* observait ainsi : « Derrière un masque public de collectivisme, il existe un secteur bouillonnant de libre entreprise sans doute aussi productif et sain que ses homologues de droite comme Hong Kong ou Singapour. Et... même les politiciens communistes reconnaissent qu'il est le moteur de la renaissance économique nationale[7]. »

Mais l'ouverture et une fiscalité légère ne suffisent pas à lancer la croissance économique. Dans la majeure partie de l'histoire humaine, les impôts furent faibles et les gouvernements incompétents : aucune entreprise n'apparaissait pour autant. En fait, l'entreprise semble d'autant plus improbable qu'elle est plus nécessaire, dans une économie déprimée ou sous-développée où la demande est faible et les opportunités apparemment réduites. Pour essayer de le comprendre, David McCord Wright a tenté d'imaginer les raisons qui poussaient « un brasseur à construire une nouvelle brasserie alors même que le volume total des ventes de bière, ou le prix de la bière ou les deux diminuaient. Trois facteurs y contribuent : " une bière meilleure, une bière moins chère et... un brasseur impétueux " » qui « s'estimerait plus malin que le marché... ». Conformément à la loi de Say, son offre peut créer la demande. Il est indéniable que son courage et l'enthousiasme de sa création peuvent faire repartir l'économie [8] ».

Le brasseur impétueux est le principal responsable de l'*accélérateur d'entreprises* dans lequel Hirschman et Sawyer ont vu le ressort du développement américain au XIXe siècle. Pendant cette période cruciale, les « exagérations collectives » des rendements « contribuaient à accélérer le processus de la croissance et souvent, à des degrés divers, aboutissaient au résultat [9] » qui, *a posteriori,* confirmaient les exagérations initiales. Ce phénomène est au cœur du développement économique.

David McClelland l'explique en faisant référence à la construction des voies ferrées à travers le continent américain :

> Comme la ruine de nombreux actionnaires l'a démontré par la suite, les chemins de fer étaient à peine justifiables en termes économiques au moment de leur construction. De surcroît, ils n'auraient jamais été économiquement justifiés si le pays n'avait pas « grouillé » de milliers de petits entrepreneurs qui à tout bout de champ surestimaient leurs chances de réussite; collectivement, ils ont réussi à établir et développer le réseau Ouest alors que, séparément, beaucoup échouaient. (...) Il est difficile d'expliquer en termes économiques rationnels pourquoi les hommes se sont installés dans le Middle West pendant les années 1860 et 1870. En 1862, Trollope descendant le Mississippi ne cessait de s'émerveiller devant ces hommes qui, sachant à quoi s'en tenir, choisissaient délibérément de vivre dans des conditions primitives, dans des cavernes ou des baraques à moitié enterrées. Il les observait travailler de l'aube au crépuscule à seule fin de subsister, sans perspective immédiate d'améliorer leur sort. Pourtant, ils voyaient l'avenir en rose et ne désiraient pas retourner à la « civilisation » même s'ils n'avaient aucune raison décisive de rester. Leur comportement est impressionnant au regard de ces populations d'Amérique du Sud et de Java qui ont refusé de quitter leurs centres urbains surpeuplés pour les terres libres et fertiles assez proches [10].

Aujourd'hui aux États-Unis, une défiance similaire contre les privilèges anime la créativité économique. L'Internal Revenue Service estime que chaque semaine naissent quelque 4 700 petites entreprises tandis que 4 500 déposent leur bilan. Plus des deux tiers des entreprises s'effondrent avant cinq ans et le revenu médian d'un petit patron est inférieur à celui d'un éboueur de la ville de New York [11]. Sur des milliers d'inventions plausibles, les entreprises n'en testent qu'une vingtaine et à peine une poignée réussissent. Selon certaines estimations, 90 % des livres brochés entraînent une perte pour l'éditeur; ce pourcentage serait encore plus élevé pour les auteurs. Un nombre encore plus grand d'auteurs ne sont jamais publiés, des mois et des années de travail restent sans résultat. Mais ce gaspillage et cette irrationalité sont le secret de la croissance économique. Comme personne ne sait quelle entreprise réussira ni qui décrochera le gros lot, une société qui s'abandonne au risque et à la liberté de préférence au calcul rationnel, une société qui s'ouvre sur l'avenir au lieu de la planifier nourrit un courant infini d'invention, d'entreprise et d'art.

Pour promouvoir la croissance, il faut ajouter à l'ouverture une certaine « impétuosité » et quelques « esprits animaux » keynésiens sans oublier l'optimisme et le goût du risque. Pour prendre la colline, l'un ou l'autre doit oser donner le signal de l'assaut. L'héroïsme, le désir de plonger dans l'inconnu en espérant que les autres suivront, est indispensable à toutes les grandes œuvres humaines. De fait, ces qualités humaines se sont manifestées dans la plupart des périodes de progrès et dans la majorité des systèmes politiques et sociaux. Mais elles sont les qualités suprêmes du capitalisme.

La tentative de l'État-providence de diviser, supprimer et évacuer le danger et l'incertitude de nos vies — de domestiquer l'irréductible inconnu — viole non seulement l'esprit du capitalisme mais aussi la nature humaine. Même les sociétés les plus primitives inventent des formes de jeux de hasard (à de nombreux endroits, le jeu de dés a précédé la roulette). Le gouvernement qui se voue à la suppression de l'incertitude devra perpétuellement canaliser ou réprimer le goût humain du risque. Pour fuir les avenues du progrès et de la création, il préférera se fourvoyer dans les impasses de la négation et de la destruction.

Aux États-Unis, le goût du risque et du pari est souvent détourné de l'économie et de la vie sérieuse : il se réfugie donc dans les futilités et la frivolité, les jeux et les paris. Les tribunaux eux-mêmes participent à ces assauts contre l'activité productrice. Mais le meilleur moyen de s'enrichir reste ainsi d'intenter un procès pour malversation, défaut de fabrication, discrimination, entente illicite, diffamation, pollution, pour tout et n'importe quoi. Le tribunal reste la meilleure des maisons de jeux car le gouvernement lui-même fait monter les enjeux. Le gouvernement a créé un nouveau sweepstake ouvert aux hommes désireux de miser gros et aux cabinets juridiques pratiquant des ententes illicites*.

Les procès pour défauts de fabrication sont un des moyens les plus pernicieux de réaliser des profits. Aux termes de la loi d'indemnisation, un employé peut poursuivre en justice le fabricant d'une machine; peu importe son âge, son usure ou qu'elle ait été revendue plusieurs fois; les petites entreprises souffrent particulièrement de cette procédure : leurs taux annuels d'assurance pour couvrir cette menace connaissent une ascension vertigineuse et conduisent nombre d'entre elles à fermer leurs portes. Très souvent, les victimes de tels procès et de ces taux d'assurance sont des hommes ingénieux et

* G. Gilder utilisait ici le terme de *champerty* dont l'équivalent juridique français est « pacte de quota litis ». Il s'agit en fait d'une pratique illégale dans la plupart des États américains par laquelle une personne étrangère à un procès passe un accord avec une des parties : il lui apporte son aide financière pour mener à bien le procès en contrepartie d'un certain pourcentage de bénéfices. *(N.d.T.)*

courageux qui ont osé risquer leur propre argent pour offrir un produit ou un service nouveau. La nouvelle règle est simple : *Caveat productor!*

Pour les citoyens dépourvus ou enclins à vivre de procès, l'État a mis en place ses propres loteries bien plus simples en ouvrant dans chaque quartier des devantures attirant les joueurs et en annonçant sur les panneaux d'affichage les jeux du gouvernement. Partout, il diffuse le même mensonge insidieux laissant croire que sa loterie offre de meilleurs cartes (« où personne n'a de meilleures chances que vous »), une occasion plus favorable que les tombolas réelles et continuelles de la vie des classes pauvres ; qu'il est plus prometteur de placer vos enjeux sur les « paris de la ville de New York » que sur l'économie américaine. Cette atmosphère banalise et ridiculise le sens du risque et de l'effort qui est pourtant le seul espoir authentique des pauvres.

De même avec les riches, le gouvernement se répand en prétentions douteuses et affirme qu'il sait utiliser la richesse mieux qu'un capitaliste libre. Sa politique fiscale accroît toujours plus les forces hostiles à l'entreprise jusqu'à dissuader tout investisseur potentiel. Pendant que les pauvres balancent entre l'aide sociale et la loterie de l'État, les riches hésitent entre la spéculation et les titres municipaux. La marge stochastique du progrès — la frontière de l'économie — risque de disparaître sous une fiscalité obtuse et la bureaucratie.

La redistribution repose pour l'essentiel sur de graves malentendus sur la nature et les sources de la richesse et de l'innovation. Devant l'ampleur des changements entraînés par toute réussite d'entreprise, moult fonctionnaires et intellectuels concluent que la plupart des plus-values sont à la fois inattendues et imméritées et ne sont donc pas un facteur de motivation personnelle ou d'allocation efficace des ressources. Deux chefs de file de notre intelligentsia de gauche, Lester C. Thurow et Christopher Jencks, ont achevé leurs ambitieuses études en affirmant que la chance est un facteur crucial de la majorité des fortunes, grandes et petites. En quelque sorte, le bénéficiaire décroche le gros lot : il était au bon moment au bon endroit ; dans un système rationnel, il devrait être interdit de convertir cette chance en puissance économique effective, et la majorité des perdants ne devraient pas souffrir de pertes supérieures à leurs mises.

Cette approche soulève plusieurs problèmes. Le premier tient à ce que ces économistes considèrent la chance comme une catégorie résiduelle réunissant divers facteurs dont le sens leur échappe. Naturellement ils exagèrent d'autant plus l'importance de la chance que l'économie leur reste largement obscure.

L'incompréhension de la nature même de la chance est une erreur plus grave. Les critiques du capitalisme imaginent souvent qu'ils ont inventé quelque grand scandale du système quand ils révèlent son accointance privilégiée avec la chance : la distribution des avantages et l'obtention des richesses sont les fruits de processus imprévisibles et irrationnels qui, d'une certaine façon, ressemblent à une loterie. Pour quantité d'économistes, la chance est un hasard mauvais et arbitraire, une concession à l'inanité et au chaos et un domaine qui relève de la pharmacopée publique. Au mieux, au prix d'une analogie darwinienne tirée par les cheveux, la succession de chances fait figure de « mutations » aléatoires « sélectionnées » selon leur adaptation à l'environnement. Cette théorie n'explique pas mieux les structures complexes et dynamiques du capitalisme qu'elle ne rend compte de la diversité prodigieuse de la nature.

Nonobstant, la chance n'est pas le royaume de l'anarchie et du petit bonheur mais l'espace de la liberté et le terreau de la créativité. Elle s'harmonise à l'ordre sous-jacent et transcendant de l'univers. Nous l'appelons chance car elle défie les processus rationnels ordonnés, elle participe de cet univers « mystérieux » qu'Einstein évoquait comme « le berceau de l'art véritable et de la science authentique[12] ». Quand Hirschman écrit que « la créativité se manifeste toujours comme une surprise[13] », il reconnaît cette qualité essentielle de l'invention. Toute tentative de réduire le monde aux dimensions de notre entendement exclut la nouveauté et le progrès. Le domaine de la chance représente notre voie d'accès à l'avenir et à la providence.

Le capitalisme réussit car il s'accommode de la chance et s'accorde donc à la réalité de la situation humaine dans un univers fondamentalement incompréhensible mais néanmoins providentiel. Les économistes qui s'efforcent de bannir la chance par des méthodes rationnelles de gestion bannissent également les seules sources du triomphe humain. Ce n'est pas une coïncidence que les économistes et les sociologues le plus profondément pessimistes se fassent les avocats de systèmes radicaux de planification générale.

En 1979, John Kenneth Galbraith désespérait du développement économique du tiers monde. Selon Galbraith, le principal obstacle au progrès vient de ce qu'il appelle « l'accommodation » des pauvres à leur misère. Au fond, il ne désapprouve pas cette attitude. Il y voit un « refus (raisonnable) de lutter contre l'impossible... Ils acceptent (leur pauvreté). Et cette acceptation n'est pas un signe de faiblesse de caractère. Elle est plutôt une réponse profondément rationnelle[14]. Galbraith a tout à fait raison. Aussi longtemps que les hommes sont « profondément rationnels », le développement économique paraîtra « impossible » et ne se produira guère. Comme Galbraith le montre, il persistera au contraire un « équilibre de pauvreté[15] » ; le meilleur moyen d'y échapper est d'émigrer vers le monde industriel qui, heureusement, n'a pas encore pleinement accepté la rationalité de la résignation.

Il n'en existe pas moins un mouvement des économistes et des sociologues pour appeler de leurs vœux une telle « accommodation » en Occident. Néomalthusiens ou adventistes du Dernier Jour, ils récitent sur les tons d'une révélation solennelle les asymptotes depuis longtemps familières du désespoir rationnel. L'économiste Robert Heilbroner nous prédit avec assurance le despotisme et la guerre. Marvin Harris consacre l'anthropologie comme science maudite en nous proposant la perspective du cannibalisme et de l'infanticide (une perspective illuminée par la fin possible du sexisme).

Dans deux livres, Barry Commoner a popularisé une théorie biologique du Jugement dernier, *le dernier cercle* des limites écologiques de la croissance qui exige l'adoption par les États-Unis d'une planification socialiste pour prévenir les catastrophes familières. *The Limits To Growth** a beau avoir été révisé et amendé par ses auteurs dans les enceintes feutrées et prestigieuses du Club de Rome, il reste le livre maître de notre époque. Alors que ses graphiques et ses calculs ont été discrédités, son symbolisme émotionnel et sa trajectoire ont mystérieusement atteint leur cible et se sont réverbérés dans notre culture et notre univers politique depuis sa publication.

Ces attitudes, et ces appels à l'Amérique séculière, sont d'une sottise incommensurable. Les percées économiques et technologiques semblent toujours impossibles avec les calculs d'une rationalité bornée. Quiconque a la moindre familiarité avec l'histoire de la science et du capitalisme sait que ces figures de proue de l'intelligentsia, génération après génération n'ont cessé de prédire l'épuisement du dynamisme capitaliste et la fin du progrès technologique.

Au XVe siècle, l'arbalète – avec ses réserves inépuisables de munitions, sa rapidité (douze tirs par minute) et sa portée de quelque 180 mètres – était considérée comme l'arme indépassable. Les intellectuels éminents du XVIIe siècle imaginaient que toutes les inventions possibles étaient déjà derrière eux[16]. Au XVIIIe siècle, Adam Smith lui-même envisageait le déclin final du capitalisme vers un état stationnaire. Sismondi pensait que le développement économique avait atteint ses limites en 1815[17] et John Stuart Mill supposait que nous avions épuisé nos possibilités en 1830[18]. En 1843, le commissaire américain des brevets estimait que la ruée des inventions pouvait « présager » l'arrêt du perfectionnement humain[19]. Alvin Hansen et des vingtaines d'autres économistes ont prédit la stagnation socialiste comme l'horizon probable de l'après-Seconde Guerre mondiale. Même Thomas Edison pensait que les inventions majeures avaient été réalisées de son vivant[20].

Décennie après décennie, les experts ont annoncé l'épuisement d'abord du bois de chauffage, puis du charbon, et maintenant du pétrole et du gaz. Aujourd'hui nous disposons d'une variété de ressources exploitées ou utilisables comme à aucun moment de notre histoire et la majorité des ressources mondiales restent sans doute à découvrir. Les recherches de combustibles fossiles dans le monde ont été dix fois moins intenses qu'aux États-Unis. Pourtant, l'idée prévaut que nous allons manquer d'énergie et qu'il faut nous reconvertir aux énergies préindustrielles, le vent et le soleil. Au moment même où prolifèrent les nouvelles technologies révolutionnaires, les principaux experts prétendent que nous abordons une ère de technologie climaté-

* Traduction française sous le titre *Halte à la croissance*, Éd. Fayard. *(N.d.T.)*

rique, une période de rendements scientifiques décroissants. Ces conceptions ne méritent pas une analyse dans les universités (où elles reçoivent souvent une large audience) mais une analyse sur le divan.

Le cycle de vie individuel est la source la plus évidente de ces fantasmes. Parce que les êtres humains s'épuisent et déclinent avec l'âge, ils sont enclins à penser que les sociétés en font autant. C'est un sophisme pathétique : il consiste à attribuer les caractéristiques individuelles de l'humanité à des phénomènes globaux. En outre, de nombreux intellectuels se complaisent à imaginer que l'évolution humaine a atteint son apogée, son pinacle, avec leurs propres publications et plus rien d'important ne saurait advenir après eux. En vieillissant, ils perdent trace des nouveaux développements et trouvent plus facile de les rejeter que d'essayer d'en maîtriser les implications.

Quoi qu'il en soit, le principal problème reste celui l'incompréhension profonde de la situation humaine. Dans toute perspective rationnelle et scientifique, la vie humaine elle-même est largement improbable sinon impossible. La civilisation moderne est désespérément contingente et problématique, exposée à la destruction quotidienne par suite de changements possibles de climat, de péripéties astrophysiques, d'explosions nucléaires, de convulsions géologiques et de transformations atmosphériques. Ces catastrophes concevables défient tout remède ou toute prévention imaginable.

D'aucuns évoquent « l'équilibre délicat » de la nature comme si l'ordre naturel actuel représentait un état figé et non le moment d'une lutte perpétuelle pour la survie. L'histoire naturelle est un roman de changements convulsifs et non d'équilibres, éliminant à droite ou à gauche des espèces entières, transformant les continents, soulevant les montagnes, et inondant plaines et vallées. L'équilibre est une fiction, en écologie encore davantage qu'en économie. Toute situation statique présage un désastre. Nos prétendues crises de l'énergie et des protéines font piètre figure devant la crise perpétuelle de l'existence humaine.

A tout moment de l'histoire humaine, un calcul rationnel de nos possibilités conduirait à prévoir notre perte. Mais pendant des millénaires, la race a été florissante. La condition de la prospérité a toujours été de composer foi et liberté, risque et travail. Le désastre s'abat sur nous quand nous renonçons à la chance et à la providence pour essayer de calculer et de contrôler nos propres destinées en développant la régulation d'un état démiurgique.

Le sinistre catalogue de l'ascension et de la chute des sociétés dressé par Marvin Harris donne un tour dramatique à cette réalité [21]. Il décrit un cercle vicieux récurrent de croissance démographique et d'épuisement des ressources. Cette ascension commence toujours par une intensification de l'activité productive suivie par une croissance encore plus rapide de la population, par l'industrie, l'agriculture et la chasse qui ont dépassé le point des rendements décroissants. Le résultat habituel est une pénurie de protéines et d'autres aliments et l'émergence de rapports sociaux plus brutaux marqués par la guerre et l'infanticide et conduisant finalement au cannibalisme et à d'autres bestialités.

Les dictatures hydrauliques furent sans doute la pire des sociétés qu'il décrit : elles naissaient dans d'étroites vallées arrosées ou d'autres régions encaissées et créaient d'immenses bureaucraties. Des mobilisations de masse permettaient de construire et de gérer les grands projets hydrauliques et d'irrigation. Chaque mesure extrême des despotes multipliait les obstacles à l'innovation et au progrès et rendait le désastre final encore plus inéluctable.

De façon étonnante, Harris achève son livre en plaidant pour l'expansion des régulations et des contrôles afin de prévenir les nouvelles crises de rareté en Amérique. Il n'entrevoit guère la possibilité d'une solution des problèmes par des hommes libres. Au fond, il ne parvient pas à comprendre que les percées manifestement possibles, les ressources clairement disponibles, ont toujours fait l'objet de mesures et de décomptes. Tout au long de l'histoire de notre espèce, l'avenir est toujours apparu comme un monde sinistre et désespéré, inhabitable par des hommes libres. Tous les plans fondés sur le présent calculable, sur les statistiques existantes présument nécessairement un rétrécissement de l'éventail des choix, la réduction des possibles, l'épuisement des ressources, une diminution des rendements — l'entropie et la décadence.

A l'instar des dictateurs anthropophages des royaumes aztèques et les autres monstrueux despostismes hydrauliques décrits par Harris, un État qui répond par la confiscation et la coercition aux inévitables crises d'approvisionnement et aux inexorables pressions démographiques finit par consommer son propre peuple. Les taux d'imposition montent en flèche et les niveaux de capital déclinent jusqu'à ce que les seules richesses qui restent à la portée du régime soient les protéines mêmes de la chair humaine : elle aussi sera finalement imposée, confinée, muselée puis conduite au temple colossal de l'État pour un sacrifice final de revenu charnel destiné à nourrir l'élite déclinante. Tel est le destin de toute dictature, à moins qu'elle ne soit sauvée par un bienfait inattendu ; les cavaliers de la providence accourus de Serendip * n'attendent que l'appel de la liberté et de la foi lancé par le clairon.

Dans un autre contexte, Leszek Kolakowski, le philosophe polonais expatrié, a bien décrit le drame essentiel de l'humanité. Nous sommes dans un convoi, légèrement mais suffisamment équipés pour traverser un désert si tout va bien. Mais les choses tournent mal. Nous lisons mal nos cartes et nous nous égarons. Le simoun se lève. Les chameaux rechignent. L'eau s'épuise.

* Ce terme a été forgé par Horace Walpole (1754) dans *The Three Princes of Serendip*. D'une façon générale, il désigne tout lieu propice aux découvertes fortuites et aux « divines surprises ». *(N.d.T.)*

Mais nous gardons l'espoir, nous persistons à croire dans la providence, un « mythe ». Notre foi fait surgir une espèce de

> Fata Morgana qui fait naître de merveilleuses terres devant les yeux des membres de la caravane et encourage ainsi leurs efforts jusqu'au point où, en dépit de toutes leurs souffrances, ils atteignent la prochaine minuscule oasis. Sans l'apparition de ces mirages alléchants, la caravane épuisée aurait inévitablement péri dans la tempête de sable, privée d'espoir [22].

C'est une image puissante et richement suggestive. Mais je ne pense pas qu'elle soit exactement vraie. Nous avons moins besoin de « mythes » que de croyances religieuses qui, par toute leur « irrationalité » douteuse, portent dans leurs profondeurs symboliques les plus grandes vérités pragmatiques et historiques. Elles nous disent que les hommes de foi engagés dans l'avenir triompheront.

VINGT ET UN

La nécessité de la foi

NOTRE PROBLÈME CENTRAL naît d'un profond conflit entre les moyens du progrès matériel et les idéaux de gouvernement et de culture « progressistes ». L'égalité, la rationalité bureaucratique, la prévisibilité, la libération sexuelle, le « populisme » politique et la recherche du plaisir – toutes les valeurs de la culture avancée – sont absolument incompatibles avec les disciplines et les investissements du progrès économique et technique. Aussi les gouvernements modernes prétendent-ils promouvoir la croissance économique alors qu'en pratique, ils l'obstruent avec opiniâtreté.

Le progrès matériel est inéluctablement élitiste : il enrichit les riches et accroît leur nombre en exaltant la poignée d'hommes extraordinaires capables de produire la richesse au-dessus des masses démocratiques qui la consomment. Le progrès matériel repose sur l'exploitation des occasions : le génie se découvre lui-même à travers son travail plus que par l'héritage et les tests. Le progrès matériel est difficile : il exige de ses protagonistes de longues années de diligence et de sacrifice, de dévouement et de risque que seule l'espérance de profits exceptionnels et non le « rendement moyen du capital » peut motiver. Le progrès matériel, même s'il est demandé démocratiquement, emprunte une voie peu démocratique : il exige de consentir des sacrifices qui dépassent l'horizon de la population et souvent même de ses responsables. Le progrès matériel est radicalement imprévisible (par essence, prévoir une innovation, c'est la réaliser) : les plus grandes découvertes se réalisent sur une frontière où les choses ne cessent d'échapper au contrôle. Le progrès matériel est la bête noire des économistes scientifiques : on ne peut l'expliquer ni le prévoir en termes mécaniques ou mathématiques.

Tous ceux qui recherchent un monde rationnel et prévisible – un système scientifique de gestion et de contrôle – ne peuvent parvenir à leurs fins qu'en contrariant le progrès matériel et scientifique. Or un monde sans innovations succombe aux lois implacables de la détérioration et de la décadence. Si l'on prévoit l'amenuisement des ressources, le gouvernement se hâtera de les contrôler. La distribution prime sur tout. La planification régente l'économie. Bien des gens préfèrent une certitude morne à la notion d'une lutte perpétuelle et imprévisible pour étendre la maîtrise de l'homme sur la nature et accroître notre richesse matérielle.

C'est l'idée de la futilité économique – et non de la croissance économique – qui donne licence à la culture de l'hédonisme et de la sensualité. Dans un monde imparfait et souffrant, la possibilité du progrès exige de prendre ses responsabilités. Seul un monde clos, un univers socialiste, où l'effort humain, l'entreprise et la créativité n'ont plus droit de cité et où règnent la pauvreté inutile et la souffrance, libère le rêve progressiste de libération sexuelle, des loisirs, de redistribution et de plaisir sensuel de sa responsabilité de décadence et d'injustice.

Ce rêve de la stagnation fascine le politicien autant que l'hédoniste. L'économie stationnaire permet seule au gouvernement de ne plus honorer les scientifiques, les techniciens et les hommes d'affaires comme les héros de l'âge moderne. L'État stationnaire ne s'occupe que de puissance et de bureaucratie, du comportement des masses et de sa régulation. La distribution, la conservation et le contrôle deviennent des valeurs essentielles. Les économistes se retrouvent en terrain connu. Sans les surprises de la créativité, leurs modèles peuvent enfin prévoir l'avenir.

Dans un monde sans croissance matérielle, la pauvreté s'accroîtra presque partout. Mais nos doctes avanceront de nouvelles analyses rhétoriques ignorant délibérément la situation des pauvres. Comme les prétendues lois de l'économie classique condamnaient les travailleurs aux salaires de subsistance, les nouvelles lois de l'écologie contemporaine les condamnent à une économie mondiale stagnante. Ni la loi ricardienne de la rente, ni le cycle malthusien de la population ne furent jamais si froidement cruels dans leur rejet des rêves des pauvres que le *Closing Circle* de Commoner.

La nouvelle science maudite de la pauvreté permanente – propagée dans les salons mondains et les bureaux des fondations – repose largement sur le concept de détérioration du monde gouverné par la loi de l'entropie. Parce qu'elle se propose tout uniment de réfuter la théorie mécanique classique de la concurrence pure et parfaite, cette théorie de l'entropie a la prétention d'être progressiste. Ce concept qui serait prétendument le point d'appui du capitalisme, invoque l'univers abstrait et intemporel de la première loi de la thermodynamique selon laquelle, fondamentalement, rien ne change ni ne se détériore. Selon la théorie de l'entropie, le monde réel est un monde du temps irréversible gouverné par la seconde loi de la thermodynamique : la loi de l'entropie – la tendance de l'énergie (la *néguentropie*) à se dissiper immédiatement en entropie par son usage. Parce que la chaleur n'a qu'une direction, les corps plus froids, et que l'énergie perdue n'est pas récupérable, l'univers est en fin de compte voué à la mort entropique. Comme

Clausius l'affirmait : « L'entropie de l'univers tend vers un état maximal. »

Autrement dit, tout se décharge et s'épuise. L'énergie, le sol, les protéines, le fer — tout ce que l'on peut imaginer — se détériorent en gaz tièdes. Ainsi, il devient de plus en plus coûteux d'obtenir des combustibles, que l'on compte en argent ou en B.T.U. (unité britannique de chaleur). Par conséquent, l'inflation fait figure de rébellion de la biosphère contre son exploitation : elle serait donc essentiellement un problème écologique. Le capitalisme et son impératif de la croissance violeraient ainsi la loi même de la nature.

Dans sa formulation scientifique élémentaire, cette théorie souffre de la démesure de son horizon temporel. Nous disposons encore de centaines d'années de combustibles fossiles, probablement même de pétrole et de gaz et de millions d'années de néguentropie solaire. Mais si au-delà des paroles nous écoutons la musique, on doit reconnaître qu'en dépit de sa prétention scientifique, la théorie de l'entropie est essentiellement une métaphore. Elle prête à la critique habituelle du capitalisme les accents d'une poésie tragique qui fait les délices de privilégiés conservateurs épuisés par la lutte pour préserver leur richesse de l'inflation et les prophéties marxistes de la lutte des classes.

Métaphore ou non, la théorie de l'entropie est la dernière en date d'une longue série de tentatives pour habiller l'économie de la livrée officielle des sciences physiques. Pendant des siècles, de la théorie quantitative de la monnaie, dont David Warsh a montré qu'elle était un corollaire douteux de la loi de Mariotte, à la théorie classique de la valeur et ses interactions newtoniennes d'équations mathématiques, les économistes n'ont cessé de prêter à leurs trouvailles l'ordre ostensible et la certitude de la physique et de la chimie. Pour de très bonnes raisons, leurs efforts ont échoué.

Les économies sont gouvernées par les pensées : elles ne reflètent pas les lois de la matière mais les lois de l'esprit. Une de ces lois fondamentales de l'esprit veut que la croyance précède la connaissance. La nouvelle connaissance ne vient jamais sans hypothèse, sans une projection de l'intuition. La logique de la créativité est élémentaire : « Sautez avant de regarder. » Il est impossible d'apprécier correctement la nouveauté d'une place ancienne. La vieille maxime : « Regardez avant de sauter » ne sera jamais capable que de nourrir les élaborations continuelles et les raffinements des vieilles idées qui forment le noyau dur de l'enseignement (et du « progrès industriel » dans les grandes entreprises statiques).

En économie, le concept de théorie de l'information passe à côté des frontières de l'inconnu où se préparent toutes les innovations radicales. L'idée selon laquelle les entreprises achètent le savoir comme tout autre facteur de production, jusqu'à ce que son coût dépasse son rendement, dissimule la singularité radicale de la connaissance. Il est illusoire de penser qu'une entreprise puisse réunir systématiquement toutes les informations qui lui éclaireraient son chemin. C'est le saut dans l'inconnu, non l'observation, qui engendre l'information cruciale. Le saut dans le temps et l'espace, au-delà de l'essaim des faits observables, ouvre les horizons de la découverte.

Galilée n'a pas inauguré la science moderne en observant des milliers de trajectoires factuelles pour en induire la loi de la gravitation ; au contraire, expliquait-il, « j'ai conçu comme l'œuvre de mon propre esprit un objet mouvant lancé au-dessus d'un plan horizontal et libéré de toutes entraves [1] ». Libéré, c'est-à-dire affranchi des faits ; délivré par un effort d'imagination des conditions de tous les corps réels en déplacement secoués par la résistance de l'air. L'imagination précède la connaissance. La pensée créatrice n'est pas un processus inductif grâce auquel les scientifiques accumuleraient les preuves de façon neutre et « objective » jusqu'à ce que la théorie transparaisse à travers elle. La théorie vient d'abord et détermine notre perception [2].

L'imagination, l'intuition et l'hypothèse ne sont que les premières étapes de l'apprentissage. Puisque l'esprit humain est capable d'idéation sans fin, le penseur doit sélectionner des concepts particuliers. En choisissant une femme, un homme doit se fier à son intuition et se décider avant qu'il puisse réellement la connaître. L'idée ne se révélera elle-même et ses possibilités qu'au moment où l'homme s'y attache, s'engage envers elle, y investit son émotion et, en un sens, son amour. La pensée créatrice exige un acte de foi. Le croyant doit se fier à son intuition et aux créations spontanées de son esprit avant de les travailler pour les conduire au stade de l'expérimentation et du savoir.

L'amour semble aveugle aux observateurs extérieurs mais les amoureux savent qu'il obéit à une vision plus exaltée qui ouvre les nouveaux royaumes de la connaissance et de la créativité. L'engagement peut créer sa propre confirmation. A l'homme fermé à l'amour, le monde entier semble stérile et ennuyeux, l'avenir gros de catastrophes. L'amour et la foi infusent les idées de vie et de feu.

En un sens, toute pensée créatrice est donc religieuse ; à l'origine, elle est un produit de la foi et de la croyance. Mais toutes les idées ne sont pas vraies ni toutes les femmes fidèles. L'engagement est nécessaire, il n'est pas suffisant. Le fanatique est un homme qui se saisit d'une idée et impose sa volonté sans se soucier de la réponse du monde et des faits. La sensibilité aux réponses est un élément essentiel de la pensée créatrice, un nouvel aspect de l'amour. En d'autres termes, sans pour autant souscrire au dogme de Popper *, les idées devraient être falsifiables, c'est-à-dire exprimées dans une forme qui permette de prouver leur vérité ou leur fausseté. Il doit y avoir une procédure de divorce ou de répudiation. Si l'on restait prisonnier des idées fausses, personne ne prendrait le risque de s'engager dans un monde incertain. Ce serait la fin du progrès.

Mais quelle est la source des idées qui alimentent le progrès intellectuel? La réponse est sans aucun doute la chance. Les théories naissent spontanément et mystérieusement de l'intuition et de la chance. Ce mystère constitue

* Karl Popper, *La Logique de la découverte scientifique,* Édit. Payot. *(N.d.T.)*

le problème de fond de l'histoire intellectuelle. Un rationaliste séculier se méfiera du mystère et souhaitera développer des modes de progrès plus automatiques et rationnels. Tout au long de l'histoire de la pensée, mais particulièrement dans l'ère moderne, les hommes ont essayé d'élaborer des systèmes indépendants de ratiocination ; ils avancent d'étape en étape selon les liens hermétiquement scellés de leur logique ; ils regardent avant de sauter, rassemblent « objectivement » les « données » et les preuves d'où ils dérivent par induction leur théorie. Les rationalistes ont toujours voulu réduire la pensée à un processus cérébral de structure et de logique démontrables pour penser les idées en termes de matière régie par des lois cohérentes sinon par des lois physiques. Le positivisme logique, la psychologie behaviouriste, le freudisme, le marxisme, l'économie classique, la néo-keynésianisme, l'analyse bayesienne des probabilités, la théorie de l'information, la planification socialiste sont autant de moyens, assortis de degrés variables de conviction et de flexibilité, d'éliminer la chance et la nouveauté du comportement humain, en fait et en théorie.

Tous ces mouvements rejettent l'idée que la chance est le nœud du changement et de la créativité. Toutes supposent que la chance est une notion aléatoire et peu fiable ; au-delà du champ de la rationalité humaine, pensent-ils, on ne saurait trouver qu'un désert intellectuel et un univers mystérieux. A l'exemple du théoricien à la mode de l'entropie, le penseur moderne suppose que l'univers est essentiellement mort. L'esprit humain serait une conscience solitaire errant derrière les objets hors de sa portée et, en définitive, gouvernée par les choses qu'elle reflète et rassemble, par sa substance et sa structure propres : elle serait une partie intégrante d'un système dirigé par des lois physiques.

Cette approche repose sur une équivoque fondamentale. Comme l'a écrit le plus grand philosophe américain, Charles Peirce, la matière n'est pas un esprit inerte ou « déchu ». Elle n'est pas gouvernée par des lois prévisibles et calculables que si elle est morte et que son avenir est préordonné. Mais la conscience créatrice est l'essence de l'univers ; perpétuellement, elle engendre de nouvelles énergies et de nouvelles pensées.

L'esprit humain n'est pas nécessairement autonome ni limité au cerveau individuel. L'esprit accède à une conscience supérieure, appelée parfois de façon impropre après Jung *inconscient collectif*, parfois définie comme Dieu. Quand l'esprit d'une personne se confond avec la conscience vivante qui est la substance secrète du cosmos, il atteint de nouvelles vérités, entrevoit de nouvelles idées — des rayons de lumière vers l'avenir inconnu — par lesquelles se réalise le progrès intellectuel.

Les hommes reculent ; ils refusent ce contact terrifiant avec le mystère et la puissance cosmique. Ils craignent de quitter le confort de leur cervelle, de leur petite expérience, des outils réconfortants de leur raison pour plonger dans le royaume de la transcendance obscure où l'on trouve la lumière authentique et la créativité. De plus, si l'idée est réellement nouvelle et importante, elle entraînera le rejet de multiples idées contradictoires ou obligera à un nouvel effort de synthèse paradoxale. A nouveau leur cervelle se rebelle.

Même les processus créateurs relativement simples exigent de plonger dans les ténèbres — de s'avancer sur les voies impénétrables de la providence — qui en décontenancent beaucoup. La culture moderne affiche souvent les poses vaniteuses, les préoccupations étroites et les angoisses morbides des esprits humains glacés d'effroi sur le seuil de la conscience supérieure. De même, les tomes interminables d'économie mathématique ou de sociologie sont redevables de leurs obsessions stériles et de leurs conclusions banales au refus d'admettre que toute créativité exige un saut dans l'imagination et dans la foi. L'investisseur qui attend que les statistiques lui dictent son choix, l'athlète ou le politicien qui ne saisissent pas l'occasion à temps, l'homme d'affaires qui attend que le marché ait fait ses preuves sont tous également voués à la médiocrité pour s'être fiés à une rationalité bâtarde. Tel est le tribut d'une foi chancelante.

Le stratagème le plus caractéristique de l'esprit anxieux est sans doute de dresser des plans détaillés. Dans une large mesure, les plans forment la mythologie d'un monde rationaliste séculier, les rites superstitieux par lesquels un gouvernement, une entreprise ou un penseur acquiert la confiance mère des actes rédempteurs : le matriçage des offres qui créent la demande, l'adoption d'une nouvelle idée qui projette une lumière rédemptrice, un plongeon dans l'inconnu qui produit le savoir.

L'intuition et la foi marquent la phase initiale de la vie des idées. Les nouvelles idées peuvent facilement vieillir. Une fois saisies dans l'intensité d'une nouvelle révélation, elles ont tendance à répandre et diffuser leur lumière en rassemblant toujours plus de connaissances et de faits jusqu'à ce qu'elles s'installent dans une généralisation inerte analogue à la matière. Au fur et à mesure de leur élaboration, les idées deviennent plus rigides et complexes : elles couvrent des étendues toujours plus vastes de savoir de façon toujours moins satisfaisante.

Quand quelqu'un répond à un problème par une solution outre mesure compliquée, ce n'est plus une solution mais un nouveau problème. Dans de nombreux domaines de la vie moderne, du département de l'Énergie à la théorie du développement économique, on constate l'accumulation de multiples réponses d'une complexité sans cesse croissante : collectivement, ces pseudo-réponses constituent le problème essentiel de l'âge rationaliste et séculier.

Le rôle des problèmes est la dernière facette des lois de l'esprit ; dans notre impasse actuelle, elle en est sans doute la plus cruciale. Problèmes, dilemmes et paradoxes ne sont pas des sources de découragement et de frustration mais les aiguillons nécessaires de la nouvelle connaissance et de la créativité. La mentalité rationaliste séculière considère les problèmes, les épreuves et les paradoxes comme des obstacles à l'accomplissement et à la vérité. Si une nouvelle idée semble contredire une vieille idée, on la conjure aussitôt. Tel est le mode conventionnel de pensée qui n'admet guère que le raffinement et l'élaboration des idées précédentes mais prohibe l'acquisition de nouvelles lumières, qui refuse les moyens de voir les deux aspects d'un paradoxe sous un jour différent et conciliateur.

La loi de l'esprit exalte le conflit et la difficulté comme la condition invariable de la connaissance dans un monde qui traverse des épreuves. Les difficultés n'entravent pas la pensée; elles suscitent la créativité et invitent à se confier à une transcendance rédemptrice. Les ennuis peuvent même renforcer la foi et libérer une énergie et une vérité nouvelles.

Un penseur qui répugne au paradoxe et au conflit est presque exclu de l'innovation.

Les règles cruciales de la pensée créatrice sont donc la foi, l'amour, l'ouverture, la lutte et la falsifiabilité. Les règles cruciales de l'innovation et du progrès économiques sont la foi, l'altruisme, l'investissement, la concurrence et la faillite qui sont également les règles du capitalisme. Le capitalisme réussit car sa loi s'accorde avec les lois de l'esprit. Il est capable de satisfaire les aspirations humaines parce qu'il est fondé sur le don qui dépend de la sensibilité aux désirs d'autrui. Il est ouvert à la foi et à l'expérience parce qu'il est aussi ouvert à la concurrence et à la faillite. Le capitalisme accumule les plus-values de ses succès mais aussi de ses échecs et les capitalise en de nouvelles connaissances. C'est le seul système approprié dans un monde où toute certitude est un simulacre.

La dynamique de la croissance économique réside donc dans le processus fondamental de la croissance et du développement de la nature et de la pensée, dans un flux très largement spontané et pour l'essentiel imprévisible de diversité et de différenciation croissante, de nouveaux produits et de nouveaux modes de production. L'entreprise commence par une idée nouvelle, une meilleure souricière; par suite, elle se transforme en une industrie différenciée de fabrication de tapettes, d'entretien et d'hygiène qui conduit à une prolifération d'activités voisines de la fabrication des souricières, des pièges à belette aux pièges à ours, des raticides aux produits ménagers vendus au porte-à-porte; peut-être même verra-t-on surgir un jour un empire dissident fabriquant des conserves pour souris et vendant des Big Mickeys aux adolescents.

Ce modèle de développement est classique. Sitôt appliquées, les idées ont une tendance inhérente à s'éparpiller et à se spécialiser. Mais ce processus reste imprévisible, empreint du mystère de ce qui vit et croît comme les idées et les entreprises.

Pour qu'il soit fructueux, il doit exister une activité qui échappe au contrôle du système. Généralement, la nouvelle production doit être assurée par des individus dont le travail et les idées demeurent étrangers aux plus grandes institutions (les fabricants et les vendeurs de souricières n'apprécieront guère le détournement de leurs revenus vers une chaîne de conserves alimentaires). Il faut laisser une place aux individus afin qu'ils puissent trouver leur voie imprévue de division et de spécialisation du travail ou créer et adopter de nouveaux biens et services. Ces individus et leurs nouvelles idées sont les ressorts de la croissance et de l'évolution du système économique. Ils conduisent aux petites entreprises et aux nouvelles activités qui finissent par se joindre aux autres dans de nouveaux systèmes qui, à leur tour, ne tarderont pas à devenir rigides et insensibles à moins qu'ils ne puissent continuer à assimiler et lancer des produits et des procédés nouveaux. C'est cette interaction très conventionnelle mais déterminante entre la chance, le changement et la croissance que les économistes ignorent si souvent.

Il est essentiel de prendre conscience que la majorité des activités motrices se déroulent hors de la vue du statisticien. Un drame personnel et psychologique décide si un homme ose emprunter et prendre les risques de donner suite à une nouvelle idée dont les statistiques enregistreront probablement l'échec avant cinq ans comme pour les deux tiers des nouvelles entreprises américaines. Cette décision sera affectée par le gouvernement; elle sera dissuadée par la fiscalité et les taux d'intérêt; mais elle exprimera le mouvement de la foi, une croyance dans l'avenir et une sensibilité aux besoins d'autrui, même non exprimés. Les économistes qui ne croient pas eux-mêmes à l'avenir du capitalisme auront tendance à ignorer la dynamique de la chance et de la foi qui déterminera largement cet avenir. Les économistes qui se méfient de la religion ne comprendront jamais les cultes dont se nourrit le progrès. La chance est la base du changement, elle est l'arche divine.

La loterie est le fait suprême de la vie dès le moment de la conception biologique; c'est elle qui sélectionne entre les milliers de spermes. Dans l'A.D.N. (acide désoxyribonucléique) même de nos existences individuelles, nous sommes tous les gagnants d'une tombola où nous avions contre nous des chances astronomiques. Même la biologie qui est apparemment la plus déterministe des sciences nous présente à ses niveaux les plus profonds et les plus décisifs une conception stochastique et aléatoire de la vie humaine.

Mais il faut aller plus loin. Peirce a montré que la chance n'est pas seulement le centre même de la réalité humaine : elle est la source plus profonde de la raison et de la morale. Dans son ouvrage posthume, *Chance, Love and Logic,* il écrivait : « La première étape de l'évolution est de mettre diverses pensées dans des situations où elles sont libres d'agir... L'idée que la chance engendre l'ordre est la pierre angulaire de la physique moderne [3] » et, aurait-il pu ajouter, de la biologie. Le mouvement de la chance vers l'ordre et la vérité excède l'espace d'une vie. Chaque individu a toutes les chances contre lui durant sa propre existence. Dans l'aventure humaine, la chance n'opère guère qu'à long terme. En fait, un calcul rationnel des gains individuels inciterait avant tout l'individu à fuir le risque et à rechercher la sécurité. Dans notre monde de fortuité, empreint d'une vision séculière, la main invisible de l'égoïsme acclamée par Adam Smith conduirait à un État-providence encore plus démesuré – figé et stérile. Telle est la racine de notre crise et de la crise de l'économie classique aujourd'hui.

Peirce soutient que l'évolution et le progrès, scientifique et social, dépendent de « l'identification des intérêts individuels avec ceux d'une communauté illimitée : la reconnaissance d'une consécration suprême éventuelle de cet intérêt, et l'espérance dans la continuation illimitée de l'activité intellectuelle... La logique est enracinée dans le principe social [4]... ». La *doctrine des chances* mathématiques de Peirce le conduit à penser que la créativité et la découverte humaines exigent la transcendance de la rationalité étroite et l'embrassement de valeurs religieuses.

« Il me semble intéressant de remarquer, écrivait le grand logicien, que ces sentiments me semblent passablement proches du fameux trio, de la Foi, de l'Espérance et de la Charité qui selon saint Paul sont les vertus spirituelles les plus précieuses et les plus grandes [5]. » Ces vertus œuvrent de concert à libérer l'espèce humaine de la servitude du pouvoir et de la main-morte du passé ; elles nous ouvrent les voies d'accès au divin.

Tel est le paradoxe de la fortuité de nos vies : dans la mesure où elles sont libres et ouvertes à la chance, elles sont aussi fatales et déterminées. *Stochastique* signifie « par hasard » mais ce terme vient du grec « habile à conjecturer ». Dans toutes les sociétés, l'homme chanceux est considéré comme béni des dieux. Sa bonne chance – et la rédemption de la société – est la providence.

L'orgueil le plus coupable et le plus dangereux d'un responsable consiste à couper son peuple de la providence, de la prodigalité miraculeuse de la chance en lui substituant un système clos de planification humaine. La réussite est toujours imprévisible; elle est un effet de la foi et de la liberté.

Tous les pionniers de l'humanité, des poètes et des compositeurs, dans leurs multiples épiphanies, aux scientifiques, aux frontières mystiques de la matière où la vie commence à nouveau, sont essentiellement engagés dans des formes de dévotion. Toute connaissance des réalités vivantes et croissantes (concepts et économies) est partiellement subjective et intuitive, elle est liée par la mystique aux idées d'autrui et à l'adoration peut-être inconsciente de Dieu. Dieu est la pierre vive de toute connaissance vivante; dans la mesure où il peut s'affranchir de ses limites étriquées, l'esprit humain participe de l'esprit de Dieu.

Les États-Unis sont aujourd'hui victimes du traditionnel calcul d'impossibilité récité par les avocats familiers d'un plan de maîtrise. On prétend qu'il faut abandonner la liberté économique sous prétexte que notre frontière est fermée, que notre biosphère s'épuise, nos ressources s'amenuisent, notre technologie est perverse, notre population prolifère et nos horizons se rétrécissent. Nous avancerions à l'ombre de la mort dans un air vicié, sur une terre et des eaux polluées; une sage pluie cancérigène épancherait sur nos têtes les retombées de la croissance explosive des nuages de notre avenir. Parvenus à cette extrémité, nous ne pouvons plus nous offrir les luxes de la concurrence, du gaspillage et de la liberté. Nous avons atteint la fin d'une voie ouverte; nous frappons aux portes d'une frontière occluse. Nous devons imposer, réguler, planifier, redistribuer notre richesse et rationner notre consommation car le temps de l'ouverture est révolu.

Bien au contraire, ces problèmes et ces crises sont en eux-mêmes des nouvelles frontières : ils sont le mandat de la concurrence et de la créativité individuelle et collective; la raison de notre refus des consolations de la planification et de la pétrification. La vieille frontière de l'Ouest américain est, elle aussi, apparue fermée. Elle n'est devenue qu'*a posteriori* un réservoir de richesses car les pionniers ont osé risquer leur vie et leur famille en quête de richesses, pour rechercher de l'or (relativement rare aux États-Unis) et trouvent du pétrole (alors peu utilisé). Ce n'est qu'après coup seulement que les terres stériles du Texas et de l'Oklahoma ont fait figure de cornes d'abondance énergétique, nos plaines de grenier à blé du monde, Thomas Edison de génie catalytique et Henry Ford de sauveur du capitalisme des griffes d'un précédent dernier cercle. L'avenir est à jamais incalculable; la liberté permet seule de relever ses défis.

Les économistes qui plaident la cause de la croissance zéro et de la planification ne font qu'aggraver leur cause. Le dernier cercle, la crise des ressources, la menace thermique, le péril nucléaire, l'enrayement de la technologie, la croissance démographique, le risque de famine et toutes les craintes qui s'ajoutent à la jérémiade éternelle des planificateurs et des comptables de notre destin — toutes ces contraintes sont autant de mandats pour le capitalisme. Pour les surpasser, il est nécessaire d'avoir la foi, de retrouver confiance dans la chance et la providence, dans le génie de l'homme libre et qui craint Dieu.

Cette croyance nous permettra de découvrir le meilleur moyen d'aider les pauvres, de comprendre que l'égalité devant Dieu suppose la liberté et la diversité ici-bas. Elle nous conduira à abandonner l'idée que l'espèce humaine puisse devenir autonome et se couper de la chance et de la fortune par un effort présomptueux de gestion rationnelle des ressources, de redistribution des revenus et de planification de l'avenir. Notre plus grande ressource, notre seule richesse est le miracle de la créativité humaine ouverte sur le divin. A aucun prix il ne faut priver les pauvres de cette ressource — elle leur ouvrira les portes de l'avenir; il ne faut pas non plus en priver les riches ou les plus talentueux qui peuvent alors mettre leur charisme, leur imagination et leur richesse au bénéfice d'un changement favorable.

L'histoire de la vie humaine est moins la marche pompeuse d'une rationalité triomphante et de l'intérêt général telle que l'ont rêvée les Lumières qu'une suite de divagations stériles et de brèves munificences, un dialogue sans fin entre l'homme et Dieu, l'aliénation et la providence; nous marchons vers la terre promise qui déjà se profile à l'horizon et s'éloigne aussitôt. Jamais nous ne la voyons plus clairement, avec la logique la plus lumineuse, qu'en ayant la foi et le courage de nous abandonner à la chance et au destin.

Reinhold Niebuhr a résumé notre sort :

Rien d'admirable ne s'achève
en l'espace d'une vie.
Aussi serons-nous sauvés par l'espérance.
Rien de vrai ni de beau n'atteint
de sens parfait
En quelque moment de l'histoire.
Aussi serons-nous sauvés par la foi.
Rien ne peut être accompli
par la vertu d'un seul homme.
Aussi sommes-nous sauvés par l'amour [6].

Telles sont les lois fondamentales de l'économie, de l'entreprise, de la technologie et de la vie. En elles résident les sources secrètes de la richesse, et de la pauvreté.

NOTES

UN / LE CHANT DU CYGNE

1. Daniel Bell, « The New Class : A Muddled Concept », *Transaction Society*, vol. XVI, n° 2 (janvier-février 1979), p. 17; repris in Barry Bruce-Briggs, éd., *The New Class,* New Brunswick, N.J., Transaction Books, 1979.

2. Thomas Sowell, « Economics and Economic man », in *The American 1976 : Critical Choices for Americans,* vol. II, Irving Kristol et Paul Weaver, éds., Lexington, Massachusetts, D.C. Heath & Co, 1976, p. 191-209.

3. La Bible, « Révélations », *passim.*

4. Irving Kristol, *Two Cheers for Capitalism,* New York, Basic Books, 1978, p. 262.

5. Walter Lippmann, *The Good Society,* 1943; cité d'après l'édition populaire Grosset et Dunlap, p. 193-194.

DEUX / L'ÉCONOMIE DE LA FRUSTRATION

1. David Hume, *Essays Moral, Political and Literary,* vol. I, 2e partie, n° 6.

2. Robert L. Heilbroner et Lester C. Thurow, *The Economic Problem,* 5e édition, Englewood Cliffs, N.J., Prentice-Hall, 1979, p. 21-23. Cf. aussi Kenneth Kenniston et The Carnegie Council on Children, *All our Children, The American Family under pressure,* New York, Harcourt Brace Jovanovich, 1977, p. 44.

3. Thomas Sowell, *Markets and Minorities,* Londres, Basic Blackwell, 1980; Thomas Sowell, éd., *American Ethnic Groups,* Washington, D.C., The Urban Institute, 1978, p. 40-48 et passim. Cf. aussi Stanley Lebergott, *The American Economy,* Princeton, N.J. University Press, 1976, p. 44-50.

4. Interwiev inédite de la fondation pour la Vocation, Inc., 44 East 24th Street, New York, 1978, dans les archives de *Our Turn to listen,* New York : VFI, 1978.

5. Kenniston et le Carnegie Council, *All Our Children,* p. 36-37. Cf. aussi Richard H. de Lone et The Carnegie Council of Children, *Small Futures : Inequa-*

lity, Children, and the Failure of Liberal Reform, New York, Harcourt Brace Jovanovich, 1979, passim. Ces études de Carnegie ne traitent qu'en apparence des enfants et de leur charge pour les adultes et la propagation des arguments d'un groupe d'adolescents en faveur d'une restructuration massive de l'économie américaine par le biais d'une redistribution du patrimoine.

6. Herbert J. Gans, *More Equality,* New York, Pantheon Books, 1973, cité d'après l'édition de poche, New York, Vintage Books, 1974, p. 19.

7. Martin Anderson, Welfare : *The Political Economy of Welfare Reform in the United States,* Stanford, Californie, Hoover Institution Press, 1978, p. 15. Cf. également Morton Paglin, « Poverty in the United States : A Reevaluation », *Policy Review,* n° 8, printemps 1979, p. 7-24.

8. Bureau de recensement *(Census),* Current Population Reports, séries p. 20, n° 311. Caractéristiques des ménages et des familles, mars 1976, Washington, D.C., U.S. Government Printing Office, 1977, p. 21, tableau I. (Il classe les familles selon la composition, la race, l'origine espagnole du chef de famille et la résidence.)

On trouve la meilleure compilation des données relatives aux familles noires dans Heather L. Ross et Isabel V. Sawhill, *Time of Transition, The Growth of Families Headed by Women,* Washington, D.C., The Urban Institute, 1975, p. 67-68 et passim.

9. On trouve un bon résumé sur ce point, comparable à la compilation de la *Urban League,* in Robert B. Hill, « The Illusion of Black Progress », *Social Policy,* vol. IX, n° 3, nov.-déc. 1978, p. 14-25. En dehors de la culture du *welfare,* le progrès des familles noires intactes demeure néanmoins impressionnant.

10. Toutes ces observations sont reprises de Lester C. Thurow, *The Zero-Sum Society, Distribution and the Possibilities for Economic Change,* New York, Basic Books, 1980, p. 47-54 et passim.

11. *Ibid.,* p. 49.

12. George Gilder, *Naked Nomads, Unmarried Men in America,* New York : Quadrangle-The New York Times Book Co., 1974, p. 38-40. On trouvera les sources détaillées dans les notes des pages 169-170. Voir également Hugh Carter et Paul Glick, *Marriage and Divorce, A Social and Economic Study,* édition revue, Cambridge, Massachusetts, Harvard University Press, 1976, p. 324-357 et passim.

13. Les statistiques de mariage, divorce et remariage depuis 1965 figurent dans les *Monthly vital Statistics Reports* du Centre national pour les statistiques de santé, Rockville, Maryland, et dans *Marriage and Divorce* de Carter et Glick.

14. Edgar K. Browning et William R. Johnson, *The Distribution of the Tax Burden,* Washington, D.C., American Entreprise Institute for Public Policy Research, 1979, p. 67-70.

15. Scott Burns, *Home, Inc. : The Hidden Wealth and Power of the American Household,* Garden City, N.Y. : Doubleday & Company, 1975, p. 16-28. J'ai ajusté les estimations de Burns de la valeur des services domestiques pour tenir compte de l'inflation. Les statistiques relatives au divorce et à la séparation sont résumées in Ross et Sawhill, *Time of Transition.*

16. Scott Burns, « Irresistible Force Meets an Immovable Object », *The Boston Herald American,* 17 septembre 1978, p. A-26. Voir aussi « Why Wage Controls Weigh Heavily on Young Families », *id.,* 26 août 1979 et « Struggling up Mount Money », *id.,* 6 mars 1977.

17. Irwin Garfinkel et Robert Haveman en collaboration avec David Betson, département de la Santé, de l'Éducation et de l'Aide sociale, *Earnings Capacity, Poverty and Inequality,* séries de monographies de l'Institut de recherche sur la pauvreté, New York, Academic Press, 1977, p. 32 et 33.

18. Kim B. Clark et Lawrence H. Summers, « Labor Market Dynamics and Unemployment : A Reconsideration, *Brookings Papers on Economic Activity,* n° 1, Washington, D.C., The Brookings Institution, 1979, p. 52.

19. Garfinkel et Haveman, *Earnings Capacity,* p. 32 et 33.

20. Edgar L. Feige, « How Big Is The Irregular Economy? » *Challenge,* vol. XXII, n° 5, nov.-déc. 1979, p. 5-13. Cf. aussi Peter M. Gutmann, « Statistical Illusions, Mistaken Policies », p. 14-17.

21. *Ibid.*

22. Laurie Prothro, « Making a Living in Subterranea – Notes From The Underground », *Taxing and Spending,* vol. II, n° 2, avril 1979, p. 8-11.

23. Jacqueline Kasun, « More on The New Sex Education », *The Public Interest,* n° 58, hiver 1980, p. 136.

24. Cité par Melvyn B. Krauss, « The Swedish Tax Revolt », *The Wall Street Journal,* 1er février 1979, p. 16.

25. Thurow, *The Zero-Sum Society,* p. 53.

26. David Stockman, communication privée.

27. Joseph J. Minarek, « Who Wins, Who Loses from Inflation? » *Challenge,* vol. XXI, n° 6, janvier-février 1979, p. 26-31.

28. *Ibid.* Cf. aussi Christopher Jencks, « Why Worry About Inflation? » *Workings Papers,* vol. VI, n° 5, sept.-oct., p. 8-11 et 75-78 et vol. VII, n° 1, mai-juin 1979, p. 62-64.

TROIS / LE DON ET SES PROFITS

1. Marvin Harris, *Cannibales et Monarques : Essai sur l'origine des Cultures,* Flammarion 1979, p. 92.

2. Helen Codere, « Fighting with Property, a study of Kwakiutl Potlaching and Warfare, 1792-1930 », *Monographs of the American Ethnological Society,* vol. XVIII, 1950, p. 90-91.

3. Melville J. Herskovits, *Economic Anthropology : The Economic of Primitive Peoples,* New York, W. W. Norton, 1965, p. 178.

4. Dans un essai inspiré de philosophie du droit, Richard J. Posner parvient à la même conclusion, cf. « Utilitarianism, Economics and Legal Theory », *The Journal of Legal Studies,* The University of Chicago Law School, vol. VIII, n° 1, janvier 1979, p. 108-144.

5. Ivan H. Light, *Ethnic Enterprise in America,* Berkeley, University of California Press, 1972, p. 30-36.

6. Harvey Leibenstein, *Beyond Economic Man : A New Foundation for Microeconomics,* Cambridge, Massachusetts, Harvard University Press, 1976, p. 34-44.

7. Léon Tolstoï, *Guerre et Paix,* traduit par Boris de Schloezer, Gallimard, coll. Folio, t. II, p. 518-519.

QUATRE / DU CÔTÉ DE L'OFFRE

1. John Maynard Keynes, *Théorie générale de l'emploi, de l'intérêt et de la monnaie,* Payot, P.B.P., nº 139, 1977, traduction de Jean de Largentaye, p. 44-51 et passim.

2. *Ibid.,* p. 173-174.

3. Parmi les diverses raisons qui expliquent les faibles niveaux d'investissements et sur lesquelles Keynes met l'accent, on peut citer : 1. l'existence de taux d'intérêt artificiellement élevés résultant de la spéculation et de la réalisation des profits sur titres par suite d'une forte hausse des prix (c'est-à-dire d'une chute des taux d'intérêt) ; 2. la faiblesse des profits consécutive à l'épargne excessive des consommateurs ; 3. la faiblesse de la demande résultant de la diminution des taux de salaires consécutive à la croissance démographique ; 4. les marchés financiers dissuadent de prendre des risques en les neutralisant (dans une entreprise particulière, le prêteur — la banque — et l'emprunteur — la firme — risquent tous deux de perdre la totalité des sommes investies, mais seule la firme est susceptible de réaliser des profits appréciables. Les banquiers multiplient donc les précautions indues et rechignent à prêter en dépit d'occasions alléchantes pour les entrepreneurs). A l'exception de ce dernier article, ces arguments sont parmi les plus faibles de Keynes et n'ont guère été confirmés par les événements ultérieurs. Au vu du comportement bancaire des années 70, même ses observations sur la prudence naturelle des prêteurs semblent quelque peu dépassées. Néanmoins, la vision keynésienne pessimiste des marchés des bons et des autres prêts semblerait renforcer l'importance des marchés boursiers et de la richesse privée pour financer des projets risqués mais potentiellement lucratifs. Keynes n'en dénonçait pas moins la bourse en un langage cinglant.

4. Cf. Alan Reynolds, « 50 Years Later : What Do We Know About The Great Crash ? » *National Review,* vol. XXXI, nº 45, 9 novembre 1979, p. 1416-1421 ; Milton Friedman et Anna Schwartz, *A Monetary History of The United States, 1867-1960,* Princeton, N. J., Princeton University Press, 1963, p. 299-419 ; en 1929, comme le montre de façon détaillée Jude Wanniski, le marché n'a fait qu'anticiper l'adoption de la loi Smoot-Hawley, cf. *The Way The World Works,* New York, Basic Books, 1978, p. 116-148.

5. Keynes, *Théorie générale,* p. 54 et passim. Cf. aussi *ibid.,* chap. V, p. 67-70 et chap. II, p. 149-159 et particulièrement p. 155-156.

6. Keynes, *Théorie générale,* p. 167.

7. G.L.S. Shackle, *Epistemics and Economics : A Critique of Economics Doctrines,* Londres, Cambridge University Press, 1972, p. 429. Cette conception de la signification centrale de la pensée de Keynes est partagée par lord Richard Kahn, sans doute l'ami et le collaborateur le plus proche de Keynes à Cambridge. Dans un essai publié en réponse à une attaque du keynésianisme par Walter Eltis d'Oxford, *Lloyds Bank Review,* nº 124, avril 1977, p. 1-13, Kahn écrivait que Keynes se préoccupait moins de la croissance des dépenses publiques pour augmenter l'emploi que d'abaisser les taux d'intérêt pour stimuler l'investissement privé. Kahn se moquait du « keynésianisme vulgaire » et de sa pharmacopée conventionnelle selon laquelle la consommation, l'investissement et les dépenses publiques peuvent être gérés pour réa-

liser le plein emploi. « Il n'existe rien de tel qu'un niveau défini de plein emploi », écrivait-il.

8. Keynes, *Théorie générale,* p. 167.

9. Keynes (in *Théorie générale,* p. 298-299), faisant explicitement référence à *ses propres* modèles mathématiques de la *Théorie générale,* écrit : « Les méthodes pseudo-mathématiques (...) qui donnent une figuration symbolique d'un système d'analyse économique ont le grave défaut de supposer expressément l'indépendance rigoureuse des facteurs dont elles traitent et de perdre leur force et leur autorité lorsque cette hypothèse n'est pas valable. Dans le raisonnement ordinaire, où nous n'avançons pas les yeux fermés mais où, au contraire, nous savons à tout moment ce que nous faisons et ce que les mots signifient, nous pouvons garder " derrière la tête " les réserves nécessaires ainsi que les restrictions et les adaptations que nous aurons à faire par la suite, alors qu'il n'est pas possible de transporter de la même manière des différentielles partielles complexes " en marge " de plusieurs pages d'algèbre où on les suppose toutes nulles. Trop de récentes " économies mathématiques " ne sont que pures spéculations ; aussi imprécises que leurs hypothèses initiales, elles permettent aux auteurs d'oublier dans le dédale des symboles vains et prétentieux les complexités et les interdépendances du monde réel. » La plupart des disciples actuels de Keynes n'ont pas la modestie du maître : leurs modèles mathématiques commettent l'erreur encore plus grave de supposer que toutes les variables et les interdépendances peuvent être précisément spécifiées. Les modèles les plus compliqués et les plus prestigieux ont uniformément prévu une diminution de la production nationale comme conséquence d'un allégement de la fiscalité.

10. Keynes, *Théorie générale,* p. 157, 162 et 163.

11. John Kenneth Galbraith, « The American Economy : Its Substance and Myth », in *Years of the Modern : An American Appraisal,* John W. Chase éd., New York, Longman, Green & Co., 1949, p. 151-174. Reproduit in *The Galbraith Reader,* Ipswich, Massachusetts, Gambit, 1977, p. 86.

12. John Kenneth Galbraith, *L'Ère de l'opulence,* Calmann-Lévy, 1961, p. 173-174. *La Séquence révisée* qui n'est qu'une nouvelle version de *L'Effet de dépendance,* fut introduite par John Kenneth Galbraith dans *Le Nouvel État industriel,* Gallimard. Je dois cet aperçu à Simon Lazarus.

13. Adam Smith, *La Richesse des nations,* Gallimard, coll. Idées.

14. Galbraith, *L'Ère de l'opulence,* p. 175.

15. Paul Graig Roberts, « The Breakdown of the Keynesian Model », *The Public Interest,* n° 52, été 1978, p. 20-33.

16. Roberts n'affirmait pas que cette théorie du revenu était nécessairement fausse dans toutes les circonstances. Les gens libres peuvent répondre à la réduction des impôts comme ils l'entendent. Roberts a cependant montré que l'approche centrée sur le revenu tendrait rapidement à annuler les effets des réductions fiscales sur la demande autant que les effets sur l'offre. Elle ne fournit donc aucune explication des nombreuses périodes de l'histoire où la hausse des revenus a suivi l'allégement de la fiscalité.

17. Keynes, *Théorie générale,* p. 343.

18. Lacy H. Hunt, chef du service économique de la Fidelity Bank de Philadelphie, cité par Alfred L. Malabre Jr, in « As Salaries Climb with Prices, People Pay More of Income Despite Rate Cuts », *The Wall Street Journal,* 28 novembre

1979, p. 48. L'estimation de Hunt corrobore celle du département du Trésor : après un allégement de la fiscalité, une croissance de 1 % du P.N.B. se traduit par une hausse de 1,67 % des revenus fédéraux.

19. Keynes, *Théorie générale,* p. 167.

20. W. H. Hutt, *A Rehabilitation of Say's Law,* Athènes, Ohio, University Press, 1974, p. 34-35 et passim. Cette thèse intéressante de Hutt écarte quelque peu l'éventualité d'un problème de surabondance en l'assimilant à une « consommation involontaire ». Dans son glossaire, l'offre consiste à « offrir des *inputs* et des *outputs* à des prix ou des valeurs qui induisent leur vente ». Le point essentiel, toutefois, ne tient pas aux définitions mais aux politiques adéquates. En cas de consommation involontaire généralisée, analogue à celles souvent créées par le gouvernement au nom de l'investissement, la solution consiste à soulager le système d'offre des inhibitions publiques au commerce.

CINQ / LES ORIGINES DE LA RICHESSE

1. Cité in Walter J. Levy, « Oil Policy and OPEC Development Prospects », *Foreign Affairs,* vol LVII, n° 2, hiver 1978-1979, p. 300.

2. Stanley Lebergott, *The American Economy,* Princeton, N. J., Princeton University Press, 1976, p. 246 et passim.

3. Martin Rein et Lee Rainwater, « How large is the Welfare Class? » *Challenge,* vol. XX, n° 4, septembre-octobre 1977, p. 22. Rein et Rainwater se fondent sur les données chronologiques d'une étude de panel de la dynamique du revenu par le Centre de recherche et de synthèse de l'université du Michigan.

4. Robert Eisner, « No Tax Relief for Capital Gains », *Challenge,* vol. XXI, n° 6, janvier-février 1979, p. 63.

5. Lester C. Thurow, *Generating Inequality,* New York, Basic Books, 1975, p. 129 et 130.

6. Arthur M. Louis, « In Search of the Elusive Big Rich », *Fortune,* vol. XCIX, n° 3, 12 février 1979, p. 93 et 98; cf. *Fortune,* novembre 1957, mai 1968 et septembre 1973. « Today's Poor Millionnaires », *U.S. News and World Report,* vol. LXXXV, n° 6, 14 août 1978, p. 38-42.

Toutes ces synthèses de journalistes ne permettent qu'une estimation impressionniste de l'importance des fortunes résultant partiellement de l'héritage. Nombre de riches *self-made men* échappent à ces enquêtes alors que la richesse d'une famille est plus susceptible d'attirer l'attention avec le temps. Les récentes fortunes réalisées dans les entreprises de technologie de pointe, par exemple, sont presque entièrement absentes des listes de ces revues. Il est frappant de constater la difficulté apparente à trouver le véritable riche. Cependant, les études de la mobilité en deçà de cette catégorie haut placée deviennent de plus en plus sophistiquées. La plupart d'entre elles concluent à l'accélération de la mobilité aux États-Unis. Voir en particulier David L. Featherman et Robert M. Hauser, *Opportunity and Change,* New York : Academic Press, 1978.

7. Thurow, *Generating Inequality,* p. 129.

8. Lebergott, *The American Economy,* p. 174.

9. Eisner, « No Tax Relief », p. 63.

10. Martin Feldstein, témoignage devant le Joint Economic Committee, juillet 1978, publié in *Challenge,* vol. XXI, n° 24, septembre-octobre 1978, p. 60-61.

11. Richard E. Wagner, *Inheritance and the State : Tax Principles for a Free and Prosperous Commonwealth,* Washington, D.C., American Enterprise Institute for Public Policy Research, 1977, p. 35-38. Cet excellent livre développe une analogie avec la « ruine du spéculateur ».

12. *Ibid.* Wagner écrit : « Alors qu'un individu serait disposé à réaliser un investissement avec une probabilité de succès de 0,40 seulement dans un régime d'impôt proportionnel, il exigerait une probabilité de succès de 0,45 avec un impôt progressif. Plus le taux d'impôt sur les gains est élevé, plus les chances doivent être favorables avant qu'un entrepreneur se décide à investir. Et plus les chances sont favorables, plus lente sera la désintégration attendue de la fortune de l'entrepreneur. L'utilisation de taux d'impôts progressifs pour pénaliser les titulaires de hauts revenus et de grands patrimoines aura tendance à encourager un conservatisme réducteur du taux de mobilité individuel au sein des distributions de revenu et de patrimoine... En réduisant le taux de mobilité à l'intérieur de la structure du patrimoine, les taux élevés d'impôts réduisent la capacité de nouveaux venus à accéder aux tranches supérieures de richesse. »

13. « Today's Poor Millionnaires », p. 38. Consulter également « America's Invisible Millionnaires », *U.S. News and World Report,* vol. LXXXVIII, n° 10, 17 mars 1980, p. 34-39.

SIX / LES ORIGINES DE LA PAUVRETÉ

1. Thomas Sowell, « Race and I. Q. Reconsidered », in Thomas Sowell éd., *American Ethnic Groups,* Washington, D.C., The Urban Institute, 1977, p. 208.

2. Richard B. Freeman, « Discrimination in the Academic Marketplace », in Sowell éd., *American Ethnic Groups,* p. 167-200.

3. Andrew Greeley, « The Ethnic Miracle », *The Public Interest,* n° 45, automne 1976, p. 20-36.

4. Irwin Garfinkel et Robert Haveman avec la collaboration de David Betson, département de la Santé, de l'Éducation et de l'Aide sociale, *Earnings Capacity, Poverty and Inequality,* séries de monographies de l'Institut de recherche sur la pauvreté, New York : Academic Press, 1977, p. 32 et passim.

5. *Ibid.*

6. George Gilder, *Visible Man : A Free Story of Post-Racist America,* New York, Basic Books, 1978, p. 188.

7. George Gilder, *Sexual Suicide,* New York, Quadrangle-The New York Times Book Co., 1973 ; édition revue, New York, Bantam Books, 1974, p. 90.

8. E. A. Wrigley, *Population and History,* New York, McGraw-Hill, 1969, p. 76-77.

9. *Ibid.,* p. 13.

10. *Ibid.,* p. 116.

11. Edward Banfield, *The Moral Basis of a Backward Society,* New York, The Free Press, 1958 ; Paperback éd., 1967.

12. Adolph Berle, *American Economic Republic,* New York, Harcourt, Brace and World, 1963, chap. VII.

13. Christopher Jencks, et al., Inequality : *A Reassessment of the Effect of Family and Schooling in America,* New York, Basic Books, 1972.

14. Lionel Tiger, *Optimism, The Biology of Hope,* New York, Simon and Schuster, 1979.

15. Ivan H. Light : *Ethnic Enterprise in America,* Berkeley, University of California Press, 1972, p. 170-172.

16. Irving Kristol, *Two Cheers for Capitalism,* New York, Basic Books, 1978, p. 262.

17. Light, *Ethnic Enterprise,* p. 141-142 et 149.

SEPT / L'AVENIR DE L'ENTREPRISE

1. A. F. Ehrbar, « " Bigness " Becomes the target of the Trustbusters », *Fortune,* vol. XCIX, n° 6, 26 mars 1979, p. 37.

2. David E. Gumpert, « Future of Small Business May be Brighter than Portrayed », *Harvard Business Review,* vol. LVII, n° 4, juillet-août 1979, p. 176.

3. Burton Klein, *Dynamic Economics,* Cambridge, Massachusetts, Harvard University Press, 1977, p. 17.

4. « Information Processing », *Forbes,* vol. CXIX, n° 1, 1er janvier 1977, p. 143.

5. Barry Commoner, *The Politics of Energy,* Borzoi éd., New York, A. A. Knopf, 1979, p. 35.

6. Gumpert, « Future of Small Business », p. 174.

7. Roger E. Brinner, « The Anti-Inflation Leverage Investment », in Clarence C. Walton, éd., *Inflation and National Survival,* Travaux de l'Académie de sciences politiques, vol. XXXIII, n° 3, New York, The Academy of Political Science, 1979, p. 149-154.

8. *Our Turn to Listen : A White Paper on Unemployment, Education and Crime Based on Extensive Interviews with New York City Teenage Dropouts,* New York, Vocational Foundation Incorporated, 1978, p. 32 et 36. Voir aussi David A. Robinson, *Six Business Employment Programs, Emphasis : Disadvantaged Youth,* New York, Center For Public Resources, Inc., 1978, p. 6 et 42.

HUIT / LES LUTTES DE CLASSES

1. G. K. Chesterton, *Orthodoxy,* New York, Image Books, 1959, p. 48.

2. Norman Podhoretz, *Making It,* New York, Random House, 1969.

3. Steven Goldberg, *The Inevitability of Patriarchy,* éd. revue, Londres, Temple Smith, 1977, édition américaine, New York, William Morrow, 1974.

4. Lester Thurow, *The Zero-Sum Society,* New York, Basic Books, 1980, p. 169.

5. Orlando Patterson, *Ethnic Chauvinism : The Reactionary Impulse,* New York, Stein and Day, 1978, p. 149-150.

NEUF / LA GUERRE CONTRE LA RICHESSE

1. Edward Banfield, *The Moral basis of a Backward Society,* New York, The Free Press, 1958 ; éd. Paperback, 1967.

2. Orde Coombs, « The Trashing of Lemans : The New Civil War Begins », *New York,* 8 août 1977.

3. Cité in Peter Collier et David Horowitz, *The Rockefellers, An American Dynasty,* New York, Holt, Rinehart and Winston, 1976, p. 597.

4. Robert Eisner, « No Tax Relief for Capital Gains », *Challenge,* vol. XXI, nº 6, janvier-février 1979, p. 63.

DIX / LES PRÉJUDICES MORAUX DU LIBÉRALISME

1. Thomas Sowell in Thomas Sowell éd., *American Ethnics Groups,* Washington D.C., The Urban Institute, 1977.

2. Ivan H. Light, *Ethnic Enterprise in America,* Berkeley, University of California Press, 1972, p. 152-160.

3. Stuart Bruchey, *The Roots of American Economic Growth, 1607-1861,* Torchbook éd., New York, Harper and Row, 1968, p. 128-130.

4. Light, *Ethnic Enterprise,* p. 191-192.

5. Martin Feldstein, « The Economics of the New Unemployment », *The Public Interest,* nº 33, automne 1973, p. 3-42.

6. Charles D. Hobbs, *The Welfare Industry,* Washington, D.C., The Heritage Foundation, 1978, p. 83 et 84.

7. *Ibid.,* p. 20 et passim.

8. « Studies Indicate New York Welfare Far Exceeds Federal Poverty Line », *The New York Times,* 25 janvier 1979, p. B 6. Ces analyses excluent néanmoins les nombreux avantages offerts aux populations satisfaisant les critères des tests de moyens de subsistance. Voir aussi Hobbs, *Welfare Industry,* p. 83 et 84.

9. Gary Becker, « The Effect of the State on the Family », Monographie préparée pour les réunions de la Mount Pelerin Society, septembre 1978.

10. Pour un exposé lucide de la position de Feldstein agrémenté de critiques et de commentaires de James M. Buchanan, Nancy Teeters, Arthur M. Okun et d'autres, on se reportera à Martin S. Feldstein, « Social Insurance » in Colin D. Campbell, éd., *Income Distribution,* Washington D.C., American Enterprise Institute for Public Policy Research, 1977, p. 71-124. Cf. également Martin S. Feldstein, « Facing The Social Security Crisis », *The Public Interest,* nº 47, printemps 1977, p. 88-100 ; Martin S. Feldstein, « Social Security Hobbles Our Capital Formation », *Harvard Business Review,* vol. LVII, nº 4, juillet-août 1979, p. 6-8 ; et Martin S. Feldstein, « National Saving in the U. S. » ; in Eli Shapiro et William L. White, éds. ; *Capital for Productivity and Jobs,* Englewood Cliffs, N.J., Prentice-Hall, 1977, p. 124-154.

11. John W. Kendrick, *The Formation and Stocks of Total Capital,* Bureau national de la recherche économique, nº 100, Séries générales, New York, Columbia University Press, 1976, p. 130 et passim.

ONZE / L'AVENIR RADIEUX DE L'ÉTAT-PROVIDENCE

1. La plupart des observations présentées dans ce chapitre sont le fruit de deux années d'enquête sur le terrain et d'analyses des communautés assistées à New York et en Caroline du Sud : cf. George Gilder, *Visible Man : A True Story of Post-Racist America,* New York, Basic Books, 1978.

2. Martin Anderson, *Welfare : The Political Economy of Welfare in the United States,* Stanford, Californie, Hoover Institution Press, 1978, p. 134.

3. Frederick Doolittle, Frank Levy et Michael Wiseman, « The Mirage of Welfare Reform », *The Public Interest,* n° 47, printemps 1977, p. 62-87.

4. Irwin Garfinkel et Robert Haveman, en collaboration avec David Betson, département de la Santé, de l'Éducation et de l'Aide sociale, *Earnings Capacity, Poverty and Inequality,* séries de monographies de l'Institut pour la recherche sur la pauvreté, New York, Academic Press, 1977, p. 61-69.

5. Charles D. Hobbs, *The Welfare Industry,* Washington D.C., The Heritage Foundation, 1978, p. 74-75.

6. George Gilder, *Sexual Suicide,* New York : Quadrangle-The New York Times Book Company, 1973 ; édition revue, New York, Bantam Books, 1974, p. 175-183.

7. De nombreux chercheurs contestent l'existence de toute relation causale significative entre l'aide sociale et la rupture familiale. On trouve la meilleure analyse de ce style in Heather L. Ross et Isabel V. Sawhill, Time of Transition, *The Growth of Families Headed by Women,* Washington D.C. : The Urban Institute, 1975. Les auteurs ont recensé, mis à jour et recalculé toutes les données disponibles sur les familles dirigées par des femmes et laborieusement arrangées pour conforter tous les préjugés enracinés et respectés dans nos universités et faire taire la rumeur persistante selon laquelle l'aide sociale serait responsable de l'apparition de telles familles. Ross et Sawhill concèdent que l'aide pour les familles qui ont des enfants à charge (A.F.D.C.) peut jouer un rôle mineur dans le refus du mariage de ses bénéficiaires noirs mais elle ne bouleverse pas notablement leur mariage ni ne multiplie les enfants illégitimes.

A posteriori selon toute apparence, nos deux chercheurs ont toutefois entrepris une étude sur ordinateur de l'impact éventuel d'un revenu garanti analogue à celle qui fut testée par le département de la Santé, de l'Education et de l'Aide sociale à Denver et Seattle. Elles ont construit leur modèle avec vingt-quatre variables susceptibles d'affecter la stabilité conjugale : la fréquentation des églises, le rôle du mari (essentiellement son taux d'utilisation de ses capacités de revenus), les revenus de la femme ou les allocations de l'A.F.D.C. (pour juger de ce qu'elles appellent *l'effet d'indépendance)* aussi bien que divers facteurs économiques et démographiques généraux. Elles ont alors ajouté une série de conclusions dérivées des analyses de l'A.F.D.C. Les résultats de ce test ont confirmé la croyance dominante longtemps défendue par Moynihan : un plan de revenu garanti ou un impôt négatif sur le revenu contribuerait à stabiliser les familles.

Selon les hypothèses du plan, Ross et Sawhill prédisaient « une réduction du pourcentage des femmes chefs de famille chez les Blancs comme chez les gens de couleur, même lorsque le plan comportait des allocations pour les femmes et les enfants supérieures aux avantages existants ». Mais toutes ces analyses passent à côté de la psychologie masculine : elles négligent le profond besoin du mâle à assurer le rôle de gagne-pain de la famille.

8. Hobbs, *The Welfare Industry,* p. 74-75.

9. En dépit de son expansion économique, la Californie a terminé la décennie avec près de 13 % de ses enfants relevant de l'aide sociale : ce taux qui est l'un des plus élevés de l'ensemble des États-Unis est plus du double de ceux des États qui versent des allocations sociales modiques. Ni Reagan lui-même ni ses apologistes, tel Martin Anderson, ne semblent comprendre le problème. Au moins deux d'entre eux s'enorgueillissent de l'augmentation des versements aux « véritables nécessiteux ». Comme la grande majorité des analystes de l'aide sociale, ils ne parviennent pas à saisir la dynamique du système et les réactions des pauvres à son changement : en Californie, les aides sociales s'accroissent au rythme de l'inflation tandis que les revenus potentiels du travail après impôt diminuent souvent en termes réels. De surcroît, ils ont créé un nouvel électorat d'employés de l'aide sociale qui ont le même intérêt que l'ancien à perpétuer les avantages appréciables et les forts niveaux de dépendance : une bureaucratie « conservatrice » dévouée aux exigences administratives en matière d'emploi et de soutien des enfants et défendant l'aide sociale en termes conservateurs.

Comme un administrateur l'écrivait en 1979 dans une lettre à la *National Review :* « En faisant appliquer la règle du soutien de famille, le " profit " d'une rupture familiale est éliminé. En passant en revue attentivement la composition des familles et l'information sur les revenus... l'allongement des listes des ayants droit à l'aide sociale serait enrayé. » Il n'en défendait pas moins les hauts niveaux d'allocations et préconisait « la fourniture de services juridiques nécessaires à la promotion de la responsabilité parentale ». A l'en croire, il fallait contrebalancer par des moyens juridiques les massifs effets pervers des aides financières.

10. John Bishop, « The Welfare Brief », *The Public Interest,* n° 53, automne 1978, p. 173 et 174.

11. Martin Rein et Lee Rainwater, « How Large is the Welfare Class? », *Challenge,* vol. XX, n° 4, sept.-oct. 1977, p. 22.

12. Ralph Segalman, « The Welfare Way of Life », lettre à *The American Spectator,* vol. II, n° 9, août-septembre 1978, p. 40. Segalman, professeur de sociologie à l'université de l'État de Californie, souligne que la population pauvre assistée d'une génération sur l'autre, qui n'était que de 5 % des bénéficiaires de l'aide sociale il y a vingt ans, s'élève désormais à 20 %. En se fondant sur des statistiques relatives à Los Angeles, il prévoit que cet élément de dépendance permanente atteindra 40 % d'ici dix ans.

13. Alan Sweezy, « The Challenge of Social Security Financing », *ZPG National Reporter,* juin-juillet 1978. Sweezy cite les projections du Bureau du recensement qui montrent que la part de la population âgée de 65 ans ou plus augmentera d'environ 80 % entre 1976 et 2030 tandis que la proportion de la population en âge de travailler déclinera légèrement.

14. « Hispanics Fastest Growing Minority in U.S. », *The New York Times,* 18 février 1979, p. 16.

15. Tom Bethell, « Against Bilingual Education », *Harpers's,* vol. CCLVIII, n° 1545, février 1979, p. 30.

16. Vincent H. Whitney, « Fertility Trends and Child Allowances » in Eveline

M. Burns, éd., *Children's Allowances and the Economic Welfare of Children,* rapport d'une conférence, New York, 1978, p. 123-139 et Nicole Questiaux, « Family Allowances in France », *ibid.,* p. 76-89.

DOUZE / LES MYTHES DE LA DISCRIMINATION

1. Kim B. Clark et Lawrence H. Summers, « Labor Market Dynamics and Unemployment : A Reconsideration », *Brookings Paper on Economic Activity,* n° 1, Washington D.C., Brookings Institution, 1979, p. 52.

2. Cotton Mather Lindsay, « Equal Pay for Comparable Work : An Economic Analysis of a New Anti-Discrimination Doctrine », Coral Gables, Fla., Centre de droit et d'Économie, faculté de droit de l'université de Miami, 1980.

3. Thomas Sowell, *Market and Minorities,* Londres : Basil Blackwell, 1980 ; voir aussi Thomas Sowell éd., *American Ethnic Groups,* Washington, D.C., The Urban Institute, 1978 et Thomas Sowell, « Ethnicity in a Changing America », *Daedalus,* vol. CVII, n° 1, hiver 1978, p. 213-238.

4. *Ibid.* (notes 1, 2 et 3). Cf. également Richard Freeman, « Black Economic Progress Since 1964 », *The Public Interest,* n° 52, été 1978, et Edward Banfield, *The Unheavenly City Revisited,* Boston : Little Brown & Co., 1974, p. 81. Pour une interprétation différente de ces données, cf. Irwin Garfinkel et Robert Haveman avec la collaboration de David Betson, département de la Santé, de l'Éducation et de l'Aide sociale, *Earnings Capacity, Poverty and Inequality,* séries de monographies de l'Institut pour la recherche sur la pauvreté, New York : Academic Press, 1977, p. 70-90. Néanmoins, toutes ces analyses ignorent l'impact de la rupture de la famille sur les motivations et par suite sur les revenus des hommes.

5. Calculs réalisés d'après les statistiques du Bureau américain du recensement, *Current Population Reports,* séries P-60, n° 106 « Charasteristics of the Population Below the Poverty Level, 1975 », Washington, D.C. : U.S. Government Printing Office, 1977, tableau 37, p. 141. Sur les chiffres en dehors des zones de pauvreté, voir le tableau 41, p. 172-176.

6. Heather L. Ross et Isabel V. Sawhill, *Time of Transition : The Growth of Families Headed by Women,* Washington, D.C., The Urban Institute, 1975, p. 67-68 et l'appendice. Les statistiques sont mises à jour avec les données du Bureau du recensement publié dans les *Current Population Reports.*

7. Garfinkel et Haveman, *Earnings Capacity,* p. 32 et 33.

8. Calculs réalisés d'après : département du Travail, « Median Income in 1972 of Persons by Years of School Completed and by Sex », données non publiées, et Bureau du recensement, « Census of Population : 1970. Marital Status », *Rapport Final* PC (2)-4C, Washington, D.C., U.S. Government Printing Office, 1972, tableau I, p. 1. Voir aussi l'analyse de Jacob Mincer et Salomon Polachek du *National Longitudinal Survey,* Département du Travail : *Economic Problems of Women,* auditions du Joint Economic Committee 93 rd. Cong. 1st sess., Partie I, 10, 11 et 12 juillet, Washington, D.C. : U.S. Government Printing Office, 1973, p. 20, 34, 35 et 47-48. Cette étude montrait qu'en 1966 une femme célibataire gagnait 86 % du revenu d'un homme

marié de qualification comparable et autant qu'un homme célibataire de niveau comparable.

9. Bureau du recensement, *Current Population Reports*, séries P-20, n° 255, « Marital Status and Living Arrangements: mars 1973 », Washington, D.C., U.S. Government Printing Office, 1973, p. 11-12.

10. Thomas Sowell, éd. *American Ethnic Groups*, p. 208 et passim. Voir également Thomas Sowell, *Markets and Minorities*.

11. Eric Hanushek, « Ethnic Income Variations: Magnitudes and Explanations », in Thomas Sowell, éd., *American Ethnic Groups*; cf. aussi David L. Featherman et Robert M. Hauser, *Opportunity and Change*, New York, Academic Press, 1978, p. 238-252.

12. Richard B. Freeman, « Discrimination in the Academic Market-place », in Thomas Sowell, éd., *American Ethnic Groups*, p. 167-202 et Données statistiques in *ibid.*, p. 257, 278-291 et passim.

13. Garfinkel et Haveman, *Earnings Capacity*, p. 32 et passim.

14. Thomas Sowell, « The Controversy over Black I-Q-s », *The New York Times Magazine*, 27 mars 1977, p. 57-58.

15. Eleanor Emmons Maccoby et Carol Nagy Jacklin, *The Psychology of Sex Differences*, Stanford, Californie, Stanford University Press, 1974, p. 242-243.

16. Steven Goldberg, *The Inevitability of Patriarchy*, éd. revue, Londres, Temple Smith, 1977; édition américaine, New York: William Morrow, 1974. L'analyse de Margaret Mead est parue in *Redbook*, février 1974.

17. Calculs d'après: Bureau du recensement, « Census of Population: 1970. Marital Status », tableau 9, p. 227-252.

18. Nathan Glazer, *Affirmative Discrimination: Ethnic Inequality and Public Policy*, avec une nouvelle introduction de l'auteur, New York, Basic Books, 1978, p. 63.

TREIZE / LA CONFUSION DES PROBLÈMES DE L'EMPLOI

1. Peter B. Doeringer et Michael J. Piore, « Unemployment and the " Dual Labor Market " », *The Public Interest*, n° 38, hiver 1975, p. 67-69; Lester Thurow, *Generating Inequality*, New York: Basic Books, 1975, et Glen G. Cain, « The Challenge of Segmented Labor Market Theories to Orthodox Theory », *Journal of Economic Literature*, décembre 1976.

2. John Kenneth Galbraith, *The Galbraith Reader*, Ipswich, Mass., Gambit, 1977, passim.

3. Nathan Glazer, « Reform Work, Not Welfare », *The Public Interest*, n° 40, été 1975, p. 3-10.

4. George Gilder, *Visible Man: A True Story of Post-Racism America*, New York, Basic Books, 1978.

5. Andrew Billingsley, *Black Families in White America*, Englewood Cliffs, N. J., Prentice Hall, 1968, p. 171.

6. David Robinson, communication personnelle. Voir aussi *You and Youth*, une publication mensuelle de *Vocational Foundation Incorporated*, 44 East 24th Street,

New York City, N.Y., qui donne des études de cas de réussite d'emploi-formation dans le secteur privé.

7. J. Peter Grace, « The Assault on Economic Incentive », graphique 23 : création nette d'emplois nouveaux selon la taille des entreprises, étude présentée au symposium sur le Capitalisme américain. L'article de Grace (disponible à W.R. Grace, Inc., New York City), reste la meilleure synthèse statistique relative au déclin de l'économie américaine et aux taux d'impôts spoliateurs qui suffoquent la croissance.

8. Département du Travail, *Monthly Review*, 1977.

9. *Our Turn To Listen*, New York, Vocational Foundation Incoporated, 1978.

10. *Ibid.*

11. Lindsey H. Clark, Jr, « Discrimination at H.E.W. », *The Wall Street Journal*, 5 juillet 1978, p. 8 ; Clark résume « Discrimination in H.E.W. : Is the Doctor Sick or Is the Patient Healthy ? », étude diffusée par le Centre pour l'étude de l'économie et de l'État de l'université de Chicago et publiée ultérieurement par *The Journal of Law and Economics* (université de Chicago). L'étude se base sur les statistiques réunies par la Civil Service Commission. L'article de Clark a suscité une réponse de Joseph A. Califano, Jr, alors secrétaire du H.E.W. (*The Wall Street Journal*, 12 juillet 1978). Manifestant une incompréhension absolue de la nature du problème, Califano écrivait : « Le département de la Santé, de l'Éducation, et de l'Aide sociale n'a jamais estimé que les statistiques fussent l'unique sinon le meilleur indicateur de la discrimination sur le marché du travail. » Néanmoins, il poursuivait : « En août dernier, j'ai constitué un groupe d'études pour réexaminer le programme d'égalité des chances devant l'emploi du département. » A la suite de cette étude, il créa un nouveau *Deputy Assistant Secretary of Persona Administration* pour l'égalité des chances devant l'emploi pour mettre en œuvre un programme d'action sociale concrète au département de la Santé, de l'Éducation et de l'Aide sociale. Califano ne précisait pas si le département renoncerait aux fonds fédéraux si ce programme échouait. Bien entendu, le département n'est ni plus ni moins coupable de discrimination que la plupart des institutions qu'il harasse sans merci. Du moins, aucune indication sérieuse ne le montre.

12. Bradley R. Schiller, « Equality, Opportunity, and the " Good Job " », *The Public Interest*, n° 43 (printemps 1976), p. 111-120. Cet important article fut à peine remarqué, même par l'un des éditeurs de la revue qui l'a publié. Pourtant, il lance un défi redoutable à la sagesse conventionnelle de gauche et de droite sur les problèmes de race et de chance.

13. Sar A. Levitan, William B. Johnson et Robert Taggart, *Still a dream : The Changing Status of Blacks Since 1960*, Cambridge, Mass., Harvard University Press, 1975, p. 53.

14. Clark, « Discrimination at H.E.W. »

15. Thomas Sowell éd., *American Ethnic Groups*, Deuxième partie, Données statistiques relatives aux groupes ethniques américains, Noirs américains, Washington, D.C., The Urban Institute, 1977, tableaux 8-13, p. 278-295.

16. Lee Rainwater et William L. Yancy, *The Moynihan Report and the Politics of Controversy* ; cette étude reprend le texte de Daniel Patrick Moynihan, *The Negro Family : The Case for National Action*, Trans-action Social Science and Public Policy Report, Cambridge, Mass., The M.I.T. Press, 1967, *Appendice*, tableau 17, département du Travail, 31 décembre 1964, p. 73.

17. Sowell, éd., *American Ethnic Groups*, p. 278-295.

18. Irwin Garfinkel et Robert Haveman avec la collaboration de David Betson, département de la Santé, de l'Éducation et de l'Aide sociale, *Earnings Capacity, Poverty and Inequality*, Séries de monographies de l'Institut de recherche sur la pauvreté, New York, Academic Press, 1977, p. 32.

19. Ronald L. Oaxaca, « Male-Female Wage Differentials in Urban Labor Markets », *Working Paper*, n° 23, Princeton, N.J. : Industrial Relations Section, Princeton University, 1971.

QUATORZE / L'ILLUSION DES EMPLOIS FACTICES

1. Patrick Buchanan, cité in *Harper's*, vol. 259, n° 1554, novembre 1979, p. 39.

2. David B. Wilson, « There's A New Class in Our Society », *The Boston Globe*, 16 juillet 1979, p. 11.

3. Frances Cairncross, « " Deindustrialization " – Odd Phenomenon », *The Financier*, vol. II, n° 4, avril 1978, p. 11-14. Voir également Walter Eltis et David Bacon, *The British Problem: Too Few Producers*, édition américaine revue, New York, St. Martin's Press, 1978.

4. Calculs réalisés d'après *Les Statistiques des comptes nationaux de l'O.C.D.E. 1972* et *Les Statistiques de revenu de l'O.C.D.E., 1965-1972* reprises sous forme de tableaux par Alan T. Peacock et Martin Ricketts, « The Growth of the Public Sector and Inflation », in Fred Hirsch et John H. Goldthorpe, éds, *The Political Economy of Inflation*, Cambridge, Mass., Harvard University Press, 1978, p. 122-123.

5. Andrew Sum et Maryann Bouba, étude sur l'indemnisation du chômage préparée pour la Division de la sécurité de l'emploi du Massachusetts, février 1979. On remarquera, entre autres, que 24 % des personnes extérieures à la population active déclaraient désirer du travail mais ne le recherchaient pas en raison des appâts de l'aide sociale et des autres allocations publiques. Près de 84 % des personnes à l'écart du marché du travail « ne veulent pas d'emploi maintenant ».

6. José Ortega y Gasset, *The Revolt of the Masses*, New York : W.W. Naton, 1932, p. 99 ; traduction française, *La Révolte des masses* Calmann-Lévy, éd.

7. *Our Turn To Listen*, New York ; Vocational Foundation Incorporated, 1978.

8. Warren T. Brookes, « Beware of State's employment Statistics », *The Boston Herald American*, 21 mars 1978, p. 11.

9. Warren T. Brookes, « Is Massachusetts a Federal Dependent ? » *The Boston Herald American*, 22 février 1978.

10. Sum et Bouba, étude sur l'indemnisation du chômage.

11. Daniel Patrick Moynihan, « The Politics and Economics of Regional Growth », *The Public Interest*, n° 51, printemps 1978, p. 10.

12. Brookes, « Is Massachusetts a Federal Dependent ? »

13. *Ibid.*

14. Warren T. Brookes, « Tax Revolt : Isn't it Time to Slow Down The Education Bureaucracy ? » *The Boston Herald American*, 27 juin 1978, p. 9.

15. Moynihan, « Politics and Economics of Regional Growth », p. 14.

16. Ortega y Gasset, *op. cit.*, p. 99.

17. « Newark is Building for a Hopeful Future », *The New York Times*, 12 juillet 1977, p. 25.

18. Warren T. Brookes, « Unemployment and the Illegal Alien », *The Boston Herald American*, 3 septembre 1976, p. 14.

19. *Ibid.*

20. Sénateur John Chafee (républicain, Rhode Island), communication personnelle.

21. « Boat People Find Hardship in U.S., but also Hope », *The New York Times*, 28 janvier 1979, p. 47.

22. Richard A. Posner, « Utilitarianism, Economics, and Legal Theory », *The Journal of Legal Studies*, Faculté de droit de l'université de Chicago, vol. 8, n° 1, janvier 1979, p. 136.

23. Kenneth D. Walters et R. Joseph Morsen, « State-Owned Business Abroad: New Competitive Threat », *Harvard Business Review*, vol. 57, n° 2, mars-avril 1979, p. 160-170.

QUINZE / LAFFER ET L'ÉCONOMIE LIBÉRALE

1. John Kenneth Galbraith, *The New York Times*, 12 janvier 1980.

2. Robert L. Heilbroner, *The New York Times*, 22 décembre 1979.

3. Robert L. Heilbroner, *Beyond Boom and Crash*, New york: W.W. Norton, 1979, p. 89 et passim. Ce travail a d'abord paru in *The New Yorker*.

4. Robert L. Schuettinger et Eamonn F. Butler, *Forty Centuries of Wage and Price Controls*, Washington, D.C, The Heritage Foundation, 1978.

5. Paul Craig Roberts, « The Economic Case for Kemp-Roth », *The Wall Street Journal*, 1er août 1978, p. 16, repris in Arthur B. Laffer et Jan Seymour, éds, *The Economics of the Tax Revolt*, New York: Harcourt Brace Jovanovich, 1979, p. 57-61. Pour des estimations économétriques de trois modèles keynésiens sur l'épargne, cf. Donald W. Kiefer, « An Economic Analysis of the Kemp-Roth Tax Cut Bill, H.R. 8333 », in *ibid.*, p. 13-27 ; et le commentaire de Jack Kemp, « Vanik's Study Makes Convincing Case for Enactment of the Kemp-Roth Act », in *ibid.*, p. 28-34.

6. Scott Burns, « Financially It's better to Hoard than Invest », *The Boston Herald American*, 10 juillet 1978, p. 15.

7. « Tax The Rich! » *Wall Street Journal*, éditorial cité par Jack Kemp in *An American Renaissance*, New York, Harper and Row, 1979, p. 72-73.

8. Martin Feldstein, « End Capital Gains Tax on Stocks », *Financier*, vol. 4, n° 1, janvier 1980, p. 23; Martin J. Bailey, « Inflationnary Distorsions and Taxes », in Henry J. Aaron, éd., *Inflation and the Income Tax*, Washington, D.C.: The Brookings Institution, 1976, p. 302. Bailey écrit: « A titre d'indication générale, 7 % d'inflation triple les taux des plus-values »; en 1975, il en est résulté un taux d'impôt de 137 % sur les plus-values réelles d'actifs détenus pendant un an et un taux de 97 % sur les plus-values réalisées sur dix ans. Il n'a procédé à aucune estimation pour les taux d'inflation supérieurs à la fin des années 70.

9. Galbraith, *New York Times*, art. cit.

10. Pour un exposé détaillé de ces effets, cf. Roger E. Brinner, « Inflation and the

Definition of Taxable Personal Income », in Aaron, éd., *Inflation and The Income Tax,* p. 121-151 et Roger Brinner, « The Impact of Inflation on Investment », in *The Americans, 1976 : Critical Choices for Americans,* vol. II, Irving Kristol et Paul Weaver, éds, Lexington, Mass., Lexington Books, 1976.

11. Warren T. Brookes, « Getting the Rich To Pay More Taxes », *The Boston Herald American*, 22 août 1978, p. 11.

12. Pour une explication lucide, cf. C. Lowell Harriss, « Property Taxation after the California Vote » *Tax Review*, Tax Foundation, Inc., Washington, D.C., vol. 39, n° 8, août 1978.

13. David Diachaud, « Inflation and Income Distribution », in Fred Hirsch et John H. Goldthorpe, éds, *The Political Economy of Inflation*, Cambridge, Mass., Harvard University Press, 1979, p. 110.

14. Cité in Irving Kristol, « The Myth of " Business Confidence " », *The Wall Street Journal*, 14 novembre 1977, p. 22.

15. G. K. Chesterton, « The Twelve Men », in *Tremendous Trifles*, Beaconsfield, Britain, Darwen Finlayson, 1968, p. 55.

16. Calculs réalisés d'après les *Statistiques des comptes nationaux de l'O.C.D.E., 1972* et les *Statistiques de revenu 1965-1972*, reprises dans les tableaux présentés par Alan T. Peacock et Martin Ricketts, « The Growth of the Public Sector and Inflation », in Hirsch et Goldthorpe, éds, *The Political Economy of Inflation*, p. 122-123.

17. Richard Rose et Guy Peters, *Can Government Go Bankrupt?* New York: Basic Books, 1978, tableau A 4,4, Les sources de l'impôt sur le revenu, calculé d'après les données relatives à l'année 1974 réunies dans les *Statistiques de revenu des pays membres de l'O.C.D.E., 1965-1974*, Paris, O.C.D.E., 1976.

18. *The Taxation of Net Wealth, Capital Transfers and Capital Gains of Individual*, Paris, O.C.D.E., 1979.

19. Henry J. Aaron, *Who Pays the Property Tax?*, Washington, D.C.: The Brookings Institution, 1975. Cf. aussi Christopher Jencks, « A New Look at an Old Tax », *Working Papers*, vol. V, n° 2, été 1977.

20. Calculé d'après les *Statistiques de revenu des pays membres de l'O.C.D.E.*, Paris, O.C.D.E., 1979, p. 82-94.

21. Rose et Peters, *Can Government Go Bankrupt?*, p. 86-105.

22. Edgar K. Browning et William R. Johnson, *The Distribution of the Tax Burden*, Washington, D.C., American Enterprise Institute for Public Policy Research, 1979, p. 58; et J. Peter Grace, « The Assault on Economic Incentive », tableau XXX, U.S. Economic and Political Power, présenté au symposium sur le capitalisme américain. Disponible chez W.R. Grace, Inc., New York City.

23. *Individual Taxes in 80 Countries,* New York : Price Waterhouse, 1979.

24. Ian M. D. Little, « An Economic Renaissance », in Walter Galenson, éd., *Economic Growth and Structural Change in Taïwan*, Ithaca, New York, Cornell University Press, 179, p. 474-480.

25. Nouveaux Services des locataires, Singapour, 5 mars 1980.

26. Barbara Ellis, « Italy's Prosperous Anarchy », *Forbes*, vol. CXXIII, n° 7, 2 avril 1979, p. 36-37 et Sari Gilbert, « Tax Avoidance: Italy's Inheritance », *The Boston Sunday Globe*, 19 nov. 1978, p. E. 1.

27. « Swedes' Needs » in *The Wall Street Journal*, 22 janvier 1980, p. 1. L'étude européenne, publiée par Man-Power Inc., Milwaukee, Wisc., plaçait la Suède au pre-

mier rang des principaux pays industrialisés par l'absentéisme avec 16 jours par an, suivie de l'Allemagne fédérale (9,5), la France (8,3), les États-Unis (3,5) et le Japon (1,9).

28. Cité in Melvyn B. Krauss, « The Swedish Tax Revolt », *The Wall Street Journal*, 1er février 1979, p. 16.

29. Jude Wanniski, « Puerto Rico and Shatehood ». Rolling Hills Estate, Californie, A.B. Laffer Associates, 1979. Voir aussi Bruce Bartlett, *A Walk on the Supply Side*, New Rochelle, New York, Arlington House, 1981.

30. *The Economic Report of the President: 1978*, Washington, D.C.: U.S. Government Printing Office, 1978. Consulter également Rudiger Dornbusch et Stanley Fischer, *Macroeconomics*, New York, McGraw-Hill, 1978, p. 311, 315, 320 et passim. Même si l'on accuse parfois l'allégement de la fiscalité d'avoir contribué à l'inflation de la décennie 70, l'inflation ne s'est pas accélérée avant qu'une surcharge fiscale de 10 % et plusieurs autres prélèvements aient été imposés en 1968 et suivis par un nouveau doublement des impôts sur les plus-values en 1969 et par une considérable expansion des dépenses (et des impôts) engagés par les États et les municipalités: de 1969 à 1974, celles-ci sont passées de 120 milliards de dollars à 220.

31. Browning et Johnson, *The Distribution of the Tax Burden*, p. 70.

32. I. Garfinkel, R. Haveman et D. Betson, *op. cit.*, p. 32.

33. Cf. chap. II de cet ouvrage.

34. « Inflation to Be Cut By Proposition 13, U.S. Report Finds », *The Wall Street Journal*, 7 juillet 1978, p. 2. Cf. aussi The Congressional Budget Office, *Proposition 13: Its Impact on The Nation's Economy, Federal Revenues and Federal Expenditures*; reproduit in Arthur B. Laffer et Jan P. Seymour, éds; *Economics of Tax Revolt*, p. 110-113; Charles W. Kadlec et Arthur B. Laffer, « The Jarvis-Gann Proposal: An Application of the Laffer Curve », in *ibid.*, p. 118-122.

35. Selon une étude des projections de trois modèles économétriques (Wharton, Chase et D.R.I.) réalisée par la Bibliothèque du Congrès, l'adoption de la proposition de la loi Kemp-Roth augmenterait la proportion de l'ensemble des impôts versés par les riches, dont la part des contribuables gagnant plus de 200 000 dollars monterait de 13 %. Cf. Laffer et Seymour éds, *Economics of Tax Revolt*, p. 29.

36. Jude Wanniski, *The Way The World Works*, New York, Basic Books, 1978, p. 238-275; Jude Wanniski, « Inflation and the " Arc of Crisis " », Morristown, N. J. Polyconomics, Inc., 1980. Cf. aussi Jack Kemp, « The Revival of Incentive Economics », *The Ripon Forum*, janvier 1980, Kemp montre l'impact destructeur des taux progressifs sur l'économie israélienne.

SEIZE / L'ÉTAT INFLATIONNISTE

1. Cette position de Milton Friedman, fréquemment adoptée, était citée par Irving Kristol in « Populist Remedy For Populist Abuses », *The Wall Street Journal*, 10 août 1978.

2. Dennis Robertson, « The Colvin Committee, The Income Tax, and The Price Level », *Economic Journal*, vol. XXXVII, n° 148, décembre 1927.

3. Paul Craig Roberts, « The Economic Case for Kemp-Roth », *The Wall Street*

Journal, 1er août 1978, p. 16; reproduit in Arthur B. Laffer et Jan P. Seymour, éds, *The Economics of the Tax Revolt*, New York, Harcourt Brace Jovanovich, 1979, p. 57-61.

4. Michael K. Evans, « Taxes, Inflation, and the Rich », *The Wall Street Journal*, 7 août 1978, p. 10; repris in *ibid.*, p. 62-64.

5. Cité in Scott Burns, « Why We're Selling the Future to Japan », *The Boston Herald American*, 13 mars 1978, p. 11.

6. Henry Aaron, éd., *Inflation and the Income Tax*, Washington, D.C., The Brookings Institution, 1976, p. 193.

7. David Warsh et Lawrence Minard, « Inflation Is Too important to leave to the Economists », *Forbes*, 15 novembre 1976, et David Warsh, « The Great Hamburger Paradox », *Forbes*, 15 septembre 1977.

8. E.H. Phelps-Brown et Sheila V. Hopkins, « Seven Centuries of Building Wages », *Economica*, vol. XXII, n° 87, août 1955 et E. H. Phelps-Brown et S. V. Hopkins, « Seven Centuries of the Prices of Consumables, Compared to Builders' Wage Rates », *Economica*, 1956.

9. Robert Solow, « The Intelligent Citizen's Guide to Inflation » *The Public Interest*, n° 38, hiver 1975, p. 33.

10. Robert L. Heilbroner et Lester C. Thurow, *The Economic Problem*, éd. revue, Englewood Cliffs, N.J., Prentice-Hall, 1979.

11. M. Panic, « The Origin of Increasing Inflation Tendencies », in Fred Hirsch et John H. Goldthorpe, éds, *The Political Economy of Inflation*, Cambridge, Mass., Harvard University Press, 1978, p. 137.

12. Solow, « Intelligent Citizen's Guide to Inflation », p. 30-66.

13. Charles S. Maier, « The Politics of Inflation in the 20th Century » in Hirsch et Goldthorpe, *op. cit.*, p. 71.

14. Phelps-Brown et Hopkins, « Seven Centuries of Prices of Consumables », cité par Warsch, « Hamburger Paradox », p. 181.

15. Warsch, art. cit., p. 199.

16. *Ibid.*

17. John W. Kendrick, *The Formation and Stocks of Total Capital*, Bureau national de recherche économique, n° 100, séries générales, New York, Columbia University Press, 1976, p. 136 et passim.

18. Ronald I. McKinnon, *Money and Capital in Economic Development*, Washington, D.C., The Brookings Institution, 1973, p. 92-95.

19. *Ibid.*

20. Warren Brookes, « Lies, Damn Lies and the G.N.P. », *The Boston Herald American*, 25 août 1978; pour des projections relatives à l'année 1981, cf. Brookes, « Reagan's 30 percent Tax Cut Isn't Radical – or Inflationary », *The Boston Herald American*, 24 avril 1980.

21. *Ibid.*

DIX-SEPT / LA PRODUCTIVITÉ DES SERVICES

1. Barry Supple, « A Framework for British Business History », in Barry Supple éd., *Essays in British Business History*, Oxford, Angleterre, Clarendon Press, 1977, p. 11-15.

2. Il existe divers signes de cet engorgement de l'économie par des services relativement improductifs. On peut noter, par exemple, la divergence depuis longtemps croissante entre l'indice des prix de gros, qui d'une façon générale est resté stable jusqu'au début des années 70, et l'indice des prix à la consommation qui a augmenté rapidement à travers l'ensemble du monde industriel. Parce que l'indice des prix de gros exclut la forte composante des services incluse dans l'indice des prix à la consommation, l'inflation fut imputée à l'importance croissante des services. Mais ce serait oublier l'essentiel : les prix à la consommation intégraient une composante fiscale très largement supérieure à celle des prix de gros (jusqu'à ce que les Arabes décident d'imposer le pétrole).

3. W. Brookes, « Taxflation, Government's Windfall Profit », *The Boston Herald American*, 17 avril 1979.

4. Henry J. Aaron, éd., Inflation and The Income Tax, 1976, p. 33-80.

5. Theodore Levitt, « The Emerging Fecundity of Service », in *The Future of Productivity*, Washington, D.C., The National Center for Productivity and the Quality of Working Life, 1978, p. 63-72.

6. M. Feldstein, « Consequences of Hospital Controls », *The Wall Street Journal*, 16 avril 1979.

7. Dr Reese F. Alsop et Dr Peter Bourne, manuscrit inédit, 1977. Bourne et Alsop expliquent le système : « Le diabète est un état (qui) risque de se transformer avec une rapidité alarmante en crise de coma diabétique mettant la vie en danger. Les causes précipitant la crise sont connues depuis longtemps : toute... infection (particulièrement intestinale), les traumas, les chocs émotionnels, les écarts de régime ou la déshydratation pour n'en citer que quelques-unes. Pourtant, l'organisation d'un hôpital dans une grande ville n'est guère ajustée en conséquence. Dans l'immense majorité des cas, le facteur déterminant de la crise de diabète était double : l'attente des patients et l'indisponibilité des médecins. Le Dr Miller a démontré qu'il était pratiquement possible d'éliminer la complication du coma si les diabétiques avaient la possibilité de faire jour et nuit le même numéro de téléphone au moindre symptôme de détérioration de leur état. On mit donc en place une ligne directe avec un numéro spécial ; parallèlement, une équipe de médecins assurant aux patients la garantie d'un conseil d'expert, fut mise en place vingt-quatre heures sur vingt-quatre. La communication et la prévention éliminèrent les délais qui avaient si souvent permis autrefois le développement du coma. Le principe du « Point à Temps », le conseil immédiat, se sont révélés en de nombreuses occasions susceptibles de faire la différence entre la vie et la mort. Les maladies mineures ne risquaient plus de dégénérer en catastrophes majeures. Elles n'en avaient tout simplement plus le temps. La prévention avait remplacé la corde raide. »

8. Donald M. Fisk, Herbert J. Kiesling et Lynn Bell, *Privatisation of Local Government Services*, rapport inédit préparé par The Urban Institute, Washington, D.C. pour le Centre national pour la productivité et la qualité de la vie professionnelle.

9. Frederick W. Hornbruch Jr., *Raising Productivity : Ten Case Histories and their Lessons*, New York, McGraw-Hill, 1977, p. 66.

DIX-HUIT / LES IMPÉRATIFS DE LA CROISSANCE

1. Clarence L. Barber, « Inflation Distorsion and the Balanced Budget », *Challenge*, vol. XXII, nº 4, septembre-octobre 1979, p. 44-47.

2. David A. Andelman, « New York's Taxi Industry Thriving on Some Controversial Economics », *The New York Times*, 13 mars 1980, p. 1.

3. Peter Drucker, « Gld Consumers vs. Young Producers », *The Wall Street Journal*, 18 décembre 1979, p. 20.

4. Peter M. Gutmann, « Statistical Illusions, Mistaken Policies », *Challenge*, vol. XXII, nº 5, novembre-décembre 1979, p. 14-17.

5. Bien que certains profits d'inventaires puissent être réels quand l'inflation continue ou s'accélère (comme de nombreuses entreprises l'ont découvert à leur grande joie), l'imposition des profits sur la base d'une comptabilisation au coût historique des moyens de production et des inventaires a représenté une charge considérable pour certaines entreprises au cours des années 70. Ainsi, la plupart des profits apparents de la sidérurgie pendant la décennie 70 disparaissent si l'on procède à une dépréciation correcte. Or la sidérurgie n'a pas dû seulement acquitter un impôt sur ces profits nominaux, elle a dû verser des dividendes (à nouveau imposés au titre de revenus de l'investissement de leurs bénéficiaires). Cette croissance des versements des dividendes fut un autre effet de l'inflation puisqu'elle était partiellement nécessaire pour concurrencer les revenus des bons gonflés par l'inflation (néanmoins, en l'absence de règles et d'impôts mal conçus, l'inflation ne détériorerait pas réellement la valeur réelle des machines et des équipements – les profits réels de la sidérurgie et des autres industries comme elle détruit la valeur principale des bons).

Dans une étude réalisée pour le *Machinery and Allied Products Institute*, l'économiste George Tesborgh pouvait conclure que, sur la base d'une comptabilité des inventaires et de la dépréciation fondée sur le coût de remplacement, les profits des entreprises furent en général trop faibles de 1974 à 1976 pour couvrir les versements des dividendes. Par ailleurs, le président de la Commission des titres et des changes *(Securities and Exchange Commission)*, Harold Williams, estimait que la dépréciation réelle des aciéries américaines vieillissantes représentait le double du cash flow de l'industrie après versement des dividendes.

Ces analyses sont alarmantes, mais elles semblent quelque peu obsédées par des entreprises largement débitrices comme la sidérurgie ; ce faisant, ces analyses oublient l'enjeu politique et les subventions que ces entreprises reçoivent du gouvernement. L'endettement net des grandes entreprises en bons et autres titres libellés en dollars équivaut aux deux tiers de la dette publique. Elles aussi ont bénéficié d'un déclin non déclaré voisin de 30 milliards de dollars de la valeur de leur dette tandis qu'elles pouvaient déduire de leur profit imposable la charge du service de la dette qui consistait largement en une prime d'inflation pour compenser ce déclin. Les entreprises plus dépendantes de leurs profits que de leur endettement ont été frappées de plein fouet par la taxflation des années 70.

De plus, la thèse selon laquelle les grandes entreprises souffrent particulièrement d'une dépréciation inadéquate de leur équipement et de leurs installations ignore que la valeur résiduelle de ces actifs – leur valeur sur le marché, qu'il s'agisse d'installation en état de marche, d'immobilier ou même de ferraille – augmente du fait de l'inflation. Parce que l'entreprise enregistre son équipement au coût d'acquisition, les provisions pour dépréciations ne suffiront pas à elles seules à les remplacer par un nouvel équipement. Mais, en même temps, la valeur marchande des machines et des équipements qui n'ont pas été endommagés ou ne sont pas devenus obsolètes s'est régulièrement accrue dans de nombreuses entreprises. En outre, l'entreprise dispose des moyens de contrecarrer dans une certaine mesure les effets de l'inflation en accélérant ses coûts de dépréciation – c'est-à-dire en reportant sur les premières années l'essentiel de l'amortissement. Entre-temps, la valeur réelle de cet équipement de l'entreprise a vraisemblablement augmenté. Au fur et à mesure que le temps passe et que les concurrents doivent acquérir un nouvel équipement plus coûteux, il y a de fortes chances pour que l'utilisation d'un tel équipement soit d'un profit croissant.

La somme de ces gains possibles obtenus au bénéfice de l'inflation – l'accélération des amortissements d'un équipement qui ne se détériore pas, l'appréciation de la valeur marchande résiduelle, la hausse du revenu net produit par l'équipement acheté autrefois, la déductibilité fiscale des intérêts et la destruction de la valeur de la dette – tous ces avantages représentent ordinairement une valeur totale supérieure à la perte subie du fait de la dépréciation entraînée par la comptabilisation de l'équipement aux coûts historiques. Par conséquent, la plupart des grandes entreprises largement endettées et dont la valeur est réelle devraient être en mesure de payer leurs impôts et leurs dividendes tout en remplaçant si nécessaire leur outillage et leur équipement.

Ces considérations ne répondent pas à la question de savoir s'il faut imposer les entreprises ni ne disqualifient l'idée que les régulations fédérales et les autres mesures politiques aient gravement nui aux firmes américaines. Mais cela signifie en fait que l'immense majorité des grandes entreprises ont déclaré des profits fictifs et que nombre d'entre elles ont été nettement sous-évaluées sur le marché boursier. La raison en est moins une imposition excessive de leurs profits qu'une imposition excessive des actionnaires et de son effet dissuasif sur les acheteurs potentiels d'actions.

Les grandes entreprises ont donc souffert d'une sous-évaluation de leurs actifs : leur valeur boursière représente seulement les trois quarts de leur valeur comptable. Elles ont donc été contraintes de s'endetter pour financer leur expansion. Mais elles se sont enrichies en rachetant leur propre capital à des prix sacrifiés et en rachetant les entreprises plus petites à des prix bien inférieurs aux coûts vraisemblables de reproduction de leurs actifs. Au lieu de construire une nouvelle usine à des prix gonflés par l'inflation, de nombreuses entreprises ont pu tout simplement acquérir une entreprise existante possédant les installations désirées à un coût inférieur de 25 % de leur valeur comptable.

6. Roger E. Brinner, « The Anti-Inflation Leverage of Investment », in Clarence C. Walton, éd., *Inflation and National Survival*, Travaux de l'Académie de science politique, vol. XXXIII, nº 3, New York, The Academy of Political Science, 1979, p. 149-154.

7. Hendrick Houthakker, « The Inverse Relation between Company Growth and Price Movements », *Brookings Paper on Economic Activity*, nº 1, Washington, D.C., The Brookings Institution, 1979.

8. Résumé de Thomas Macaulay, *The History of England*, chapitre XIX, cité in *Challenge*, vol. XXI, nº 4, septembre-octobre 1978, p. 3-6.

9. W. Arthur Lewis, *La Théorie de la croissance économique*, traduction française de Françoise Pons, Payot, 1971, p. 420.

DIX-NEUF / L'ÉCONOMIE CINÉTIQUE

1. Jane Jacobs, *The Economy of Cities*, New York, Random House, 1969. A la fin de cet ouvrage fascinant, Jacobs écrit : « A mon sens, le conflit fondamental de l'économie oppose les gens dont les intérêts sont liés aux activités économiques déjà bien établies à ceux dont les intérêts sont liés à l'émergence de nouvelles activités économiques (p. 249).
2. Cité in A. Heertje, *Economie et Progrès technique,* Paris, Aubier, 1979.
3. Joseph Schumpeter, *Capitalisme, Socialisme et Démocratie,* Payot, 1980.
4. Martin J. Bailey, « Inflationary Distorsions and Taxes », in Henry J. Aaron, *Inflation and the Income Tax*, Washington, D.C., The Brookings Institution, 1976, p. 302; voir aussi note 8, chap. XV.

VINGT / LE BRASSEUR IMPÉTUEUX

1. Albert O. Hirschman, « The Principle of the Hiding Hand », *The Public Interest*, nº 6, hiver 1967, p. 10-23.
2. John E. Sawyer, « Entrepreneurial Error and Economic Growth », *Explorations in Entrepreneurial History*, vol. 4, mai 1952, p. 199 et 200.
3. Hirschman, art. cit., p. 13.
4. *Ibid.*
5. Richard Salomon, « Seat of the Pants », *The Wall Street Journal*, 3 mars 1978, p. 12.
6. Aaron Wildavsky, « Does Planning Work? » *The Public Interest*, nº 24, été 1971, p. 95-104.
7. Barbara Ellis, « Italy's Prosperous Anarchy », *Forbes*, vol. CXXIII, nº 7, 2 avril 1979, p. 36-37.
8. David McCord Wright, « Mr. Keynes and the Day of Judgment », *Science,* nº 128 (1958), p. 1258-1262.
9. John E. Sawyer, « Entrepreneurship in Periods of Rapid Growth », in *Entrepreneurship and Economic Growth*, polycopié, Cambridge, Mass., Social Science Research Council et Harvard University Research Center in Entrepreneurial History, 1954, p. 4; cité in David C. McClelland, *The Achieving Society*, New York, Irvington Publishers Inc., 1976, p. 222.
10. McClelland, *op. cit.,* p. 13.
11. David E. Gumpert, « Future of Small Business May Be Brighter than Portrayed », *Harvard Business Review,* vol. LVII, nº 4, juillet-août 1979, p. 179 et J. Tom Badgett, « Will O.E.C. and I.B.M. Be the Final Winners ? » *Kilobaud,* nº 22, octobre 1978, p. 80.
12. Albert Einstein, *Comment je vois le monde,* Flammarion, rééd. 1979 ; cité in

A.P. French, éd., Einstein, *A Centenary Volume*, Cambridge, Mass., Harvard University Press, 1979, p. 304.

13. Hirschman, *op. cit.*, p. 13.

14. John K. Galbraith, *La Théorie de la pauvreté de masse,* Gallimard, 1980.

15. *Ibid.*

16. Michael W. Watts, « Mercantilism and the Great Chain of Being », monographie inédite, département d'économie de l'université de Purdue.

17. Cité in Thomas Sowell, « Economics and Economic Man », in Irving Kristol et Paul Weaver, éds, *The Americans, 1976 : Critical Choices for Americans*, vol. II, Lexington, Mass., D.C. Heath & Co, 1976, p. 191-209.

18. John Stuart Mill, *Principles of Political Economy*, 1848. Mill écrivait : « Il n'y a guère que dans les pays arriérés que l'accroissement de la production demeure un objectif important : dans les pays les plus avancés, une meilleure distribution est économiquement nécessaire... »

19. Stuart Bruchey, *The Roots of American Economic Growth, 1607-1861*, Torchbook éd., New York, Harper & Row, 1968.

20. Nathan Rosenberg, *Technology and American Economic Growth*, White Plains, New York, M. E. Sharpe, Inc., 1972, p. 14, note.

21. Marvin Harris : *Cannibales et Monarques : essai sur l'origine des cultures*, Flammarion, 1979.

22. Leszek Kolakowski cité par A. Hirschman in « Hiding Hand », p. 22-23.

VINGT ET UN / LA NÉCESSITÉ DE LA FOI

1. Cité in José Ortega y Gasset, *Man and Crisis*, New York, W.W. Norton, 1958, p. 14.

2. Comme Tom Bethell l'a remarqué : « Il existe quantité de faits isolés épars dans le monde et qui attendent d'être corrélés par une hypothèse. » Réponse à la lettre in *Harper's*, vol. CCLVIII, n° 1545, février 1979, p 8.

3. Charles S. Peirce, *Chance, Love and Logic : Philosophic Essays,* Morris R. Cohen, éd., avec un essai supplémentaire sur Peirce de John Dewey, New York, Harcourt, Brace & World, 1923 ; réédité en 1968, New York, Barnes & Noble, p. 283.

4. *Ibid.*, p. 74.

5. *Ibid.*, p. 75.

6. Reinhold Niebuhr, cité par le père Gerard Creedon, Church of the Good Sheperd, Alexandria, Virginie.

BIBLIOGRAPHIE SÉLECTIVE

AARON, Henry J., *Who Pays the Property Tax?*, Washington, D.C., The Brookings Institution, 1975.

– *Politics and the Professors : The Great Society in Perspective*, Washington, D.C., The Brookings Institution, 1978.

– Éd., *Inflation and the Income Tax*, Washington, D.C., The Brookings Institution, 1976.

ANDERSON, Martin, *Welfare : The Political Economy of Welfare Reform in the United States*, Stanford, Calif., Hoover Institution Press, 1978.

BANE, Mary Jo, *Here to stay : American Families in the Twentieth Century*, New York, Basic Books, 1976.

BANFIELD, Edward, *The Moral Basis of a Backward Society*, New York, The Free Press, 1967.

– *The Unheavenly City Rivisited*, Boston, Little, Brown & Co., 1974.

BARRO, Robert J., « Public Debt and Taxes » in BOSKIN Michael, éd., *Federal Tax Reform : Myths and Realities*, San Francisco, Institute for Contemporary Studies, 1978.

– « U.S. Inflation and the Choice of Monetary Standard », discours prononcé à l'université de Rochester le 9 avril 1980.

BARTLETT, Bruce, *A Walk on the Supply Side,* New Rochelle, New York, Arlington House, Inc., 1981.

BECKER, Gary, « The Effect of the State on Family », monographie préparée pour les rencontres de la Mount Pelerin Society, septembre 1978.

BELL, Daniel, *The Coming of Post-Industrial Society*, New York, Basic Books, Inc., 1973.

– *Les Contradictions culturelles du capitalisme*, Paris, P.U.F., 1980.

– « The New Class : A Muddled Concept », *Transaction/Society* 16 (2) janv.-fév. 1979 ; repris in BRUCE-BRIGGS, Barry, éd., *The New Class*. New Brunswick, N.J., Transaction Books, 1979.

BERLE, Adolf, *American Economic Republic*, New York, Harcourt, Brace & World, 1963.

BETHELL, Tom, « Against Bilingual Education », *Harper's* 258 (1545), février 1979.

BILLINGSEY, Andrew, *Black Families in White America*, Englewood Cliffs, N.J., Prentice-Hall, 1968.

BIRCH, David C., *The Job Generation Process*, Cambridge, Mass., M.I.T. Program on Neighborhood and Regional Change, 1979.

BÖHM-BAWERK, Eugen Von, *The Positive Theory of Capital*, South Holland, Illinois, Libertarian Press, 1959.

BOSKIN, Michael J., éd., *Federal Tax Reform : Myths and Realities*, San Francisco, Institute for Contemporary Studies, 1976.

BRINNER, Roger E., « The Impact of Inflation on Investment », in *The Americans, 1976 : Critical Choices for Americans*, KRISTOL, IRVING et WEAVER, Paul éds, vol. 2, Lexington, Mass., Lexington Press, 1976.

– « Inflation and the Definition of Taxable Personal Income » in AARON, 1975, *op. cit.*

– « The Anti-inflation Leverage of Investment », *Inflation and National Survival* (Proceedings of the Academy of Political Science), 33, (3) 1979.

BRITTAIN, John A., *Inheritance and the Inequality of Material Wealth*, Washington, D.C., The Brookings Institution, 1978.

– *The Inheritance of Economic Status*, id., 1977.

BROWNING, Edgar K. et JOHNSON, William R., *The Distribution of the Tax Burden*, Washington, D.C., American Enterprise Institute for Public Policy Research, 1979.

BRUCHEY, Stuart, *The Roots of American Economic Growth, 1607-1861*, New York, Harper & Row, Pub. Inc., 1968.

BUCHANAN, James M. et WAGNER, Richard E., *Democracy in Deficit*, New York, Academic Press, Inc., 1977.

BURNS, Scott, *Home, Inc. : The Hidden Wealth and Power of the American Household*, Garden City, New York, Doubleday & Co., Inc., 1975.

CAIN, Glen G., « The Challenge of Segmented Labor Market Theories to Orthodox Theory », *Journal of Economic Literature* (décembre 1976).

CAIRNCROSS, Frances, « Deindustrialization – Odd Phenomenon », *The Financier* 2 (4), avril 1978.

CAMPBELL, Colin D., éd., *Income Redistribution*, Washington, D.C., American Enterprise Institute for Public Policy Research, 1977.

CIPOLLA, Carlo M., *Histoire économique de la population mondiale*, Gallimard, coll. Idées, n° 71, 1974.

CLOWARD, Richard et Piven, Frances Fox, *Regulating the Poor*, New York, Pantheon Books, Inc. 1971.

COMMONER, *The Politics of Energy*, New York, Alfred A. Knopf, Inc., 1979.

DE LONE, Richard H. et The Carnegie Council on Children, *Small Futures : Inequality, Children and the Failure of Liberal Reform*, New York, Harcourt Brace Jovanovitch, Inc., 1979.

DENNISON, Edward F. et CHUNG, William K., *How Japan's Economy Grew So Fast*, Washington, D.C., The Brookings Institution, 1976.

DOERINGER, Peter B., et PIORE, Michael J., « Unemployment and the " Dual Labor Market " », *The Public Interest* 38, hiver 1974.

DOOLITTLE, Frederick, LEVY, Frank et WISEMAN, Michael, « The Mirage of Welfare Reform », *The Public Interest* 47, printemps 1977.

DORNBUSCH, Rudiger et FISCHER, Stanley, *Macroeconomics*, New York, McGraw-Hill, Inc., 1978.
DRUCKER, Peter F., *The Age of Discontinuity*, New York, Harper & Row, 1969.
– *Men, Ideas and Politics, id.*, 1971.
EISNER, Robert, « The Outlook for Business Investment », in SHAPIRO, Eli et WHITE, William L., éds., *Capital for Productivity and Jobs*. Englewood Cliffs, N.J., Prentice Hall, 1977.
– « No Tax Relief for Capital Gains », *Challenge* 21 (6), janv.-fév. 1979.
ELTIS, Walter et BACON, David, *The British Problem : Too Few Producers*, New York, St. Martin's Press, 1978.
EVANS, Michael K., « Taxes, Inflation, and the Rich », *The Wall Street Journal*, 7 août 1978, repris in LAFFER et SEYMOUR, 1979.
FEATHERMAN, David L. et HAUSER, Robert M., *Opportunity and Change*, New York, Academic Press, 1978.
FEIGE, Edgar L., « How Big is the Irregular Economy? », *Challenge* 22 (5), nov.-déc. 1979.
FELDSTEIN, Martin S., « The Economics of the New Employment », *The Public Interest* 33, automne 1973.
– « Facing the National Security Crisis », *id.* 47, printemps 1977.
– « National Saving in the United States », in SHAPIRO et al., *op. cit.*
– « Inflation, Tax Rules and the Stock Market », étude présentée à la conférence de recherche de l'université de Rochester, 25-26 octobre 1979.
– « Social Security Hobbles our Capital Formation », *Harvard Business Review* 57 (4), juillet-août 1979.
– Témoignage devant le Joint Economic Committee, juillet 1978, publié in *Challenge* 21 (4), sept.-oct. 1978.
– et SUMMERS, Lawrence, « Effects of Inflation on the Taxation of Capital Income in the Corporate Sector », *Working Paper* du Bureau national de la recherche économique, n° 312, Cambridge, Mass., 1979.
FISK, Donald, KIESLING, Herbert et MULLER Thomas, *Private Provision of Public Services*, Washington, D.C., The Urban Institute, 1978.
FREEMAN, Richard B., « Black Economic Progress Since 1964 », *The Public Interest* 52, été 1978.
FRIEDMAN, Milton, *Capitalisme et Liberté*, Robert Laffont, 1972.
– et al., *Studies in the Quantity Theory of Money*, Chicago, University of Chicago Press, 1956.
– et SCHWARTZ, Anna, *A Monetary History of the United States, 1867-1960*, Princeton University Press, 1963.
GALBRAITH, John Kenneth, « The American Economy : Its Substance and Myth », in CHASE, John W., éd., *Years of the Modern : An American Appraisal*, New York, Longman, Green & Co., 1949.
– *L'Ère de l'opulence*, Paris, Calmann-Lévy, 1961.
– *Le Nouvel État industriel*, Paris, Gallimard, B.S.H.., 1970.
– *The Galbraith Reader*, Ipswich, Mass., Gambit, 1977.
– *Théorie de la pauvreté de masse*, Paris, Gallimard, 1980.
GANS, Herbert J., *More Equality*, New York, Pantheon Books, 1973.
GARFINKEL, Irwin et HAVEMAN Robert, avec la collaboration de David BETSON,

département américain de la Santé, de l'Éducation et de l'Aide sociale, *Earnings Capacity, Poverty and Inequality,* Institute for Research on Poverty Monograph Series, New York, Academic Press, 1977.

GEORGE, Henry, *Progress and Poverty*, New York, Robert Schalkenbach Foundation, 1955.

GEORGESCU-ROEGEN, Nicholas, *The Entropy Law and The Economic Process,* Cambridge, Mass., Harvard University Press, 1971.

GLAZER, Nathan, « Reform Work, not Welfare », *The Public Interest* 40, été 1975.

— *Affirmative Discrimination : Ethnic Equality and Public Policy,* New York, Basic Books, 1978.

GOLDBERG, Steven, *The Inevitability of Patriarchy,* Londres, Temple Smith, 1977.

GRACE, J. Peter, « The Assault on Economic Incentive », étude présentée au symposium sur le capitalisme américain, 1979.

GREELEY, Andrew, « The Ethnic Miracle », *The Public Interest* 45, automne 1976.

GUMPERT, David E., « Future of Small Business May Be Brighter than Portrayed », *Harvard Business Review* 57 (4), juillet-août 1979.

GUTMANN, Peter M., « Statistical Illusions, Mistaken Policies », *Challenge* 22 (5), nov.-déc. 1979.

HARRIS, Marvin, *Cannibales et Monarques : essai sur l'origine des cultures,* Paris, Flammarion, 1979.

HARRIS, C. Lowell, « Property Taxation After the California Vote », *Tax Review* 39 (8), août 1978.

HAUSMAN, J. A., « The Effect of Taxation on Labor Supply », étude préparatoire pour la conférence du Brookings sur la fiscalité, 18-19 octobre 1979.

HAVEMAN, Robert H. et ZELLNER, B. Bruce, *Policy Studies Review Annual, 1979,* vol. III, Beverley Hills, Sage Publications, 1979.

HAZLITT, Henry, *The Conquest of Poverty*, New Rochelle, New York, Arlington House, 1973.

HEERTJE, Arnold, *Économie et progrès technique*, Paris, Aubier, 1979.

HEILBRONER, Robert L., *Beyond Boom and Crash*, New York, W. W. Norton, 1979.

— et THUROW, Lester C., *Comprendre la macroéconomie,* 6e édition, Paris, Economica, 1980.

HENRY, James S., « Peter Drucker's Revolution », *Working Papers*, hiver 1976.

— « Lazy, Young, Female and Black », *id.*, 6 (3), mai-juin 1978.

— « The New Conservative Theories of Unemployment », *id.* 6 (6), mars-avril 1979.

— « The Cash Connection : How to Make the Mob Miserable », *The Washington Monthly* 12 (4), juin 1980.

HERSKOVITS, Melville J., *Economic Anthropology : the Economic Life of Primitive Peoples*, New York, W. W. Norton & Co., 1965.

HICKS, sir John, *The Crisis in Keynesian Economics*, New York, Basic Books, 1974.

— *Economic Perspectives*, Oxford University Press, 1977.

HILL, Robert B., « The Illusion of Black Progress », *Social Policy* 9 (3), novembre-décembre 1978.

HIRSCH, Fred, et GOLDTHORPE, John H., éds, *The Political Economy of Inflation*, Cambridge, Mass., Harvard University Press, 1978.

HIRSCHMANN, Albert O., « The Principle of the Hiding Hand », *The Public Interest* 6, hiver 1967, 10-23.
– *A Bias for Hope*, New Haven, Yale University Press, 1971.
– *Les Passions et les Intérêts : justifications politiques du capitalisme avant son apogée*, Paris, P.U.F., coll. Sociologies, 1980.
HOBBS, Charles D., *The Welfare Industry*, Washington D.C., The Heritage Foundation, 1978.
HORNBRUCH, Frederick W. Jr., *Raising Productivity : Ten Case Histories and their Lessons*, New York, McGraw-Hill, 1977.
HOUTHAKKER, Hendrick, « The Inverse Relation Between Company Growth and Price Movements », *Brookings Papers on Economic Activity*, n° 1, Washington, D.C., The Brookings Institution, 1979.
HUME, David, *Essays Moral, Political and Literary.*
HUTCHINSON, T.W., *Knowledge and Ignorance in Economics*, University of Chicago Press, 1977.
HUTT, W. H., *A rehabilitation of Say's Law*, Ohio University Press, 1974.
JACOBS, Jane, *The Economy of Cities*, New York, Random House, 1969.
JENCKS, Christopher, « A New Look at an Old Tax », *Working Papers* 5 (2), été 1977.
– « Why Worry About Inflation? », *id.* 6 (5), sept.-oct. 1978. Lettre in *id.* 7 (1), mai-juin 1979.
– et al., *Inequality : A reassessment of the effect of Family and Schooling in America*, New York, Basic Books, 1972.
– *L'Inégalité. Influence de la Famille et de l'école en Amérique.* Paris, P.U.F., coll. Sociologies, 1980.
JOHNSON, Harry G., *Economic Policies Toward Less Developed Countries*, Washington, D.C., The Brookings Institution, 1967.
JOHNSON, M. Bruce, éd., *The Attack on Corporate America*, New York, McGraw-Hill, 1978.
KAHN, lord Richard, « Mr Eltis and the Keynesians », *Lloyd Bank Review* 124, avril 1977.
KASUN, Jacqueline, *Slaughter on Main Street*, Clovis, Calif., Valley Christian University Press, 1979.
– « More on The New Sex Education », *The Public Interest* 58, hiver 1980.
KEMP, Jack, *An American Renaissance*, New York, Harper & Row, 1979.
– « The Revival of Incentive Economics », *The Ripon Forum*, janvier 1980.
KENDRICK, John W., *The Formation and Stocks of Total Capital*, Bureau national de la recherche économique, Séries générales, n° 100. New York, Columbia University Press, 1976.
KENNISTON, Kenneth et The Carnegie Council on Children, *All our children : The American Family under Pressure*, New York, Harcourt Brace Jovanovich, 1977.
KEYNES, John Maynard, *Théorie générale de l'intérêt, de l'emploi et de la monnaie*, Paris, Payot, PBP, n° 139, 1977.
KINDLEBERGER, Charles P., *Economic Response : Comparative Studies in Trade, Finance and Growth*, Cambridge, Mass., Harvard University Press, 1978.
KIRZNER, Israel M., *Competition and Entrepreneurship*, University of Chicago Press, 1973.

KLEIN, Burton, *Dynamic Economics*, Cambridge, Mass., Harvard University Press, 1977.

KREHM, William, *Babel's Tower : The Dynamics of Economic Breakdown,* Toronto, Thornwood Publications, 1977.

KRISTOL, Irving, *On the Democratic Idea in America*, New York, Harper & Row, 1972.

– *Two Cheers for Capitalism*, New York, Basic Books, 1978.

KUZNETS, Simon, *Population, Capital and Growth,* New York, W. W. Norton and Co, Inc., 1973.

LACHMANN, Ludwig M., *Capital, Expectations and the Market Process*, Kansas City, Missouri, Sheed, Andrews and McMeel, 1977.

LAFFER, Arthur B., « The Monetary Crisis : A Classical Perspective », Rolling Hills Estates, California, A.B. Laffer Associates, 12 novembre 1979.

– et SEYMOUR, Jan P., *The Economics of the Tax Revolt*, New York, Harcourt Brace Jovanovich, 1979.

LAPHAM, Lewis H., *Fortune's Child*, Garden City, New York, Doubleday & Co., 1980.

LEBERGOTT, Stanley, *The American Economy*, Princeton, N. J., Princeton University Press, 1976.

LEHRMAN, Lewis E., « Inflation and Civilization : Man's Fate and his Money », article lu au Club économique de l'université de Columbia, 26 janvier 1977.

– « Monetary Policy, The Federal Reserve System, and Gold », New York, Morgan Stanley Investment Research, 25 janvier 1980.

LEIBENSTEIN, Harvey, *Beyond Economic Man : A New Foundation For Microeconomics*, Cambridge, Mass., Harvard University Press, 1976.

LENKOWSKY, Leslie, « Welfare in the Welfare State », In TYRRELL, R. EMMETT, éd., *The Future that doesn't Work*, Garden City, New York, Doubleday & Co., 1977.

LEVITAN, Sar A., JOHNSON, William B. et TAGGART, Robert, *Still a Dream : The Changing Status of Blacks since 1960*, Cambridge, Mass., Harvard University Press, 1975.

LEVITT, Theodore, « The Emerging Fecundity of Service », *The Future of Productivity*, Washington, D.C., The National Center for Productivity and the Quality of Working Life, 1978.

LEVY, Walter J., « Oil Policy and O.P.E.C. Development Prospects », *Foreign Affairs* 57 (2), hiver 1978-1979.

LEWIS, W. Arthur, *La Théorie de la croissance économique*, préface de Gaston Leduc, Paris, Payot, 1971.

LIGHT, Ivan H., *Ethnic Enterprise in America*, Berkeley, University of California Press, 1972.

LINDSAY, Cotton Mather, « Equal Pay for Comparable Work : An Economic Analysis of a New Anti-discrimination Doctrine », *An LEC Occasional Paper*, Coral Gables, Floride. Centre de droit et d'économie de la faculté de droit de l'université de Miami, 1980.

LIPPMANN, Walter, *The Good Society*, Boston, Little, Brown and Company, 1943.

LITTLE, Ian M. D., « An Economic Renaissance », in Galenson, Walter, éd., *Economic Growth and Structural Change in Taiwan*, Ithaca, New York, Cornell University Press, 1979.

MACAULAY, Thomas, *The History of England,* 4 vol., New York, E. P. Dutton, Everyman's Library, 1953.
MCCLAUGHRY, John, « Uncle Sam's War on the Independent Contractor », *National Review* 31 (51), 21 décembre 1979.
MCCLELLAND, David C., *The Achieving Society,* New York, Irvington Publishers, 1976.
MCKINNON, Ronald I., *Money and Capital in Economic Development,* Washington, D.C., The Brookings Institution, 1973.
MACOBY, Eleanor Emmons et JACKLIN, Carol Nagy, *The Psychology of Sex Differences,* Stanford University Press, 1974.
MAYER, Martin, *The Bankers,* New York, Weybright and Talley, 1974.
MAYER, Thomas et al., *The Structure of Monetarism,* New York, W. W. Norton & Co., 1978.
MEIGS, A. James, *Money Matters,* New York, Harper & Row, 1972.
MILL, John Stuart, *Principes d'économie politique,* Guillaumin & Cie, 1873.
MINAREK, Joseph J., « Who Wins, Who Loses from Inflation? », *Challenge* 21 (6), janvier-février 1979.
MINCER, Jacob et POLACHEK, Solomon, *Economic Problems of Women* (National Longitudinal Survey: Département du Travail). Auditions devant le Joint Economic Committee, 93 rd, Congrès, 1re session, partie 1, 10, 11 et 12 juillet, Washington D.C., U.S. Government Printing Office, 1973.
MOYNIHAN, Daniel Patrick, *The Negro Family: The Case for National Action* in Rainwater, 1967.
— *The Politics of a Guaranteed Income,* New York, Random House, 1973.
— « The Politics and Economics of Regional Growth », *The Public Interest,* 51, printemps 1978.
MUNDELL, Robert A., *Man and Economics,* New York, McGraw Hill, 1968.
NOVAK, Michael, *The American Vision: An Essay on the Future of Democratic Capitalism,* Washington, D.C., American Enterprise Institute for Public Policy Research, 1978.
OAXACA, Ronald L., « Male and Female Wage Differentials in Urban Labor Markets », Section des relations industrielles de l'université de Princeton, 1971.
ORTEGA Y GASSET, José, *La Révolte des masses,* Paris, Calmann-Lévy.
Our Turn to Listen : A White Paper on Unemployment, Education and Crime Based on Extensive Interviews with New York City Teenage Dropouts, New York, Vocational Foundation Incorporated, 1978.
PAGLIN, Morton, « Poverty in the United States: A Reevaluation », *Policy Review,* 8, printemps 1979.
PATTERSON, Orlando, *Ethnic Chauvinism: The Reactionary Impulse,* New York, Stein & Day, 1978.
PECHMAN, Joseph A., *Federal Tax Policy,* Washington, D.C., The Brookings Institution, 1977.
— et OKNER, Benjamin A., *Who Bears the Tax Burden?, id.,* 1974.
PHELPS-BROWN, E. H., et HOPKINS, Sheila V., « Seven Centuries of Building Wages », *Economica* 22 (87), août 1955.
PODHORETZ, Norman, *Making It,* New York, Ramdom House, 1969.

POSNER, Richard J., « Utilitarianism, Economics and Legal Theory », *The Journal of Legal Studies* 8 (1), janvier 1979.

PROTHRO, Laurie, « Making a Living in Subterranea – Notes from the Underground », *Taxing and Spending* 2 (2), avril 1979.

QUESTIAUX, Nicole, « Family Allowances in France », in BURNS, Eveline M., éd. *Children's Allowances and the Economic Welfare of Children.*, New York, Citizens Committee for Children of New York, 1968.

RAINWATER, Lee et YANCY, William L., *The Moynihan Report and the Politics of Controversy,* Cambridge, Mass., The M.I.T. Press, 1967.

REIN, Martin et RAINWATER, Lee, « How Large Is the Welfare Class? », *Challenge* 20 (4), septembre-octobre 1977, repris in HAVEMAN, *op. cit.*

REYNOLDS, Alan, « Fifty Years Later: What Do we Know About the Great Crash? » *National Review* 31 (45), 9 novembre 1977.

ROBERTS, Paul Craig, « The Breakdown of the Keynesian Model », *The Public Interest* 52, été 1978.

– « The Economic Case for Kemp-Roth », *The Wall Street Journal,* 1er août 1978, repris in LAFFER et SEYMOUR, *op. cit.*

ROBERTSON, Dennis, « The Colvin Committee, the Income Tax, and the Price Level », *Economic Journal* 37 (148), décembre 1927.

ROBINSON, David A., *Six Business Employment Programs, Emphasis: Disadvantaged Youth,* New York, Center for Public Resources, 1978.

ROSE, Richard et PETERS Guy, *Can Government Go Bankrupt?* New York, Basic Books, 1978.

ROSENBERG, Nathan, *Technology and American Economic Growth,* White Plains, New York, M. E. Sharpe, 1972.

ROSS, Heater L. et SAWHILL, Isabel V., *Time Of Transition: The Growth of Families Headed by Women,* Washington, D.C., The Urban Institute, 1975.

ROSTOW, W. W., *Comment tout a commencé : les origines de l'économie moderne,* Paris, Hachette, 1976.

ROTHSCHILD, Emma, *The Decline of the Auto-Industrial Age,* New York, Random House, 1973.

SAWYER, John E., « Entrepreneurial Error and Economic Growth », *Explorations in Entrepreneurial History* 4, mai 1952.

SCHILLER, Bradley R., « Equality, Opportunity and " the Good Job " », *The Public Interest* 43, printemps 1976.

SCHUETTINGER, Robert L. et BUTLER, Eammon F., *Forty Centuries of Wage and Price Controls,* Washington, D.C., The Heritage Foundation, 1978.

SCHUMPETER, Joseph, *Classes sociales et Impérialisme,* Paris, éditions de Minuit, 1972.

– *Capitalisme, Socialisme et Démocratie,* Paris, Payot, rééd. 1980.

SEENHOLZ, Hans F., *Death and Taxes.* Washington, D.C., The Heritage Foundation, 1976.

SHACKLE, G.S.., *Epistemics and Economics: A critique of Economic Doctrines,* Londres, Cambridge University Press, 1972.

SMITH, Adam, *La Richesse des nations,* Paris, Gallimard, coll. Idées, n° 318, 1976.

SOLOW, Robert, « The Intelligent Citizen's Guide To Inflation », *The Public Interest* 38, hiver 1975.

SOWELL, Thomas, *Say's Law: An Historical Analysis,* Princeton University Press, 1972.
– *Classical Economics Reconsidered, id.,* 1974.
– « Economics and Economic Man» in KRISTOL, Irving et WEAVER, Paul, éds, *The Americans, 1976 : Critical Choices for American,* vol. 2, Lexington, Mass., D.C. Heath & Co., 1976.
– « Ethnicity in a Changing America », *Daedalus* 107 (1), hiver 1978.
– *Knowledge and Decisions,* New York, Basic Books, 1980.
– *Markets and Minorities,* Londres, Basic Blackwell, 1981.
– *American Ethnic Groups,* Washington, D.C., The Urban Institute, 1978.
STIGLER, George J., *Essays in The History Economics,* University of Chicago Press, 1965.
STOCKMAN, David, « The Social Pork-Barrel », *The Public Interest* 39, printemps 1975.
SUPPLE, Barry, « A Framework for British Business History » in *Essays in British Business History,* Oxford, Grande-Bretagne, The Clarendon Press, 1977.
THUROW, Lester C., *Generating Inequality,* New York, Basic Books, 1975.
– *The Zero-Sum Society: Distribution and the Possibilities for Economic Change, id.,* 1980.
TIGER, Lionel, *Optimism. The Biology of Hope,* New York, Simon & Schuster, 1979.
– et FOX, Robin, *The Imperial Animal,* New York, Holt, Rinehart & Winston, 1971.
TUCKER, William, « Of Mites and Men », *Harper's* 257 (1539), août 1978.
TURE, Norman B., *The Economic Effects of Tax Changes : A Neoclassical Analysis,* Washington, D.C., Institut de recherche sur l'économie de la fiscalité, 1980.
TYRELL, R. Emmett Jr, éd., *The Future that Doesn't Work : Social Democracy's Failures in Britain,* Garden City, N.Y., Doubleday & Co., 1977.
VAN DEN HAAG, Ernest, éd., *Capitalism : Sources of Hostility,* Washington, D.C., The Heritage Foundation, 1979.
WAGNER, Richard E., *Inheritance and the State : Tax Principles for a Free and Prosperous Commonwealth,* Washington, D.C., American Enterprise Institute for Public Policy Research, 1977.
WALLIS, W. Allen, *An Overgoverned Society,* New York, The Free Press, 1976.
WALTERS, Kenneth D. et MONSEN, R. Joseph, « State-Owned Business Abroad : New Competitive Threat », *Harvard Business Review* 57 (2), mars-avril 1979.
WANNISKI, Jude, *The Way The World Works,* New York, Basic Books, 1978.
– « Puerto Rico and Statehood », Rolling Hills Estates, Californie, A. B. Laffer Associates, 1979.
– « Inflation and the " arc of crisis " » Morristown, N.J., *Polyconomics,* 1980.
WARSH, David, « The Great Hamburger Paradox », *Forbes* 15 septembre 1977.
– et MINARD, Lawrence, « Inflation Is Too Important To Leave to the Economists », *Forbes* 15 novembre 1976.
WILDAVSKY, Aaron, « Does Planning Work ? » *The Public Interest* 24, été 1971.
WRIGLEY, E. A., *Population and History,* New York, McGraw-Hill, 1969.

INDEX

L'impression de ce livre
a été réalisée sur les presses
des Imprimeries Aubin
à Poitiers/Ligugé
pour les Éditions Albin Michel

AM

Achevé d'imprimer le 20 septembre 1981
N° d'édition, 7266. — N° d'impression, L 13903
Dépôt légal, 4e trimestre 1981

Imprimé en France